行政法の羅針盤

〔第2版〕

鈴木秀洋 著
田中秀幸

第2版 はじめに

　初版から5年が経過した。この間にも新たな法制定・法改正、様々な判例・裁判例等の蓄積がある。本書は、筆者が大学（学部）の行政法の講義で使用する基本書のひとつである。まず、筆者の行政法の授業では、本書を使用して従前のオーソドックスな行政法の知識を押さえる。この段階で公務員試験に合格できる憲法・行政法の知識は十分に身に付けることができる。

　その上で、実際の講義では、この基本書の応用として、日々のニュースを題材にして、現実の様々な社会問題を解決するために、従前のシステムのみでなくそれらを乗越える法解釈、制度改革、立法論等を展開する授業を行っている。

　こうした展開授業を行うためには、やはり従前からの基礎理論・知識や判例をまず押さえておくことが前提となるが、実はその土台作りが年々難しくなっていることを感じる。その原因の一つとしては、視覚的にわかりやすいパワーポイント等の授業に慣れて論理的な文章を読む訓練がなされていないこと、もうひとつには公務員試験科目から行政法をなくす自治体が増加し行政法を学ぶモチベーションが低下していること、こうした状況があると分析している。

　しかし、筆者としてはこの状況に抗して行かねばと考えている。なぜならば、行政実務に就くということは、権力を行使するということだからである。個々人の生命や身体の安全と安心を預かる立場に立つのであり、こうしたポジションに立つ者が、法理論を身に付け、法律を使いこなせずして、どうして個々人の住民の生活を守ることができようか。多様な個々人の立場に立ってそこからの景色を体感し、行政の法解釈・制度運用を検証し、改善する視座を身に付けてもらう授業を行っている（本書に掲載の判例の数々、そして竹田高校剣道部暴行熱中症事件、東日本大震災大川小津波事件、虐待・DV・施設による死亡事件、性的マイノリティにかかる差別事件など、機会があれば授業に参加してみてほしい。）。

　こうした展開授業の土台として、そしてウェルビーイング（well-being）な社会実現のため、この基本書程度の知識を習得することは必須なのである。そのための工夫（レジメ・図示・解説・問題演習・条文や判旨掲載等）を行っている。何度も繰り返し読んで、社会を変える力を付けてほしい。

　なお、本書の先の実務を見据えて3点言及しておく。第一に、筆者の『自治体職員のための行政救済実務ハンドブック［改訂版］』は実務でどう行政法を使うかを念頭にした書であり、本書とセットで読んでほしい。第二に、行政法分野では尊敬する宇賀克也先生が最高裁判事となられた以降、画期的な判決や重厚な論理構成に支えられた判決により行政実務にも変化がもたらされているように感じられる。宇賀先生が直接関わられた最高裁判決を読んでみることを勧める。第三に、筆者も執筆に加わらせていただいた阿部泰隆先生の『行政法学の変革と希望-阿部卒寿を記念して』及び「お坊ちゃま・お嬢様法学」ではなく、「豊かな社会を創る行政法学」、「法治国家を実現するためには御上の目線ではなく」「違法行政への怒りという民の目線が必須の視点である」との視点で書かれた、『行政法再入門［第3版］上・下』は、行政実務家を目指すのであれば必読書である。

　2025年4月3日　陽を浴びた桜の日に

鈴木　秀洋

はじめに

　筆者は、2016（平成28）年に開設された日本大学危機管理学部で行政法・地方自治法等を担当している。これまで行政法・地方自治法を大学院で正規の授業（15コマ）として教え始めて10年以上がたつ。信州大学、明治大学、神奈川大学、横浜国大、中央大学、立教大学の兼任・非常勤講師として、多くの学生に講義をし、フィードバックをもらい授業内容や授業形式を工夫してきた。また、2016（平成28）年3月までは行政実務に身を置いており、行政内部（主に東京23区）で行政法・地方自治法等の法務（裁判実務を含む。）研修を20余年以上担当してきた。行政法の大切さと面白さを伝えてきたつもりである。

　さて、本書の意義である。本書は、行政法の全体像の理解と基本的な知識習得の面で穴がないことを目指している。何事も基礎が重要であり、土台の構築が必要であるとの考えからである。しかし、特に行政法に関しては概念の特殊性等から理解が難しいとの声を多く聞く。そこで、基礎の習得を目指しつつも、行政法をいかに理解しやすくできるか、その観点からの工夫として、unit方式、unitごとの全体概観レジメ、概念図等の手法を試みた。行政法全体を短時間で習得しやすくした点で、初学者にも、また公務員試験を直前に控えた学生にとっても全体の総復習に有用な基本書としたつもりである。

　筆者は、行政実務の現場で住民の権利利益の向上のために行政法を駆使して様々な法制度設計や解釈運用を行ってきた。新たな課題に直面するたびに、従前の理論や判例を学び、その延長線上に解決策を見出すこと、又は新たな立法的解決を目指すことをしてきた。行政法の基本的知識と思考方法を身につけることで、周囲の出来事の見方は確実に変わってくる。そして、解決のための思考や議論を積み上げていくことは、わくわくする作業である。

　本書では、こうした景色を共有するための土台として、まずは応用部分の議論を展開するのをぐっと抑えて、どんな課題にも向き合える思考の土台となる基礎知識習得の徹底を目指した（演習問題も掲げた。本書の先の応用編としては是非『自治体職員のための行政救済実務ハンドブック』に進んでほしい。）。この考えの下、注や引用を極力抑えた。特にわかりやすさという点で、大学時代の同門で現在は公務員を目指す予備校で行政法を教えている田中秀幸氏に協力を仰いだ。筆者と二人で何度も議論して完成したのが本書『行政法の羅針盤』である。題名に筆者の思いを込めている。

　この書籍を羅針盤として、それぞれが目指す目的地へ出航していくことを祈る。

　2020年3月31日

鈴木　秀洋

目　　次

第 2 版はじめに ……………………………………………………………………… i
は じ め に ………………………………………………………………………… ii
目　　次 …………………………………………………………………………… iii
凡例・主要参考文献 ……………………………………………………………… xiv

第 1 部　行政法総論

Unit 1　行政法の意義・特色と全体像
　レジュメ ……………………………………………………………………………… *2*
　講　　義 ……………………………………………………………………………… *2*
　　1　行政法の意義（*3*）　　2　行政の意義（*3*）　　3　行政法の特色（*3*）
　　4　行政法の全体像（*4*）　　練習問題 1（*5*）

Unit 2　行政法の基礎概念
　レジュメ ……………………………………………………………………………… *6*
　講　　義 ……………………………………………………………………………… *6*
　　1　行政主体・行政機関・行政庁（*6*）　　2　権力行政・非権力行政（*7*）
　　3　規制行政・給付行政（*8*）　　練習問題 2（*9*）

Unit 3　行政法の原理・原則
　レジュメ ……………………………………………………………………………… *10*
　講　　義 ……………………………………………………………………………… *11*
　　1　行政法の諸原則（*11*）　　2　その他の原則（*12*）　　練習問題 3（*13*）

Unit 4　法律による行政の原理
　レジュメ ……………………………………………………………………………… *14*
　講　　義 ……………………………………………………………………………… *15*
　　1　法律による行政の原理の意義（*15*）　　2　法律による行政の原理の内容（*15*）
　　3　法律の留保の範囲（*16*）　　4　法律の留保に関する判例（*17*）　　練習問題 4（*18*）

Unit 5　行政関係に適用される法
　レジュメ ……………………………………………………………………………… *19*
　講　　義 ……………………………………………………………………………… *20*
　　1　伝統的な公法・私法二元論（*20*）　　2　判例の見解（*21*）　　練習問題 5（*23*）
　問題演習コーナー 1 ………………………………………………………………… *24*

第2部　行政作用（行政作用一般）

Unit 6　行政行為の意義と分類
レジュメ ……………………………………………………………………………… *28*
講　義 ………………………………………………………………………………… *29*
　　1　行政行為の意義・特色（*29*）　　2　行政行為の分類（*30*）　　練習問題6（*32*）

Unit 7　行政行為の効力①（公定力）
レジュメ ……………………………………………………………………………… *33*
講　義 ………………………………………………………………………………… *34*
　　1　公定力の意義（*34*）　　2　取消しにはどのような方法があるか（*35*）
　　3　公定力の根拠（*35*）　　4　公定力の例外（*35*）　　練習問題7（*37*）

Unit 8　行政行為の効力②（その他の効力）
レジュメ ……………………………………………………………………………… *38*
講　義 ………………………………………………………………………………… *39*
　　1　不可争力とは（*39*）　　2　自力執行力とは（*39*）　　3　不可変更力とは（*40*）
　　4　行政行為の成立と効力発生時期（*40*）
　　5　［参照］公定力その他行政行為の各種効力説明の廃止・不要論（*41*）　　練習問題8（*41*）

Unit 9　行政行為の瑕疵①（一般論）
レジュメ ……………………………………………………………………………… *42*
講　義 ………………………………………………………………………………… *43*
　　1　行政行為の瑕疵にはどのようなものがあるか（*43*）
　　2　重大かつ明白な瑕疵とはどのようなものか（*44*）　　3　例外的な判例（*44*）
練習問題9（*45*）

Unit 10　行政行為の瑕疵②（瑕疵についての諸問題）
レジュメ ……………………………………………………………………………… *46*
講　義 ………………………………………………………………………………… *47*
　　1　瑕疵の治癒とは（*47*）　　2　違法行為の転換とは（*48*）
　　3　違法性の承継とは（*48*）　　4　違法性の判断基準時（*49*）　　練習問題10（*50*）

Unit 11　行政行為の職権取消しと撤回
レジュメ ……………………………………………………………………………… *51*
講　義 ………………………………………………………………………………… *52*
　　1　職権取消しと撤回の異同（*52*）　　2　職権取消しと撤回の制限（*53*）
　　3　撤回時の損失補償の要否（*54*）　　練習問題11（*54*）

Unit 12　行政行為の附款
レジュメ ……………………………………………………………………………… *55*

講　　義 …………………………………………………………………………………… 56
　　　1　行政行為の附款の意義　(56)　　2　附款の種類　(56)　　3　法の根拠の要否・限界　(57)
　　　4　附款に違法があった場合の取消し方法　(58)　　練習問題12　(58)

Unit 13　行政裁量①（一般論）
　　レジュメ ………………………………………………………………………………… 59
　　講　　義 …………………………………………………………………………………… 60
　　　1　行政裁量とは何か　(60)　　2　行政裁量の種類　(61)
　　　3　行政裁量への司法審査　(62)　　練習問題13　(63)

Unit 14　行政裁量②（行政裁量への司法審査）
　　レジュメ ………………………………………………………………………………… 64
　　講　　義 …………………………………………………………………………………… 65
　　　1　行政裁量への司法審査　(65)　　2　実体的審査　(65)
　　　3　判断過程審査と手続的審査　(66)　　4　その他重要判例　(67)　　練習問題14　(68)
　　問題演習コーナー2 ……………………………………………………………………… 69

Unit 15　行政上の強制執行
　　レジュメ ………………………………………………………………………………… 73
　　講　　義 …………………………………………………………………………………… 74
　　　1　行政上の強制執行とは　(74)　　2　行政上の強制執行の種類　(75)
　　　3　行政上の強制執行と民事訴訟　(77)　　4　即時強制（即時執行）　(77)
　　　練習問題15　(78)

Unit 16　行政罰とその他の履行確保手段
　　レジュメ ………………………………………………………………………………… 79
　　講　　義 …………………………………………………………………………………… 80
　　　1　行政罰とは　(80)　　2　行政罰の種類　(80)
　　　3　行政刑罰と行政上の秩序罰の併科　(81)　　4　その他の義務の履行確保手段　(81)
　　　練習問題　(82)

Unit 17　行政調査
　　レジュメ ………………………………………………………………………………… 83
　　講　　義 …………………………………………………………………………………… 84
　　　1　行政調査とは　(84)　　2　行政調査の種類と法の根拠の要否　(84)
　　　3　任意調査の範囲と限界　(85)　　4　強制調査と令状主義、自己負罪特権　(86)
　　　5　行政調査と犯罪捜査　(86)　　練習問題17　(88)

Unit 18　行政指導
　　レジュメ ………………………………………………………………………………… 89
　　講　　義 …………………………………………………………………………………… 90

1　行政指導とは (90)　　2　法の根拠の要否 (91)　　3　行政指導に関する判例 (91)
　　　4　行政指導と救済制度 (92)　　練習問題18 (93)

Unit 19　行政契約
　レジュメ ··· 94
　講　義 ··· 95
　　　1　行政契約とは (95)　　2　行政契約の特徴 (96)　　3　競争入札制について (96)
　　　4　規制行政における行政契約 (97)　　練習問題19 (98)

Unit 20　行政計画
　レジュメ ··· 99
　講　義 ··· 100
　　　1　行政計画の意義 (100)　　2　行政計画の分類 (100)　　3　行政計画と救済制度 (101)
　　練習問題20 (102)

Unit 21　行政立法①（意義・法規命令）
　レジュメ ··· 103
　講　義 ··· 104
　　　1　行政立法の意義 (104)　　2　行政立法の分類 (105)
　　　3　委任命令における委任 (106)　　練習問題21 (111)

Unit 22　行政立法②（行政規則）
　レジュメ ··· 108
　講　義 ··· 109
　　　1　行政規則の種類 (109)　　2　通達の法的性質 (109)
　　　3　通達による法の解釈変更 (110)　　練習問題22 (111)
　問題演習コーナー3 ··· 112

第3部　行政作用（行政手続法）

Unit 23　行政手続法①（一般論）
　レジュメ ··· 118
　講　義 ··· 119
　　　1　行政手続の意義 (119)　　2　行政手続法の制定とその目的 (120)
　　　3　行政手続法が手続を規定する行政活動 (120)　　4　行政手続法の適用除外 (122)
　　練習問題23 (122)

Unit 24　行政手続法②（申請に対する処分）
　レジュメ ··· 123
　講　義 ··· 124

1　申請に対する処分の手続　*(124)*　　2　審査基準と標準処理期間の設定・公表　*(124)*
　　3　申請への審査手続　*(125)*　　4　拒否処分時の理由提示　*(125)*　　練習問題24　*(126)*

Unit 25　行政手続法③（不利益処分）
　レジュメ ………………………………………………………………………………… *127*
　講　義 …………………………………………………………………………………… *128*
　　1　不利益処分の手続　*(128)*　　2　処分基準設定　*(129)*
　　3　聴聞と弁明の振り分け　*(129)*　　4　聴聞の手続　*(130)*　　5　弁明の手続　*(131)*
　　6　処分の実施と理由提示　*(131)*　　練習問題25　*(132)*

Unit 26　行政手続法④（行政指導）
　レジュメ ………………………………………………………………………………… *133*
　講　義 …………………………………………………………………………………… *134*
　　1　行政指導の禁止事項　*(134)*　　2　行政指導の方式　*(135)*
　　3　複数者への指導のルール　*(135)*　　練習問題26　*(135)*

Unit 27　行政手続法⑤（届出と命令等）
　レジュメ ………………………………………………………………………………… *136*
　講　義 …………………………………………………………………………………… *136*
　　1　届出の手続　*(136)*　　2　命令等の制定手続　*(137)*　　練習問題27　*(138)*

Unit 28　行政手続法⑥（処分・行政指導の求め）
　レジュメ ………………………………………………………………………………… *139*
　講　義 …………………………………………………………………………………… *139*
　　1　処分・指導の求め　*(139)*　　練習問題28　*(141)*
　問題演習コーナー4 ……………………………………………………………………… *142*

第4部　行政作用（行政の情報管理に関する法）

Unit 29　情報公開法①（一般論・公開対象）
　レジュメ ………………………………………………………………………………… *146*
　講　義 …………………………………………………………………………………… *146*
　　1　情報公開制度とは　*(146)*　　2　公開対象の機関と文書　*(147)*
　練習問題29　*(148)*

Unit 30　情報公開法②（開示請求手続）
　レジュメ ………………………………………………………………………………… *149*
　講　義 …………………………………………………………………………………… *151*
　　1　開示請求　*(151)*　　2　開示義務と不開示情報　*(151)*　　3　部分開示と裁量開示　*(153)*
　練習問題30　*(154)*

Unit 31　情報公開法③（第三者の保護・争訟方法）
　レジュメ ··· 155
　講　　義 ··· 156
　　1　第三者の保護規定 *(156)*　　2　開示・不開示決定への争訟方法 *(157)*
　　3　情報公開・個人情報保護審査会 *(158)*　　練習問題31 *(159)*

Unit 32　行政機関個人情報保護法の概要
　レジュメ ··· 160
　講　　義 ··· 162
　　1　個人情報保護法（公的部門）の目的・概要 *(162)*
　　2　行政機関における個人情報の取扱いの原則 *(162)*
　　3　開示・訂正・利用停止の請求 *(163)*　　練習問題32 *(164)*
　問題演習コーナー5 ··· 165

第5部　行政救済

Unit 33　行政救済と行政不服審査法①（全体論）
　レジュメ ··· 168
　講　　義 ··· 169
　　1　行政救済全体について *(169)*　　2　行政不服審査法について *(170)*
　　3　不服申立ての対象 *(170)*　　4　審査請求とは *(171)*
　　5　再調査の請求と再審査請求 *(172)*　　6　それぞれの関係 *(173)*
　練習問題33 *(174)*

Unit 34　行政不服審査法②（申立要件）
　レジュメ ··· 175
　講　　義 ··· 176
　　1　審査請求の申立要件 *(176)*　　2　申立事項 *(176)*　　3　申立先 *(177)*
　　4　申立期間 *(177)*　　5　申立適格 *(178)*　　練習問題34 *(179)*

Unit 35　行政不服審査法③（審査請求の審理）
　レジュメ ··· 180
　講　　義 ··· 182
　　1　審査請求の審理 *(182)*　　2　審査請求の開始 *(183)*　　3　審理員による審理 *(183)*
　　4　行政不服審査会等への諮問 *(184)*　　5　執行不停止の原則と例外 *(184)*
　練習問題35 *(185)*

Unit 36　行政不服審査法④（裁決の種類と効力）
　レジュメ ··· 186
　講　　義 ··· 187

1　審査請求の終了と裁決　(187)　　2　裁決の効力　(188)　　練習問題36　(189)

Unit 37　行政不服審査法⑤（その他）
　レジュメ ………………………………………………………………………………… 190
　講　　義 ………………………………………………………………………………… 191
　　　1　再調査の請求と再審査請求　(191)　　2　教示制度について　(192)　　練習問題37　(192)
　問題演習コーナー 6 …………………………………………………………………… 193

Unit 38　行政事件訴訟法①（全体論）
　レジュメ ………………………………………………………………………………… 197
　講　　義 ………………………………………………………………………………… 198
　　　1　行政訴訟の意義　(198)　　2　処分と裁決の取消訴訟の関係　(199)
　　　3　取消訴訟についての教示　(200)　　練習問題38　(200)

Unit 39　行政事件訴訟法②（取消訴訟の訴訟要件）
　レジュメ ………………………………………………………………………………… 201
　講　　義 ………………………………………………………………………………… 202
　　　1　取消訴訟の訴訟要件　(202)　　2　出訴期間　(203)　　3　審査請求前置　(204)
　　　4　被告適格　(204)　　5　裁判所管轄　(204)　　練習問題39　(205)

Unit 40　行政事件訴訟法③（処分性）
　レジュメ ………………………………………………………………………………… 206
　講　　義 ………………………………………………………………………………… 207
　　　1　処分性の意義　(207)　　2　処分性についての判例　(208)
　　　3　大阪空港訴訟について　(209)　　練習問題40　(209)

Unit 41　行政事件訴訟法④（原告適格 1）
　レジュメ ………………………………………………………………………………… 211
　講　　義 ………………………………………………………………………………… 212
　　　1　原告適格の意義　(212)　　2　法の保護する利益説　(212)
　　　3　原告適格の判断基準　(213)　　練習問題41　(214)

Unit 42　行政事件訴訟法⑤（原告適格 2）
　レジュメ ………………………………………………………………………………… 215
　講　　義 ………………………………………………………………………………… 216
　　　1　営業上の利益等が問題になった判例　(216)
　　　2　周辺住民の原告適格が問題になった判例　(217)
　　　3　その他（一般消費者、利用者、学術研究者　(218)）　　練習問題42　(219)

Unit 43　行政事件訴訟法⑥（狭義の訴えの利益）
　レジュメ ………………………………………………………………………………… 220

講　義 ……………………………………………………………………………… *221*
　　　1　狭義の訴えの利益の意義 （*221*）　　2　狭義の訴えの利益に関する判例 （*221*）
　　練習問題43 （*224*）

Unit 44　行政事件訴訟法⑦（取消訴訟の訴訟審理）
　　レジュメ …………………………………………………………………………… *225*
　　講　義 ……………………………………………………………………………… *226*
　　　1　取消訴訟の訴訟審理対象 （*226*）　　2　取消訴訟の審理手続 （*227*）　　練習問題44 （*228*）

Unit 45　行政事件訴訟法⑧（執行不停止と例外）
　　レジュメ …………………………………………………………………………… *229*
　　講　義 ……………………………………………………………………………… *230*
　　　1　執行不停止の原則と例外 （*230*）　　2　内閣総理大臣の異議 （*231*）
　　練習問題45 （*231*）

Unit 46　行政事件訴訟法⑨（取消訴訟の判決）
　　レジュメ …………………………………………………………………………… *232*
　　講　義 ……………………………………………………………………………… *233*
　　　1　取消訴訟の終了 （*233*）　　2　判決の種類 （*233*）　　3　判決の効力 （*234*）
　　練習問題46 （*235*）

Unit 47　行政事件訴訟法⑩（その他抗告訴訟１）
　　レジュメ …………………………………………………………………………… *236*
　　講　義 ……………………………………………………………………………… *237*
　　　1　取消訴訟以外の訴訟類型 （*237*）　　2　無効等確認訴訟 （*238*）
　　　3　不作為の違法確認訴訟 （*240*）　　練習問題47 （*241*）

Unit 48　行政事件訴訟法⑪（その他抗告訴訟２）
　　レジュメ …………………………………………………………………………… *242*
　　講　義 ……………………………………………………………………………… *244*
　　　1　義務付け訴訟の意義 （*244*）　　2　申請型義務付け訴訟 （*245*）
　　　3　非申請型義務付け訴訟 （*245*）　　4　差止訴訟 （*246*）
　　　5　仮の義務付け・差止め制度 （*247*）　　練習問題48 （*248*）

Unit 49　行政事件訴訟法⑫（当事者訴訟と客観訴訟）
　　レジュメ …………………………………………………………………………… *249*
　　講　義 ……………………………………………………………………………… *250*
　　　1　当事者訴訟 （*250*）　　2　実質的当事者訴訟 （*250*）　　3　形式亭当事者訴訟 （*251*）
　　　4　客観訴訟 （*251*）　　5　民衆訴訟 （*252*）　　6　機関訴訟 （*252*）
　　　7　住民訴訟 （*252*）　　練習問題49 （*253*）
　　問題演習コーナー7 ……………………………………………………………… *254*

Unit 50　国家賠償法①（全体論と公権力責任一般）
レジュメ ……………………………………………………………………………………… 261
講　義 ………………………………………………………………………………………… 262
　1　国家補償と国家賠償（262）　　2　公権力責任の基本的内容（263）
　3　公権力責任の本質（265）　　練習問題50（265）

Unit 51　国家賠償法②（公権力責任の成立要件1）
レジュメ ……………………………………………………………………………………… 266
講　義 ………………………………………………………………………………………… 267
　1　公権力責任の成立要件（267）　　2　「公権力の行使」の意義（267）
　3　「公務員」の意義（268）　　4　「職務を行うについて」の意義（270）
　練習問題51（270）

Unit 52　国家賠償法③（公権力責任の成立要件2）
レジュメ ……………………………………………………………………………………… 271
講　義 ………………………………………………………………………………………… 273
　1　「故意又は過失」と「違法」の意義（273）　　2　過失と違法性に関する判例（273）
　3　損害の発生と因果関係（274）　　練習問題52（275）

Unit 53　国家賠償法④（営造物責任1）
レジュメ ……………………………………………………………………………………… 276
講　義 ………………………………………………………………………………………… 277
　1　営造物責任の意義・成立要件（277）　　練習問題53（278）

Unit 54　国家賠償法⑤（営造物責任2）
レジュメ ……………………………………………………………………………………… 279
講　義 ………………………………………………………………………………………… 281
　1　道路の設置管理についての判例（281）
　2　河川の設置管理についての判例（水害訴訟）（282）
　3　その他営造物責任の重要判例（283）　　練習問題54（283）

Unit 55　国家賠償法⑥（その他の規定）
レジュメ ……………………………………………………………………………………… 284
講　義 ………………………………………………………………………………………… 285
　1　費用負担者の賠償責任（285）　　2　国家賠償法と民法、特別法の関係（285）
　3　被害者が外国人の場合（相互保証主義）（286）　　練習問題55（286）

Unit 56　行政上の損失補償
レジュメ ……………………………………………………………………………………… 287
講　義 ………………………………………………………………………………………… 289
　1　行政上の損失補償の意義と規定（289）　　2　制限目的と補償の要否（289）

3　正当な補償と補償時期 *(290)*　　練習問題56 *(291)*

Unit 57　国家補償の谷間の問題
　レジュメ ………………………………………………………………………… *292*
　講　　義 ………………………………………………………………………… *292*
　　1　国家補償の谷間の問題 *(292)*　　2　予防接種禍 *(293)*　　練習問題57 *(294)*
　問題演習コーナー8 …………………………………………………………… *295*

第6部　行政組織

Unit 58　行政組織法の一般理論
　レジュメ ………………………………………………………………………… *302*
　講　　義 ………………………………………………………………………… *303*
　　1　行政主体と行政機関 *(303)*　　2　上級行政機関と下級行政機関の関係 *(304)*
　練習問題58 *(305)*

Unit 59　権限の委任・代理と代決・専決
　レジュメ ………………………………………………………………………… *306*
　講　　義 ………………………………………………………………………… *307*
　　1　権限の委任 *(307)*　　2　権限の代理 *(307)*　　3　代決・専決 *(308)*
　練習問題59 *(309)*
　問題演習コーナー9 …………………………………………………………… *310*

練習問題の解答 …………………………………………………………………… *312*
問題演習コーナーの解答 ………………………………………………………… *316*

憲法その他の基本的法律

◎　日本国憲法 …………………………………………………………………… *332*
◎　行政手続法 …………………………………………………………………… *340*
◎　行政機関の保有する情報の公開に関する法律 …………………………… *350*
◎　個人情報の保護に関する法律（抄）………………………………………… *356*
◎　行政不服審査法 ……………………………………………………………… *374*
◎　行政事件訴訟法 ……………………………………………………………… *389*
◎　国家賠償法 …………………………………………………………………… *397*

第2版発刊に際し、筆者からのメッセージ（2025年3月）………………… *398*
初版発刊に際し、筆者からのメッセージ（2020年3月）…………………… *399*
第2版　おわりに ………………………………………………………………… *400*

おわりに（初版） ………………………………………………………………… *401*

事項索引 …………………………………………………………………………… *402*
判例索引 …………………………………………………………………………… *407*
参考：平成31年（令和1年）～令和5年の主な行政法判例 ……………………… *409*

凡　　例

1　法　　令
法令名の略語、通称は、各年版の六法全書（有斐閣）又は大方の慣用に従う。

2　判　　例
最大判：最高裁判所大法廷判決

最判（決）：最高裁判所判決（決定）

民（刑）集：最高裁判所民（刑）事判例集

裁判集民：最高裁判所裁判集（民事）

行裁例集：行政事件裁判例集

訟月：訟務月報

判時：判例時報

判タ：判例タイムズ

主要参考文献

- 塩野宏『行政法Ⅰ行政法総論［第6版補訂版］』（有斐閣、2024年）
- 塩野宏『行政法Ⅱ行政救済法［第6版］』（有斐閣、2019年）
- 塩野宏『行政法Ⅲ行政組織法［第5版］』（有斐閣、2021年）
- 宇賀克也『行政法Ⅰ行政法総論［第8版］』（有斐閣、2023年）
- 宇賀克也『行政法Ⅱ行政救済法［第7版］』（有斐閣、2021年）
- 宇賀克也『行政法Ⅲ行政組織法／公務員法／公物法［第5版］』（有斐閣、2019年）
- 宇賀克也『行政法［第3版］』（有斐閣、2023年）
- 芝池義一『行政法読本［第4版］』（有斐閣、2016年）
- 櫻井敬子＝橋本博之『行政法［第7版］』（弘文堂、2025年）
- 曽和俊文＝山田洋＝亘理格『現代行政法入門［第5版］』（有斐閣、2023年）
- 鈴木秀洋『自治体職員のための行政救済実務ハンドブック［改訂版］』（第一法規、2021年）
- 斎藤誠＝山本隆司編『行政判例百選Ⅰ［第8版］』（有斐閣、2022年）
- 斎藤誠＝山本隆司編『行政判例百選Ⅱ［第8版］』（有斐閣、2022年）

第 1 部

行政法総論

行政法の意義・特色と全体像

レジュメ

1-1 行政法の意義
　行政法とは、**憲法的価値の実現のための行政に関する法**をいう。

1-2 行政の意義
　かつては行政を積極的に定義する学説も見られたが、現在では高度・複雑化した行政活動を積極的に定義するのは困難と考え、伝統的な**控除説**によって消極的に定義するに過ぎない。
控除説：行政＝すべての国家作用－（立法作用＋司法作用）

1-3 行政法の特色
⑴　**全体的な統一法典が存在しない**
　行政に関する法は無数に存在するので、それらに共通する原理・理論や重要な法典（行政手続法、行政事件訴訟法、行政不服審査法、国家賠償法など）を学習する。

⑵　**専門的内容**である
　一般市民には一見なじみの薄い専門的分野を扱う（都市計画、租税関係など）。ただし、実際には市民生活は行政と深い関係がある。

1-4 行政法の全体像
　行政法には大きく分けて次の３つの分野がある。

①行政作用	様々な行政活動について、共通する原理、ルール、理論を学習する。統一的・横断的法典はないが、「行政手続法」は重要。
②行政救済	行政活動によって損害・損失を被った国民がその救済を国などに請求する手続・ルールを学習する。
③行政組織	行政が活動する際の組織・人・物についての理論やルールを学習する。

講義

　それでは、これから行政法の学習を一緒に進めて行きましょう。
　行政法という科目は、憲法・民法や商法などの科目と比べてどちらかというとマイナーなイメージのある科目で、「難しい」という人もいます。しかし、一つ一つの概念について実例を想定しながらおぼえて行けば、さほど難しいわけではありませんし、公務員の仕事だけでなく、実社会でも結構役に立つ法分野です。

1　行政法の意義

行政法とは何かと言われれば、「**憲法的価値の実現のための行政に関する法**」と言うことができます。行政に関する国の法（ルール）には、**憲法**を頂点にして、その下に国会が制定した**法律**、行政機関が制定した**命令**（政令や省令、規則など）、地方公共団体が制定する**条例**など様々な「ルール」がありますが、国の最高法規である憲法が実現しようとする「個人の尊厳」「基本的人権の尊重」「国民主権」などの理念は、国民生活と密接な関係にある行政活動を通じて実現されますので、行政法とは、それら理念を具体的に実現するための手続と捉えることができるのです。

2　行政の意義

では、「行政」とは何でしょうか。この定義はなかなか困難です。というのは、国会が行う「立法」（憲法41条）や裁判所が行う「司法」（憲法76条1項）は仕事の中身が決まっていて、イメージしやすいのですが、「行政」の仕事は極めて広範な仕事の総体であって、多彩すぎてイメージしにくいことが原因です。

たとえば、身近なところでは、生活に必要な水道を供給したり、ごみを回収・処理したりするのは地方公共団体の行政活動です。また、運転免許は公安委員会という行政機関が発行した運転の許可なので、これを発行することも行政活動です。税務署が国民から税金を取ることや各種の福祉サービスの提供を行うこと、公共事業として土木建築を行うことなどもすべて行政活動です。その一方、日常生活とは程遠い外交や国防、警察などの治安維持活動もすべて行政の仕事です。

さすがにこれだけ幅広いと、言葉で「行政とはこういうもの」というふうに積極的に定義することが困難になります。そこで、現在の学者の通説は積極的に定義することを諦め、「**控除説**」という定義方法をとります。控除説はその名のとおりレジュメ1-2にあるような「引き算」をします。

要は、国家の仕事（国家作用）のほとんどは「行政」の仕事なので、国のすべての仕事から国会が行う「立法」と裁判所が行う「司法」を引き算して除いてしまえば、自動的に残りはすべて「行政」になる、ということです。たしかに、この方法によれば多様な行政活動をすべて定義の中に入れることができます。ただし、この定義では行政活動の特色は一向に明らかにならないという難点もあります。

3　行政法の特色

次に、行政法の特色については、色々ありますが、次の2点を挙げます（レジュメ1-3）。

まず最大の特色は、「**統一法典がないこと**」です。憲法ならば「日本国憲法」、民法ならば「民法」という名前の法典があり、それらの条文の内容や解釈を勉強しますが、「行政法」という名前の法典はありません。では、何を勉強するのでしょうか。

先ほど説明したように、「行政法」は「行政に関する法（ルール）の総体」ですが、行政に関するルールは、国会が制定した「法律」だけでも何百とあります。例えば、福祉行政という行政分野だけ見ても「身体障害者福祉法」「知的障害者福祉法」「社会福祉法」「児童福祉法」「児童虐待の防止等に関する法律」「生活保護法」「母子及び父子並びに寡婦福祉法」「高齢者の医療の確保に関する法律」……と挙げたらきりがありません。

これら無数にある法律の細かい内容を勉強するのではなく、これらの**法律全般に共通して見られる**

図表1-1 行政法の学習内容

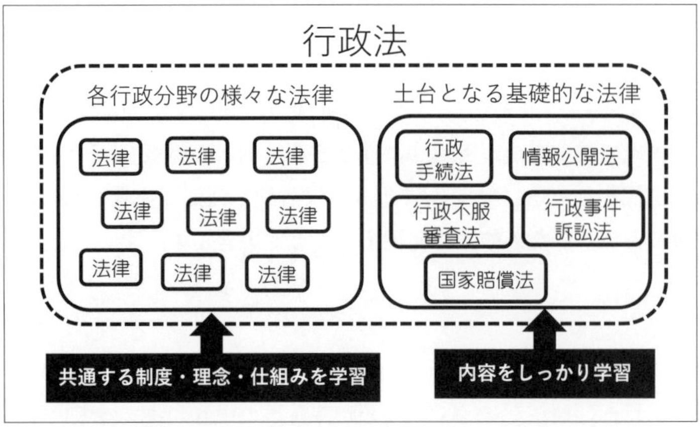

行政法

- 各行政分野の様々な法律
  - 法律／法律／法律
  - 法律／法律／法律
  - 法律／法律／法律
  - → 共通する制度・理念・仕組みを学習

- 土台となる基礎的な法律
  - 行政手続法／情報公開法
  - 行政不服審査法／行政事件訴訟法
  - 国家賠償法
  - → 内容をしっかり学習

「理論」「理念」や「仕組み」を勉強することと、統一法典はありませんが、土台となる基礎的な法律はありますので、その内容を勉強します。

たとえば、法律に「××を行う者は、行政の許可を受けなければならない」と書いてあることがあります。「許可」とはどのようなものでしょうか。また、「許可」を受けられなかった場合やそれが取り消された場合、納得できない国民は、どのように行政に対して争う（文句を言う）ことができるでしょうか。そのような内容を扱います。

そして、みなさんが行政法の様々な基本概念・理念を憲法を頂点とした法体系の中に位置づけて正しく習得すれば、将来様々な法令を読む必要が生じた際に、自分自身で法令の文言の意味を理解・解釈できたり、法的問題が現実に生じたときに「どのように解決すべきか」が判断できたりするようになります。これを「**リーガルマインド**」といいますが、あなたが将来公務員になっても、民間企業に勤めても、非常に大きな力になります。

次に、2つ目の特色である「**専門的内容**」ですが、広範な行政の仕事の中には高度専門的なものも少なくなく、一般の国民にとってわかりにくいものが出てくることがあります。

たとえば、都市計画法という法律を見ると、「準都市計画区域」とか「地域地区」、「第一種低層住居専用地域」「集落地区整備計画」というような、業界用語が沢山出てきます。民法で扱う「売買契約」「賃貸借契約」「婚姻」「相続」のような身近な問題とは違い、国民には分かりにくいものです。

たしかに本書の判例でもそのような「専門用語」が出てきたりしますが、それらの細かい内容や専門的分野を勉強するのは、この本で行政法全体の共通理念・基礎理論がわかってから行えばよく、今は色々な法律を読み解くためのベースとなる「理念」や「考え方」がきちんとわかることが重要であると考えてください。

4 行政法の全体像

最後に行政法の全体像（全体の体系）の話をします。

行政法は統一法典がない関係で、学者によって様々な体系が作られていますが、本書では、①「**行政作用**」、②「**行政救済**」、③「**行政組織**」に分けて説明します。

「行政作用」は、**行政が国民に対して行う様々な行政活動を扱う分野**です。先ほど見たように、行政活動は多様で、多くの法律がありますので、主に共通理論を考察します。また、「行政手続法」という行政活動に関して重要なルールを決めた法典がありますので、それも勉強します。

次に、「行政救済」では、**行政活動によって損害や損失を受けた国民は、どのような救済を受けることができるか**、を扱います。行政救済法は、救済の内容や救済の請求先によって4つの分野に分かれ、また、重要な法典もありますので、その内容を見ていきます。

最後に「行政組織」では、**行政活動に必要な組織**も見ていきます。

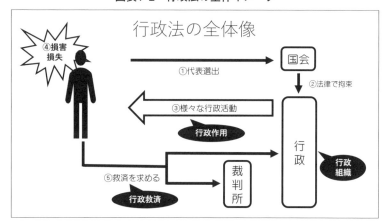

図表1-2　行政法の全体イメージ

練習問題1

次の問いに〇×で答えよ。（解答は巻末にあります。）

1　学問分野としての行政法は、国会が制定した法律のみが対象であり、条例や政令は行政法でない。
2　「行政」を積極的に言葉で定義できるとするのが現在の通説である。
3　「行政法」という名前の統一法典はない。

行政法の基礎概念

レジュメ

2-1 行政主体と行政機関および行政庁
(1) **行政主体**とは**行政上の権利義務の帰属主体である法人**（国、地方公共団体、独立行政法人など）のことをいう。
(2) **行政機関**とは、**行政主体の組織を構成し、行政主体のために手足として活動する単位**のことをいう。
(3) **行政庁**とは、行政機関のうち、**行政主体の判断や意思決定を行い、外部に表示する権限を持つ者**をいう。

2-2 権力行政と非権力行政
(1) **権力行政**とは、行政が公権力の行使を行い、相手側の**国民の意思に反してでも一方的に行うことができる行政活動**をいう。
(2) **非権力行政**とは、公権力の行使なく行われ、相手方の**国民の意思に反しては行うことができない行政活動**をいう。

2-3 規制行政と給付行政
(1) **規制行政**とは、国民の権利を制限したり、義務を課したりするなど、**権利・自由に制限を加える**ような行政活動をいう。
(2) **給付行政**とは、国民の福祉を増進するため、**国民に様々な便益を提供**（金銭の交付、サービスの提供等）する行政活動をいう。
※上記の他にも、「規制行政」、「給付行政」、行政が必要とする資金や土地等の資源を取得する「調達行政」（「資源取得行政」とも言う）、規制・給付を手段として用い、私人を行政の望む方向に誘導する「誘導行政」に分類する見解もある。

講義

行政法を勉強する際に、知っておくと便利な基礎概念（用語）をいくつか勉強しておきます。これらの用語は、今後繰り返し出てきますので、出てくるたびに意味を思い出してください。

1　行政主体・行政機関・行政庁

まず、行政主体・行政機関・行政庁の意味とそれぞれの関係です。これらはドイツの「行政官庁理論」に由来するものですが、用語からその意味が想像しにくいものがあるので注意してください。

行政主体は、「行政上の権利義務の帰属主体である法人」とされていますが、要は国民に行政活動を行っている法人・団体のことだと思ってください。まず、国は国民に行政活動を行っていますの

で、行政主体です。各地方公共団体、たとえば東京都や横浜市も行政主体です。他にも、「水資源機構」とか「日本学生支援機構」のような独立行政法人も行政活動を担っているので、やはり行政主体です。

次に、**行政機関**は、「**行政主体のために活動する単位**」とありますが、要は、行政主体が行う行政活動を現実に担っている「人」だと考えれば良いと思います。例えば、「国」や「東京都」という行政主体が行政活動を行うといっても、「国」や「東京都」は法人であり、生身の身体がありませんので、現実には行政活動はできません。現実の行政活動は、例えば東京都でしたら、東京都知事から末端の一般職員まで多くの公務員が行っています。彼らは皆「行政機関」です。「機関」といっていますが、通常「人」のことを指しています。

そして、行政機関にも様々な種類がありますが（詳細はUnit 58）、その最も主要なものが「**行政庁**」です。行政庁は、「**行政主体の判断や意思決定を行い、外部に表示する権限を持つ者**」ですが、例えば、東京都の行う行政活動は、通常はそのトップにいる「東京都知事」の名前で行われます。ということは、東京都知事は、東京都という行政主体を構成する行政機関の中で、行政庁という地位にあることになります。同様に、道府県知事や市町村長も各地方公共団体の「行政庁」です。また、国では、各省の大臣や庁の長官はもちろん行政庁ですが、他にも各税務署長は国民に自分の名前で税金の課税（租税の賦課）が行えるので、やはり行政庁とされています。

図表2-1 行政主体・行政機関・行政庁

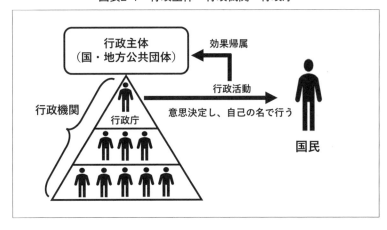

なお、行政庁、たとえば「△△税務署長」が自分の名前で行政活動（ある国民に税金を課す）を行っても、発生した権利（国民から税金を取る権利）は、「△△税務署長」個人には帰属しません。当然ですが「国」（行政主体）に帰属します。「行政主体」が「**権利義務の帰属主体**」というのはそういう意味です。

2　権力行政・非権力行政

権力行政と非権力行政という区別について説明しましょう。これは、行政活動をそれが行われる**手法によって区別する**ものです。

「権力」には、本来様々な意味がありますが、「**権力行政**」とは、**相手側の国民の意思に反してでも行政が一方的に強行できるもの**、つまり、相手の国民が「いやだ」と言っても公権力で強行する手法

が認められている行政活動のことを言います。たとえば、国民に納税をさせる場合、相手の国民が「払いたくない」と言えば税金を取ることができないのでは、国の財政が成り立ちません。そこで、「税金を払え」と命じることも、払わなかったときに強制的に滞納分をその人の財産から徴収することも一方的・強制的に行うことができます。後に行政作用法で扱う項目では、行政行為（Unit 6）や行政上の強制執行（Unit 15）、即時強制（Unit 15-4）などが権力的な行政活動です。

ただし、現実の行政活動のすべてが権力的に行われるわけではありません。ほとんどの行政活動は、**非権力的手法**、つまり「**国民の任意の協力によって行われ、その意思に反しては行えない**」ものです。例えば、地方公共団体が住民に水道を供給する場合は、「水道の供給契約」を締結します。「契約」ですから、国民と行政側の合意によって行われ、行政からの強制はできません。後に行政作用で扱う項目では、行政契約（Unit 19）や行政指導（Unit 18）が非権力的なものです。なお、行政計画（Unit 20-2）は多面的な性質を有しています。

図表2-2 行政活動の分類

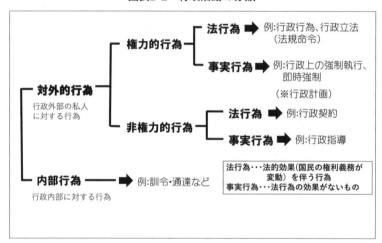

3 規制行政・給付行政

最後に規制行政と給付行政です。これらは、行政活動の**内容**による**区別**です。

図表2-3 規制行政と給付行政

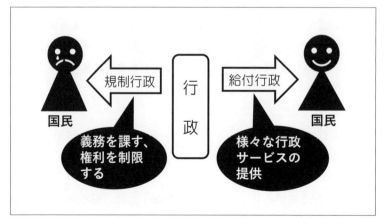

規制行政は、行政が相手の国民の権利・自由に制限を加えるような行政活動、つまり、相手方の国民にとって「嫌なこと」を行うものです。たとえば、自分の店を営業禁止にされたり、自分の建物を壊せと命じられたりすること（建物の除去命令）は「嫌なこと」ですので、これらは規制行政です。

　その逆で、**行政サービスの提供**、すなわち国民が「やってほしい」と思っていることを行うのが**給付行政**です。たとえば、水道の供給契約を結んで水道を住民に供給したり、各種補助金を交付したりするのは、給付行政です。

練習問題2

次の問いに○×で答えよ。（解答は巻末にあります。）
1　行政機関は行政活動を行う団体であり、行政主体はその現実の活動を担う人のことをいう。
2　地方公共団体の首長や各省庁の大臣・長官以外の者が行政庁に該当することもある。
3　権力的手法を用いる行政活動として、行政行為や行政指導が挙げられる。

行政法の原理・原則

レジュメ

3-1　法律による行政の原理
　行政活動は、法律に基づき、法律に従って行われなければならないという原則（Unit 4で説明）。

3-2　適正手続の原則
　行政活動は適正な手続（プロセス）を経て行われていなければならず、手続違反の行政活動は、仮に内容が結果的に正しいものであっても、違法になる。**憲法31条**に由来する。

3-3　平等原則
　行政活動は国民に対して平等に行われなければならず、国民を不合理に差別する行政活動は、違法になる。**憲法14条1項**に由来する。

3-4　信義則・信頼の原則・禁反言の原則
　相容れない矛盾する行政活動が行われ、国民の行政への信頼を裏切った場合には、その行政活動は違法になる。**民法1条2項**に由来する。

3-5　権利濫用禁止の原則
　行政が権限を有している場合であっても、その権限行使が正当な範囲を逸脱する場合は、権限行使として認められず、その効果も認められない。**民法1条3項**に由来する。

3-6　比例原則
　行政活動は目的達成に必要な範囲で行われなければならず（**必要性の原則**）、目的達成に不必要な規制や目的に照らして過剰な規制を行ったりしてはならない（**過剰規制の禁止**）。

3-7　公正・透明の原則
　行政上の意思決定は、その内容及び過程が国民にとって明らかでなければならない。**行政手続法1条**にこの原理が述べられている。

3-8　説明責任の原則
　主権者である国民が国政について重要な情報を入手し、国政について適切に判断ができるような施策を行政側の責任によって行わなければならない。国民主権原理（**憲法前文、1条**）に由来する。

行政法の原理・原則

講　義

このUnitでは、行政法全体の通則的な基本諸原理・原則を説明します。

1　行政法の諸原則

　これらの原則は、皆さんが様々な行政上の事案を考える際に、その解決の重要な「ものさし」になる場合がありますし、判例でも用いられることがあります。
　最も重要な原則は、レジュメ3-1の「**法律による行政の原理**」ですが、こちらは内容が多いので、Unit4で詳しく見ていきます。

　レジュメ3-2〜6の諸原則は、それらに反する行政活動を違法にしてしまうような重要な原則です。
　まず、**適正手続の原則**ですが、行政活動は、仮に結果的に正しいものであったとしても、それを行うプロセスで適正な手続を踏まなかった場合、違法になることがあります。たとえば、ある事業者から行政が事業免許を取り上げる（免許取消し）場合、その事業者が実際に問題のある事業者であったとしても、免許を取り上げる前に相手方（事業者）の言い分を聞いたり、予め免許取消しになるかどうかの客観的基準を行政側で決めておき、その基準に基づいて行うなど公正に行われるべきであり、仮に手続に不適切・不公正な点がある場合、その行政活動は違法になることがあります。
　なお、憲法31条は、刑罰を課す際には、「法の定める（適正な）手続」によらねばならないとしていますが、この考えは**行政活動一般にも適用され得る**、というのが判例の立場です。

　憲法14条1項は法の下の平等を規定しますが、**行政活動を行う際は、国民を平等に扱わなければならない**という趣旨の規定は、「普通地方公共団体は、住民が公の施設を利用することについて、不当な差別的取扱いをしてはならない（地方自治法244条3項）」とする規定などにも見られ、行政活動全体の基本原則になっているといえます。
　したがって、行政が合理的理由なく一部の国民を差別するような行政活動を行った場合、特に法律に「差別禁止」と明記されていなくても、**平等原則違反**として違法になる場合があります。

　民法1条2項は「権利の行使及び義務の履行は、信義に従い誠実に行わなければならない」と規定しています。また、「禁反言の原則」は「自分のとった言動に矛盾する態度をとることは許されない」という信義則の派生原理ですが、これらの**相手の信義・信頼を裏切るような相容れない矛盾した行為をすべきでない**」という原則は、行政活動の原則でもあり、行政が国民の信頼を裏切るような矛盾した行為を行った場合、その行政活動は違法になることがあります。
　判例では、これまで企業誘致政策を推進していた村が、村長交代によって企業誘致政策を変更・撤回し、それによって企業が損害を被った事案について、「信義衡平の原則」に照らして、村は企業の被った損害を賠償しなければならない、とした事案があります（最判昭和56年1月27日：判例3-1）。

　民法1条3項は、「権利の濫用は、これを許さない」と規定し、**たとえ権利を持っていても、社会**

的に正当性が認められる範囲をこえて権利を主張することは許されないとしています。この原理は行政活動についても妥当し、行政側が正当な範囲を逸脱して権限行使をすれば、その行政活動は違法になります。

　法律上も警察官職務執行法が職務質問など様々な警察官の職務遂行手段を認めつつ、「この法律に規定する手段は（中略）目的のため必要な最小の限度において用いるべきものであつて、いやしくもその濫用にわたるようなことがあつてはならない（同法1条2項）」とするのは、その現れです。また、判例でも、地方公共団体が、本来の目的とは異なる、風俗店の開業阻止という目的のために行った児童遊園の設置認可を「行政権の著しい濫用」として違法とした例（最判昭和53年5月26日：判例3-2）があります。

　比例原則は、社会公共の安全・秩序を守るための規制（「警察規制」といいます）の濫用を抑制するための原理でしたが、現在では広く様々な行政分野で適用されています。その内容は、**①行政権の行使は、目的達成のために必要な場合でなければならない（必要性の原則）**と**②目的達成のために必要でも、目的達成に不相応な権力行使をしてはならない（過剰規制の禁止）**の2つから成ります。そして、この原則に反する行政活動も違法になり得ます。

　法律の規定では、行政代執行法2条が代執行ができる場合を「他の手段によつてその履行を確保することが困難であり、且つその不履行を放置することが著しく公益に反すると認められるとき」に限定するのは①の例ですし、先に挙げた警察官職務執行法1条2項が「この法律に規定する手段は……目的のため必要な最小の限度において用いるべきものであつて……」と述べているのは②の例です。

　公正・透明の原則と**説明責任の原則**は、いずれも**国民が行政活動を監視できるようにするための原則**で、要は、国民に対して「行政がどういう意思決定で、何を行っているのか」を可視化し、行政の「ブラックボックス化」を防ぐための原理です。行政が国民の監視の目に晒されることで、違法な行政活動が行われにくくなり、公正な行政活動が期待できます。

　説明責任の原則は、**国民主権**を根拠にしています。国の主権者、つまり「主人公」が国民である以上、行政機関はあくまで国民の権威・信託によって行政活動を行っているのだから、「主人公」である国民によくわかるように行政機関は情報提供をして「自分たちが何をやっているか」を説明する責任がある、ということです。

　法律の規定を見ると、行政手続法1条が同法の目的を「行政運営における公正の確保と透明性（行政上の意思決定について、その内容及び過程が国民にとって明らかであることをいう。以下略）の向上を図り、もって国民の権利利益の保護に資すること」と規定し、公正・透明の原則を述べています。また、「行政機関の保有する情報の公開に関する法律」の第1条が、同法の目的を「国民主権の理念にのっとり、行政文書の開示を請求する権利につき定めること等により、行政機関の保有する情報の一層の公開を図り、もって政府の有するその諸活動を国民に説明する責務が全うされるようにする」とするのは、説明責任の現れです。

2　その他の原則

　レジュメには挙げていませんが、その他にも「**必要性・有効性・効率性の原則**」や「**公益の原則・**

公益適合原則」が行政活動の原則として挙げられることがあります。

　前者は、「行政機関が行う政策の評価に関する法律」3条1項の「行政機関は、(略) その政策効果 (当該政策に基づき実施し、又は実施しようとしている行政上の一連の行為が国民生活及び社会経済に及ぼし、又は及ぼすことが見込まれる影響をいう。略) を把握し、これを基礎として、必要性、効率性又は有効性の観点その他当該政策の特性に応じて必要な観点から、自ら評価するとともに、その評価の結果を当該政策に適切に反映させなければならない」という規定に見られるように、国民の税金で行政活動は行われる以上、無駄は許されず、必要・有効・効率的に行われるべきだ、という理念です。

　後者の例としては、地方自治法232条の2が「普通地方公共団体は、その公益上必要がある場合においては、寄附又は補助をすることができる」とすることなどが挙げられます。無意味な出費による財政状況の悪化は許されず、社会全体の利益（公益）に適合する場合のみしか許されない、と言っています。

練習問題3

次の問いに○×で答えよ。（解答は巻末にあります。）

1　行政活動においては、結果の公益適合性が重要であるため、行政活動の過程・プロセスの法適合性については、通常問題にならない。
2　平等原則は、憲法14条1項に由来するものであるが、行政上の法令にもそれを具体化した規定が見られ、行政活動一般の大原則となっている。
3　信義則や権利濫用禁止の原則は、民法上の原則であり、行政活動がこれらの原則に反することがあっても、違法となることはない。
4　不必要な公権力行使や過剰な公権力行使の禁止は、行政に対する努力目標に過ぎず、行政活動の原則とまでは言えない。
5　行政活動は、透明・公正でなければならず、また、行政は、説明責任を果たさなければならないが、これは国権の最高機関である国会に対してのみ負うものである。

法律による行政の原理

レジュメ

4-1 法律による行政の原理の意義・趣旨

行政活動は、法律に基づき、法律に従って行われなければならないという大原則。

行政を法によって拘束し、その恣意的活動から国民の権利・自由を守るという**自由主義的**な趣旨と、国民を代表する議会が定立した法律によって行政活動に国民の意思を反映させるという**民主主義的**な趣旨がある。

4-2 法律による行政の原理の内容

次の3つの内容がある。

①**法律の法規創造力**
　国会の定立する「法律」によってのみ法規（国民の権利を制限したり、義務を課したりする規範）を定めることができる。

②**法律の優位**
　すべての行政活動は、現存する法律に反してはならず、**法律に反する行政活動は違法**となり、効力が認められない。

③**法律の留保**
　一定の行政活動を行う際には、**法律にその根拠がなければならない**。憲法84条にもその一端が表れている。

4-3 法律の留保の範囲

法律の留保をめぐっては、留保された行政活動の範囲について、次の学説がある（判例の立場は不明）。

①**侵害留保説**（旧通説・行政実務）
　国民の権利を制限したり、義務を課したりするような、侵害的な行政活動のみ法律の根拠が必要とする**自由主義的見地**からの見解。

②**全部留保説**（少数説）
　行政活動はすべて法律の根拠がなければならないとする**民主主義的見地からの見解**。

③**権力留保説**（有力説）
　権力的手法を用いる行政活動には、法律の根拠が必要であるとする見解。

4-4 判例

判例4-1（最判平成3年3月8日　浦安ヨット事件）

〔事案〕A町の漁港を管理する町長Bが、漁港内に不法に設置されたヨット係留用の杭を撤去するための費用を法規に基づくことなく支出した事案について、「町長Bは、船舶航行の安全を図り、住民の危難を防止するため、その存置の許されないことが明白で撤去されても財産的価値がほとん

ど損なわれない本件鉄杭をその責任において強行的に撤去したものであり、本件鉄杭による航行船舶の事故の危険や損害を考慮すれば、むしろBの本件鉄杭撤去の強行はやむを得ない適切な措置であったと評価すべきである。」「Bが本件鉄杭撤去を強行したことは、漁港法及び行政代執行法上適法と認めることのできないものであるが、上記の緊急の事態に対処するためにとられたやむを得ない措置であり、民法720条の法意に照らしてもBが右撤去に直接要した費用を同町の経費として支出したことを容認すべきものであって、違法な支出とはいえない」とした。

講　義

このUnitでは、Unit 3で出てきた「法律による行政の原理」を説明します。

1　法律による行政の原理の意義

法律による行政の原理は、ドイツの伝統的な原理に由来するもので、平たく言うと、「**行政活動は、法律に書いてある通りにしか行ってはならない**」というものです。

なぜ法律通りに行政活動を行わなければならないかというと、行政は国民生活全般に関わる強い権限を持っています。もし、行政がルールなく好き勝手に行政活動を行えるとすれば、国民の自由や権利・利益が害されてしまう危険があるからです。たとえば、行政官が個人的に気に入らない店を意のままに営業禁止にできたり、税務官が好き勝手にいくらでも税金を課すことができるとしたら、国民はたまりません。そこで、行政を「法律」というルールで縛り、行政の権力行使に限界を画することで国民の自由・権利を守るというのが第一の趣旨です。これを**自由主義的意義**といいます。

更に、最近は、もう一つの意義として**民主主義的意義**も追加されるようになりました。主権者たる国民の代表機関である国会が制定した法律に定められたとおりに行政活動を行わせれば、国民が行政活動をコントロールすることができ、国民の意思を行政活動に反映させることもできます。

現憲法で見ていくと、憲法は、国会を「唯一の立法機関」とし（憲法41条）、行政権の頂点に立つ内閣に対して「法律を誠実に執行」することを求め（73条1号）、行政活動に違法があった場合には、裁判所による救済を予定（76条1項）しています。したがって、**憲法も法律による行政の原理を当然の大前提としている**と言えます。

また、英米法の影響の下で制定された現憲法においては、「**法の支配**」の原理を考えなければなりません。伝統的なドイツ流の「法律による行政の原理」では、「行政は法律に従え」というだけで、その法律の内容は問題にしませんが、裁判所の違憲立法審査権（81条）を規定し、英米型の法の支配の原理を継受する現憲法下では、人権を侵害する憲法違反の法律は許されず、法の内容自体も問われることは、念頭に置いておくべきです。

2　法律による行政の原理の内容

次に、「法律による行政の原理」の具体的な内容ですが、①**法律の法規創造力**、②**法律の優位**、③**法律の留保**の3つに分けられます。

図表4-1　法律による行政の原理のイメージ

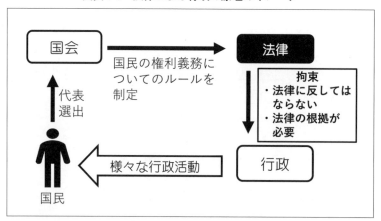

　まず、①**法律の法規創造力**ですが、行政活動は、国民の権利を制限したり、義務を課したりします。そのような、国民にとって極めて利害の大きい行政活動を縛るルールを行政自身が自分で自由に作ることができるというのでは意味がありません。そこで、**国民を代表する国会が作る「法律」のみが行政を縛るルールを制定することができる**、という大前提の話です。もちろん、行政がルールを作ることが全くできないわけではなく、国会が制定した「法律」から委任（法律から「行政側でルールを定めておいて」と頼まれること）があれば、行政も「政令」や「省令」などのルールを作ることが可能です。この点の詳細はUnit21で見ます。

　次に、②**法律の優位**は、**あらゆる行政活動は、法律に違反してはならない**という原理ですが、言い換えれば、法律の規定と現実に行われた行政活動が矛盾した場合、法律の方が行政活動よりも上位にあるので、行政活動は違法となり、その効力が否定されるという原則です。

　当然の原則ですので、権力的・非権力的、規制的・給付的を問わず、あらゆる行政活動についてあてはまります。

　最後に③**法律の留保**ですが、これはある種の**行政活動を行う際には、事前に法律で「その根拠」が規定されていなければならない**、という原理で、国会を唯一の立法機関とする憲法の趣旨（憲法41条）を具現化するものです。

3　法律の留保の範囲

　法律の留保については、「留保された行政活動の範囲」が学説上問題になりました。というのは、あらゆる行政活動がすべて法律に根拠がないと行えないとすると、膨大な行政活動をすべて法律に書き込むことになりますが、それは不可能です。また、国民がある行政活動を行政に求めたとしても「法律に書いていないからできない」とされるケースが増えてきますし、行政の側も柔軟な行政活動が不可能になります。

　そこで、「どこまでが法律の根拠が必要な行政活動か」をめぐって多くの学説が唱えられましたが、その主要なものをレジュメ4-3に挙げました。3つの学説の違いは、次の図表を見ながら理解してください。

　①**侵害留保説**は、戦前の通説であり、現在でも行政実務に強い影響力を持つ考え方で、「**侵害的な行政活動のみ法律の根拠が必要**」とします。図表でいうと、規制的かつ権力的な行政活動であるⅠの

図表4-2 学説による法律の留保の範囲

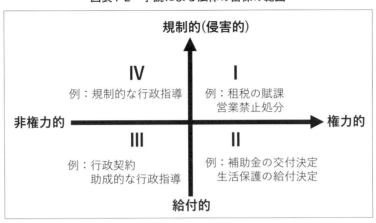

部分だけが法律の根拠が必要で、逆にいうと、Ⅱ～Ⅳの行政活動は、法律の根拠なく行うことができます。

侵害留保説は、行政活動から国民の権利・自由を守る、という**自由主義的な理念**を出発点とした考えで、国民の自由を守るための最低限であるⅠのみ行政活動に根拠を求めますが、狭すぎるという批判があります。そこで、次のような学説が登場しました。

まず、②**全部留保説**ですが、戦後憲法が国民主権原理を採用したことにより、あらゆる行政活動には、国民の代表たる国会の制定した法律による根拠づけが必要であると考え、すべての行政活動（Ⅰ～Ⅳすべて）に法律の根拠を求めます。**民主主義を徹底**しようという意図ですが、法律に根拠のない行政活動は一切できないことになり、非現実的です。

そこで、①と②の中間的な学説がいくつか登場しましたが、ここでは代表的な学説として③**権力留保説**を紹介します。この学説は、**権力的な行政活動**（行政が国民の意思に反してでも強制的に行えるもの）**を行う際には、法律の根拠が必要**と考えるもので、図表ではⅠとⅡの行政活動に法律の根拠が必要と考えます。

4　法律の留保に関する判例

最高裁の判例で法律の留保の範囲について直接言及したものはなく、判例の立場は不明ですが、関連する判例で、「**浦安ヨット事件**」を紹介します。

港に多数のヨット係留用の杭が不法に設置され、船舶の運航上危険な状態になりました。そこで、当時の浦安町（現浦安市）の町長が緊急事態であるとして、法令の根拠がないのにこれを撤去しました。これに対し、法令の根拠がない杭の強制撤去のための公金支出等は違法であるとして住民訴訟（Unit 49-3）が提起されたものです。

判例は、法の根拠がなく杭の撤去が行われたことは、本来ならば法令上は許されないことであるが、緊急事態でやむを得ない行為であったとして、緊急行為の損害賠償責任を否定する**民法720条の「法意（法の趣旨・理念のこと）」によって許される**としました。

法律による行政の原理

練習問題 4

次の問いに○×で答えよ。（解答は巻末にあります。）

1　法律による行政の原理は、アメリカ憲法のデュープロセスの理念を出発点としている。
2　法律の優位の原則は、法律違反の行政活動を禁じるもので、あらゆる行政活動に妥当する。
3　法律の留保とは、行政活動に法の根拠を求めるもので、あらゆる行政活動に法の根拠が必要とするのが現在の通説である。
4　侵害留保説とは、侵害的な行政活動にのみ法の根拠が必要とするもので、歴史的には自由主義的観点から唱えられてきたものである。
5　浦安ヨット事件で最高裁は、法の根拠がない行政活動への公金の支出を本来許されないとしながら、緊急の必要性があったことを重視し、当該支出を違法とはしなかった。

行政関係に適用される法

レジュメ

5-1 伝統的な公法私法二元論

行政上の法律関係は、「**公法関係**」と「**私法関係**」に分けることができ、下記の違いがあるとされた。

公法関係	私法関係
⇒行政主体が優越的な立場から国民に対して活動を行うような特殊な関係	⇒国民と対等な立場で行政活動を行う関係
民法等の私法は適用が排除され、公法（行政法）のみが適用される。また、公法上の権利（公権）は、私権とは異なり譲渡、相続、時効取得の対象とはならない。	民法などの私法のみが適用される

5-2 判例の見解

判例は伝統的公法・私法二元論を必ずしも採っておらず、事案ごとに個別に解決している。

判例5-1　会計法30条の適用について（最判昭和50年2月25日）

〔判旨〕勤務中の事故で死亡した自衛隊員の遺族が国の安全配慮義務違反を理由に自動車損害賠償保障法の損害賠償請求訴訟を提起したが、裁判では損害賠償請求権の時効消滅の期間について、会計法30条の適用が問題になった。判例は、会計法30条が金銭の給付を目的とする国の権利及び国に対する権利につき5年の消滅時効期間を定めたのは、<u>行政上の便宜を考慮する必要がある金銭債権であって他に時効期間につき特別の規定のないものについて適用される</u>ものと解すべきであるとした上で、<u>国の公務員に対する安全配慮義務違反に対する損害賠償請求権の消滅時効は会計法30条の5年ではなく、（改正前）民法167条1項により10年とした。</u>

判例5-2　民法177条の適用について：農地買収処分の場合（最大判昭和28年2月18日）

〔判旨〕<u>農地買収処分は、国家が権力的手段を以て農地の強制買上を行うものであって、対等の関係にある私人相互の経済取引を本旨とする民法上の売買とは、その本質を異にするものである。</u>従って、かかる私経済上の取引の安全を保障するために設けられた<u>民法177条の規定は、自作農創設特別措置法による農地買収処分にはその適用を見ないものと解すべきであり、政府が同法に従って、農地の買収を行うには、単に登記簿の記載に依拠して、登記簿上の農地の所有者を相手方として買収処分を行うべきものではなく、真実の農地の所有者から、これを買収すべきものである。</u>

判例5-3　民法177条の適用について：租税滞納処分の場合（最判昭和35年3月31日）

〔判旨〕AはBに土地を売却したが、Bに移転登記が行われる前にAに対する租税滞納処分によりこの土地の公売処分が実施された。これに対してBが競売処分の無効確認を求めて出訴した事案

について、滞納者の財産を差し押さえた国の地位は、あたかも民事執行における差押債権者の地位に類するものであり、この関係において、国は一般私法上の債権者より不利益な取扱いを受けない、として租税滞納処分において民法177条の適用があることを認めた。
(ただし、最高裁は上記を前提としつつも、この事案では国が「背信的悪意者」に該当することを認めて177条を適用せず、公売処分を無効とした。)

判例5-4　地方議員の報酬請求権の譲渡性（最判昭和53年2月23日）

〔判旨〕地方議会の議員の報酬請求権は、公法上の権利であるが、単なる経済的価値として移転性が予定されている場合には、その譲渡性を否定する理由はないので、当該地方公共団体の条例に譲渡禁止の規定がないかぎり譲渡することができる。

講　義

1　伝統的な公法私法二元論

　行政法総論の最後に「行政関係に適用される法」という項目を勉強します。ここでは、「**行政法の世界で民法などの私法は適用されるのか**」という問題を扱います。

　まず、一応知っておくべきものとして、戦前から戦後期にかけて唱えられた「**公法・私法二元論**」という考え方があります。この考え方によれば、行政と国民との関係は、私人間の取引と同様に行政と国民が対等な立場で関わる「**私法関係**」と私法関係には見られない特殊な関係である「**公法関係**」に分けられるとします。行政が国民と契約を結んで取引をしたりする場面が「私法関係」で、公法関係の典型は、行政が国民に対して公権力を行使するなど権力的活動を行い、国民と行政との間に「**支配関係**」のような一種の上下関係が成立する場合を言います。

　そして、**公法関係においては、その特殊性ゆえに対等な立場にある当事者の規律を目的とした民法などの私法は適用が排除され、また、公法上の権利（公権）は、私権とは異なり、譲渡・相続・時効取得の対象にもならない**、とする理論です。

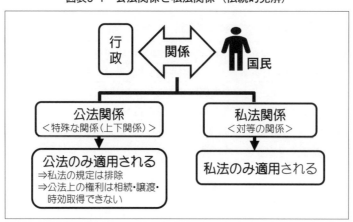

図表5-1　公法関係と私法関係（伝統的見解）

このような考えの背景には、公法と私法の峻別を説くドイツ法の伝統や戦前の行政裁判が公法関係に関する紛争は行政裁判所が、私法関係に関する紛争は通常裁判所が担当しており、その管轄を区別する必要があったことが影響しています。しかし、特別裁判所を禁止し（憲法78条2項）、行政訴訟も通常裁判所がすべて裁判する現行憲法の下では区別の必要性が乏しく、また、「公法関係だから私法は一切適用しない」という考え方が妥当かどうかも疑問視されるようになりました。

2 判例の見解

では、判例は行政上の関係への私法の適用についてどのように考えているのでしょうか。結論から言うと、「**二元論に必ずしもとらわれることなく、ケースバイケースで処理している**」と言うことになります。重要判例をいくつか見ていきますが、ここでは、民法の基礎的知識が必要です。

判例5-1は、消滅時効が問題になった事例です。自衛隊員が勤務中の事故で亡くなりました。その後遺族が国の債務不履行（安全配慮義務違反）を理由として損害賠償請求訴訟を提起しましたが、その際、損害賠償請求権の時効消滅期間が改正前民法167条1項の10年なのか会計法30条の5年なのかが問題になりました。

会計法30条は「金銭の給付を目的とする国の権利で、時効に関し他の法律に規定がないものは、5年間これを行わないときは、時効に因り消滅する。国に対する権利で、金銭の給付を目的とするものについても、また同様とする」と規定しており、国の側は、会計法30条が適用され、5年の消滅時効によって損害賠償請求権は時効消滅した、と主張しました。

判例は、次のような基準を示しました。

図表5-2 会計法30条と民法の消滅時効の関係

ケース	時効期間
①時効について法律に特別な規定がある場合	法律の定める期間
②行政上の便宜を図る必要から短期の消滅時効が必要な場合	5年（会計法30条）
上記①②以外の場合	10年（旧民法167条1項）

そして、**国の安全配慮義務違反による損害賠償請求の場合、①にも②にも該当しないので、消滅時効は民法の10年**としました。ここで注意すべきは、民法の適用について判例は「公法関係」「私法関係」によって区別してはいないということです。

次に、**民法177条の行政関係への適用**について判例を紹介します。

民法177条では、「不動産に関する物権の得喪及び変更は、不動産登記法その他の登記に関する法律の定めるところに従いその登記をしなければ、第三者に対抗することができない」と規定しています。典型的には、BがAから土地を買って土地所有者となった後、所有権の移転登記（「所有権が自分に移った」ということを法務局の登記簿に載せる）を行わずにいたところ、実はAはCにも二重に土地を売っており、自己の所有物として登記をしたC（第三者）からBに「その土地は自分のものだから引き渡せ」と主張された場合、Bは登記がないのでCに「対抗できない」、つまりその土地を取られ

てしまいます。

　では、BがAから土地を買い、登記をせずにいたところ（登記はAのまま）、行政庁CがAの土地だと思い、その土地所有権を取り上げる「処分」を行い、Aから土地を取り上げました。Bは登記がありませんが、行政庁に対して「自分の土地だ、返せ」と言えないのでしょうか。

　もし行政が処分で取り上げた場合にも民法177条が適用されるとすれば、Bは登記がないので、土地の所有権を行政に主張できません。逆に177条の適用がないとすれば、登記の有無は関係ないので、元々所有権を持つBは行政に土地の所有権を主張できます。

　判例は、その「処分」によって結論を変えています。

図表5-3　処分と民法177条の適用

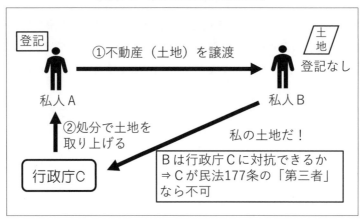

　農地改革時に国が不在地主Aから**農地買収処分**で強制的に農地を買い上げた事例（判例5-2）では、民法上の取引とは全く異なる事例であるとして**177条の適用を否定**し、一方で、Aが税金を滞納しており、国がAに対して**滞納処分**（税金を滞納している者に対して国が強制的に徴収する手続）で土地を取り上げた事例（判例5-3）では、国は「差押債権者の地位に類する」として民法上の取引との類似性を指摘して**177条を適用**し、原則としてBは登記がないと行政に権利を主張できない、としました。

　公法上の権利の性質についての判例では、判例5-3を挙げておきます。伝統的公法私法二元論では、「公法上の権利（公権）は、譲渡・相続等の対象とならない」と考えましたが、**地方議会の議員の報酬請求権**（給料をもらう権利）は、「公法上の権利」としつつ、譲渡性を認めています。

図表5-4

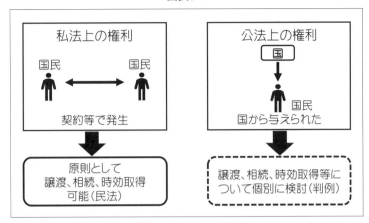

練習問題5

次の問いに○×で答えよ。(解答は巻末にあります。)

1 伝統的な公法私法二元論は、英米法の理論であり、戦後になって我が国でも受容された。
2 伝統的な公法理論では、公法上の権利は私法上の権利(私権)とは根本的に異なるとされた。
3 会計法30条は、行政上の便宜を図る必要がある時のみ特別に適用されるもので、そのような必要がない場合は、民法の消滅時効の規定が適用されるとするのが最高裁の判例である。
4 農地買収処分に対して民法177条の適用はないとするのが最高裁の判例である。
5 租税滞納処分は、私人相互の経済取引とは根本的に異なることから、民法177条は適用されないとするのが最高裁の判例である。

問題演習コーナー1

（解答は巻末にあります）

問題1-1
行政法学上の法律による行政の原理に関する記述として、妥当なものはどれか。
【特別区Ⅰ類（2022年）】

1 法律による行政の原理の内容として、法律の優位の原則、法律の留保の原則及び権利濫用禁止の原則の3つがある。
2 法律の優位の原則とは、新たな法規の定立は、議会の制定する法律又はその授権に基づく命令の形式においてのみなされうるというものである。
3 社会留保説とは、侵害行政のみならず、社会保障等の給付行政にも法律の授権が必要であるとするものであり、明治憲法下で唱えられて以来の伝統的な通説である。
4 権力留保説とは、行政庁が権力的な活動をする場合には、国民の権利自由を侵害するものであると、国民に権利を与え義務を免ずるものであるとにかかわらず、法律の授権が必要であるとするものである。
5 重要事項留保説とは、国民の自由と財産を権力的に制限ないし侵害する行為に限り、法律の授権が必要であるとするものである。

問題1-2
行政上の法律関係に関するア～オの記述のうち、判例に照らし、妥当なもののみを全て挙げているのはどれか。【国家総合職（2019年）】

ア　金銭の給付を目的とする国の権利及び国に対する権利につき5年の消滅時効期間を定めた会計法第30条の趣旨は、国の権利義務を早期に決済する必要があるなど主として行政上の便宜を考慮したことに基づくものであるところ、自衛隊員が、自衛隊の車両整備工場において同僚の運転する自動車にひかれ死亡した場合における国の安全配慮義務違反を理由とした損害賠償責任については、かかる行政上の便宜を考慮する必要があるから、同条の消滅時効期間が適用される。

イ　普通地方公共団体の議会の議員の報酬請求権は、公法上の権利であり、法律上特定の者に専属する性質のものとされているため、単なる経済的価値として移転性が予定されているということはできないから、当該普通地方公共団体の条例に譲渡を認める旨の規定がない限り、これを譲渡することはできない。

ウ　国税滞納処分により滞納者の財産を差し押さえた国の地位は、民事訴訟法上の強制執行における差押債権者の地位に類するものであり、租税債権がたまたま公法上のものであることは、国が一般私法上の債権者より不利益な取扱いを受ける理由とはならないから、滞納処分による差押えの関係においても、不動産に関する物権変動の対抗要件について定めた民法第177条の適用がある。

エ　公水使用権は、それが慣習によるものであると行政庁の許可によるものであるとを問わず、公共用物たる公水の上に存する権利であることに鑑みると、河川の全水量を独占排他的に利用し得る絶対不可侵の権利ではなく、使用目的を満たすに必要な限度の流水を使用し得るにすぎないものと解すべきである。

オ　普通地方公共団体が、地方自治法上の法令遵守義務に反して、既に具体的な権利として発生している国民の重要な権利に関し、法令に違反してその行使を積極的に妨げるような一方的かつ統一的な取扱いをし、その行使を著しく困難にさせた結果、これを消滅時効にかからせたという極めて例外的な場合においては、普通地方公共団体が、地方自治法第236条第2項を根拠に消滅時効を主張することは、信義則に反し、許されない。

1　ア、イ、エ
2　ア、ウ、エ
3　イ、ウ、オ
4　イ、エ、オ
5　ウ、エ、オ

(参考)　地方自治法（金銭債権の消滅時効）

第236条

1　(略)
2　金銭の給付を目的とする普通地方公共団体の権利の時効による消滅については、法律に特別の定めがある場合を除くほか、時効の援用を要せず、また、その利益を放棄することができないものとする。普通地方公共団体に対する権利で、金銭の給付を目的とするものについても、また同様とする。
3　(以下略)

第 2 部

行政作用
（行政作用一般）

行政行為の意義と分類

レジュメ

6-1 行政行為の意義・特色

行政行為とは、「**行政庁が法の規定に基づき、一方的判断によって国民の権利義務や法的地位を個別・具体的に決する行為**」を指す講学上の概念である。また、実定法上の概念である、「**処分**」と同一の概念と理解すると良い。行政行為を行政庁が行う際には、法律の根拠が必要である。

①行政庁が国民に対して行う行為であること、②権力的行為であること、③法的効果を伴う法行為であること、④個別・具体的行為であることがその特色である。

※処分の定義　行政庁の法令に基づく行為のすべてを意味するものではなく、公権力の主体たる国または公共団体が行う行為のうち、その行為によって、直接国民の権利義務を形成しまたはその範囲を確定することが法律上認められているものをいう（最判昭和39年10月29日：Unit 40-1）。

6-2 行政行為の分類（従前の分類方法）

法律行為的行政行為	命令的行為	下命…国民に**作為義務を課す**行為（実例：違法建築物の除却命令、租税の賦課処分）
		禁止…国民に**不作為義務を課す**行為（実例：営業停止・禁止処分、違法建築物の使用禁止処分、道路の通行禁止）
		免除…国民に課された**作為義務を特定の場合に解除**する行為（実例：納税義務の免除、児童の就学義務の免除）
		許可…国民に課された**不作為義務を特定の場合に解除**する行為（実例：風俗営業許可、建築許可、自動車運転免許、火薬類製造の許可、医師免許）
	形成的行為	特許（剥権行為）…私人が本来有しない**特別な権利や法的地位を与える**行為。これを奪うのが剥権行為。（実例：鉱業権の設定許可、道路や河川の占用許可、公有水面埋立免許、公務員の任命（相手の同意に基づく行為））
		認可…私人間で行われた**法律行為（契約や合同行為）を補充して、その効力を完成させる**行為（実例：農地の権利移転許可、私立学校設立認可、公共料金値上げの認可、河川占用権の譲渡の認可）
		代理…**第三者（国民）が行うべき行為を行政庁が代わって行い**、当該第三者が行ったのと同じ効果が発生する行為（実例：土地収用裁決、特殊法人の役員選任）
準法律行為的行政行為		確認…公の権威によって特定の事実又は法律関係の存否を**判断し、確定**する行為（実例：建築確認、選挙の当選人決定、特許法上の特許、恩給権の裁定）
		公証…特定の事実又は法律関係の存在を**公に証明**する行為で法律が一定の法律効果を付与したもの。（実例：選挙人名簿への登録、戸籍への記載）

準法律行為的 行政行為	**通知**…相手方に対し**一定の事実を伝える行為**のうち、法律が一定の法律効果を付与したもの。(実例：納税の督促、代執行の戒告、土地収用時の事業認定の告示、特許出願の公告)
	受理…相手方の申請や届出等の行為を**有効なものとして受け取る行為**で法律上一定の法律効果が発生するもの。(実例：不服申立書願書等の受理)

6-3　法律行為的行政行為と準法律行為的法律行為の意義と相違点

	法律行為的行政行為	準法律行為的行政行為
意　義	行政庁が一定の**法律効果の発生を欲する**意思（効果意思）**を持ち、これを外部に表示**すること（表示行為）によって成立する行政行為	行政庁の**意思表示を含まず**、判断・認識等の表明に対して法律が法的効果を付与した行政行為
相違点	・附款（Unit 12）を附すことができる ・行政の裁量（Unit 13）を認めることができる	・附款を附すことができない ・行政の裁量が認められない

6-4　許可と特許、認可の相違点

	許可（命令的行為）	特許、認可（形成的行為）
相違点	・行政の裁量はあったとしても狭い ・国民が必要な許可を受けずに行った行為であっても**有効**（通常罰則あり）	・行政の裁量は広い ・国民が必要な特許や認可を受けずに行った行為は**無効**（通常罰則なし）

講　義

1　行政行為の意義・特色

ここからは、行政作用法の様々な行政活動について見ていきますが、最初に扱うのは、行政作用の中心的存在である**行政行為**です。

行政行為といっても、「行政が行う行為全般」という意味ではなく、ある特色を備えた行政活動のみを行政行為と言います。ではどのようなものか、そのイメージをつかみましょう。

図表6-1　行政行為のイメージ

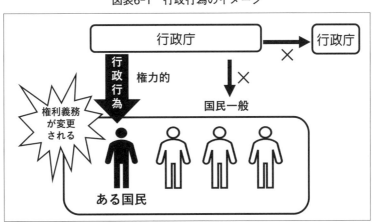

レジュメ6-1では、「行政庁が①**法の規定に基づき**、②**一方的判断によって**③**国民の**④**権利義務や法的地位を**⑤**個別・具体的に決する行為**」としています。この①〜⑤に行政行為の特色があります。

まず、行政が「一方的判断」で行う行為（②）、つまり**権力的な行為**でなければ行政行為ではありません。非権力的な行政指導（Unit 18）や行政契約（Unit 19）とは異なります。

次に、行政が「**権利義務や法的地位**」を決する（変更を加える）行為である必要があります（④）。それが行われることで、国民の権利義務に変更が加えられなければ行政行為ではありません。行政指導は、相手の国民に義務を課しませんので、行政行為とはこの点でも異なります。なお、行政法学では相手の権利義務や法的地位に変更が生じる行為を「**法行為（法的行為）**」といい、それらに変更が生じない行為を「**事実行為**」と呼びます。行政行為は法行為で、行政指導は事実行為です。

また、権利義務や法的地位を「**個別・具体的に**」決することも必要です（⑤）。「個別」とはある特定の人物や法人などを対象として行われることで、行政立法のように国全体や国民一般に対してルールを制定する作用は「一般的行為」であり、行政行為とはいえません。また、「具体的」とは、その行為によって現実に権利義務等に変更が生じることで、行政立法のようなルール制定や行政計画のようなプランニングに過ぎないものは、現実にある人の権利義務を変更しているとは通常はいえません。

更に、当然ですが、「**国民の**」権利義務を変更するもの（③）である必要があります。行政機関が行政機関に対して行うものは「内部行為」といい、行政行為とは区別されます。また、行政行為を行うには、**法の根拠が必要**です（①）。つまり、法律に根拠がある行政行為しか行政は行うことができません。

典型的な行政行為の例としては、保健所が食中毒を出した食品店に営業停止処分をすることが挙げられます。保健所（行政機関）が、権力的に特定のある店舗に対して「営業してはならない」という義務を命じるからです。あるいは、税務署長がある国民に「あなたが申告した所得は誤っているから、正しい金額の税金を払え」と命じること（更正処分といいます）も当然「行政行為」です。

ただ、注意してほしいのは、法令に「これは行政行為である」と書いてあるわけではありません。行政行為は、学者が考えた**学問上の概念**であり、これに該当するかどうかは、その行政活動が上記の特色を備えているかどうかを個別に検討して判断するしかありません。

なお、法令上「**処分**」という概念があります。「処分」は「取消訴訟などの抗告訴訟を提起できるかどうか」という観点から作られた法技術上の概念ですが、学問上の「行政行為」と同じものと理解してかまいません。両者の相違点は無視し、「行政行為」≒「処分」として説明をしていきます。

2　行政行為の分類

行政行為にも様々なものがありますが、従前からある有名な学問上の分類方法（レジュメ6-2）を法令上の実例とともに挙げます。この分類方法では、まず行政行為を民法の法律行為の理論にならって「**法律行為的行政行為**」と「**準法律行為的行政行為**」に分けます。両者の違いは、「法律行為的行政行為」は行政庁が**意思表示**をすることで、その意思表示通りの効果が相手の国民に発生するような行政行為をいいます。それに対して「準法律行為的行政行為」は、行政庁が認識・判断などを行うことで、法律によって自動的に国民に対してある効果が発生するような行政行為で、両者の大きな違い

は、**行政庁の「意思表示」の有無**です。

また、法律行為的行政行為は、行政が自らの判断で意思表示するわけですから、**裁量**（Unit 13）が可能であり、**附款**（Unit 12）を附けることも可能ですが、準法律行為的行政行為ではそれらを附けることはできません。

次に、法律行為的行政行為は、**命令的行為**と**形成的行為**に分けられます。行政行為は、国民の「権利・義務」を変動させるものですが、国民が生まれながらに有している自由に対して「**義務**」を課したり、**解除**したりするのが命令的行為で、国民が本来有していない「**権利**」や法的地位を与えたり**奪ったり**するのが形成的行為です。なお、レジュメでは法令上の実例を挙げていますが、法令上の実例の名称は学問上の分類の名称と必ずしも一致しません。例えば、法令上「許可」となっていても、学問上の分類では「認可」や「特許」に該当する場合がありますので、ご注意ください。

まず、**命令的行為**ですが、国民に課される義務には、作為義務（「〜しろ」という義務を課す）と不作為義務（「〜するな」という義務を課す）がありますが、作為義務を課すのを「**下命**」といい、不作為義務を課すものを「**禁止**」と呼びます。

逆に、すでにある作為義務を解除（無しにする）行政行為は「**免除**」と呼び、すでにある不作為義務を解除するものを「**許可**」といいます。まとめると次の図のようになります。

図表6-2　命令的行為の区別

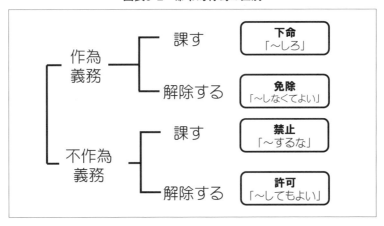

次に、**形成的行為**ですが、「**特許**」は、「**特別な権利や法的地位を与える**」行政行為のことで、例えば、公の水面を埋め立てることの免許処分はこれに該当します。また、公務員になる際には、任命権者から任命を受けることで公務員の地位が発生しますが（例：東京都職員は、東京都知事の任命による）、この任命も特許であり、珍しく相手方の同意を必要とする行政行為です。なお、特許によって与えられた地位を奪う行政行為を「**剥権行為**」といいます。

「**認可**」は「私人間で行われた**法律行為を補充して、その効力を完成**させる行為」です。農地の権利移転許可を例に説明すると、通常、土地などの不動産の所有権を移転する場合、移転契約（例：売買契約）を締結するだけで土地の所有権は相手方に移ります。ところが、その土地が農地であった場合、農地法の規定により、移転契約だけでは所有権は移転せず、プラスαとして農業委員会の許可

(学問上の分類では認可) が原則的に必要 (農地法3条) で、それがあって初めて所有権も移転するとされています。

つまり、私人が行う行為 (契約など) では効力が完成しない制度になっている場合に、効力完成のためのプラスαを行政が行うことだとイメージしてください。前に説明した「許可」とは異なるものです。

「**代理**」は、「第三者が行うべき行為を**行政庁が代わって行い、当該第三者が行ったのと同じ効果が発生**する行為」という構造が民法の代理制度と似ているので、そう名づけられました。例えば、公共性のある事業を行う者 (第三者:行政でも民間企業でもよい) が、その事業を行うため、ある土地所有者の土地を取得する必要があるのですが、どうしても土地を売ってくれない場合、その事業者に代わって収用委員会が「収用裁決」を行い、土地所有権を強制的に取得することができます。そして、取得した土地の所有権は第三者 (事業を行う者) に帰属します。これを土地収用裁決といい、「代理」の典型例です。

命令的行為と形成的行為は種々の違いがあり、命令的行為は、裁量 (Unit13) があったとしてもその幅が狭く、逆に形成的行為は、広い裁量が認められるとされてきました。

また、命令的行為である許可を受けずに無許可で国民が行った行為があったとしても、その行為自体は無効にはなりませんが、形成的行為である特許や認可を受けることなく行った行為は、そもそも無効であると説明されてきました。

なお、準法律行為的行政行為は「**確認**」「**公証**」「**通知**」「**受理**」に分かれますが、いずれも行政が相手の国民に対して、「あなたにこういう効果を発生させる (例:あなたの店に営業禁止の義務を課す)」という**意思表示はしておらず**、ある事項について判断したり (確認)、認識したことを公に証明したり (公証)、知らせたり (通知)、行政が受け取ったり (受理) するだけで、法律の規定により国民の権利義務に変化が生じるものです。レジュメの実例とともにチェックしておいてください。

練習問題❻

次の問いに○×で答えよ。(解答は巻末にあります。)

1　行政行為は、権利義務に変化を伴うなど法的な効果が生じる行政活動を指すので、行政契約も行政行為に含まれる。
2　無許可で行った国民の行為は無効とはならないが、認可、特許を得ることなく行った国民の行為はそもそも効果が生じないと従前から考えられてきた。
3　講学上の許可とは、国民の不作為義務を解除する内容の行政行為で、公有水面埋め立ての免許はこれに該当する。
4　公務員の任命は、相手方の同意が前提になっている以上、非権力的であり、行政行為ではない。
5　認可は私人の法律行為を補充・完成させる行為であり、農地の権利移転許可はこれに該当する。

Unit 7 行政行為の効力①（公定力）

レジュメ

7-1 公定力の意義

行政行為は、たとえ**違法**であっても、**重大かつ明白な瑕疵がある場合を除いて**、権限ある国家機関がこれを**取り消さない限り**、何人（私人、裁判所、行政機関）もその効力を否定できないという効力。

判例7-1 公定力の意義（最判昭和30年12月26日）

> 〔判旨〕行政処分（行政行為のこと）は、たとえ違法であっても、その違法が重大かつ明白で当該処分を当然無効ならしめるものと認むべき場合を除いては、適法に取り消されない限り完全にその効力を有するものと解すべきで、訴願裁決庁がその裁決を自ら取り消すという違法があっても、その違法は、処分を当然無効ならしめるものではない。

7-2 公定力の根拠～取消訴訟の排他的管轄

法が行政事件訴訟法に取消訴訟制度を特に設けていることが公定力の根拠とされる。

7-3 公定力の例外

①**重大かつ明白な瑕疵**があり、**無効な場合**（Unit 9-1）

②**国家賠償を請求**する場合

違法な行政行為によって被った損害の賠償請求（国家賠償請求）を行う場合は、行政行為の効力を否定しようとするものではないので、**行政行為の取り消しは必要ない。**

判例7-2 公定力と国家賠償請求（最判昭和36年4月21日）

> 〔判旨〕行政行為が違法であることを理由として国家賠償を請求するについては、あらかじめ行政処分につき取消又は無効確認の判決を得なければならないものではない。

③**刑事訴訟**で行政行為の違法を主張する場合

行政行為で課された義務に違反したとして刑事裁判となった場合、予め取消訴訟で取り消してもらうことなく、**直接刑事裁判の中で被告人が行政行為の違法を主張できる。**

④**違法性の承継**（Unit 10-3）が認められる場合

※なお、公定力概念その他行政行為の各種効力説明の廃止論について、後述Unit 8「講義」参照。

講義

1 公定力の意義

行政行為には、民法の法律行為（契約など）には見られない、特殊な効力がいくつかあります。ここでは、最も重要な「公定力」について説明します。

公定力は行政行為一般に認められるもので、「たとえ違法の瑕疵があったとしても、重大かつ明白な瑕疵がある場合を除いて、権限ある国家機関がこれを取り消さない限り、その効力を否定できない」という効力をいいます。以下事例を挙げて説明します。

図表7-1　実例

【事例1】
保健所長Aは、Bが営業する料理店の衛生状態に問題があると判断し、1週間の営業停止処分を行った。しかし、Bの料理店は衛生状態に問題があるとはいえず、営業停止処分には問題があった。
【事例2】
税務署長Cは、Dの行った所得の申告（1000万円）は過少申告であると考え、Dに対して所得は1500万円とする更正処分を行った。しかし、実際には所得はD申告どおり1000万円であり、Cの更正処分には問題があった。

上記事例1の営業停止処分も事例2の更正処分も「行政行為」です。いずれの事例でも行政は違法な行政行為（「瑕疵ある行政行為」）を行っていると見られます。

あらゆる行政活動は本来違法であってはならず、法律による行政の原理の「**法律の優位**」（Unit 4-2）から考えると、上記事例いずれでも行政行為は無効となり、Bは営業停止する義務はなく、処分を無視して営業を続けてもよいし、Cは更正処分を無視して所得1000万円分の税金のみ納めれば良いように思えます。

ところが、行政行為に公定力が認められる結果、仮にBが営業停止処分を無視して営業すれば、無許可営業になり、場合によっては罰則が科されますし、DはCの更正処分を無視して所得1000万円分の所得税を納付しても、処分通り1500万円分の税金を強制徴収されます。つまり、**行政行為は違法の瑕疵があっても効力はそのままで、国民が違法な行政行為を無効と考えて勝手に無視することはできない**のです。

では、違法な行政行為が行われた場合、国民はどうすれば良いかというと、**違法な行政行為の効力を消滅させるために、「取消し」というものをしてもらわなければなりません**。「取消し」ができるのは裁判所と行政機関だけで、国民はできません。したがって、BもDも取消訴訟やその簡易形態である不服申立てを行って、違法な行政行為を裁判所や行政に取り消してもらったら、初めて行政行為を無効扱いできます。言い方を変えれば、「行政行為は仮に傷（瑕疵）があっても、生きており（効力あり）、国民が勝手に死んだ（無効）という扱いをしてはならず、裁判所や行政機関がその傷がある行政行為を殺す（取り消す）ことによって初めて効力がなくなる」ということです。

2 取消しにはどのような方法があるか

なお、処分(行政行為)を取り消す方法としては、「**取消訴訟**」と「**職権取消し**」という2つの主な方法がありますので、ここで説明しておきます。

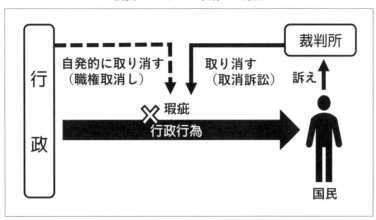

図表7-2 3つの取消しの方法

1つめは、「取消訴訟」です。国民が行政側を相手取って「**取消訴訟**」いう訴訟を**裁判所に提起して争う**もので、国民が勝った場合は、裁判官が判決文で処分を取り消してくれます。これが最も正式な**取消し**の争い方です。

2つめは、「職権取消し」です。国民から「取り消してくれ」と請求して争う(争訟)のではなく、**自身が行った行政行為に瑕疵があることに後に気づいた行政機関が自発的にその行政行為を自ら取り消す**ことで、後に詳しく説明します(Unit 11)。

3 公定力の根拠

公定力に話を戻します。

行政行為に上述の公定力があるということは、法令には直接書いてありませんが、戦前から通説・判例はこれを認めてきました。では、このような効力が認められるとする根拠は何でしょうか。戦前の時代は、行政庁の「権威」が主な根拠とされました。つまり、「権威ある役所が行った行為は適法・有効であるのが原則で、国民が勝手に効力を否定してはならない」ということです。しかし、国民主権を掲げる現憲法の下ではそのような説明は成り立ちません。

そこで、現在は、「**取消訴訟の排他的管轄**」が公定力の根拠であると考える見解が有力です。これは、国がわざわざ「取消訴訟」という、違法な処分(行政行為)を取り消すための専用の訴訟を行政事件訴訟法に用意したのは、「もし国民が処分に違法があるとか、処分の効力を否定したいというのならば、必ず取消訴訟(またはその簡易形態である不服申立)を使って争い、取消訴訟以外で処分の違法を主張したり、効力を否定したりすることは認めない」という趣旨であるとする考えで、**取消訴訟という制度の存在自体**が「違法な処分でも取り消さないと効力がある」という**公定力の根拠**になると考えるのです。

4 公定力の例外

上記の「行政行為は違法でも取り消さない限り効力がある(公定力)」とか「処分が違法であると

主張したり、その効力を否定したりできるのは取消訴訟のみである（取消訴訟の排他的管轄）」という命題には次のような例外があります。

1つ目は、**処分の瑕疵が「重大かつ明白」であったと言える場合**です。つまり、行政のミス（瑕疵）が通常のミスとは言えず、「誰の目にも明らかな重大なミスをしている」という例外的な場合にまで「取り消さないと効力がある」というのは国民にとって酷です。そこで、このような場合には公定力はなく、取り消さなくても最初から行政行為の効力はないことになります。この点は後に詳説します（Unit 9）。

2つ目の例外は、「**国家賠償を請求する場合は予め取消しをしていなくても処分の違法を請求できる**」というものです。

例えば、前記の「事例1」で、違法な営業停止処分を受けたBが営業停止処分の効力を否定して営業を再開するためには処分の取消しが必要ですが、そうではなく、Bが違法な営業停止処分により営業ができなかったことによって被った損害を行政にお金で償ってほしい場合（「国家賠償請求する」と言います）、「処分の違法や取消しを主張できるのは取消訴訟のみである」という命題をそのまま当てはめると、Bは国家賠償を請求する前に取消訴訟を提起し、「処分は違法」という主張を認めてもらい、取消判決を得た上でないと国家賠償請求できないことになります。

これでは国民に過大な負担を強いることになりますし、そもそも公定力は、「違法な処分でも『効力』を認めるかどうか」の問題であって、「**違法な処分によって生じた損害の賠償金請求を認めるかどうか**」とは別問題なので、公定力が出てくる場面ではないのです。

3つ目に「**刑事訴訟で行政行為の違法を主張する場合**」も「処分の違法や取消しを主張できるのは取消訴訟のみである」という命題は妥当しません。例えば、上記の「事例1」で、Bが営業停止処分を違法と考え、無視して営業を続けたとします。行政側からするとBは営業許可が停止されているのに営業を続けているわけですから、Bは無許可営業罪で刑事訴追される可能性があります。

そのような場合、Bは刑事裁判の中で当然「そもそも営業停止処分自体が間違った違法なもので、自分はそれに従わなかっただけなので無罪だ」と主張します。ところが、ここでも「処分の違法や取消しを主張できるのは取消訴訟のみである」という命題をそのまま当てはめると、Bは刑事裁判で「処分は違法」という主張ができないことになりますので、Bとしては刑事裁判を受ける前に取消訴訟を提起し、「処分は違法」という主張を行い、取消判決を得た上でないと刑事裁判で無罪を勝ち取ることができないことになってしまいます。

国家賠償の場合と同じく、「違法な処分でも『効力』を認めるかどうか」の問題と「**処分に従わなかった者に『刑罰を』科すかどうか**」は別問題と考えるべきです。

4つ目の「**違法性の承継が認められる場合**」とは、「ある処分（A）が違法であるという主張が別のBという処分への取消訴訟で認められる」ケースで、これも「処分の違法や取消しを主張できるのは（違法なその処分への）取消訴訟のみである」という命題の例外です。後に詳説します（Unit 10-3）。

練習問題 7

次の問いに○×で答えよ。(解答は巻末にあります。)

1　行政行為は、たとえ違法の瑕疵があったとしても、取り消されない限り、その効力が認められるが、これは法の明文規定がある場合のみ認められる効力である。

2　取消訴訟制度の存在によって当該訴訟以外での処分の違法・取消しの主張が制限されていることに公定力の根拠を求めるのが現在の通説である。

3　処分の取消しができるのは裁判所のみであり、処分を行った行政自身が処分を取り消すことはできない。

4　違法な処分によって生じた損害について国家賠償を請求する場合、当該処分を取り消さなくても国家賠償請求が認められるとするのが最高裁の判例である。

5　行政行為の取消判決を受けていなくても、刑事裁判で処分が違法であると主張することは可能である。

行政行為の効力②
(その他の効力)

レジュメ

8-1 不可争力

(1) 意義

　行政行為によって権利を侵害された者でも、**不服申立期間や出訴期間が経過すると、私人の側から争訟によって行政行為の取消しを求められなくなる**という効力を**不可争力**という。

(2) 例外

　行政庁自身による取消し（職権取消し）は出訴期間等の経過後も妨げない。

8-2 自力執行力

(1) 意義

　国民が行政行為によって命じられた義務を履行しない場合、**行政庁は裁判を経ることなく行政行為自体を債務名義として自ら強制執行を行い、義務の内容を実現できる**という効力を**自力執行力**という。

(2) 範囲

　法によって自力執行が認められている場合のみしかこの効力は認められない。

8-3 不可変更力

(1) 意義

　権限がある行政機関によっていったん行政行為がなされた以上、**行政機関は行政行為に変更を加えることでその判断を覆すことができない**という効力を**不可変更力**という。

判例8-1　不可変更力を述べた判例（最判昭和29年1月21日）

〔判旨〕農地の買収計画の決定に関する裁決を県農地委員会が行った後、同裁決に誤りがあるとして、同委員会が取り消す内容の再度の裁決を行ったことが違法かどうか争われた事案について、「本件裁決のごときは、行政機関である上告人が実質的には裁判を行っているのであるが、行政機関がするのであるから行政処分に属するわけである。かかる性質を有する裁決は、他の一般行政処分とは異り、特別の規定がない限り、裁決庁自らにおいて取消すことはできないと解する。」と述べた。

(2) 範囲

　不服申立に対する裁決など**裁断的行政行為（争訟裁断的行為）**のみこの効力がある。

8-4 行政行為の成立と効力発生

判例8-2　行政行為の成立時期（最判昭和57年7月15日）

〔判旨〕行政処分が行政処分として有効に成立したといえるためには、行政庁の内部において単なる意思決定の事実があるかあるいは意思決定の内容を記載した書面が作成・用意されているのみでは足りず、意思決定が何らかの形式で外部に表示されることが必要であり、名宛人である相手方の受領を要する行政処分の場合は、さらにその処分が相手方に告知され又は相手方に到達する

> ことすなわち相手方の了知しうべき状態におかれることによってはじめてその相手方に対する効力を生ずる。

講義

1　不可争力とは

Unit 7で見た公定力以外にも行政行為には特殊な効力があります。

まず「**不可争力**」ですが、行政行為には公定力がある結果、違法な行政行為でも原則として「取消し」をしないと効力が否定できません。処分を取り消す方法としては、Unit 7で説明したように、「取消訴訟」と「職権取消し」があります。

取消訴訟の提起については、出訴期間制限（6か月）があり（Unit 39）、この期間を過ぎてしまうと、国民から取消しを請求できなくなります。言い換えると、処分が違法でもそれに対して取消しが要求できなくなる以上、**有効な行政行為に確定**してしまいます。これを「不可争力が発生した」と言います。

ただ、国民から取消しを要求する「取消訴訟」によって取消しができなくなっても、「**職権取消し**」によって処分が取り消される可能性は残っています。なぜならば、行政が自発的に行う職権取消しには特に期間制限がないからです。

2．自力執行力とは

例えば、お金を貸した相手が期限になってもお金を返さないというように、相手が義務を履行しない場合、相手を裁判所に訴え、裁判官に「お金を返せ」と命じる判決文を書いてもらい、その判決文を根拠（民事執行法で「債務名義」と言います）として、やはり裁判所に相手の財産への強制執行をお願いし、相手の財産から強制的に取り上げてもらいます。

つまり、相手が義務を履行しない場合、必ず裁判所の力を借りて義務を実現しなければならないわけで、自分で相手の家に押しかけて行き、財産を取り上げるような行為は「**自力救済**」として禁止されています。ところが行政行為で**行政が国民に課した義務が不履行の場合、行政は裁判所の力を借りずに行政自ら強制執行できる場合**があります。これを「**自力執行力がある**」といいます。例えば、国民が税務署長から課された税金を払う義務を不履行の場合、税務署は裁判所に訴えて裁判所に強制執行してもらったりしません。税務署自身が「滞納処分」という自力での強制執行を行います。

行政行為の効力②（その他の効力）

図表8-1　自力執行力

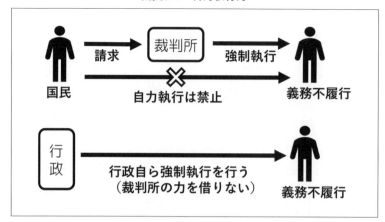

　戦前は、行政行為で国民に命じた義務が不履行だった場合、行政は当然に自力執行できるとされてきました。しかし、現在では、**行政の自力執行を認める法的根拠がないとできない**と解されています。現実に行政が自力執行することが認められているのは、税金など金銭の強制徴収と代執行の場合（Unit 15）くらいです。

3　不可変更力とは

　行政行為の内容に問題が見つかった場合、行政が後から取消しや変更を加えるのは当然のことです。ただ、「**裁断的行政行為**」、すなわち、裁判所の判決のように、行政が争いごとに対して判断し、決着をつけるような性質の行政行為については、いったんその行政行為が行われて争いごとに判断・決着がつけられたのに、後から変更されて結果がひっくり返ってしまっては多くの利害関係者が困ります。そこで、そのような裁断行政行為のみ「行政行為がいったん行われた以上、**行政自身が後から変更を加えることはできず、そのまま内容が確定するという効力（不可変更力）**」があるとされており、判例8-1もこの効力を認めています。

　裁断的行政行為の代表選手は、審査請求への**裁決**です。ある行政行為に瑕疵がある場合、行政に対して不服申立を行い、その行政行為を取り消してもらうことが可能ですが、不服申立をする場合、通常は「審査請求」という不服申立をします（Unit 33）。その審査請求を受けた行政側が「処分は違法かどうか、取り消すかどうか」という争いごとに判断を下したものを「裁決」といいます（Unit 36）。裁決も行政行為なのです。

4　行政行為の成立と効力発生時期

　行政行為は、いつ成立し、いつから効力が発生するか、という問題があります。
　①行政庁がAの店舗を営業禁止処分にすることを内部的に意思決定し、Aに処分を伝える書面等を準備→②行政庁は処分を外部に表示し、Aに書面を送る→③Aのもとにその処分が行われたことが届く→④Aが書面を見て処分が行われることを現実に知る
　以上のような経緯で処分が行われた場合、判例8-2によれば、②の段階で行政行為が成立します。つまり①の段階では、まだ行政行為は存在すらしていません。そして、成立した行政行為は③の「**相手方に到達する**」ことで効力が発生します。判例によれば、相手方に届いて「知りうべき（知ること

が可能な）」状態になればよいので、④の「現実に処分を知ること」まで行かなくても効力は発生します。

5　［参照］公定力その他行政行為の各種効力説明の廃止・不要論

阿部泰隆『行政法解釈学Ⅰ』（2008年、有斐閣）81頁は、「行政行為に各種の効力があるとあるとされるのも一定の制度の反映であり、それも部分的であり、しかもその制度は変更可能であるから、行政行為というだけで、これらの効力が当然に備わっているものではないことを認識すべきである。行政行為に各種の効力があるという説明では、行政行為に本来備わっている効力と誤解され、制度改革の柔軟な思考を阻害するので止めた方がよい」と提言する。

練習問題❽

次の問いに○×で答えよ。（解答は巻末にあります。）
1　不可争力とは、「行政行為がいったん行われた以上、行政が後から変更を加えることはできない」という効力をいう。
2　行政行為に不可争力が発生した場合、その行政行為は取り消される可能性がおよそなくなる。
3　行政行為には本来的に自力執行力が備わっており、義務の不履行があった国民に対して行政は常に自力執行を行い得る。
4　不可変更力は争訟裁断的な行政行為にのみ認められる効力で、例えば、不服申立への裁決には不可変更力があるといえる。
5　成立した行政行為にその効力発生が認められるのは、相手方の国民に処分の通知等が届き、当該国民が現実に処分を知った段階であるとするのが最高裁の判例である。

行政行為の瑕疵①（一般論）

レジュメ

9-1 行政行為の瑕疵の意義
行政行為に違法・不当な点がある場合、そのような行政行為を**瑕疵ある行政行為**という。瑕疵の程度に応じて次の区別がある。

(1) 無効な行政行為
　瑕疵の程度が著しく、**公定力が認められない**行政行為。公定力がないので取消しは不要であり、最初から効力が生じていないという扱いになる。

(2) 取り消しうる行政行為
　瑕疵はあるが、(1)に該当しないもの。**公定力がある**ので、期間内に取消訴訟を行い、権限ある国家機関に取り消してもらわないと効力を否定できない。

9-2 無効な行政行為と取り消しうる行政行為の区別
(1) 判例
　重大かつ明白な瑕疵がある場合のみが無効となり、それ以外の瑕疵の場合は取消しが必要（公定力あり）とする。

判例9-1（最判昭和30年12月26日）

> 〔判旨〕行政処分（行政行為のこと）は、たとえ違法であっても、その違法が重大かつ明白で当該処分を当然無効ならしめるものと認むべき場合を除いては、適法に取り消されない限り完全にその効力を有するものと解すべきである。

(2) 重大・明白の意味

重大	法の重要な要件に違反する瑕疵があること。
明白	判例9-2　明白性の意義（最判昭和36年3月7日） 　処分成立の当初から誤認であることが一見して**外形上客観的に明白**である場合を指し、行政庁が怠慢によって調査すべき資料を見落としたかどうか（調査義務違反の有無）は明白な瑕疵の有無の判定に直接関係ない。

9-3 例外的な判例（ただし、重大・明白説が一般的に放棄されたわけではない）
判例9-3　明白性に言及せずに無効とした事例（最判昭和48年4月26日）

> 〔事案〕Aは自己所有の不動産をBに無断でB名義に移転登記等を行った。さらにAは契約書や委任状を偽造し、今度はBからCに土地が譲渡された形に見せかけて取引を行った（Bはこれら事情を知らない）。
> 　その後、所轄税務署長は、譲渡によってBに所得があったと判断し、Bに課税処分を行い、それに対してBは不服申立期間経過後に課税処分の無効確認訴訟を提起した。

> [判旨] 課税処分における内容上の過誤が課税要件の根幹についてのそれであって、徴税行政の安定とその円滑な運営の要請を斟酌してもなお、不服申立期間の徒過による不可争的効果の発生を理由として被課税者に当該処分による不利益を甘受させることが、著しく不当と認められるような例外的な事情のある場合には、その過誤による瑕疵は、<u>当該処分を当然無効ならしめるもの</u>と解するのが相当である。
>
> 今回の事案では、Bに今回の瑕疵ある課税処分の不可争的効果による不利益を甘受させることは、特段の事情がないかぎり、Bに対して著しく酷であるといわなければならない、と述べて<u>課税処分を無効とした</u>。
>
> なお、この判例を引用しつつ、課税要件の根幹に瑕疵があっても、上記「例外的事情」がないとして処分の無効を認めなかった判示もある（最判平成16年7月13日）。

講　義

1　行政行為の瑕疵にはどのようなものがあるか

「行政行為の瑕疵」とは、行政行為に違法な点があるなどの「何らかの欠陥・エラー」があることをいいます。行政活動に違法な点があることは本来あってはならないことですが、公務員も人間ですので、現実にはミスはあり得ます。

行政行為の瑕疵とは、「**法に反している**」といえるような場合です。たとえば、法が「この処分を行う際には、○○という要件と△△という要件がそろっていなければならない」としているのに、その要件を欠いているような場合が該当します。このような行政行為はもちろん違法ですが、ただし、原則として公定力があるので、不服申立か取消訴訟で取り消してもらわないと効力が消滅しません。

また、公定力によって「行政行為に違法な瑕疵がある場合でも『重大かつ明白な瑕疵がない限り』効力が認められる」という話をUnit 7でしましたが、瑕疵の程度が「**重大かつ明白な瑕疵**」に該当するかどうかで公定力の有無が異なるわけですから、これに該当するかどうかは重要です。

「重大かつ明白な瑕疵」に該当しない通常の瑕疵の場合、公定力がありますので、一定期間内に「取消訴訟」という裁判で争い、瑕疵のある行政行為を取り消してもらわないと効力を持ち続けます。このような行政行為を「**取り消しうる行政行為**」と言います。

一方、重大かつ明白な瑕疵があって無効な場合は、最初から無効ですから、取消しは不要で、無効を確認する訴訟である無効確認訴訟（Unit 47）などで争います。このような行政行為を「**無効な行政行為**」と言います。

取消訴訟と無効確認訴訟の最大の違いは、**取消訴訟には厳格な出訴期間制限（6か月）があります**が、**無効確認訴訟にはそもそも期間制限そのものがなく、いつまででも訴訟提起できる**点です。期間制限を過ぎて取消訴訟ができなくなった人が「重大明白な瑕疵があった」と主張して無効確認訴訟を提起することもあります。

行政行為の瑕疵①(一般論)

図表9-1　無効な行政行為と取り消しうる行政行為

	公定力の有無・扱い	裁判で争う方法
無効な行政行為 (重大かつ明白な瑕疵がある場合)	公定力なし→取り消さなくても最初から効力なし	無効確認訴訟など
取り消しうる行政行為 (瑕疵が重大かつ明白でない場合)	公定力あり→取り消されて初めて効力がなくなる(取り消されるまでは有効)	取消訴訟

2　重大かつ明白な瑕疵とはどのようなものか

　最高裁の判例(判例9-1)は、瑕疵が「重大であること」と「明白であること」の双方を満たして**初めて瑕疵は無効になる**(つまり公定力がなくなる)と考えています。

　重大とは「法の重要な要件」、すなわち、法がその行政行為を行う際に充足すべき要件の中でも重要なものに違反していることです。また、明白とは「**処分成立の当初から誤認であることが一見して外形上客観的に明白である場合**」のことで、言い換えれば、「素人の一般国民が見ても大きな欠陥(傷)があることが一見してすぐわかる状態」でなければならないとされています。

　なお、「行政行為を行う際に行政が行うべき調査をきちんと行わなかった場合も明白な瑕疵になる」という**調査義務違反説**という考え方が下級裁判所や学説にあります。

3　例外的な判例

　最高裁の判例の中には、例外的に明白性の要件に言及せずに処分を無効にした判例もあるので紹介します。判例9-3の事案は次のような場合です。

図表9-2　判例の事案

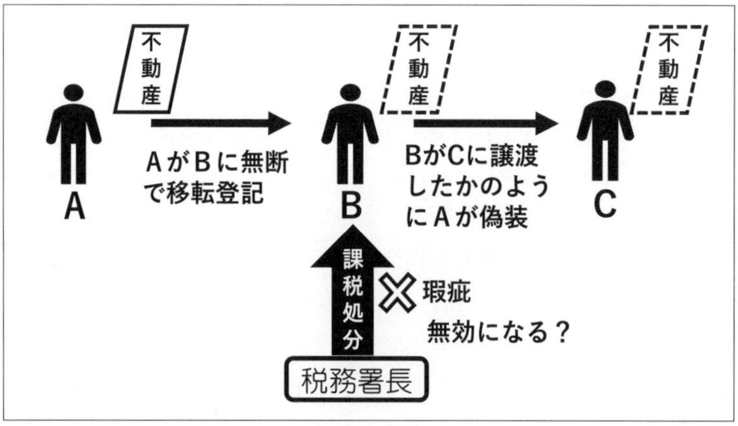

　債権者からの差押え回避のため、Aが自己所有の不動産をBに無断でBに移転登記し、さらにAがその後Bに無断でBからCへの不動産の譲渡があったかのように偽装したケースですが、税務署から見れば、Bは不動産を譲渡して所得を得たようにしか見えません。そこで、Bに課税処分を行った事例です。驚いたのはBです。身に覚えのない土地取引による所得税の課税がいきなり来たのですから。

　このケースは、実際には所得を全く得ていないBに所得税を課税していますから、「重大な瑕疵」

はあります。しかし、その瑕疵が外見上、一見明白かどうかは疑問な事例です。判例は例外的ケースとしながらも、明白性に言及することなく無効になることを認めました。

今回のケースでBは、不服申立の期間制限をやり過ごしてしまい、不服申立前置主義（Unit 39-3）によりその後の取消訴訟も提起できなくなっているケースですから、無効確認訴訟を認めてあげないとBに酷だからです。

練習問題9

次の問いに○×で答えよ。（解答は巻末にあります。）

1　違法な瑕疵がある行政行為は取消訴訟で争うことができ、公定力によって取り消されることで初めて効力が否定される。
2　最高裁の判例によれば、処分に公定力が認められず、当初から無効になるのは、瑕疵が重大または明白である場合に限られる。
3　瑕疵が明白であるとは、瑕疵が一見して外見上客観的に明白な場合と行政に調査義務違反があった場合を指すとするのが最高裁の判例である。
4　処分が無効である場合、処分の無効確認訴訟で争うことができるが、取消訴訟に比べて長期の出訴期間が法定されている。
5　課税要件の根幹に関わる瑕疵が課税処分にあり、被課税者に課税処分による不利益を甘受させることが、著しく不当と認められるような例外的な事情のある場合であっても、当該瑕疵が明白でない以上、処分を無効ならしめることはないとするのが最高裁の判例である。

行政行為の瑕疵②（瑕疵についての諸問題）

レジュメ

10-1 瑕疵の治癒

行政行為に法の要件を欠く違法があった場合でも、後日欠けていた要件が実質的に充足されたような場合に、瑕疵は治癒されたとして**有効な行政行為（瑕疵なし）として扱う**ことを**瑕疵の治癒**という。

判例10-1　瑕疵の治癒についての判例

治癒を認めた判例	〔判旨〕農地買収計画につき異議・訴願の提起があるにもかかわらず、これに対する決定・裁決を経ないで以後の手続を進行させた違法は、その後の訴願棄却の裁決によって治癒される（最判昭和36年7月14日）。
認めなかった判例	〔判旨〕法人税法の更正における付記理由不備の瑕疵は、後日これに対する審査裁決において処分の具体的根拠が明らかにされても治癒されない（最判昭和47年12月5日）。

10-2 違法行為の転換

法令違反の行政行為について、ある行為と見れば法令違反であっても、別の行為と見れば法令の要件を充足している場合、**別の行政行為として効力を維持する**ことを**違法行為の転換**という。

判例10-2　転換を認めた判例（最大判昭和29年7月19日）

〔判旨〕自作農創設特別措置法による農地買収計画で、当初適用された根拠条文（小作人の請求を要件とする買収計画）では違法であるが、別の根拠条文（小作人の請求を要件としない買収計画）によれば適法である場合は、転換が認められ、適法である。

10-3 違法性の承継

連続的に複数の行政行為が行われた場合に、**先行する行政行為（先行行為）の違法を理由として本来瑕疵がない後行の行政行為（後行行為）の違法・取消しを主張する**ことが認められる場合があり、これを**違法性の承継**という。

判例10-3　違法性の承継を認めた事案（最判平成21年12月17日）

〔事案〕Aはマンションを建築するため、建築物の接道義務を緩和する安全認定（先行行為）を区長から受け、これを前提に区の建築主事から建築確認（後行行為）を受けた。マンション建設に反対する周辺住民は、安全認定については取消訴訟の出訴期間が経過しているため、安全認定の違法を理由として建築確認の取消訴訟を提起した。

[判旨] 建築確認における接道要件充足の有無の判断と、安全認定における安全上の支障の有無の判断は、避難又は通行の安全の確保という<u>同一の目的を達成</u>するために行われるものである。そして、安全認定は、建築確認と結合して初めてその効果を発揮するのである。したがって、<u>安全認定が行われた上で建築確認がされている場合、安全認定が取り消されていなくても、建築確認の取消訴訟において、安全認定が違法であるために接道義務の違反があると主張することは許される</u>。

違法性の承継に関する判例のまとめ

承継の可否	瑕疵のある先行行為	後行行為	判 例
○	安全認定	建築確認	最判平成21年12月17日
○	土地収用法の事業認定	収用裁決	札幌地判平成9年3月27日
×	租税の賦課処分	滞納処分	広島高判昭和26年7月4日

10-4 違法性の判断基準時

　ある行政行為が違法であるかどうかは、**処分時の法令や事実状態を基準に判断**される。処分後に法令が改正され、改正後の法令に照らすと適法な場合でも、処分時の法令に照らして違法ならば取り消される。

講　義

1　瑕疵の治癒とは

　このUnitでは、行政行為の瑕疵に関するいくつかの理論的な問題を見ていきます。

　まず、「瑕疵の治癒」ですが、この次に見る「違法行為の転換」とともに、**本来は違法な行政行為を「違法でない」と説明し、有効な行政行為として効力を維持するためのテクニック**で、取消訴訟を提起された行政側が主張するものです。

　行政行為が法の要件を欠いており、違法であったとしても、欠けていた要件が後日になって実質的に充足されたような場合に、瑕疵は治癒された（治った）として有効な行政行為（瑕疵なし）として扱われることがあります。これが「瑕疵の治癒」です。

　判例10-1では、「農地買収計画につき異議・訴願（不服申立）の提起があるにもかかわらず、これに対する決定・裁決を経ないで以後の手続を進行させた」という違法があった事例について、**後日の訴願棄却の裁決が出たことで治癒される**としました。これは、農地買収計画に対して「間違っているのではないか」と国民が異議・訴願で言ってきたわけですから、行政は慎重にいったん買収手続を止めなければならないと法が要求しているのにそれを止めなかったという瑕疵ですが、後に「棄却の裁決」が出たということは、それによって農地買収計画は間違っていなかったということが後にはっきりしたことになります。したがって、行政が手続を止めなかったことは、もう問題にする必要がなくなったということです。

　ただ、瑕疵の治癒は、どのような場合でも認められるわけではなく、判例は「**法人税法の更正における付記理由不備の瑕疵**」について、**後日審査裁決において処分の具体的根拠が明らかにされたとし

ても治癒されないとしました。法人税法が更正処分をする際に「通知書に理由を書け」という要件を設けているのは、その更正処分に納得できない国民が不服申立を行い易くするために理由を知らせるのであり、その不服申立が終わった後の裁決の際に知らされても国民にとっては意味がないからです。

このような、瑕疵が治癒されない場合、行政行為は違法なままですので、取消しの対象になります。

2　違法行為の転換とは

行政がA行為という行政行為を行ったとします。ところが、実際に行われた行政行為は、A行為としては法の要件を欠いており、違法になる、というケースがあったとします。普通はその行政行為は違法として取り消されます。ところが、A行為とは別のB行為という行政行為があり、今回行政が行った行政行為をB行為と見ると違法ではない、というケースがあった場合に、**B行為を行ったものと扱い、有効な行政行為として取消しを行わない**のが「**違法行為の転換**」です。

判例10-2では、自作農創設特別措置法の農地買収計画で、「小作人の請求を要件とする買収計画（A行為）」として見れば違法であっても、別の「小作人の請求を要件としない買収計画（B行為）」と見れば適法である場合につき、**転換を認めました**。

瑕疵の治癒にしても、違法行為の転換にしても、本来違法な行政行為を公益や行政の円滑・効率的な運営のために「適法である」としてしまうのであり、法律による行政の原理（Unit 4）からするとむやみにこれを認めることは好ましくありません。

3　違法性の承継とは

行政行為の瑕疵について、違法性の承継という問題があります。上記とは全く異なる問題なので、その意味に注意してください。

行政があるプロジェクトや目的を達成するために、**連続して複数の行政行為を行う**ことがあります。例えば、国がダムを建築したり、鉄道会社が鉄道を敷設したりするような公共事業のため、土地の取得が必要になりました。そこで、土地収用法によって土地所有者から土地を強制的に収用しようとしたとします。その場合、「土地を収用（取り上げる）」するという目的を達成するためには、まず「事業認定（国民から土地を収用できるだけの公共性のある事業かどうかを認定する行政行為）」を行い、それが行われたことを前提にいよいよ「収用裁決（ある土地所有者の土地を収用委員会が取り上げる行政行為）」が行われます。

行政が「事業認定（先行の行政行為）→収用裁決（後行の行政行為）」を行いましたが、**先行行為である事業認定には瑕疵があり、後行行為である収用裁決には瑕疵がなかった**とします。この場合、国民は瑕疵がある先行行為の取消訴訟を提起すべきですが、先行行為がすでに出訴期間を過ぎてしまっているなどの事情でそれができない場合があります。

そのような場合、**国民は先行する行政行為**（事業認定）にあった**瑕疵が後行の行政行為**（収用裁決）に引き継がれたので、後行行為も違法になると主張しての後行行為の取消しを主張します。これが「**違法性の承継**」という問題です。

図表10-1 違法性の承継

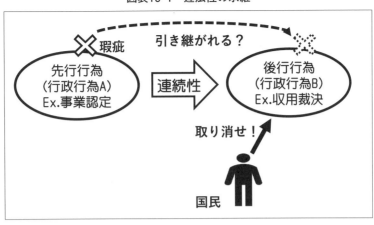

　違法な行政行為は、その行政行為への取消訴訟においてのみ違法という主張ができると考えるのが公定力（Unit 7）の原則です。しかし、違法性の承継が認められた場合は、本来違法でない別の行政行為の取消訴訟で違法が主張できるわけですから、**公定力の例外**になります。

　下級裁判所の判例は、上記の**土地収用の事業認定（先行行為）→収用裁決（後行行為）**の事例で違法性の承継を認め、後行行為が違法になることを認めました。両者は「土地を収用する」という目的達成プロセスの一部に過ぎないからです。ところが、別の下級裁判所の判例では、**課税処分（先行行為：税金を払うことを命じる処分）→滞納処分（後行行為：払わない国民から税金分を強制的に取り上げる処分）**については違法性の承継を認めませんでした。両者の手続が別物で、独立性が強いからです。

　なお、判例10-3は、違法性の承継に関する最高裁判例で、「**安全認定（瑕疵ある先行行為）→建築確認（後行行為）**」の場合に違法性の承継を認めたものです。この判例は、先行行為と後行行為との結合関係に関する仕組みと国民の権利救済の実効性確保という2つの観点から承継の可否の判断をしたものと評価されています。

4 違法性の判断基準時

　違法性の判断基準時の問題とは、例えば、2月1日に行政がある行政行為（処分）を行いました。その後、4月1日に法が改正されたのですが、今回の行政行為は、それが行われた2月1日時点の改正前の法に照らし合わせると要件を欠き違法ですが、改正後の新法に照らし合わせると違法でないという場合、その行政行為は違法になるのかという問題です。

　答えは「違法」です。このような場合、あくまでも**処分を行ったその時点の法に反していたかどうかが問題**であり、処分後に行われた改正法は関係ありません。

練習問題10

次の問いに○×で答えよ。（解答は巻末にあります。）

1　瑕疵の治癒とは、欠けていた法の要件が後日になって実質的に充足されたような場合にこれを瑕疵なしとして扱うことであり、最高裁判例は、法人税法の理由付記の瑕疵については後日裁決において根拠が示されることで治癒されるとする。

2　違法行為の転換とは、本来違法な行為を別の行為と見て適法として扱うものであるが、これを認めた最高裁の判例は存在しない。

3　違法性の承継とは、後行の行政行為の瑕疵を理由に先行の行政行為の取消しを求めることで、最高裁の判例の中にもこれを認めたものがある。

4　接道義務を緩和する安全認定上の瑕疵を建築確認の取消訴訟で主張することは許されるとするのが最高裁の判例である。

5　処分が違法であるかどうかの判断は、処分時の法令を基準に行われるべきなので、たとえ処分が改正後の法令に照らして違法でなくても、処分時の法令に照らして要件を欠いていれば違法になる。

Unit 11 行政行為の職権取消しと撤回

レジュメ

11-1 職権取消しと撤回の意義

いったん行われた行政行為を**処分時から存在した瑕疵（原始的瑕疵）**を理由に行政庁自らがその効力を消滅させることを職権取消しという。また、いったん有効に成立した行政行為を**後発的な事情変化**により、行政庁自らがその効力を消滅させることを行政行為の**撤回**という。

11-2 両者の相違点

	職権取消し	行政行為の撤回
原因	**原始的瑕疵**	**後発的な事情変化**
効果	**遡及効**（処分時に遡って無効）	**将来効**（撤回時から将来に向かって無効）
実施できる機関	**処分庁・監督庁（上級庁）**が可能	**処分庁のみ**が可能

11-3 「取消し・撤回自由の原則」とその制限

職権取消や撤回は行政庁が原則として自由にできる（**取消し・撤回自由の原則**）が、一定の場合には制限が必要である。また、職権取消し・撤回には法の**根拠は不要**である。

侵害的行政行為	取消し・撤回が国民にとっては利益となるので、自由に行うことができる。
授益的行政行為	判例は、違法な行政処分の放置による公益上の不利益と処分の取消し・撤回により関係人に及ぼす影響を**比較衡量**して決する。
裁断的行政行為	**不可変更力**（Unit 8）が働くので、職権取消し・撤回不可

判例11-1　授益的行政行為の撤回（最判昭和63年6月17日　菊田医師事件）

〔判旨〕優生保護法（現：母体保護法）の指定医であったAが、いわゆる実子あっせん行為を繰り返したとして、医師会からその指定の取消し（撤回のこと）を受けたことについて、実子あっせん行為のもつ法的問題点、指定医師の指定の性質等に照らすと、指定医師の指定の撤回によってAの被る不利益を考慮しても、なおそれを撤回すべき公益上の必要性が高いと認められるから、法令上その撤回について直接明文の規定がなくとも、指定医師の指定の権限を付与されている医師会は、その権限においてAに対する指定を撤回することができるとした。

11-4 撤回時における損失補償の要否

法律にはこれを明記するものもあるが、判例は次の場合は不要とした。
判例11-2　行政財産使用許可の撤回と損失補償（最判昭和49年2月5日）

〔事案〕東京都がその所有地につき、期限の定めのない使用許可（行政財産の使用許可）をAに対して与え、Aはその土地でレストラン営業を行っていた。その後、都は当該土地を使用する必要が生じたため、使用許可を取り消した（撤回）。Aは損失補償を東京都に請求した。

〔判旨〕本件のような都有行政財産たる土地につき使用許可によって与えられた使用権は、それが期間の定めのない場合であれば、当該行政財産本来の用途または目的上の必要を生じたときはその時点において原則として消滅すべきものである。使用権者（A）は、行政財産についての必要にかかわらず使用権者がなお当該使用権を保有する実質的理由を有すると認めるに足りる特別の事情が存する場合以外は、使用権を保有する実質的理由を失うので、Aに対する損失補償は不要とした。

1　職権取消しと撤回の異同

　行政行為は公定力があるので、たとえ処分に瑕疵があっても取り消されない限り効力があります。そして、取消しには2つの方法があることを説明しました（Unit 7）。ここでは、その2つの方法の中でも「**職権取消し**」を取り上げます。また、職権取消しと似て非なるものに「**行政行為の撤回**」というものがありますので、それも説明します。

図表11-1　行政行為の効力消滅

効力を消滅させる理由	効力消滅方法	分類	
原始的瑕疵があった	取消し	取消訴訟	
		職権取消し（行政が自発的に行うもの）	
後日事情が変化した	行政行為の撤回（行政が自発的に行うもの）		

　行政行為にその成立当初から瑕疵がある場合（これを「**原始的瑕疵**」といいます）、これを取消す方法には「取消訴訟」「職権取消し」の2つがありますが、前者は国民側から「取り消してくれ」と要求し、行政側と争って取り消します。それに対して、**職権取消し**は、同じ取消しでも国民から求められて取り消しを行うのではなく、**ミス（瑕疵）に気づいた行政が自発的に取消しを行う**点が争訟によるものとの違いです。

　また、職権取消しと似たものに「行政行為の撤回」があります。**行政行為の撤回**は、行政が自発的に行政行為の効力を消滅させる点は職権取消しと同一ですが、原始的瑕疵が理由ではなく、**処分後に社会的事情が変化し、行政行為の効力を維持するのが不適切になった**からです。行政行為自体に違法な点があるわけではありません。例えば、地方公共団体がその財産である土地を当面使用しないことから、民間企業が使用することの許可を与えました。その後、地方公共団体に土地を使用する必要が出てきたときに、使用許可を撤回するような場合や営業許可を受けた後に衛生状態が悪化した食品業者の営業許可を撤回するような場合です。

職権取消しと（行政行為の）撤回は他にもいくつか違いがあります。「取消し」は一般に遡及効がありますので、**取り消されると処分時に遡って無効**になります。したがって、処分後、取り消されるまでに行われた行為も遡ってすべて無効になります。もともとあってはならない違法な行政行為だったわけですから、すべて無に戻す必要があるからです。

　これに対して、撤回は行政行為自体が違法であったわけではありませんので、**撤回された時点から将来に向けて効力を否定**すれば十分です（将来効）。言い換えると、撤回時までに行った行為は、そのまま有効です。

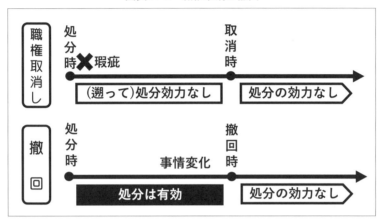

図表11-2　職権取消と撤回

　また、職権取消しと撤回は、それを行うことができる行政庁が異なります。**職権取消し**は、処分を行った行政庁自身（これを「処分庁」と呼びます）の他に、処分庁に対して監督権を持った**上級庁も行うことができます**。上級庁はその処分を行う権限自体は持っていませんが、自分の部下が違法な処分をしていると考えた場合は、自らその行政行為を取り消してしまうことができるのです。

　これに対して、**撤回**の場合は、**処分庁自身しかできない**とされています。なぜならば、撤回は処分に変更を加える行為のようなもので、元々処分を行う権限を持っている行政庁のみが行うべきだからです。

　なお、行政実務や判例では職権取消しと撤回は特に区別せず、どちらも単に「取消し」と呼びます。

2　職権取消しと撤回の制限

　違法な行政行為は元々あってはならず、また社会状況に適合しない行政行為も公益性の観点からあってはならないので、**職権取消しと行政行為の撤回は、原則として自由に行うことができる**とされており、また、これらを行う際に個別の**法の根拠も必要ありません**。

　特に侵害的行政行為（国民の自由や利益を制限する性質の行政行為）の取消し・撤回に制限は不要です。なぜならば、国民から見れば、営業禁止処分や課税処分が行政自身によって「なし」にされるわけですから、権利侵害は生じないからです。

　しかし、どのような場合でも行政は取消し・撤回を自由に行うことができるとはいえません。侵害的行政行為の逆の**授益的行政行為**（国民に利益を与えるような性質の行政行為）の場合には、その取消

し・撤回に一定の制限が必要です。営業許可や補助金の交付決定が取消し・撤回されると相手の国民に大きな不利益が生じる場合があるからです。

判例は、以前から授益的行政行為の取消し・撤回については、**処分を取消し・撤回する必要性（公益）**と取消し・撤回によって相手方の国民が受ける不利益を比較衡量してその可否を判断しています。たとえば、判例11-1では、医師法等に違反する実子斡旋行為を繰り返した医師に対する優生保護法の指定（これを受けると妊娠中絶手術が可能になる）の取消し（撤回のこと）を認めました。

また、職権取消しや撤回を行うことは、一端行った行政行為に変更を加えることになるので、不可変更力（Unit 8-3）が働く裁断的行政行為については、これらを行うことはできません。

3　撤回時の損失補償の要否

授益的な行政行為が撤回された場合、それによって国民が被った財産上の損失を補償しなければならないかという問題があります。そのような事態を想定して法律に補償規定を置いている場合もありますが、明文規定がない場合には、その要否が問題になります。

判例11-2は、東京都が行政財産である都有地を期限の定めなく民間の業者に使用許可を与え、業者はその土地を使って飲食店を営業していました。ところが、10年程度経って東京都は中央卸売市場拡充のためその土地が必要になり、使用許可を撤回して土地の返還を求めました。これに対して業者が補償金を請求した事例です。

判例は、**期限の定めのない行政財産の使用許可は、その財産を行政側が使う必要性が生じた段階で許可の効力が消滅し、そのような場合には損失補償は必要ない**としました。なお、例えば業者が使用許可に際して都に払った使用料金額に見合わないような短期間で許可が撤回されてしまったというような「**特別の事情**」があれば、例外的に損失補償が必要な場合があることは認めましたが、今回の事例は該当しないとしています。

練習問題11

次の問いに○×で答えよ。（解答は巻末にあります。）
1　職権取消しとは、原始的瑕疵がある行政行為を行政が自発的に効力を消滅せしめるもので、取り消された行政行為は遡及的に無効となる。
2　行政行為の撤回とは、後日の事情変化によって公益に適合しなくなった行政行為に対して行政自らがその効力を消滅させるもので、処分庁のみでなく処分庁の上級庁も行うことができる。
3　行政行為の職権取消しや撤回を行う際には、法律による行政の原理から法の根拠が必要である。
4　授益的な行政行為は、これが撤回されると国民に大きな損害が生じる恐れがあることから、明文の規定がある場合にのみ可能である。
5　期限の定めのない行政財産の使用許可の取消しに際しては、特別の事情がない限り損失補償が不要であるとするのが最高裁の判例である。

Unit 12 行政行為の附款

レジュメ

12-1 行政行為の附款の意義
行政行為の効力を制限する目的で**行政庁の主たる意思表示（行政行為本体）に付された従たる意思表示**

12-2 附款の種類

種類	内容
条件	**発生不確実**な事実に行政行為の効力の発生・消滅をかからしめる附款 ・**停止条件**…条件成就によって行政行為の**効果が発生**するもの ・**解除条件**…条件成就によって行政行為の**効果が消滅**するもの
期限	**発生確実**な事実に行政行為の効力の発生・消滅をかからしめる附款 ・**始期**…事実の発生によって行政行為の**効果が発生**するもの ・**終期**…事実の発生によって行政行為の**効果が消滅**するもの
負担	許認可等に際し、**法令により課される義務とは別の義務を附加**する附款。法的根拠が必要とされている。 ※附款で附された義務の不履行があった場合、罰則が適用されたり、強制執行を受けることはあるが、**本体の行政行為の効力に影響はない。**
撤回権の留保	行政行為が**撤回される可能性があることを明文で留保**する附款。単なる注意書きであることが多い。

12-3 法の根拠の要否と限界
行政が附款を付す際には、必ずしも**法の根拠は必要なく**、行政行為に裁量があれば、その範囲で付すことができる。**法の目的・趣旨に反する附款や平等原則・比例原則に反する附款は違法になる。**

12-4 附款に違法があった場合の取消方法

重要な附款に瑕疵があった場合	附款だけでなく、**行政行為本体も違法**となり、**附款のみの取消しは不可**
上記以外（あまり重要でない附款に瑕疵があった場合）	附款のみが違法となり、附款のみを取り消す

講義

1　行政行為の附款の意義

このUnitでは「行政行為の附款」という項目を勉強します。

附款が「行政行為の効力を制限する目的で**行政庁の主たる意思表示（行政行為本体）に付された従たる意思表示**」というのは、たとえば、行政庁がある許認可などの行政行為を行いましたが、その際行政庁は無条件で永遠に許可することは不適切だと考えたとします。そこで、行政行為に「許可は××月△△日まで（その日で許可処分の効力は消える）」というように許認可の相手の国民に対して様々な条件などをつけることがあります。これが附款です。イメージとしては、次の図のようになります。

図表12-1　附款のイメージ

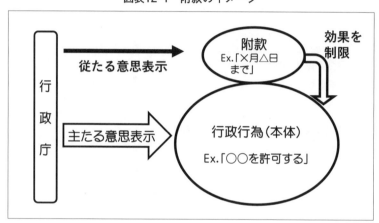

身近な例を挙げると、運転免許は「自動車の運転を許可する」という行政行為（本体）ですが、それに様々な附款がついています。たとえば、「令和〇年△月×日まで有効」とか「条件　眼鏡等」とあるのは、すべて附款です。行政実務では、現実に発生する様々なケースに対応しなければならないので、附款を附けることで**行政行為の効力を調整し、柔軟な対応を図る**必要があるのです。実際には、ほとんどの行政行為に何らかの附款が附けられています。

2　附款の種類

学問上は、法的効果の違いに着目してレジュメ12-2のように附款を分類しています。

まず「**条件**」と「**期限**」ですが、これは民法の「条件」「期限」の区別そのままです。両者の違いは、「**将来発生不確実か確実か**」の違いだけです。「それが将来起きるかどうかわからないが、もし起きたらそこから行政行為の効力が発生（停止条件）or 消滅（解除条件）する」のが条件で、「それは将来必ず起きるが、そのときになったら、そこから行政行為の効力が発生（始期）or 消滅（終期）する」のが期限です。

図表12-2　条件と期限

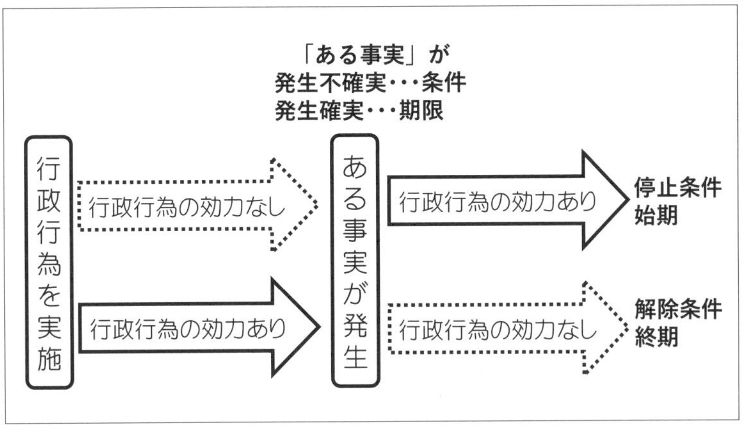

「ある事実」が
発生不確実…条件
発生確実…期限

行政行為を実施 — 行政行為の効力なし → ある事実が発生 — 行政行為の効力あり → **停止条件／始期**

行政行為を実施 — 行政行為の効力あり → ある事実が発生 — 行政行為の効力なし → **解除条件／終期**

「事業免許を与える（本体）。ただし、将来会社の設立に成功した場合に限る（附款）」というのは、停止条件の例です。解除条件の例としては、「許可する（本体）。ただし、一定期間内に工事に着手しないと許可は失効する（附款）」というのがあります。また、将来の日は必ず来ますので、「○年△月×日から」とか「○年△月×日まで」という附款は期限です。前者を**始期**といい、後者を**終期**といいます。

次に**負担**ですが、例えば「道路の占用を許可する（本体）ただし、占用料を納付すること（附款）」のように**本体に「ある義務」を附けるもの**です。また、**附款の義務の不履行があっても本体の効果に影響がない**のは負担の特色です。たとえば、仮に占用料を納付しなかったとしても、道路を占用（使用）しても良いという許可の効果は消えることなく、そのまま有効です（ただし、払わなかったら場合、後に強制徴収等はあります）。

なお、運転免許の「条件　眼鏡等」は「条件」「負担」のどちらでしょうか。運転免許を受けたことで、眼鏡をかけていなくても運転は完全に許可されており、ただ、視力が悪いので安全のため眼鏡をかける義務を行政が附加したにすぎない（言い換えると、眼鏡をかけなかったとしても運転許可の効力とは関係ない）と考えると負担です。

最後に**撤回権の留保**ですが、「食品営業を許可する（本体）。ただし、衛生状態に問題が生じた場合は許可を取り消す（撤回のこと）場合がある（附款）」のような場合で、行政実務ではよく見かける附款です。ただし、衛生状態が良好であることが食品衛生法の食品営業許可の元々の条件ですので、衛生状態が悪くなれば、許可は撤回（Unit 11）されて当たり前です。したがって、**単なる注意書き程度の意味**しかないとされています。

なお、以上の附款の分類は、あくまで学問上のもので、行政実務では、期限以外の附款はすべて「条件」と呼びます。

3　法の根拠の要否・限界

裁量（Unit 13）が認められる行政行為ならば、行政庁は**法の根拠がなくても附款を附することはできます**が、一定の限界があり、**平等原則・比例原則**（Unit 3）に反する附款を附けると、その附款は**違法**になります。例えば、全く同じケースなのに合理的理由もなくAには負担を附け、Bには何ら附款を附けないという扱い（平等原則違反）や不必要に過大な制限を行う附款を附ける（比例原則違反）

ことは違法になります。

また、「(キャバレーなどの)風俗営業許可の際に、景観保護のため、ネオンの色について規制する附款を附けることができるか」という設題がありますが、風俗営業許可は、「善良の風俗と清浄な風俗環境を保持」(風俗営業法1条)するための取締りとして行われていますので、「景観保護」とは関係がありません。このような法の目的・趣旨に反する附款も違法になります。

4 附款に違法があった場合の取消し方法

もし本体ではなく、附款に何らかの違法な瑕疵があった場合、その取消しはどのように行われるのでしょうか。違法である以上、その附款は取り消さなければなりませんが、「違法な附款だけでなく、本体もろとも行政行為全体を取り消す」のでしょうか。それとも「違法な附款のみを取り消し、本体は取り消さずに生かしておく」のでしょうか。

図表12-3 附款の瑕疵

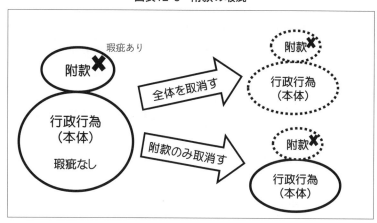

判例・通説の考え方によると、「附款が本体に対してどの程度重要性があるか」で結論が変わります。**本体に対して重要な附款**(附款がなくなるくらいならば、本体も存在する意味がない)場合は、附款の瑕疵により、本体も違法になると考え、本体も含めて全体を取り消しますが、そうでない場合、つまりあまり重要でない附款の場合は、附款のみの取消しを認めます。

練習問題12

次の問いに○×で答えよ。(解答は巻末にあります。)
1 行政行為の効力に影響がある以上、附款を附す際には、必ず法の根拠が必要である。
2 将来発生が確実な事実の発生によって行政行為の効力が消滅する附款を解除条件という。
3 負担によって課された義務の不履行があっても、行政行為本体の効力は失われない。
4 行政庁は、予め附款によって撤回権の留保をしておかないと、後に行政行為を撤回することができなくなる。
5 行政目的達成に必要な範囲を超えた過大な附款を附すことは、比例原則に違反し、違法となる。
6 附款に瑕疵があった場合、附款のみの取消しだけが認められる。

行政裁量①(一般論)

レジュメ

13-1 行政裁量の意義

法律が法文の文言に幅を持たせ、**行政庁の判断の余地を残すことを行政裁量**という。恣意的な裁量行使により国民の権利が侵害される危険があるため、行政裁量に対しては、**司法審査の可否**が議論されてきた。

行政裁量については、従前下記のような議論がなされてきた。

13-2 裁量の種類

(1) 要件裁量

法の要件が不確定概念で定められており、その該当性の判断に裁量を認める場合を**要件裁量**という。

判例13-1　要件裁量を認めた判例（最大判昭和53年10月4日　マクリーン事件）

〔判旨〕法務大臣に在留期間の更新を申請拒否された外国人が、当該申請拒否に対する取消訴訟を提起した事案について、在留期間の更新事由が概括的に規定されその判断基準が特に定められていないのは、更新事由の有無の判断を法務大臣の裁量に任せ、その裁量権の範囲を広汎なものとする趣旨からであるとした上で、裁判所は、法務大臣の判断が法務大臣の裁量権の行使としてされたものであることを前提として、その判断の基礎とされた重要な事実に誤認があること等により判断が全く事実の基礎を欠くかどうか、又は事実に対する評価が明白に合理性を欠くこと等によりその判断が社会通念に照らし著しく妥当性を欠くことが明らかであるかどうかについて審理し、それが認められる場合に限り、その判断が裁量権の範囲をこえ又はその濫用があったものとして違法であるとすることができるとした。

(2) 効果裁量

当該処分をするかどうかについての裁量（**行為裁量又は決定裁量**）とどのような処分を選択するかについて裁量（**選択裁量**）をあわせて**効果裁量**という。

判例13-2　効果裁量を認めた判例（最判昭和52年12月20日　神戸税関事件）

〔判旨〕国家公務員法に基づいて懲戒免職処分を受けた国家公務員が当該処分の無効確認または取消を求めて出訴した事案について、国家公務員法所定の懲戒事由がある場合に、懲戒権者が懲戒処分をすべきかどうか、また、懲戒処分をするときにいかなる処分を選択すべきかを決するについては、諸般の事情を考慮して決定することができるものと考えられ、懲戒権者の裁量に任されており、社会観念上著しく妥当を欠いて裁量権を付与した目的を逸脱し、これを濫用したと認められる場合でない限り、その裁量権の範囲内にあるものとして、違法とならないものというべきであるとした。

また、裁判所が処分の適否を審査するにあたっては、懲戒権者と同一の立場に立つて懲戒処分をすべきであったかどうか又はいかなる処分を選択すべきであったかについて判断し、その結果

と懲戒処分とを比較してその軽重を論ずべきものではなく（判断代置の否定）、懲戒権者の裁量権の行使に基づく処分が社会観念上著しく妥当を欠き、裁量権を濫用したと認められる場合に限り違法であると判断すべきものである（社会観念審査）と述べた。

(3) 時の裁量

処分が法の要件を満たし、行政庁がある処分を行うことを決めたとしても、それをいかなる時点で行うかについて裁量が認められることがあり、これを**時の裁量**という場合がある。

判例13-3　時の裁量を認めたとされる判例（最判昭和57年4月23日）

〔事案〕マンション建設を行うAは、建設資材の搬入に必要な車両制限令上の特殊車両通行認定処分を区長に申請した。申請を受けた区長は、マンション建設に反対する付近住民に配慮し、認定処分を留保した。Aは処分の留保を違法として国家賠償を請求した。

〔判旨〕道路法の規定に基づく車両制限令の道路管理者の認定は、その認定に当たって、具体的事案に応じ道路行政上比較衡量的判断を含む合理的な行政裁量を行使することが全く許容されないものと解するのは相当でない。区長が認定申請に対して約5か月間認定を留保した理由は、建物建築に反対する付近住民とAとの間で実力による衝突が起こる危険を招来するとの判断のもとにこの危険を回避するためということであり、その理由及び留保期間から見て行政裁量の行使として許容される範囲内にとどまるもので、国家賠償法1条1項の定める違法性はない。

13-3　裁量行使への司法審査（従前の理論）

伝統的学説では、行政行為を裁量がない羈束行為と裁量がある裁量行為に分け、さらに裁量行為を下記のように分類してきた。しかし、現在では**自由裁量行為であっても裁量の逸脱濫用があれば司法審査の対象となる**ので（行政事件訴訟法30条）、判例・学説の関心は、司法審査の判断方法や基準に移ってきている。

分類	該当するもの	違法になるか・司法審査の可否
法規裁量（羈束裁量）	通常人の日常的経験によって判断しうる事項の裁量判断	裁量行使を誤れば**違法**。**司法審査の対象になる**。
自由裁量（便宜裁量）	高度専門的事項や政治的判断を要する事項の裁量判断	裁量行使を誤っても、原則として**違法にならない**。**司法審査の対象外**（不服申立は可能） ※行訴法30条参照　逸脱・濫用の場合＝違法

1　行政裁量とは何か

法律による行政の原理（Unit 4）からは、行政行為をはじめとした行政活動が行われる際の要件・効果は厳重に法定されるべきです。しかし、現実に発生する複雑で多様な諸問題に行政が柔軟に対応するためには、一律に法律で決めてしまうのではなく、行政のケースバイケースの判断に委ねた方が合理的な場合があり、また、行政活動を行うべきあらゆるケースを想定して法律に書き込もうとすると、法律の条文が長大化してしまいます。

そこで、法律の規定を抽象的・概括的あるいは選択的な文言にし、幅を持たせることで、**行政庁の**

判断の余地を残すことがあります。これを**行政裁量**といいます。たとえば、医師法7条2項は次のように規定しています。

「医師が（中略）医師としての品位を損するような行為のあつたときは、厚生労働大臣は、次に掲げる処分をすることができる。　①戒告　②3年以内の医業の停止　③免許の取消し」

この条文では、「品位を損するような行為」という概括的な文言に該当する行為は何か、また、そのような行為があった医師に対して最も軽い①から最も重い③のうち、どの処分を行うかは厚生労働大臣の判断に委ねられていることになります。

一方で、行政側が恣意的な判断や誤った判断を行ったことにより、国民の権利が侵害される危険があるため、行政裁量に対しては、**裁判所が司法審査を行い、権利侵害を救済する必要性**があります。

2　行政裁量の種類

行政裁量は、「どの点に裁量があるか」によっていくつかの種類に分けられます。

もともと法律の条文は「**要件**」（「○○の場合は」の部分）と「**効果**」（「××とする」の部分）の組み合わせでできています。上記の医師法の条文では、「医師が（中略）医師としての品位を損するような行為のあつたときは」の部分が要件で「厚生労働大臣は、次に掲げる処分をすることができる」以下の部分が効果です。

そして、要件の部分に裁量がある場合を「**要件裁量**」といいます。上記条文では、「品位を損するような行為」に該当するかどうか判断する部分に要件裁量があります。また、効果の部分に裁量がある場合を「**効果裁量**」といい、上記条文では、厚生労働大臣がそもそも処分を行うかどうかという点や①～③のいずれの処分を選択するのかという部分に効果裁量があります。

要件裁量を認定した典型的な判例が判例13-1のマクリーン事件です。憲法では外国人の人権享有主体性で出てきた判例ですが、行政法の面では、マクリーンさんの在留期間更新申請に対して法務大臣が拒否処分を行ったことが違法な裁量の行使ではないかが問題になります。

判例は、法令の在留期間の更新事由（要件）が概括的な文言になっているのは、**更新事由の有無の判断を法務大臣の裁量に任せる趣旨**であるとし、判断が全く事実の基礎を欠く場合や社会通念に照らして明白に妥当でない場合のみ裁量の逸脱濫用があったとして違法になるに過ぎないとしました。

効果裁量についての典型例は、判例13-2です。非行を行ったとして懲戒免職処分を受けた国家公務員が処分の違法を主張した事案で、**懲戒処分を行う者が懲戒処分をするかどうか、いかなる懲戒処分を選択するかについて、裁量がある**としており、裁量権の逸脱・濫用がない限り処分は違法にならないとしています。

さらに、**時の裁量**というものも指摘されています。これは、処分を行うことは決まっていますが、今すぐやるのか、それとも後にやるのかを行政庁が選択する裁量です。これを認めたとされるのが判例13-3で、マンション建設業者が建設資材の現場搬入に必要な車両制限令上の特殊車両通行認定処分を区長に申請しましたが、区長はマンション建設に反対する付近住民に配慮し、認定処分を5か月以上留保しました。この留保したことが違法になるかどうかが争われた事案で、**認定処分に裁量があることを認めた上で、裁量の範囲内であって違法でない**としました。

3 行政裁量への司法審査

行政がその裁量を行使して行った行政活動に不服がある国民は、裁判所で救済を受けることがそもそも可能なのでしょうか。

戦前の時代には、行政に裁量がある場合、法律がその最終判断を行政側に委ねたのだから、それに不服でも裁判所で争って救済を受けることはできないと説かれました。しかし、それでは恣意的な行政権行使によって国民の権利が侵害されても救済されない危険があります。

そこで、行政行為の裁量を「**法規裁量**」と「**自由裁量**」に区別する学説が登場しました。すなわち、**法規裁量**の場合、行政が裁量行使を誤れば、その行政行為は**違法**となり、**取消訴訟などの司法審査を受けることができるが、自由裁量の場合は違法にならず、不当に止まり、司法審査を受けることはできず**、せいぜい不服申立てしかできないと解し、裁量行使への司法審査を一部肯定するのです。戦後もこの考え方に立って判断した判例が見られます。

「法規裁量」と「自由裁量」をどのように区別するかについては、戦前から様々な学説が唱えられましたが、「**通常人の日常的経験によって判断しうる事項**」すなわち、行政の専門家でなくてもどのような判断をすべきかがわかるようなものが「法規裁量」で、「**高度専門的事項や政治的判断を要する事項**」つまり、素人ではできないような難しい判断が必要なものが「自由裁量」とするのが通説です。

戦後になって、**行政事件訴訟法**という法律が制定されました。取消訴訟などを規定する法律ですが、次のような規定があります。

> 行政庁の裁量処分については、**裁量権の範囲をこえ又はその濫用があつた場合に限り**、裁判所は、その処分を取り消すことができる（行政事件訴訟法30条）。

つまり、裁量がある場合でも、「裁量権の範囲をこえ（逸脱）又は濫用があった場合」であれば、取消訴訟は常に提起できることになりました。これを伝統的な学説に当てはめると、自由裁量といえるような場合でも、「**裁量の逸脱・濫用**」があれば、**司法審査（取消訴訟など）で争うことができる**ことになります。

そうなると、裁量の問題は、「法規裁量か自由裁量か」よりも、「逸脱・濫用があったかどうか」が重要な問題になってきます。

ごく抽象的にいうと、**裁量の「逸脱」は、法で許された判断の幅を乗り越えて判断した場合**を言い、例えば、「品位を損するような行為」には全く関係ない事案で医師を処分したような場合が該当します。また、「濫用」とは、一見すると法で許された範囲の裁量行使ですが、**行政側が法とは異なる目的で裁量行使している場合**です。例えば、「品位を損するような行為」を実際に行った医師の医師免許を取り消しましたが、「医療に対する国民の信頼保護」という法の目的とは無関係な個人的な恨みを晴らすために厚生労働大臣が処分を行っていた、というような場合です。ただ、実際には逸脱と濫用を明確に区別するのは困難な場合が多いようです。

次のUnit 14では、裁量の逸脱・濫用の有無を裁判所がどのように審査するのかを見ていきます。

練習問題13

次の問いに○×で答えよ。（解答は巻末にあります。）

1 マクリーン事件で最高裁は、在留期間更新の許否について行政の裁量を否定し、これが全面的に司法審査に服する旨を判示した。

2 国家公務員への懲戒処分については、処分実施の有無、処分の選択について行政の裁量があり、裁量の逸脱・濫用がない限りは違法にならないとするのが最高裁の判例である。

3 車両制限令上の特殊車両通行認定処分は、裁量が全く認められないわけではないが、区長が5か月余りも認定処分の留保を行ったことは、裁量の逸脱・濫用に該当するとするのが最高裁の判例である。

4 法規裁量とは、裁量行為であっても、行政がその行使を誤れば違法となり、司法審査の対象となるものをいう。

5 自由裁量とは、行政が裁量の行使を誤っても違法とならないものをいい、これに該当する場合には不服申立も行うことができないとされた。

6 自由裁量行為とされるものについては、取消訴訟を提起する余地はない。

行政裁量②（行政裁量への司法審査）

レジュメ

14-1 裁量の逸脱・濫用に対する司法審査
「行政庁の裁量処分については、裁量権の範囲をこえ又はその濫用があつた場合に限り、裁判所は、その処分を取り消すことができる。」（行訴法30条）と規定しており、裁量の逸脱・濫用の審査方法が問題になる。審査方法としては、実体的審査、判断過程審査、手続的審査という3つの審査方法がある。

14-2 逸脱・濫用に対する審査方法
(1) 実体的審査
処分の内容ないし結果に着目し、①**平等原則違反**、②**重大な事実誤認**、③**比例原則違反**、④**動機の不正ないし目的違反**、⑤**信義則違反**の有無により逸脱・濫用を審査する方法を**実体的審査**という。

判例14-1　動機の不正ないし目的違反を認めた判例（最判昭和53年5月26日）

〔判旨〕個室付特殊浴場の開業阻止のため行われた県知事による児童遊園設置認可処分は行政権の著しい濫用によるものとして違法であり、かつ、認可処分とこれを前提としてされた営業停止処分によってAが被った損害との間には相当因果関係があると解するのが相当であるから、Aの損害賠償請求はこれを認容すべきである。（判例3-2と同じ判例）

(2) 判断過程審査
処分が行われるまでの行政側の判断過程に注目し、**審査過程・審査基準に不合理がないかどうか**を審査する手法を採る判例や**判断過程での考慮事項**に着目して審査する判例がある。

判例14-2　判断過程に注目して審査する方法（最判平成4年10月29日　伊方原発訴訟）

〔判旨〕原子炉施設の安全性に関する判断の適否が争われる原子炉設置許可処分の取消訴訟における裁判所の審理・判断は、原子力委員会若しくは原子炉安全専門審査会の専門技術的な調査審議及びその判断を基にしてされた行政庁（総理大臣）の判断に不合理な点があるか否かという観点から行われるべきであって、現在の科学技術水準に照らし、調査審議において用いられた具体的審査基準に不合理な点があり、あるいは当該原子炉施設が具体的審査基準に適合するとした原子力委員等の調査審議及び判断の過程に看過し難い過誤、欠落があり、行政庁の判断がこれに依拠してされたと認められる場合には、行政庁の判断に不合理な点があるものとして、その判断に基づく原子炉設置許可処分は違法と解すべきである。（この事案では違法な点はないとして取り消さなかった）

判例14-3　考慮事項等に注目した審査方法（最判平成18年11月2日小田急高架訴訟本案判決）

〔判旨〕裁判所が都市施設に関する都市計画の決定又は変更の内容の適否を審査するに当たっては、

> 当該決定又は変更が裁量権の行使としてされたことを前提として、その基礎とされた重要な事実に誤認があること等により重要な事実の基礎を欠くこととなる場合、又は、事実に対する評価が明らかに合理性を欠くこと、判断の過程において考慮すべき事情を考慮しないこと等によりその内容が社会通念に照らし著しく妥当性を欠くものと認められる場合に限り、裁量権の範囲を逸脱し又はこれを濫用したものとして違法となるとすべきである。

(3) 手続的審査

処分を実施する際に行政庁が履行しなければならない事前手続に着目し、処分の違法性の審査を行う。

判例14-4　手続的審査（最判昭和46年10月28日　個人タクシー事件）

> 〔判旨〕多数の者のうちから少数特定の者を、具体的個別的事実関係に基づき選択して免許の許否を決しようとする行政庁としては、事実の認定につき行政庁の独断を疑うことが客観的にもっともと認められるような不公正な手続をとってはならず、内部的にせよ、さらに、その趣旨を具体化した審査基準を設定し、これを公正かつ合理的に適用すべく、とくに、基準の内容が微妙、高度の認定を要するようなものである等の場合には、基準を適用するうえで必要とされる事項について、申請人に対し、その主張と証拠の提出の機会を与えなければならないというべきである。免許の申請人はこのような公正な手続によって免許の許否につき判定を受くべき法的利益を有するものと解すべく、これに反する審査手続によって免許の申請の却下処分がされたときは、利益を侵害するものとして、処分の違法事由となるものというべきである。

講　　義

1　行政裁量への司法審査

行政の裁量によって行われた処分については、**裁量の逸脱・濫用があった場合のみ違法として取り消しできるとするのが行政事件訴訟法30条**です。では、逸脱・濫用の有無を裁判所はどのように判定するのでしょうか。様々な審査方法があり、そのいくつかを知っておく必要があります。

2　実体的審査

まず、以前からある審査方法で**実体的審査**という方法があります。これは、行政庁が行った行政行為の中身を審査し、①**平等原則違反**（不平等な処分ではないか）、②**重大な事実誤認**（事実の基礎を欠いた判断ではないか）、③**比例原則違反**（行き過ぎた処分ではないか）、④**動機の不正ないし目的違反**、⑤**信義則違反**を審査する方法です。これら原則については、Unit 3を参照してください。

判例で④の動機の不正ないし目的違反を認定して処分を違法とした有名な判例が判例14-1です。Aは、B町内に個室付き特殊浴場（いわゆるソープランド）の開業を意図し、風俗営業等取締法（風営法）の営業許可および建築確認等の申請を行いました。ところが、開業に反対する住民運動が活発化したため、B町と県が協議した上、Aの開業を阻止することを目的として、予定地の近辺にあった児童遊園を異例の早さで児童福祉法の児童福祉施設として県知事が認可しました。というのは、当時の風営法では、個室付き特殊浴場は、児童福祉施設等の周辺200mでは営業禁止だったので、開業前に児童福祉施設を設置してしまえば、Aが営業できなくなると考えたからです。ところが、Aはその後、開

業に必要な許可等を全て取得し、営業を開始してしまいました。そこで、県は、風営法違反を理由にAに60日の営業停止処分を行ったという事案です。なお、この事案では、訴訟提起の段階ですでに60日の営業禁止期間が終了しており、訴えの利益（Unit 43）がないことから取消訴訟が提起できないため、Aは国家賠償請求を行いました。

判例は、県知事の裁量の逸脱濫用を認め、Aに国家賠償を命じました。なぜならば、B町と県は明らかにAの開業阻止のためだけに児童福祉施設の認可を行っていますが、特定の風俗店の開業阻止のために特に必要もない児童福祉施設の認可を行うことは、**法の本来の趣旨・目的に沿わない**からです。

また、主に比例原則違反かどうかが問題になった際に、**違法かどうかを判定する基準としては、社会観念審査**（最小限審査）という方法があります。

社会観念審査は、行政の裁量を尊重し、実際に行われた処分を「**社会観念上著しく妥当を欠いた場合**」、すなわち、常識的に考えてひどい処分を行っている場合にのみ違法にする方法です。この方法によれば、裁量処分が違法とされるケースはかなり限られたものとなりますが、神戸税関事件（判例13-2）ではこの方法によることを言明しています。

3　判断過程審査と手続的審査

処分そのものの中身に裁判所が踏み込んで、逸脱・濫用の有無を判断する実体的審査では、いわゆる自由裁量のような高度に専門的な処分や政治的な判断が必要な処分では審査が困難になります。なぜならば、裁判所はこのような事項については、審査能力が乏しく、行政側の判断が優先せざるを得ない面があるからです。

そこで、最近の判例の中には、実施された行政行為（処分）の中身ではなく、処分が行われるまでの**判断過程**、すなわち**意思決定のプロセス**に注目し、そこに問題があるかどうかで裁量の逸脱・濫用を審査するものが出てきました。これを**判断過程審査**といいます。

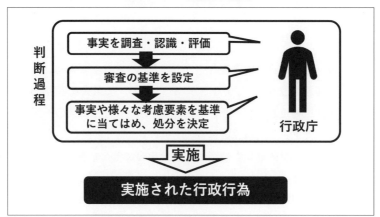

図表14-1　判断過程審査

行政庁が処分を行う際には、発生した事実を行政が認識・評価し、それに対してどのような処分を行うかの基準を設定します。そしてその基準に様々な考慮すべき要素を当てはめて、最終的にどのような処分を行うかを決定し、実施します。以上の**過程（プロセス）**を裁判官が事後的に見た際に**何ら**

かの不合理な点がないかどうかをチェックし、それがあれば**裁量の逸脱・濫用として違法とするもの**です。判例によって判断過程の中で着目する点は異なります。

まず、判例14-2の伊方原発訴訟ですが、原発を新たに設置する際には、原子炉等規制法の規定により、内閣総理大臣の許可が必要です。電力会社Aは、原発設置のため、原子炉等規正法に基づき内閣総理大臣に対して原子炉設置許可申請を行いました。内閣総理大臣は原子力委員会等の諮問機関（Unit 58-1）の意見を聞いた上で許可するかどうかを判断し、これを許可しました。これに対し、原発の設置によって身体・生命に危険が生じるとして、周辺住民が取消訴訟を提起した事案です。

最高裁は、原子力委員会・原子炉安全専門審査会のような諮問機関の調査審議において用いられた**審査基準や調査審議・判断の過程に過誤、欠落や不合理な点があり、総理大臣の判断がこれに依拠してされた**と認められる場合、つまり、おかしな基準で判断しているとか、判断の手順等に問題があるのに総理大臣が許可したといえる場合には、**原子炉設置許可処分は違法になる**としました。ただし、この事案では違法な点はないとして、結果的に取消しはしていません。

もうひとつ、判例14-3の小田急高架訴訟を紹介します。建設大臣（現在の国土交通大臣）が都市計画決定を行った後、東京都および世田谷区は区内の一部鉄道区間を連続立体交差化（高架化）する計画変更を行い、建設大臣はこの都市計画事業を認可しました。そこで、鉄道の連続立体交差化に反対する周辺住民が高架式ではなく、地下式によるべきであるとして取消訴訟を提起した事案です。

最高裁は、**都市計画の決定・変更の基礎とされた重要な事実の基礎を欠く場合や事実への評価が明らかに合理性を欠いたり、判断過程で考慮すべき事情を考慮しないなど社会通念に照らし著しく妥当性を欠いたりする場合**、つまり、ありもしない事実に基づいて決定しているとか、判断の際に考慮すべき重要なファクターを無視しているような場合は、**裁量権の逸脱・濫用になる**としました。つまり、この判例もやはり行政庁の判断過程に注目して裁量の逸脱・濫用を審査しようとしています。なお、この事案でも結論として裁量の逸脱・濫用はないとして取消しは行いませんでした。

また、実体的審査や判断過程審査とは別に、**手続的審査**という審査方法もあります。有名な個人タクシー事件（判例14-4）で述べられた審査方法ですが、処分を行う**事前手続**の際に、処分を公正なものとするために必要な手続を行政庁がきちんと履行したかどうかを審査し、違法性を判断します。なお、同判例で述べられた処分の事前手続は、後に行政手続法でその多くが明文化されました（Unit 23～24）。

行政裁量に関する様々な判例を読む際には、結論だけでなく、「何を基準に逸脱・濫用の有無を審査したか」に注目して読む必要があります。

4　その他重要判例

裁量行為の逸脱・濫用事例として近年の重要判例を挙げておきます。一般職の国家公務員であり、性同一性障害である旨の医師の診断を受けている上告人が、人事院に対し、職場の女性トイレの使用等に係る行政措置の要求（国家公務員法86条）をしたところ、いずれの要求も認められない旨の判定を受けたことから、国に判定の取消し等を求めた事案です。

まず、人事院の専門的裁量（同法71条・87条）を認め、判断基準としても従前の裁量逸脱・濫用論を提示しつつ、そのあてはめとして、トイレの使用制限を受ける上告人の日常的不利益を認め、そし

て、健康上の理由から性別適合手術を受けていないものの女性ホルモンの投与を受けるなどしている事情や性衝動に基づく性暴力の可能性は低い旨の医師の診断も受けている事情なども認定し、「遅くとも本件判定時においては、上告人が本件庁舎内の女性トイレを自由に使用することについて、トラブルが生ずることは想定し難く、特段の配慮をすべき他の職員の存在が確認されてもいなかったのであり、上告人に対し、本件処遇による上記のような不利益を甘受させるだけの具体的な事情は見当たらなかったというべきである」とし、「本件判定部分に係る人事院の判断は、本件における具体的な事情を踏まえることなく他の職員に対する配慮を過度に重視し、上告人の不利益を不当に軽視するものであって、関係者の公平並びに上告人を含む職員の能率の発揮及び増進の見地から判断しなかったものとして、著しく妥当性を欠いたものといわざるを得ない。」として、原審判断を覆しました（最判令和5年7月11日民集77巻5号1171頁）。本件判決に関しては、全裁判官による補足意見が付されています。

　また、この判例に関連して、性同一性障害者の性別の取扱いの特例に関する法律3条1項の規定に基づき性別の取扱いの変更の審判を申し立てた事案に関しては、最大決令和5年10月25日民集77巻7号1792頁は、本法律規定を憲法13条に違反するとして、最決平成31年1月23日裁判集民261号1頁を変更しました。重要な最高裁決定として押さえておく必要があります。

練習問題14

次の問いに○×で答えよ。（解答は巻末にあります。）

1　裁量行為に裁量の逸脱・濫用がある場合でも取消訴訟において取り消すことはできないとするのが行政事件訴訟法の規定である。
2　行政裁量への実体的審査とは、行政行為の内容ではなく、その判断過程に着目し、判断過程、基準、考慮事項等に不合理がないかを審査する方法である。
3　風俗店の出店阻止のために行われた児童福祉施設の設置認可について、最高裁は著しい裁量権の濫用があったとして違法と判断した。
4　裁判所が公務員への懲戒処分の適否を判断する際に、裁判官が行政庁だった場合に行ったであろうと考えられる処分と実際に行われた処分とを比較して裁量の逸脱・濫用を審査する方法があるが、これは最高裁の判例の採る審査方法ではない。
5　原子炉設置許可処分の取消訴訟における裁判所の審理は、原子力委員会等の専門技術的な調査、審議、判断を基にしてされた総理大臣の判断に不合理な点があるか否かという観点から行われるべきとするのが最高裁の判例である。

問題演習コーナー2

(解答は巻末にあります)

問題2-1

行政法学上の行政行為の分類に関する記述として、通説に照らして、妥当なものはどれか。
【特別区Ⅰ類（2018年）】

1　公証とは、特定の事実又は法律関係の存在を公に証明する行為をいい、納税の督促や代執行の戒告がこれにあたる。
2　特許とは、第三者の行為を補充して、その法律上の効果を完成させる行為をいい、農地の権利移転の許可や河川占用権の譲渡の承認がこれにあたる。
3　認可とは、すでに法令によって課されている一般的禁止を特定の場合に解除する行為で、本来各人の有している自由を回復させるものをいい、自動車運転の免許や医師の免許がこれにあたる。
4　確認とは、特定の事実又は法律関係の存否について公の権威をもって判断する行為で、法律上、法律関係を確定する効果の認められるものをいい、当選人の決定や市町村の境界の裁定がこれにあたる。
5　許可とは、人が生まれながらには有していない新たな権利その他法律上の力ないし地位を特定人に付与する行為をいい、鉱業権設定の許可や公有水面埋立の免許がこれにあたる。

問題2-2

行政法学上の行政行為の効力に関する記述として、妥当なものはどれか。【特別区Ⅰ類（2018年）】

1　行政行為の不可争力とは、一度行った行政行為について、行政庁が職権で取消し、撤回、変更をすることができなくなる効力であり、実質的確定力とも呼ばれている。
2　行政行為の拘束力とは、行政行為がたとえ違法であっても、無効と認められる場合でない限り、権限ある行政庁が取り消すまでは、一応効力のあるものとして通用する効力であり、規律力とも呼ばれている。
3　行政行為の不可変更力とは、一定期間が経過すると私人の側から行政行為の効力を裁判上争うことができなくなる効力であり、形式的確定力とも呼ばれている。
4　行政行為には公定力が認められるが、公定力の実定法上の根拠は、国家権力に対する権威主義的な考えに求められ、取消訴訟の排他的管轄には求めることはできない。
5　行政行為には公定力が認められるが、行政行為が違法であることを理由として国家賠償請求をするにあたり、あらかじめ取消判決や無効確認判決を得る必要はない。

問題2-3

行政行為の瑕疵に関するア～エの記述のうち、妥当なもののみを全て挙げているのはどれか。
【国家専門職（2019年）】

ア　行政処分が当然無効であるというためには、処分に重大かつ明白な瑕疵がなければならないが、瑕疵が明白であるかどうかは、処分の外形上、客観的に誤認が一見看取し得るものかどうかだけではなく、行政庁が怠慢により調査すべき資料を見落としたかどうかといった事情も考慮して決すべ

きであるとするのが判例である。
イ 一般に、課税処分が課税庁と被課税者との間にのみ存するもので、処分の存在を信頼する第三者の保護を考慮する必要のないこと等を勘案すれば、当該処分における内容上の過誤が課税要件の根幹についてのものであって、徴税行政の安定とその円滑な運営の要請をしんしゃくしてもなお、不服申立期間の徒過による不可争的効果の発生を理由として被課税者に当該処分による不利益を甘受させることが著しく不当と認められる場合には、当該処分は当然無効であるとするのが判例である。
ウ ある行政行為がなされた時点において適法要件が欠けていた場合、事後的に当該要件が満たされたときであっても、法律による行政の原理に照らし、当該行政行為の効力が維持されることはない。
エ 建築確認における接道要件充足の有無の判断と、安全認定における安全上の支障の有無の判断が、もともとは一体的に行われていたものであり、同一の目的を達成するために行われるものであること等を考慮しても、安全認定を受けた上で建築確認がなされている場合は、当該安全認定が取り消されていない限り、建築確認の取消訴訟において安全認定の違法を主張することはおよそ許されないとするのが判例である。

1 イ
2 ウ
3 ア、イ
4 ア、エ
5 ウ、エ

問題2-4

行政法学上の行政行為の撤回に関する記述として、判例、通説に照らして、妥当なものはどれか。
【特別区Ⅰ類（2014年）】

1 最高裁判所の判例では、都有行政財産である土地について建物所有を目的とし期間の定めなくされた使用許可が当該行政財産本来の用途又は目的上の必要に基づき将来に向って取り消されたとき、使用権者は、特別の事情のない限り、当該取消による土地使用権喪失についての補償を求めることはできないとした。
2 最高裁判所の判例では、優生保護法による指定を受けた医師が指定の撤回により被る不利益を考慮してもなおそれを撤回すべき公益上の必要性が高いと認められる場合であったとしても、法令上その撤回について直接明文の規定がなければ、行政庁は当該指定を撤回することはできないとした。
3 行政行為を行った処分庁の上級行政庁は、処分庁を指揮監督する権限を有しているので、法律に特段の定めがなくても、処分庁の行った行政行為を当然に撤回することができる。
4 行政行為の撤回は、その理由が行政庁の責めに帰すべき事由によって生じたときは、相手方の利益を保護する必要があるため、いかなる場合であっても、当該行政行為の効力をその成立時に遡って失わせる。
5 行政行為の撤回とは、行政行為が当初から違法又は不当であったと判明したときに、そのことを理由に行政庁が当該行政行為の効力を消滅させることをいう。

問題2-5

行政法学上の行政行為の附款に関する記述として、妥当なのはどれか。【特別区Ⅰ類（2019年）】

1 条件とは、行政行為の効力の発生及び消滅を発生確実な事実にかからしめる附款であり、条件成就により効果が発生する停止条件と効果が消滅する解除条件とに区別することができる。
2 期限とは、行政行為の効力の発生及び消滅を発生不確実な事実にかからしめる附款であり、事実の発生により効果が生じるものが始期、効果が消滅するものが終期である。
3 負担とは、行政行為の主たる内容に付随して、相手方に特別の義務を命ずる附款であり、法令に規定されている義務を課すことになり、負担に違反した場合、本体たる行政行為の効力が当然に失われる。
4 撤回権の留保とは、行政行為について撤回権を明文で留保する附款であり、撤回権を留保していれば、行政庁は理由が無い場合でも本体たる行政行為を自由に撤回することができる。
5 法律効果の一部除外とは、法令が一般にその行政行為に付した効果の一部を発生させないこととする附款であり、法律の認めた効果を行政庁の意思で排除するものであるから、法律効果を除外するには法律の根拠が必要である。

問題2-6

行政裁量に関するア〜エの記述のうち、判例に照らし、妥当なもののみを全て挙げているのはどれか。【国家専門職（2021年）】

ア 裁判所が都市施設に関する都市計画の決定又は変更の内容の適否を審査するに当たっては、当該決定又は変更が裁量権の行使としてされたことを前提として、その基礎とされた重要な事実に誤認があること等により重要な事実の基礎を欠くこととなる場合、又は事実に対する評価が明らかに合理性を欠くこと、判断の過程において考慮すべき事情を考慮しないこと等によりその内容が社会通念に照らし著しく妥当性を欠くものと認められる場合に限り、裁量権の範囲を逸脱し又はこれを濫用したものとして違法となる。

イ 裁判所が懲戒権者の裁量権の行使としてされた公務員に対する懲戒処分の適否を審査するに当たっては、懲戒権者と同一の立場に立って懲戒処分をすべきであったかどうか又はいかなる処分を選択すべきであったかについて判断し、その結果と当該処分とを比較してその軽重を論ずべきものではなく、懲戒権者の裁量権の行使に基づく処分が社会観念上著しく妥当を欠き、裁量権を濫用したと認められる場合に限り違法と判断すべきである。

ウ 公立高等専門学校の校長が学生に対し、原級留置処分又は退学処分を行うかどうかの判断は、校長の合理的な教育的裁量に委ねられるべきものであるが、このうち原級留置処分については、必ずしも退学処分と同様の慎重な配慮が要求されるものではなく、校長がその裁量権を行使するに当たり、原級留置処分に至るまでに何らかの代替措置を採ることの是非、その方法、態様等について考慮する必要はない。

エ 農地に関する賃借権の設定移転は、本来個人の自由契約に任せられていた事項であって、旧農地調整法が小作権保護の必要上これに制限を加え、その効力を市町村農地委員会による承認にかからせているのは、個人の自由の制限である面があるものの、同法はその承認について客観的な基準を定めていないから、その承認をするか否かは市町村農地委員会の自由な裁量に委ねられる。

行政裁量②(行政裁量への司法審査)

1 ア、イ
2 ア、エ
3 イ、ウ
4 ア、イ、エ
5 イ、ウ、エ

行政上の強制執行

レジュメ

15-1 行政上の強制執行の意義

国民が予め課された**行政上の義務を履行しない場合、行政が強制力によって義務が履行された状態**にすること。強制力の行使（実力行使）自体に**法の根拠が必要**であるが、条例の定めによって行政上の強制執行を行うことはできない（行政代執行法1条）。（代執行については、一般法たる行政代執行法があるので、個別の根拠は不要）

15-2 行政上の強制執行の種類

(1) 行政代執行

①意義

国民が**代替的作為義務**を任意に履行しない場合に、**行政庁自身または行政庁が指定する第三者**がこれを行い、**その費用を義務者から徴収する制度**を**代執行**という。一般法として**行政代執行法**がある。

②要件（行政代執行法2条）

・**法律により直接命じられた義務**または**法律に基づき行政庁から命じられた義務**の不履行があること。なお、ここにいう「法律」には、法律の委任に基づく命令・規則や条例も含むと解されている。
・当該義務が**代替的作為義務**であること。
・他の手段によって履行確保が困難で、かつ放置すると著しく公益に反すること。

③手続と救済制度

・**戒告⇒通知⇒代執行⇒費用の徴収**（同法3条）

非常の場合又は危険切迫の場合で、実施について緊急の必要があり、手続をとる時間的余裕がない時には、**戒告と通知は省略できる。**

・費用の徴収は国税徴収法の滞納処分の方法による（同法6条）。
・戒告と通知は取消訴訟の対象となる。

(2) 執行罰（間接強制）

国民に非代替的作為義務や不作為義務を命じる際に、**予め一定の過料を科すことで義務の履行を促し、それでも履行しないときは強制的に過料を徴収する制度**を**執行罰又は間接強制**という。砂防法に実例が1件あるのみである。

(3) 直接強制

国民が義務を履行しない場合に**義務者の身体・財産に直接強制を加えて義務を実現する制度**を**直接強制**という。実例は多くない。

(4) 行政上の強制徴収

国税債権の強制徴収手続に則り、**行政自身が金銭債権を強制的に徴収する制度**を行政上の強制徴収

という。国税以外でも多くの金銭徴収について**国税徴収法の規定が準用**されている。
　　手続は、「財産の差押え⇒公売による財産の換価⇒換価代金の配当」という形になる。
　判例15-1　行政上の強制徴収と民事執行（最大判昭和41年2月23日）

〔事案〕農業共済組合連合会が、自己が有する債権の保全をするため、組合員に金銭債務の履行を求める民事訴訟を提起した事案につき、農業共済組合が、法律上強制徴収の手段を与えられながら、この手段によることなく、一般私法上の債権と同様、訴えを提起し、民訴法上の強制執行の手段によってこれら債権の実現を図ることは、立法の趣旨に反し、公共性の強い農業共済組合の権能行使の適正を欠くものとして、許されないとした。

15-3　行政上の強制執行と民事訴訟
　判例15-2　（最判平成14年7月9日　宝塚市パチンコ条例事件）

〔事案〕パチンコ店の出店に市長の同意を求める市条例に反してパチンコ店建設を強行した者に対し、市が工事の続行禁止を求める民事訴訟を提起した事案について、国又は地方公共団体が専ら行政権の主体として国民に対して行政上の義務の履行を求める訴訟は、裁判所法3条1項にいう法律上の争訟に当たらず、これを認める特別の規定もないから、不適法であるとして却下した。

15-4　即時強制
　　即時強制とは、緊急の必要に基づき相手方に**予め義務を課すことなく**行政機関が直接に実力を行使し、行政目的の実現を行う制度である。**法律や条例の根拠が必要**である。
・**令状主義**（憲法33、35条）の適用がなされる場合もあるが、行政手続であることから一般的に適用されるわけではない。
・違法な即時強制に対しては、**国家賠償請求が可能**であるが、目的が即時に完成してしまうもの以外は**取消訴訟も可能**。

講　義

1　行政上の強制執行とは

　行政庁が行政行為等によって「××しろ」とか「△△するな」という義務を国民に課した場合、多くの国民はその義務を任意に履行しますが、中にはそれが行われない場合もあります。そのような義務の不履行に行政側が何もできないとすると、行政活動に支障が生じます。
　そこで、そのような義務の不履行に対して、**行政自身が強制力を行使して義務が履行されたのと同じ状態にする**必要があります。例えば、課税処分で「○○円の税金を払え」と命じた相手がこれを履行しないときは、行政（税務署）が本人の財産から強制的に税金分を取り上げますし、建築基準法の建物の除却命令で「違法建築物なので、建物を壊せ」と命じた相手が壊さない場合は、行政自身が本人に代わって建物を壊す場合があります。Unit 8-2で**自力執行力**という行政行為の効力を勉強しましたが、行政自身が裁判所の力を借りずに強制力が行使できるのは、この自力執行力によるものです。
　ところで、行政行為で国民に義務を課す場合、「国民に義務を課すことができる」とする法の根拠が必要ですが、その不履行があった場合、自動的に行政は強制執行できるかというと、これは認められません。「（その義務が）不履行の際に○○という方法で強制執行してもよい」という**法の根拠が別個に必要**です。逆に言うと、義務を課すことの根拠規定があっても、不履行の際に強制執行を認める

規定がなければ、強制執行はできないことになります。

なお、行政代執行法1条には、「行政上の義務の履行確保に関しては、別に法律で定めるものを除いては、この法律の定めるところによる」とする規定があるので、「不履行の際に○○という方法で強制執行してもよい」という法の根拠は、国会が制定した**法律**に定められなければならず、地方公共団体の定めた**条例**の定めで行うことはできないことになります。

行政が国民の義務の不履行に対処するもう一つの方法は、義務の不履行があった国民を「義務を守らなかった」という理由で事後的に処罰し、拘禁刑や罰金刑等を科すこと（行政罰）ですが、これについては、Unit 16で勉強します。

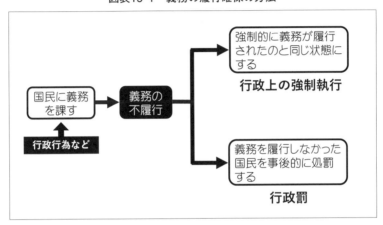

図表15-1　義務の履行確保の方法

2　行政上の強制執行の種類

行政上の強制執行を行う具体的方法としては、昔から(1)（行政）**代執行**、(2) **執行罰**（間接強制）、(3) **直接強制**、(4) **行政上の強制徴収**が知られています。

(1) 行政代執行

行政代執行は、不履行の義務を、**行政側が代わりに行い、後に本人からその費用のみを徴収する方法**です。したがって、**代替的作為義務**、すなわち、「何かを行うように命じられた義務（作為義務）」のうち、「義務を課された本人以外の者でも履行可能な義務（代替的）」の不履行があった際にのみ使われる手段です。**行政代執行法**という法律があり、**代替的作為義務の不履行**についてはこの法律で一般的に代執行を行うことが許されています。

次の事例で行政代執行の要件と手続を説明しましょう。（わかりやすくするために事例を単純化しています）

> A市内にいわゆる「ゴミ屋敷」があり、住民から市役所に多くの苦情が寄せられた。そこでA市は、次のような内容の条例を制定した。
> 　周辺住民の健康および生活環境を損なうような場合、A市長はゴミを撤去するよう当該居住者と協議を行い、協議に応じない場合は指導を行い、更に再三の指導に従わない場合はゴミの撤去命令を出すことができるとの内容であった。

> その後、ゴミ屋敷の住民である住民BにたいしてA市はゴミの撤去するよう指導を再三繰り返したが、Bがこれに従わないため、A市長は期限を定めてBにゴミの撤去命令を行った。ところが、Bは期限になってもゴミを撤去しない。なお、当該条例には財政的援助および福祉的配慮条項を定めてあり、その点の働きかけも行った後の対応である。

　この事案では、次のような条件の下でA市はB宅のゴミの撤去を代執行で行うことができると考えられます。

　まず、不履行になっているゴミの撤去命令（行政行為）は、A市の条例に基づいて命じられた行為（義務）ですが、行政代執行法2条の「法律に基づき行政庁から命じられた義務」の「**法律**」には**条例も含む**との解釈を前提にします。そして、「ゴミを撤去せよ」と命じることは**代替的作為義務**です。さらに、「**他の手段によって履行確保が困難で、かつ放置すると著しく公益に反する**」といえなければなりませんが、再三指導を繰り返して手を尽くした後であり、周辺住民の健康および生活環境が著しく損なわれていたとすれば、この要件も満たすと考えられます。

　では、実際にどのような手続で行われるかというと、まずA市からBに「期限を過ぎてもゴミを撤去していないので、○月○日までに撤去せよ。それでも行われないときは、代執行を行う」という最後通告である「**戒告**」がなされます。そして、それでも撤去されなければ、「戒告しても撤去されなかったので、×月×日に代執行を行う」と知らせる「**通知**」を行い、そこで期日・時間や執行責任者、費用の見積りをBに示した上で、当日ゴミの撤去を行政側が実行します。そして、後日ゴミ撤去にかかった費用を**国税徴収法**に規定された**強制徴収**と同じ方法でA市がBから徴収します。なお、戒告と通知は、緊急の必要があれば、**省略可能**です。

　なお、Bが代執行に不服がある場合、代執行の**戒告と通知は取消訴訟**ができますので、裁判で争うことも可能です。

(2) 執行罰（間接強制）

　砂防法という法律に、この法律の義務を国民が履行しない場合、「五百円以内ニ於テ指定シタル過料ニ処スルコトヲ予告シテ其ノ履行ヲ命スルコト」ができるという規定があります（同法36条）。このように、予め「もし不履行だった場合は、**過料**というお金を取る」と予告して義務を命じ、**不履行を防ぐこと**を**執行罰**とか**間接強制**と言います。戦前は多くの法律に見られましたが、今はこの**砂防法**の規定1件しか残っていません。

(3) 直接強制

　不履行の義務者の**身体や財産に直接物理的強制を加えて**実現してしまう方法が**直接強制**です。一応どのような義務の不履行でも使える方法ですが、人権侵害の危険が大きく、これを認める**立法例は極めて少ない**のが現状です（いわゆる成田新法など）。なお、現行法に一見直接強制のように見える規定が多くありますが、そのほとんどが後に説明する即時強制です。

(4) 行政上の強制徴収

　金銭支払義務の不履行の際に行政が強制徴収する方法を**行政上の強制徴収**と言います。税金（国税）の場合、督促を行っても税金を納付しない滞納者に対しては、**国税徴収法**という法律の規定によって

税務署により財産の差押えが行われ、その財産が公売にかけられて換価（お金に換えること）されます。そしてその代金が滞納している税金分に充当されます。

　国税徴収法は、国税を強制徴収するための法律ですが、税金以外の金銭徴収（例えば行政代執行の費用徴収など）でも「国税滞納処分の例により」として準用されており、**実際には行政上の強制徴収についての一般法**のようになっています。

　なお、法の規定で行政上の強制徴収ができる金銭支払債務の不履行に対して、行政自身が強制徴収を行わず、民事執行手続を使って裁判所に徴収してもらうことが可能かという問題がありますが、それはできないとするのが判例15-1です。つまり、法が行政自身に強制徴収することを認めた以上は、**裁判所の力は借りず、必ず行政自身が行え**ということです。

3　行政上の強制執行と民事訴訟

　ところで、義務の不履行に対する行政上の強制執行がそもそも行えない場合に、民事訴訟や民事執行によって裁判所の力を借りて義務を実現してもらうことは可能でしょうか。

　パチンコ店の建築には市長の同意が必要である旨を規定し、同意なく建築を進める者に対して、市長は建築の中止等を命じることができるとする市条例が制定されていました。この条例に反して同意なくパチンコ店の建築に着手した者に対し、行政上の強制執行を認める規定がないことから、市が工事の続行禁止を求める民事訴訟を提起した事案について、判例15-2は、このような「**行政権の主体**（一般国民とは異なる行政という特殊な立場）**として国民に義務の履行を求める訴訟**」は、**法律上の争訟**（**裁判所法3条1項**）**に該当しないとして却下**（門前払い）しました。つまり、権力的な行政活動などで課した義務の不履行については、行政上の強制執行ができなければ、民事訴訟や民事執行もできないことになります。

4　即時強制（即時執行）

　直接強制と同様に行政が国民の身体・財産に強制力を行使するものとして、**即時強制**（あるいは**即時執行**）というものがあります。緊急事態の際に法律等の規定により行われるもので、**予め課した義務の不履行があったわけではありません**。そこが行政上の強制執行である直接強制との違いです。例えば、感染症予防法による感染病患者への強制入院措置や消防法の規定する火災時の消火のための建物破壊（破壊消防）など多くの立法例があります。

　即時強制は、行政上の強制執行ではないので、**条例で規定することもできます**。また、国民に対して不意に強制を加えるものですが、**裁判所の令状**（憲法33、35条）が常に必要とされるわけでもありません。

　救済方法としては、即時強制が違法である場合、被害を被った国民は**国家賠償請求**ができます。一方、取消訴訟については、強制の**効果が継続しているもの**（例えば強制入院措置のように入院させられた状態が続く場合）はできますが、強制の効果が即時に完成してしまうもの（例えば破壊消防のように、強制によって破壊されてしまっている場合）はそもそも取り消しても元に戻るわけでなく、取り消す意味がないのでできません。

　最後にUnit 15とUnit 16が扱う行政上の様々な強制措置の制度をまとめた図を掲載しますので参考にして下さい。

図表15-2　行政上の強制措置

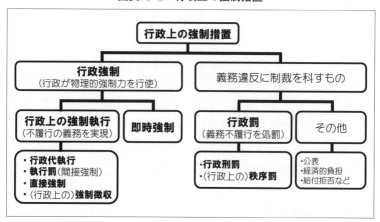

練習問題15

次の問いに○×で答えよ。（解答は巻末にあります。）

1　行政上の義務の不履行があった場合、特に法の規定がなくても、行政は行政上の強制執行を行うことができる。

2　他の手段によって履行確保が困難で、かつ不履行を放置すると著しく公益に反するといえれば、営業禁止義務の不履行に対して、行政は代執行を行うことができる。

3　執行罰は、行政上の義務の不履行を事後的に処罰するもので、行政罰の一種である。

4　法の規定で行政上の強制徴収が可能な場合、裁判所の民事執行という手段によって強制執行を行うことはできないとするのが最高裁の判例である。

5　即時強制は、行政上の義務の不履行があった際に、義務者の身体や財産に直接強制を加えるものなので、行政上の強制執行の一種である。

16-1 行政罰の意義

行政上の義務の不履行に対し**事後的な制裁**を加えることで義務の履行確保を行う制度を**行政罰**という。

16-2 行政罰の種類

行政罰は、科される制裁の内容や手続の違いにより、**行政刑罰**と**行政上の秩序罰**に分けられる。

	行政罰	
	行政刑罰	行政上の秩序罰
意義	行政上の義務違反に対して**刑法に刑名のある刑罰**（＊）を科すもの。	形式的で軽微な行政上の義務違反に対して**過料**を科す制裁。いわゆる刑罰ではない。
手続	特別な規定がある場合を除き、**刑法総則・刑事訴訟法が適用**される（刑法8条）。※法人・個人の双方を罰する**両罰規定**が置かれることがある。	刑法総則・刑訴法は**適用されない**。 ・法令違反による過料 ⇒非訟事件手続法により**地方裁判所が科す**（即時抗告可能） ・地方自治法による条例・規則違反の過料 ⇒地方公共団体の**長が処分で科す**（不服申立・取消訴訟可）

（＊）死刑、拘禁刑、罰金、拘留、科料の6つ（刑法9条）
　なお、拘禁刑は、従前は「懲役・禁錮」であったが、2022年法改正で「拘禁刑」に一本化された。

16-3 両者の併科

行政刑罰と行政上の秩序罰は、目的、要件、実現手続を異にするので択一関係になく、両者を**併科しても憲法39条に違反しない**（最判昭和39年6月5日：判例16-1）。

16-4 その他の履行確保手段

公表	義務の不履行や行政指導への不服従があったという事実を公表すること。
課徴金	社会正義に反する経済的利益を国民が得た場合に、国がそれを徴収すること。
加算税	税の申告や納付に不履行があった場合に、税務署長が行政処分として課すもの。納税義務違反防止という行政上の目的から設けられたものなので、**刑罰と併科しても憲法39条に違反しない**（最判昭和33年4月30日：判例16-2）。

講義

1 行政罰とは

行政上の義務に国民が違反した場合、行政上の強制執行（Unit 15）により不履行の義務が強制的に実現される場合がありますが、それとは別に不履行の義務者を**事後的に処罰する**制度もあります。これを**行政罰**といいます。つまり不履行の者を処罰することで、心理的・間接的に義務の履行を担保するのです。

なお、行政上の強制執行（Unit 15）に「執行罰」という制度がありましたが、執行罰は義務を課す際に不履行の予防のために行政が「予め」過料を科しておくもので、義務違反を**事後的に**処罰する**行政罰とは趣旨が異なります**。

行政罰を規定した例として、食品衛生法に次のような規定があります。

> 第83条 次の各号のいずれかに該当する者は、これを1年以下の拘禁刑又は100万円以下の罰金に処する。
> 　第4号 第54条の規定による基準又は第55条第3項の規定による条件に違反した者
> 第88条 法人の代表者又は法人若しくは人の代理人、使用人その他の従業者が、その法人又は人の業務に関し、次の各号に掲げる規定の違反行為をしたときは、行為者を罰するほか、その法人に対して当該各号に定める罰金刑を、その人に対して各本条の罰金刑を科する（以下略）。
> 第89条 第39条第1項の規定に違反して財務諸表等を備えて置かず、財務諸表等に記載すべき事項を記載せず、若しくは虚偽の記載をし、又は正当な理由がないのに同条第2項各号の規定による請求を拒んだ者は、20万円以下の過料に処する。

83条4号は都道府県の定めた食品衛生基準や食品営業の許可制に違反した者、89条は民間の食品衛生登録検査機関が事業所に財務諸表等を備えておかなかったり、虚偽記載等を行ったりした場合にそれらの行為があった者を処罰するとしています。これらは行政罰の例です。

2 行政罰の種類

行政罰は、処罰内容と手続の違いにより、行政刑罰と（行政上の）秩序罰に分けることができます。

図表16-1　行政罰の種類

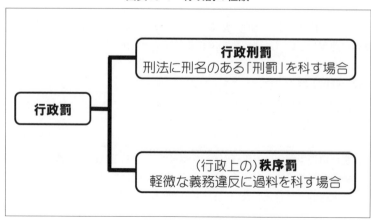

刑法第9条には、犯罪に対して科す刑罰の種類について「死刑、拘禁刑、罰金、拘留及び科料を主

刑とし、没収を付加刑とする。」と規定しています。そして、**行政上の義務違反に対してこれらの刑罰と同じ制裁を科す場合を「行政刑罰」**と言います。刑法上の犯罪と同じ刑罰を科すわけですから、比較的重い義務違反が対象です。上記食品衛生法では、第83条は拘禁刑とか罰金刑を科していますので、これは行政刑罰になります。

　行政刑罰は、刑法上の犯罪と同様の扱いになり、**刑法総則が適用**され、**原則として刑事訴訟法の規定により、刑事裁判を行って科**されます。ただし、例外的に簡易な手続が用意されている場合もあり、例えば道路交通法違反の場合は、軽微なものでしたら交通反則通告制度によって実質的に刑事裁判なしで科すことができ、裁判は違反者が同制度の適用を拒否する場合のみ行われます。

　また、行政刑罰の特色としては、「**両罰規定**」が置かれることが多いのも特色です。両罰規定とは、義務違反があった本人（自然人）だけでなく、その事業主である法人にも罰金刑等を科すもので、上記食品衛生法88条の規定がその例です。

　一方、「**(行政上の) 秩序罰**」は、比較的軽微な行政上の義務違反を対象に「**過料**」（読みが同じでも刑法の「科料」とは別です）という違反金を取るもので、こちらは**刑罰ではありません**。

　また、それを科す手続も行政刑罰とは異なり、刑事裁判などは行われません。法令（国の法律や政令・省令など）違反に対して過料を科す際には、**非訟事件手続法の規定によって地方裁判所が「過料の裁判」**というごく簡単な手続で科し、国民がこれに不服がある場合、**即時抗告**という手続で争うことができます。また、地方公共団体の条例や規則の違反の場合には、**地方公共団体の長が処分で過料を科します**ので、これに不服な国民が争う手段は不服申立や取消訴訟になります。

　上記食品衛生法の例では、第89条の規定は「過料」を科していますので、行政上の秩序罰になります。また、食品衛生法という国の法律に反する場合ですので、非訟事件手続法の規定で科すことになります。

3　行政刑罰と行政上の秩序罰の併科

　憲法39条は、「何人も（中略）同一の犯罪について、重ねて刑事上の責任を問はれない」と規定し、一つの犯罪行為を複数回処罰することを禁止しています。では、一つの行政上の義務違反行為に対して行政刑罰と行政上の秩序罰の2つを科すことは憲法39条に違反しないでしょうか。例えば、ある違反行為に罰金刑と過料を併科するような場合です。

　刑事裁判の証言拒否に関する事例であり、行政上の義務違反が問題になった事例ではありませんが、判例16-1は、**両者の目的や手続が異なる点に着目し、併科することも許される**としました。

4　その他の義務の履行確保手段

　行政上の強制執行で見た各手段や行政罰は、昔からある古典的な義務の履行確保手段ですが、最近はこれら以外にも様々な履行確保手段が開発されています。そのいくつかを見てみましょう。

　「公表」は、**義務を履行しない者を公表**することです。例えば食品衛生法には次のような規定があります。

> 食品衛生法
> 第69条　厚生労働大臣、内閣総理大臣及び都道府県知事は、食品衛生上の危害の発生を防止するため、この法律又はこの法律に基づく処分に違反した者の名称等を公表し、食品衛生上の危害の状況を明らかにするよう努めるものとする。

つまり、公表されるのが嫌ならば、違反行為をするなということです。

「**課徴金**」は違法な行為を行った者が、その行為によって得た不正な利益を得ないように国が課徴金として徴収する制度で、例えば次のような規定があります。

> 私的独占の禁止及び公正取引の確保に関する法律
> 第7条の2
> 1　事業者が、不当な取引制限又は不当な取引制限に該当する事項を内容とする国際的協定若しくは国際的契約であつて、商品若しくは役務の対価に係るもの又は商品若しくは役務の供給量若しくは購入量、市場占有率若しくは取引の相手方を実質的に制限することによりその対価に影響することとなるものをしたときは、公正取引委員会は、（中略）当該事業者に対し、第1号から第3号までに掲げる額の合計額に100分の10を乗じて得た額及び第4号に掲げる額の合算額に相当する額の課徴金を国庫に納付することを命じなければならない。

加算税は、**納税義務の違反があった者に対して、通常の税とは別に特に課される税**を言います。要は、納税の申告を行わなかった者や過少申告をした者に対して本来支払うべき税金以上の負担を課すことで適正な申告納税を促すものです。

なお、加算税の前身である追徴税に関する事例ではありますが、判例16-2は、**追徴税と刑罰を併科しても両者は目的・趣旨が異なる制度なので、憲法39条には違反しない**としています。

練習問題16

次の問いに○×で答えよ。（解答は巻末にあります。）
1　行政罰は、義務の不履行に対して制裁を科すことで間接的に義務の履行を確保する制度である。
2　行政刑罰とは、行政上の義務違反に対して刑法に刑名がある刑罰を科す場合をいい、原則として刑事訴訟法の刑事裁判によって科される。
3　行政上の秩序罰は、行政上の義務違反に科料を科すもので、国の法令違反の場合には、非訟事件手続法の手続により、地方裁判所が科す。
4　行政刑罰と行政上の秩序罰を併科することは、憲法39条に違反しないとするのが最高裁の判例である。
5　加算税は、申告納税の義務に違反した者に特別の税負担を課すものであるが、制裁の一種である以上、刑罰との併科はできないとするのが最高裁の判例である。

Unit 17 行政調査

レジュメ

17-1 行政調査の意義
行政機関が**行政目的達成のために行う情報収集活動**を**行政調査**という。臨検・立入検査など強制力の行使が認められているものもある。

17-2 法律の根拠の要否
任意調査（強制力がなく、調査の相手方の任意の協力によって行われる）については、**法律の根拠は不要**であるが、**強制調査**、すなわち物理的強制力の行使を伴うもの（**直接強制調査**）や、不協力に罰則を伴う調査（**間接強制調査**）には**必要**。

17-3 任意調査の範囲・限界

判例17-1　自動車の一斉検問と法の根拠（最判昭和55年9月22日）

〔判旨〕警察官が適当な場所において、交通違反の予防、検挙のための自動車検問を実施し、短時分の停止を求めて、運転者などに対し必要な事項についての質問などをすることは、それが相手方の任意の協力を求める形で行われ、自動車の利用者の自由を不当に制約することにならない方法、態様で行われる限り、適法なものと解すべきである。

判例17-2　職務質問時の所持品検査と強制（最判昭和53年6月20日）

〔判旨〕所持品の検査は、任意手段である職務質問の附随行為として許容されるのであるから、所持人の承諾を得て、その限度においてこれを行うのが原則であるが、所持人の承諾のない限り所持品検査は一切許容されないと解するのは相当でなく、捜索に至らない程度の行為は、強制にわたらない限り、所持品検査においても許容される場合がある。

17-4 行政調査と令状主義（憲法35条）、自己負罪拒否特権（38条1項）

判例17-3　質問検査権と憲法35条、38条1項（最大判昭47年11月22日　川崎民商事件）

〔判旨〕憲法35条1項の規定は、当該手続が刑事責任追及を目的とするものでないとの理由のみで、その手続における一切の強制が当然にその規定による保障の枠外にあると判断することは相当ではない。しかしながら、諸点を総合して判断すれば、旧所得税法70条10号、63条に規定する検査は、あらかじめ裁判官の発する令状によることをその一般的要件としないからといって、これを憲法35条の法意に反するものとすることはできず、違憲ではない。

憲法38条1項の規定による保障は、純然たる刑事手続においてばかりではなく、それ以外の手続においても、実質上、刑事責任追及のための資料の取得収集に直接結びつく作用を一般的に有する手続には、ひとしく及ぶものと解するのを相当とする。しかし、旧所得税法70条10号、12号、63条の検査・質問の性質上、各規定そのものが憲法38条1項にいう「自己に不利益な供述」を強要するものとすることはできず、この点も違憲ではない。

行政調査

17-5 行政調査と犯罪捜査
　行政調査によって得られた情報や資料は当該調査の目的達成にのみ用いられるべきで、これを**犯罪捜査のために用いることは許されない**。

　判例17-4　犯則調査で得た資料の処分への利用（最大判昭和63年3月31日）
　〔判旨〕収税官吏が犯則嫌疑者に対し国税犯則取締法に基づく調査（犯則調査）を行った場合に、課税庁が犯則調査により収集された資料をその者に対する課税処分及び青色申告承認の取消処分を行うために利用することは許される。

講　義

1　行政調査とは

　行政活動が適正に行われるためには、行政が様々な情報を収集する必要があります。そのような**行政が行う情報収集活動**を**行政調査**いいます。

　例えば、統計的なデータを得るために行われる国勢調査や警察官が不審事由を発見したときに行う職務質問（警察官職務執行法2条1項）、納税が適正に行われているかどうかを税務署が調査するための税務調査などがその例です。

2　行政調査の種類と法の根拠の要否

　行政調査には、**調査の相手方である国民の任意の協力がないと行うことができない任意調査**と**強制力により調査の実効性が担保されている強制調査**があります。また、強制調査には、調査を拒否する国民に対して物理的な実力行使を行ってでも調査を行うことができる即時強制（Unit 15）に近いもの（**直接強制調査**）や、実力行使はできないが、調査に協力しない国民を処罰するもの（**間接強制調査**）があります。

　法の根拠の要否については、任意調査は、国民の権利侵害の危険が少ないことから法の根拠がなくても行うことができますが、強制調査は法の根拠がなければ行うことができません。

図表17-1　行政調査の全体像

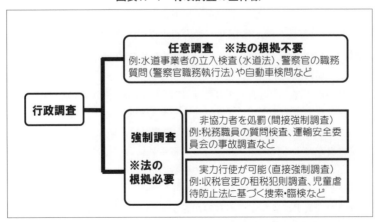

行政調査の中では、**税務調査**が判例等でもよく出てきますので、ここで概要を説明します。

所得税や法人税などは、基本的に納税者の自己申告で納めます（申告納税）。申告額に誤り等があると税務官が考えた場合、正しい税額を確定させるための情報収集を行うために、いわゆる「**任意調査**」が行われます。税務官は強制的な立入りや捜索押収など実力行使はできませんが、調査対象者が税務官の質問に答えなかったり、虚偽説明を行ったりした場合には罰則がありますので、名前は任意調査でも**実際は間接強制調査**です。

そして、悪質・多額な納税逃れを発見し、税務当局が租税犯罪に該当する疑いがあるケースであると考えた場合、権限のある収税官吏（査察官）が**犯則調査**を行います。これは犯罪事実の有無を調査するもので、事実があるとされた場合には、収税官吏はその処罰を求めて検察に告発します。したがって、行政調査であっても**刑事手続と強い関連性**があります。また、犯則調査では、犯罪捜査と同様に臨検（住居等への立入り）、捜索・差押えを強制的に行うことができますので、それらを行う際には、**裁判所の令状（許可状）が必要**とされています。

告発を受けた場合、捜査機関（検察など）は、通常の犯罪捜査を行いますが、これはもちろん刑事手続であり、行政調査ではありません。

図表17-2　税務調査と犯罪捜査

手続		目的	行う人	性質	令状の要否
税務調査	質問検査	適正な税金の賦課・徴収	税務職員	行政調査（間接強制調査）	不要
	犯則調査	租税犯罪の嫌疑の調査	収税官吏	行政調査（直接強制調査）	必要
犯罪捜査		租税犯罪の捜査	捜査機関	刑事手続	必要

3　任意調査の範囲と限界

任意調査については、それがどの範囲でできるのかについて、自動車一斉検問と職務質問の際の所持品検査が判例で問題になりました。

警察官が行う**自動車検問**については、現行法に明確な根拠規定はありません。判例17-1は、警察による自動車の一斉検問によって酒気帯び運転の罪に問われた者が、当該一斉検問は法の根拠を欠き、違法であると主張した事案について、「交通安全や交通秩序維持に必要な警察の諸活動は強制力を伴わない任意手段による限り許される」とした上で、自動車検問も**一定の方法・態様に止まる範囲では適法**としました。

また、警察官職務執行法2条1項は、いわゆる**職務質問**について「警察官は、異常な挙動その他周囲の事情から合理的に判断して何らかの犯罪を犯し、若しくは犯そうとしていると疑うに足りる相当な理由のある者（中略）を停止させて質問することができる」と規定しています。職務質問の際に法の規定がない**所持品検査**も行う場合がありますが、これは許されるのでしょうか。強盗事件発生後、緊急配備を行った警察官が不審車両を発見し、職務質問を行った際、警察官が承諾なしに相手の鞄を開披したことが違法かどうか問題になった事案について、判例17-2は、所持品検査はあくまで任意調査の一環として可能としつつ、「**捜索に至らない程度で強制にわたらないもの**」であれば、多少相手の意に反して行うことも許されるというような趣旨を述べています。

4 強制調査と令状主義、自己負罪拒否特権

行政調査は、行政が行政活動の一環として情報収集のために行うものですが、強制調査の中には、犯罪が行われた場合にこれを処罰するために行われる刑事手続と同様の強制によって人権制限を行うものもあります。刑事手続については、憲法は31条以下で様々な被疑者・被告人の権利を手厚く保障していますが、これらの規定は、行政調査で人権制限を受ける国民には適用されないのでしょうか。

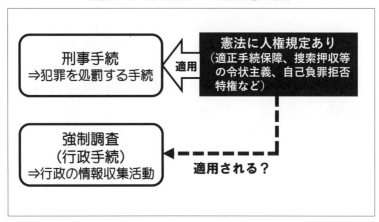

図表17-3　行政調査への人権規定の適用

この点、図表17-2で説明した租税の犯則調査のように、実力行使が認められているような行政調査については、実力行使の際に法律の規定により裁判所の令状（許可証）が必要とされるなど、刑事手続と同様の人権への配慮を行っています。ただ、そのような実例は多くなく、他の多くの**強制調査では、憲法の令状主義（憲法33条、35条）や自己負罪拒否特権（38条１項）が適用されるのかどうか**が疑問になります。

この問題について答えたのが判例17-3の川崎民商事件です。所得税確定申告に過少申告の疑いを持たれたＡが税務官の質問検査を拒否したことで起訴されました。裁判でＡは、憲法35条１項や38条１項が行政調査にも適用されることを前提に、令状がなく、自己負罪拒否特権も保障されていない質問検査は違憲である旨を主張しました。

判例は、まず一般論として「そもそも行政調査に憲法35条や38条1項が適用されるか」という点について、**35条**は「当然にその規定による保障の枠外にあると判断することは相当ではない」とし、**38条１項**については「実質上、刑事責任追及のための資料の取得収集に直接結びつく作用を一般的に有する手続には、ひとしく及ぶ」としました。つまり「行政調査にも適用される場合はあり得る」ということですが、すべての行政調査での強制にこれら憲法の規定が適用されるとは言っていません。

そして、行政調査の中でも今回判例で問題になった「**所得税法の質問検査**」については、その手続や強制の程度等を考慮して**35条も38条１項も適用されない**としました。

5 行政調査と犯罪捜査

行政調査と刑事事件の犯罪捜査では、人権保障の見地から犯罪捜査の方が厳格な要件が定められており、公権力の側からするとやっかいです。そこで、要件が厳しくない行政調査の名を借りて犯罪を

立証する証拠資料を集め、それを後に刑事裁判で利用する可能性があります。このような行為は当然許されないので、行政調査の根拠規定の多くに「**この法律（または条例）による調査権限は犯罪捜査のために認められたものと解釈してはならない**」という規定を置いています。

逆に、要件が厳格でハードルが高い刑事手続（犯罪捜査）で得られた証拠資料を行政活動に利用することは許されます。判例17-4では、実質的に犯罪捜査と同様の**犯則調査**で得た資料を一般の行政活動である課税処分や青色申告承認の取消処分に利用することは差し支えないとしました。

図表17-4　行政調査と犯罪捜査

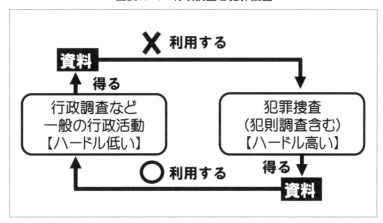

図表17-5　参考資料：各種行政手続に基づく令状まとめ

項目 法律	任意調査	強制調査	資料提供	夜間執行許可の規定の有無	告発
国税犯則取締法	1条	2条	解釈上	×	12条の2
関税法	119条	121条1，2項	3項	○124条	140条
地方税法	71条等	71条等	解釈上	×	71条
金融商品取引法	210条	211条1，2項	3項	○212条	226条
独占禁止法	101条	102条1，2項	3項	○104条	96条
出入国管理法	27条	31条1，2項	3項	○35条	63条3項
児童虐待防止法	8条の2	9条の3第1項	3項	○9条の4	

出典：三好一幸「令状審査の理論と実務」司法協会　2014年（一部筆者加工）

行政調査

練習問題17

次の問いに○×で答えよ。(解答は巻末にあります。)

1 行政調査は、国民から情報を得る活動である以上、たとえ任意調査であっても法の根拠がないと行うことが許されない。

2 任意調査においては、強制にわたるものであっても、実力行使が許される場合があるとするのが最高裁の判例である。

3 行政調査であっても、犯罪捜査と同様に裁判所の令状(許可証)が必要とされたり、相手方の国民に自己負罪拒否特権の保障がなされたりする場合もある。

4 旧所得税法の質問検査には憲法35条の規定は適用されるが、38条1項の自己負罪拒否特権は適用されないとするのが最高裁の判例である。

5 犯罪捜査で得られた証拠・資料を課税処分等の行政活動に利用することは、目的の異なる手続を脱法的に利用することになるので許されないとするのが最高裁の判例である。

Unit 18 行政指導

レジュメ

18-1 行政指導の意義

行政主体が一定の目的達成のため、**指導・勧告といった非権力的手段で法的拘束力なく働きかける行為**を**行政指導**という。**非権力行為**であり、国民の権利義務に変更を加えない**事実行為**である。

なお、行政手続法は、行政指導を「行政機関がその任務又は所掌事務の範囲内において一定の行政目的を実現するため、特定の者に一定の作為又は不作為を求める指導、勧告、助言その他の行為であって処分に該当しないもの」と定義している（Unit 23-3）。

18-2 行政指導への法の拘束

行政指導は**法律の根拠なく行うことができる**。

判例18-1 行政指導と法の根拠（最判昭和59年2月24日）

〔判旨〕石油業法に直接の根拠を持たない石油製品価格に関する行政指導であっても、これを必要とする事情がある場合に、社会通念上相当と認められる方法で行われ、「一般消費者の利益を確保するとともに、国民経済の民主的で健全な発展を促進する」という独占禁止法の究極目的に実質的に抵触しないものである限り、これを違法とする理由はない。

18-3 行政指導についての判例（行政手続法制定前のもの）

判例18-2 指導要綱による給水拒否（最決平成1年11月8日）

〔判旨〕市の指導要綱（開発業者に対して市との協議や負担金の拠出を指導する内容）に従わなかった開発業者が建築したマンションに対し、市が給水契約締結を拒否（留保）することが水道法違反になるかどうか争われた事例について、指導要綱を順守させるための圧力手段として、水道事業者（市）が給水契約の締結を拒んだものであるとして、給水拒否を水道法違反であるとした。

判例18-3 指導要綱による教育負担金の支払い（最判平成5年2月18日）

〔判旨〕市が行政指導として教育施設の充実に充てるために事業主に対して寄付金（教育負担金）の納付を求めること自体は、強制にわたるなど事業主の任意性を損うことがない限り、違法ということはできないが、市の指導要綱の文言及び運用の実態からすると、市は水道の給水契約の締結の拒否等の制裁措置を背景として、指導要綱を遵守させようとしていたというべきで、当該行政指導に従うことを余儀なくさせ、教育施設負担金の納付を事実上強制しようとしたものなので、行政指導の限度を超える違法な公権力の行使であるとした。

判例18-4 行政指導時の建築確認の留保（最判昭和60年7月16日）

〔判旨〕マンション建築業者Aが都に建築確認申請をしたところ、都はマンション建築に反対する

付近住民と話し合い、円満に解決するように指導を行い、その間建築確認処分を行うことを留保した。その後、話し合いはまとまらず、Aは都に対して留保している建築確認処分を行うように求めたが、都はこれを行わず、Aのマンション建築は遅延し、損害を被ったという事案について、都の指導に建築主が任意に応じている間、その成果に期待して建築確認処分を留保することは違法とはいえないが、マンション建築主が行政指導に従わない旨を明確に示し、直ちに建築確認申請に応答すべきことを求めている場合は、特段の事情でもない限り、建築に反対の付近住民との話し合いを行うべき旨の行政指導を理由として建築確認を留保しつづけることは違法であるとした。

18-5 行政指導と救済制度
(1) 国家賠償請求
　国家賠償法1条1項の「**違法な公権力の行使**」には**行政指導も含まれる**ので、国家賠償法によって損害賠償を請求することができる。
(2) 取消訴訟
　行政指導は「処分性」がなく、**一般に取消訴訟を提起することはできない**。しかし、最高裁は、**医療法の病院設立中止勧告**につき、これを行政指導の一種としながらも**処分性を肯定した**（最判平成17年7月15日：判例18-5）。Unit 40で詳説。

講　義

1　行政指導とは

　行政が国民にある行為を行わせたいときや逆にある行為を行ってほしくないときに、行政行為によって義務を命じることが可能であっても、そこまで強い態度に出る必要はないといえる場合があります。また、行政行為を行いたくても法の規定がなく、それができない場合もあります。そのような場合に**行政が相手方の国民に義務を課すことなく「お願い」をすることがあり、これを行政指導**と言います。

　「〇〇社が××省から行政指導を受けた」というようなニュースを見かける場合がありますが、行政指導はあくまで命じているのではなく、指導・勧告（つまり「お願い」）ですので、**非権力的な行為**であって、法的効果のない（義務を課さない）事実行為です。国民としては、行政指導に従う法的義務はありませんので、従わなかった場合に義務の不履行として強制執行や処罰を受けることもありません。

　ただし、行政指導の中には、それに不服従の場合にその事実が公表されたり、給付が停止されたりするような一定の不利益な扱いが法で予定されているものもあります。

　内容面については、営業自粛を依頼する行政指導のように相手方の国民に不利益なことを指導する**規制的な行政指導**もありますが、技術的なアドバイスを行うことで国民に有益な情報を提供する**助成的な行政指導**もあります。

　行政指導については、行政手続法で一般的なルールが定められていますが、それは後に勉強することにして（Unit 26）、ここでは同法の規定以外の問題を扱います。

2 法の根拠の要否

行政指導を行う際に、法の根拠が必要でしょうか。法律の中には明文の規定を置くものもありますが、国民に義務を課すものではないので、一般論としては**不要**です。

法に根拠のない行政指導の適法性が問題になったのが判例18-1です。

石油の急激な値上がりで国民生活が混乱したいわゆるオイルショック時に、石油元売業者が独占禁止法に違反する価格協定を行ったとして刑事起訴されました。これに対して石油元売業者は、価格協定は当時の通商産業省(今の経済産業省)の行政指導に協力して行ったものであり、無罪であると主張しました。そこで、裁判の争点のひとつとして、今回の通産省の行政指導は法の根拠がなく、そもそも違法ではないかが問題になりました。判例は、行政指導が①**社会通念上相当と認められる方法で行われること**と、②**法の究極目的に実質的に抵触しないこと**を条件に、行政指導を**違法でない**としました。

また、行政指導に従ったものであるので無罪であるという主張については、適法な行政指導に従った価格協定であれば独占禁止法違反にならない場合がある可能性を認めつつも、この事例では石油元売業者の価格協定を違法としました。

3 行政指導に関する判例

行政指導は、相手方に義務を課すものではないにもかかわらず、行政側がそれに何とか従わせようとして様々な事実上の強制を働かせることがかつては少なくありませんでした。現在では、そのようなやり方は平成5年に制定された**行政手続法**で禁止されていますが、同法の成立前にどのようなケースが問題になったのか、有名な判例をいくつか見てみましょう。

マンションの乱開発に困っていた武蔵野市では、**指導要綱**(行政指導の基準を定めたもの)を定め、マンション建設の際には市と協議することや教育施設負担金の支出をすること、要綱に従わないときは、必要な協力(上下水道などのサービス提供)を市は行わない旨を規定していました。あるマンション業者が行政指導要綱に従わなかったところ、市から水道供給を拒否されました。

水道法には、「水道事業者(この場合は市)は、(中略)給水契約の申込みを受けたときは、**正当の理由**がなければ、これを拒んではならない」と規定し(同法15条1項)、正当な理由がない給水拒否に対しては処罰規定もあります。そこで、武蔵野市長が水道法違反を理由に起訴されたのが判例18-2の事案です。

判例は、水道法にいう「**正当の理由**」に該当しないとして、武蔵野市長に有罪判決を出しました。

次に、判例18-3では、同じ武蔵野市で、指導要綱に従っていったん教育施設負担金を納めた者が、武蔵野市の教育施設負担金の徴収は違法な行為であるとして国家賠償を請求した事例ですが、「**給水拒否等の制裁措置を背景として、指導要綱の教育施設負担金納付を事実上強制すること**」をやはり違法としました。ただし、この事例では、「指導要綱によって教育施設負担金の納付を求めること」自体は違法としていません。それを「給水拒否等を背景として強制してはいけない」と言っているのです。

上記2つ判例をまとめると、**地方公共団体が給水拒否等で相手に圧力をかけて行政指導に従わせるやり方は、任意であるはずの行政指導の性質に反して許されない**、ということです。

もう一つ有名な事例を紹介します。

行政指導

　マンション開発業者Aがマンション建築に必要な建築確認を東京都に申請したところ、都から建設に反対する付近住民と話し合い、円満に解決するように行政指導を受け、Aはそれに従って付近住民と話し合いを継続し、都はその間建築確認処分を行うことを留保しました。その後、Aと周辺住民の話し合いが決裂したことから、「話し合え」という指導にはこれ以上従えないとして、Aは都に対して留保している建築確認処分を行うように求めました。しかし都はこれを行わず、その結果、Aのマンション建築は遅延し、損害を被りました。そこで、Aが都に損害賠償を請求した事案です。

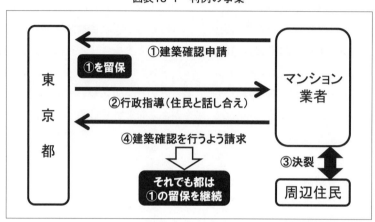

図表18-1　判例の事案

　判例18-4は、マンション業者と周辺住民の話し合いが進むことを期待して都が建築確認を留保したこと自体については、違法でないとした上で、話し合いが決裂し、Aからこれ以上**行政指導には従わない旨が明示され、建築確認処分を行うように請求があったにもかかわらず留保を続けたことは、特別な事情でもない限り違法**としました。Aが「行政指導に従って話し合いを行うことは、これ以上できない」と言っているのに、建築確認を人質にとって従わせようとしていることになるからです。

　上記のように、行政手続法制定前には、行政指導に何とかして従わせようと様々な強制を行うケースが見られましたが、現在では同法の規定で、判例事案のようなやり方は一般に禁止されています。

4　行政指導と救済制度

　違法な行政指導を受けた国民は、賠償金請求（**国家賠償請求**）を行うことや**取消訴訟を提起して**行政指導を取り消してもらうことができるでしょうか。

　国家賠償請求の要件は、「**違法な公権力の行使**」（国家賠償法1条1項）による損害であることですが、ここにいう「公権力の行使」は、権力的なものだけでなく、非権力的なものも含まれるので、これは可能です（Unit 51-1）。

　次に、取消訴訟ですが、取消訴訟を提起できるのは、「**処分その他公権力の行使**」（行政事件訴訟法3条2項）に限られます。つまり、「**処分（行政行為）**」のような性質（**処分性**）があるものだけです。

　行政指導は、非権力的で義務を課さない性質ですので、処分とはほど遠く、**一般論としては提起できない**といえます。ただし、最近の判例で「行政指導である」と認めながら、**例外的に処分性を肯定して取消訴訟を認めた事例**がありますので、それは後に処分性を扱うUnit 40で見ましょう。

練習問題18

次の問いに○×で答えよ。(解答は巻末にあります。)

1 　行政指導は、相手の国民に義務を課すことなく勧告するもので、国民はそれに従うかどうかは任意である。

2 　行政指導は、仮に国民の活動に規制を加える内容のものであっても、法の根拠は不要である。

3 　指導要綱に従わない者に対して市が給水拒否を行うことは、給水を拒否する正当の理由があるため、違法とはならないとするのが最高裁の判例である。

4 　行政がマンション建築業者に対し、周辺住民との円満な話し合いを期待して指導を行い、当面の間建築確認申請を留保したことは、そもそも違法であるとするのが最高裁の判例である。

5 　違法な行政指導に対しては、国家賠償を行うことができ、また、行政指導は一般に処分性の要件も満たすことから、取消訴訟を提起することも可能である。

Unit 19 行政契約

レジュメ

19-1 行政契約の意義

行政主体が行政目的達成のために締結する契約を行政契約という。行政主体と私人の契約だけでなく、行政主体間の契約や私人間の契約で行政の関与を受けるものもこれに該当する。

19-2 行政契約の性質

・権利義務が発生するので**法行為**であるが、公権力の行使を伴わない**非権力的**な手段であり、行政契約の締結に際して**法の根拠は必要ない**。

・合同行為（例：一部事務組合の設立など）とは違い、当事者が反対方向の意思で合致するものである。

・契約であるので、民法や商法などの**私法規定**が原則的に**適用**される。ただし、**附合契約**の形態を取る場合が多く、行政側に**給付義務が課される場合**（例：水道供給契約）や**競争入札制**を原則とするなど契約自由の原則が一部修正されることがあり、また**平等原則や信義則に反する契約は違法**になる（Unit 3）。

判例19-1 水道供給契約と「正当な理由」（最判平成11年1月21日 志免町給水拒否事件）

〔判旨〕市町村が企業努力を尽くし、合理的な供給計画によって給水契約申込みに対応しようとしてもそれができない場合には、水道法15条1項の「正当な理由」があるといえ、給水契約拒否も許される。

判例19-2 水道供給契約と平等原則（最判平成18年7月14日）

〔判旨〕町が水道事業条例を改正し、住民基本台帳に記録されていない給水契約者（別荘に居住する住民）についてのみ大幅な水道料金の値上げを行った。これに対して差額の不当利得返還請求等がなされた事案について、水道料金の大きな格差を正当化するだけの合理性はなく、改正条例のうち別荘給水契約者の料金を改定した部分は地方自治法244条3項に反し無効であり、別荘住民は改定前料金との差額について支払い義務を負わないとした。

19-3 競争入札制と例外

一般競争入札	参加者に制限がない競争入札を行い、行政側に最も有利な価格で入札した者が落札する制度。透明性確保のため、**この方法によることが原則**とされている。
指名競争入札	行政が予め適切と思われる者を複数指名し、指名された者の中で競争入札を行う。法令で定める場合に**例外的に可能**。

随意契約	競争入札によらずに、行政が任意に相手方を選択して契約を締結する方法。法令で定める場合に**例外的に可能**。

19-4 規制行政と行政契約

規制行政の分野でも行政契約という手段が用いられることがある（例：**公害防止協定**や**開発協定**）。あくまでも任意の契約であるから、罰則を科したり強制的な立入り検査を行ったりすることはできない。

判例19-3　公害防止協定の適法性（最判平成21年7月10日）

〔判旨〕産業廃棄物処理法は知事の許可が効力を有する限り事業や産廃処理施設の使用を継続する義務を課すものではなく、産廃処分業者が公害防止協定において、その事業や処理施設の使用を将来廃止する旨を約束することは自由に行えるので、産業廃棄物処分場の使用期限を決める公害防止協定の法的拘束力は否定されない。

講　義

1　行政契約とは

国や地方公共団体などの行政主体が活動する際、相手の国民に行政行為で権力的に権利義務を発生・変動させることもありますが、お互いの同意によって**契約や協定を結び、非権力的に権利義務を発生・変動させる**ことがあり、これを**行政契約**と言います。同じ**非権力的**なものであっても、行政指導（Unit 18）とは違い、「契約」ですので権利義務が発生する**法行為**です。

行政契約には、**行政主体と国民の間で締結**されるもの（例として水道の供給契約や土木建築の請負工事など）や**行政主体間で締結**されるもの（例として地方公共団体間の事務の委託契約）があり、また特殊な行政契約として、**私人間の契約に行政が認可などの形で関与**することで特別な効力が付与されるもの（建築基準法の建築協定など）も行政契約の範囲に入ります。

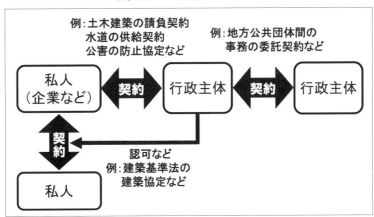

図表19-1　行政契約の全体像

行政契約

2 行政契約の特徴

　行政契約は、法行為であっても、非権力的なものに止まることから、**一般論として法の根拠は不要**と考えられています。ただし、地方公共団体間の事務の委託契約のように契約によって**法の規定とは違う状態を作ってしまうものには法の根拠が必要**です。事務の委託契約は、法が「地方公共団体Ａの仕事である」と規定しているものを契約によって別の地方公共団体Ｂの仕事に変更してしまうからです。

　また、「契約」ですから、契約当事者の意思が「売る」「買う」とか「貸す」「借りる」というように**反対方向**で一致するものに限られます。行政が組合を共同して設立する行為のように、組合設立という一つの目標に向かって複数者が同じ意思をもって行うものは「合同行為」と言って「契約」とは異なります。

　次に、行政契約も契約である以上、**民法の諸規定が適用されるのが原則**です。ただ、純粋な私人間の契約とは異なり、民法の大原則である**契約自由の原則に一定の修正**が加えられ、「行政は誰とどのような契約を結んでもよい」とはいえないことが少なくありません。

　Unit 18の判例で見た水道の供給契約のように、法律で行政側に「正当な事由」がない限り水道の**供給義務**（契約締結義務）を課したり、**競争入札制**にして入札に勝った者としか契約を結ぶことができなくしたりする等のケースがあります。

　なお、**平等原則や信義則等の法の一般原則**（Unit 3）はあらゆる行政活動に適用されますので、これらに反するような行政契約は違法になります。

　判例19-1は水道供給義務が問題になった事例で、慢性的な水不足に悩む町が、給水規則に則ってマンション業者からの給水申込みを拒否したことが、給水拒否が許される「**正当な理由**」（水道法）に該当するかどうか問題になった事案で、判例は**該当する**としました。行政指導に従わせるために拒否する場合（判例18-2）と違い、致し方のないケースだからです。

　また、水道供給契約については、判例19-2も挙げられます。別荘地として有名な町が水道事業条例を改正し、住民基本台帳に記録されていない給水契約者（別荘に居住する住民が該当）についてのみ大幅な水道料金の値上げを行いました。これに対して別荘住民から差額の不当利得返還請求等がなされた事案について、水道料金におけるこのような格差は、**公共施設利用の平等**を定める地方自治法244条3項に反し、不合理であるとして別荘住民の請求を認めました。なお、この事案については、水道料金を値上げした条例制定に対する取消訴訟も提起されましたが、こちらは処分性が否定され、却下されました（判例40E）。

3 競争入札制について

　ここで**競争入札制**の概要を説明しましょう。

　国や地方公共団体が売買・賃貸借・請負等の契約を締結する場合には、競争入札を行い、最も行政側に有利な価格で入札した者と契約を締結するのが原則です（会計法29条の3、地方自治法234条）。競争入札には**一般競争入札**と**指名競争入札**があり、入札参加者を限定しない一般競争入札が原則です。また、入札によらない**随意契約**は例外的にしか締結することができません（Unit 19-3）。

4 規制行政における行政契約

行政契約は、相手との合意によって結ぶものですから、主に水道供給契約のような給付行政分野や行政が必要な物資を調達するような場合に用いられます。しかし、国民の自由を制限する**規制行政の分野でも用いられる**ことがあります。通常規制行政分野では行政行為（処分）によって権力的に義務を課して行いますが、行政行為には法の根拠が必要なため、それが不要な行政契約を活用するのです。

有名な例としては、いわゆる「**公害防止協定**」があります。これは、地方公共団体が公害発生の原因となる企業と協定（契約）を結んで公害を防止する取り組みで、横浜市が市内に火力発電所を設置する事業者との間で市の調査への協力義務や被害発生時の費用負担、有害物質の排出規制等を約定したのが最初なので**横浜方式**とも呼ばれます。

公害防止協定は、法令による規制が機能しない場合に法の根拠なく柔軟に行うことができる手段ですが、あくまで契約なので、民間企業がこれを遵守しない場合に**罰則を科したり、立入り検査を強制的に行ったりすることはできません**。せいぜい相手に損害賠償請求を行うなどの**債務不履行責任**を追求できる程度になります。

公害防止協定に関する判例を一つ紹介します（判例19-3）。

産業廃棄物処理業を行う場合、県知事の許可が必要です。県知事から許可を受けた産廃業者Aは、産業廃棄物処分場設置場所のB市と公害防止協定を締結し、産業廃棄物処分場の使用期限を約束しました。ところがAは協定で約束した期限を過ぎても産廃処分場を使い続け、協定違反として裁判になった事案です。

裁判の中では、B市が公害防止協定に産廃処理施設の使用期限を定めて産廃処理業の許可に制限を加えたことが許可権を持つ県知事の権限を侵害し、無効ではないかが争われましたが、**許可権の侵害ではないとして、協定の有効性を認めました**。知事の許可は、「許可期間中は産廃処理業を行い続けなければならならず、それに制限を加えることはできない」という趣旨のものではないからです。

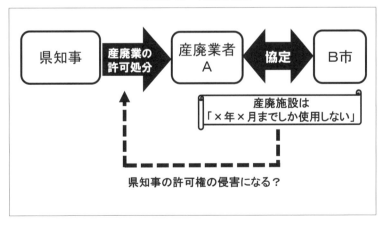

図表19-2　判例の事案

行政契約

練習問題19

次の問いに○×で答えよ。（解答は巻末にあります。）

1 行政契約は、行政主体と私人との間の契約を指し、行政主体間の契約は行政契約とはされない。
2 行政契約には法の根拠は不要であるが、平等原則や信義則に反する契約は違法となる。
3 国や地方公共団体が契約を締結する際には、契約自由の原則により競争入札と随意契約を自由に選択することができる。
4 水道事業者である町が企業努力を尽くしても水道の需要に応えることができない場合であっても、それを理由とする水道供給契約締結拒否は違法であるとするのが最高裁の判例である。
5 市が公害防止協定で産廃処理施設の使用期限に制限を加えることは、何ら県知事のもつ産廃業の許可権を侵害するものではないとするのが最高裁の判例である。

Unit 20 行政計画

レジュメ

20-1 行政計画の意義
行政機関が一定の行政目的を設定し、その**目的達成のための総合的手段を国民に提示する作用**を行政計画という。

20-2 行政計画の分類と法の根拠
様々な分類方法があるが、次のものが重要である。

拘束計画	国民(私人)の権利を制限する法的効果を持った計画。各種の都市計画や土地区画整理事業計画などが該当する。**法律の根拠が必要**である(法に根拠があるものを**法定計画**という)
非拘束計画	上記のような効力を持たない、**指針的・目標的な計画**をいう。**法律の根拠は不要**。

20-3 行政計画と救済制度

(1) 取消訴訟

抽象的・一般的な性質を持つ行政計画の場合は、処分性が否定され、取消訴訟提起できない。しかし、**具体的な法的効果のある計画については処分性が肯定**され、取消訴訟が可能。

判例20-1 行政計画の取消しの可否についての判例(処分性の有無)

結論	行政計画	理由
取消訴訟不可 (処分性否定)	都市計画法の**用途地域(工業地域)指定**	用途地域内の不特定多数の者に対する、**一般的抽象的効果**しかないから(最判昭和57年4月22日)。
取消訴訟可能 (処分性肯定)	都市再開発法の**第二種市街地再開発事業計画**	施行地区内の土地所有者等の**法的地位に直接的な影響**を及ぼすから(最判平成4年11月26日)。
	土地区画整理事業法の**土地区画整理事業計画決定**	施行地区内の宅地所有者等の**法的地位に変動**をもたらすから(最大判平成20年9月10日)。

(2) 損害賠償

行政計画の中止・変更によって私人が損害を受けた場合、**損害賠償請求が可能**な場合がある。

行政計画

> **判例20-2　計画変更と賠償請求（最判昭和56年1月27日）**
>
> 〔判旨〕地方公共団体（村）が企業の誘致計画を決定し、特定企業に積極的な誘致を行った後、新たに就任した村長が工場建設拒否の態度をとり、これによって企業が社会通念上看過できない程の損害を被った場合、その損害を補償することなく計画を変更することは<u>当事者間の信頼を不当に破壊するもの</u>として不法行為責任を発生させる。

講　義

1　行政計画の意義

行政がその目標を達成したり、様々なプロジェクトを実行しようとしたりする場合、事前に計画を立て、目標とそれを達成するための様々な手段を定めてから実行していきます。このような**行政が行うプランニング作用**のことを**行政計画**と呼びます。

例えば、防災基本計画や環境基本計画、男女共同参画計画、市街地再開発計画等の各種都市計画や「○○市こども・子育て支援計画」などがこれに該当します。また、それらの名称は法令上「指定」「基本構想」「プラン」等になっている場合もあります。

図表20-1　行政計画のイメージ

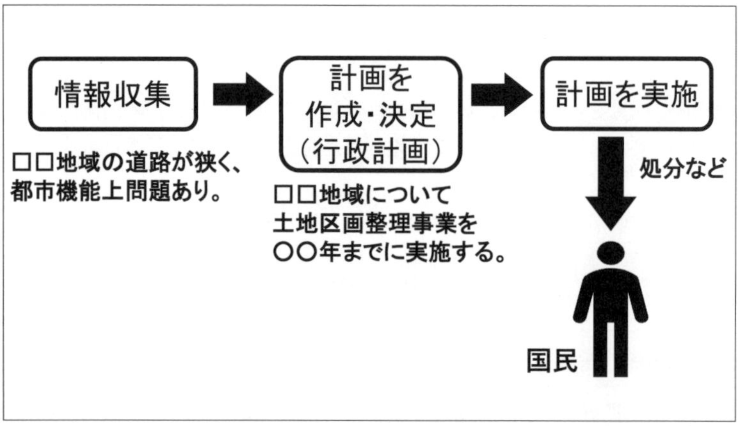

情報収集 → 計画を作成・決定（行政計画） → 計画を実施

□□地域の道路が狭く、都市機能上問題あり。

□□地域について土地区画整理事業を○○年までに実施する。

処分など　→　国民

2　行政計画の分類

行政計画は、計画対象エリアによって「全国計画」「地方計画」「地域計画」、計画期間の長短から「長期計画」「中期計画」「短期計画」に分けられたりしますが、法的に重要なのは**拘束計画**と**非拘束計画**の分類です。

拘束計画とは、**私人に対して法的拘束力を有する計画**、すなわち国民の権利を制限したり義務を課したりするような内容を持った計画をいい、**土地区画整理事業計画**や**市街地再開発計画**などがこれに該当します。そして、これらの策定には**法の根拠が必要**です。

一方、そのような効果がなく、**私人を拘束しない計画を非拘束計画**とか**指針的計画**などといいます。大抵の場合、その内容は将来のビジョンや方針を抽象的に規定するもので、「○○基本計画」な

どはこれに該当します。国民の権利義務とは直接無関係なので、これらの策定には**法の根拠は必要ありません**。

なお、行政計画については、行政手続法に一般的な手続規定は置かれておらず、各法律に個別に手続規定が置かれているだけですが、計画策定の際に**公聴会の開催**や**縦覧手続**（計画案等を国民が自由に見られるようにすること）の実施を規定することで、住民等の意見を反映させることを求める例が多く見られます。

3 行政計画と救済制度

行政計画によって権利侵害を受けた国民はどのような手段で救済を求めることができるでしょうか。ここでも取消訴訟の可否と賠償請求の可否が問題になります。

まず、取消訴訟を提起するには、「**処分性**」（Unit 40）つまり行政行為と同様の性質が必要ですが、一般に行政計画は行政行為とは異なり、「具体的に権利義務を決する」というよりは、「**計画実施後に権利義務を変動させるための前段階にある抽象的なもの**」という見方もできますので、処分性が肯定されにくいといえます。実際判例も土地区画整理事業計画の決定について、昭和41年の判決では、計画は事業の「青写真」に過ぎないこと等を主な理由に同計画の処分性を否定していました。

しかし、判例は近年、**拘束計画のうち、現実的に処分の性質を持つものに対しては、処分性を肯定し、取消訴訟提起を認めるようになりました**（判例20-1）。例えば、**第二種市街地再開発事業計画**について、計画の決定によって土地収用と同じく自己の所有地が確実に収用される（取り上げられる）地位に立たされることから処分性を肯定し、昭和41年判決で処分性を否定した**土地区画整理事業計画の決定**についても、同計画により事業施行地区内の土地所有者は自己の土地所有権に変更を加える換地処分を確実に受ける地位に立たされる点から、判例を変更して**処分性を肯定**しています。

一方、同じ都市計画でも**都市計画法の用途地域指定**（工業地域の指定）については、判例は**処分性を否定**しました。自分が土地を所有するエリアが工業地域に指定されることで、近隣に工場ができたり、従来とは異なる建築基準が適用されたりしますが、それは特定人への「処分」というよりは、ルールの策定、すなわち「立法」に近い**一般的・抽象的**なもので、計画実施後に行われる様々な処分の取消訴訟を提起すれば十分であるというのがその理由です。

また、行政計画の変更や撤回によって侵害を受けた国民は、**賠償請求が可能**です。

判例20-2は、Unit 3の「信義則・信頼の原則・禁反言の原則」でも紹介した事例（判例3-1）ですが、これまで企業誘致計画によって企業誘致を推進していた村が、村長の交代によって企業誘致計画を突如変更・撤回し、それによって企業が損害を被った事案について、**信義則を根拠として、村は企業の被った損害を賠償しなければならない**とした事例です。

行政計画

練習問題20

次の問いに○×で答えよ。（解答は巻末にあります。）

1　行政計画は、将来の指針を抽象的に規定するにすぎず、国民を拘束することがあり得ないため、法の根拠が必要とされることはない。

2　行政手続法は、行政計画の策定についての手続規定を定めておらず、その手続は個別の法律の規定による。

3　土地区画整理事業計画は、土地区画整理事業を一般的・抽象的に決する「事業の青写真」にすぎず、処分性が認められないとするのが現在の最高裁の判例である。

4　都市計画法の用途地域指定は、それによって建築基準の変更が生じるなど、建築基準法上の新たな制約を課すものであるから、処分性が認められるとするのが最高裁の判例である。

5　住民の意思によって地方公共団体の政策が変更されること自体は許されるが、政策変更によって社会通念上看過できない程の損害を被った企業等に対しては、地方公共団体は損害賠償を行わなければならないとするのが最高裁の判例である。

行政立法①(意義・法規命令)

レジュメ

21-1 行政立法の意義
行政機関が一般的・抽象的規範を定立することを行政立法という。

21-2 行政立法の分類
(1) 制定機関による分類

名称	制定する機関	名称	制定する機関
政令	**内閣**(憲法73条6号、内閣法11条)	外局規則	庁の長官又は委員会
内閣府令	内閣総理大臣	独立機関の規則	会計検査院・人事院
省令	各省の大臣	地方公共団体の規則	各自治体の長・各委員会

(2) 法的効力による分類

法規命令 ⇒**法規の性質**(国民の権利義務を規律し、国民も拘束する)を有するもの。法律の授権(委任・根拠)が必要。	委任命令	法律の委任に基づいて国民の権利義務の具体的内容を定めるもの。法律の**個別・具体的な委任**が必要と解されている(内閣法11条、国家行政組織法12条3項)。
	執行命令	法令の内容を実施するのに必要な細目を定めるもの(国家行政組織法12条1項)。

| **行政規則**
⇒法規の性質がなく、**行政の内部規則に過ぎないもの**。**法律の委任・根拠は不要**。 |||

※**緊急勅令・独立命令**:法律の授権なく制定可能な法規命令。明治憲法下で存在したが、国会を唯一の立法機関とする(憲法41条)現憲法の下では認められない。

21-3 委任命令における委任
委任自体が欠けていたり、法律が**白紙委任**(委任の限界を示さない委任)をしたりすることは**違憲・無効**である(憲法41条)。一方、委任命令は、委任の範囲内で制定されなければならず、**委任の範囲を超える委任命令は違法・無効**となる。また、**根拠となる授権法律が失効すると、委任命令も失効する**。

判例21　法律の委任が問題となった判例

事案	判旨・結論
A．国家公務員法102条1項が国家公務員に禁止される政治的行為を包括的に人事院規則に委任したことは白紙委任にならないか。	人事院規則は、国家公務員法102条1項に基づき、一般職に属する国家公務員の職責に照らして必要と認められる政治的行為の制限を規定したものであり、また、人事院規則には国家公務員法の規定によって委任された範囲を逸脱した点も何ら認められない。(最判昭和33年5月1日)。
B．文部省（現文部科学省）令が銃砲刀剣類所持等取締法の美術刀を日本刀のみに限定することは委任の範囲内か。	どのような刀剣類に登録を認めるかは、専門的な検討が必要であるから、行政庁には専門技術的な観点から一定の裁量が認められ、省令で日本刀に限定することは法律の委任の範囲を逸脱するものとはいえない（最判平成2年2月1日）。
C．幼年者の心情保護を理由に14歳以下の者を一律接見禁止にする監獄法施行規則は、監獄法の委任の範囲内か。	監獄法は原則として外部者との接見を自由に許し、例外的に逃亡、罪証隠滅等の恐れがある場合のみ接見の制限を認める趣旨である。幼年者の心情保護は元来親権者等が配慮すべき事項であり、監獄法は一律に幼年者との接見を禁止することを予定・容認しておらず、委任の範囲を超え、無効である（最判平成3年7月9日）。
D．地方自治法施行令（政令）が直接請求による議員の解職請求を行う代表者の資格について、公職選挙法の規定（公務員の立候補禁止）を準用し、公務員の代表者資格を否定することは委任の範囲内か。	地方自治法は、議員の解職請求について、解職の請求と解職の投票という2つの段階に区別して規定しており、公職選挙法の規定が準用されるのは解職の投票手続についてであると解される。したがって解職の請求まで施行令で規定することを許容しておらず、このような施行令の規定は委任の範囲を超え、資格制限が請求手続に及ぼされる限りで無効となる（最大判平成21年11月18日）。
E．平成18年改正後の新薬事法（現在の医薬品、医療機器等の品質、有効性及び安全性の確保等に関する法律）の施行規則が一般用医薬品のうち第一種・第二種医薬品について店舗での対面販売を義務付け、インターネットを通じた郵送での販売等を禁じていることは委任の範囲内か。	旧薬事法の下では禁止されていなかった郵便販売等を禁じたことは、新たな職業選択の自由への制約となるが、新薬事法に対面販売を明確に示す規定は存在せず、国会が新薬事法を可決するに際して対面販売を禁止する意思を有していたとは言い難いので、施行規則の各規定は新薬事法の委任の趣旨を逸脱し、違法・無効である（最判平成25年1月11日）。

講　義

1　行政立法の意義

「立法」とは、**抽象的・一般的**「ルール」を定めることで、憲法によれば、国会が「国の唯一の立法機関」であると規定（41条）されています。それにもかかわらず、一定範囲で行政が立法を行う

ことが認められており、これが「**行政立法**」です。内閣が制定する「**政令**」や各省大臣が制定する「**省令**」は典型的な行政立法です。

　法律による行政の原理（Unit4）からは、行政の活動はすべて国会の定立する法律により行われることが望ましいといえます。しかし、**専門・技術的な事項**についてまで議会の制定する法律で細かく規定しようとしても国会議員は専門家ではありませんので限界がありますし、議会の定立する法律は改正に手間と時間がかかり、**社会状況の変化に即応**することが困難な場合もあります。そこで、行政にも一定範囲で立法を行うことが認められており、憲法76条3号が内閣の職務として「この憲法及び法律の規定を実施するために、政令を制定すること」を挙げているのはそれを規定したものです。

2　行政立法の分類

　行政立法は、いくつかの視点で分類することができますが、「誰が制定したか」で分けたものがレジュメ21-2（1）の分類です。

　政令は国の行政の頂点に立つ**内閣**が制定したものです。**省令**は各省の**大臣**が制定したもので、厚生労働省令は「厚生労働大臣」が制定しました（「厚生労働省」ではありません）。

　国の××庁や○○委員会を「外局」といいますが、**外局規則**は、例えば国税庁規則は「**国税庁長官**」（「国税庁」ではありません）が、国家公安委員会規則ならば、「**国家公安委員会**」（国家公安委員会委員長ではありません）が定めています。

　地方公共団体の行政立法は「**規則**」といいますが、**長**（都道府県知事・市町村長）や**委員会**（教育委員会、人事委員会等）が定めます。

　次に、行政立法を法的効力で分けると、①**法規命令**と②**行政規則**に分けることができます。

　法規命令は、行政立法のうち**国民も拘束するもの**、すなわち、国民の権利義務に関わるルールであって、国民にも適用されるルールをいいます。言い換えれば、法規命令の場合、行政自身だけでなく、国民もそのルールを守らなければならないことになります。また、国民の権利義務に関わる決まりである以上、**法の根拠（法の委任）が必要**です。

　これに対して、行政規則は国民を拘束する**法規の性質**がなく、**単なる行政の内部規則**にすぎないものをいいます。言い換えれば、行政規則の場合、国民には適用されませんので、国民はそれを守る義務はないことになります。行政規則は国民の権利義務と関係ない以上、**法の根拠はなくても制定することができます**。

　また、法規命令は、内容によって「**委任命令**」と「**執行命令**」に分けられます。委任命令は法の委任を受けて**国民の権利義務の内容を定める**ものです。国民の権利を制限したり、義務を課したりするようなルールは本来国会が独占的に決めるべきですから、**法律による個別・具体的な委任が必要**と解されています。つまり、法律から「（具体的に）この点をこういう形で行政立法で定めておいてくれ」と委任された場合に、その範囲内でのみ制定できます。

　これに対し執行命令は、**法令の内容を実施・施行するのに必要な細かい手続を定める**もので、「各省大臣は、主任の行政事務について、法律若しくは政令を施行するため、（中略）省令を発することができる」（国家行政組織法12条1項）とする規定があります。

　もっとも、委任命令と執行命令の区別はあまり明確ではなく、執行命令とされるものの範囲が拡大

される危険が指摘されています。

　食品衛生法では、51条、52条で飲食店営業その他**公衆衛生に与える影響が著しい営業**であって、**政令で定めるものの営業を営もうとする者は、厚生労働省令で定めるところにより、都道府県知事の許可を受けなければならない**旨を規定しています。これを受けて、食品衛生法施行令（政令）35条は「公衆衛生に与える影響が著しい営業」として飲食店営業、喫茶店営業、菓子製造業など34の営業を具体的に列挙しています。これは**委任命令**の例です。なぜならば、この政令は許可がないと行えない食品営業の範囲を具体的に決めているからです。

　一方、食品衛生規則（厚生労働省令）67条は、食品営業を営もうとする者が許可を都道府県知事に申請する際に申請書に記載すべき事項（申請者の氏名、営業場所、営業所の名称等）や申請書の提出先を定めています。これは権利義務の内容（許可制になる範囲）ではなく、許可を受ける際の手続の細目に過ぎませんから、**執行命令**です。

　なお、明治憲法時代には、**緊急勅令**や**独立命令**という天皇が法律の根拠なく定立できる法規命令がありましたが、**国会を唯一の立法機関（憲法41条）とする現憲法下ではこのようなものは認められません**。

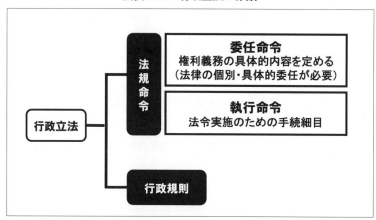

図表21-1　行政立法の分類

3　委任命令における委任

　法規命令のうち、委任命令は国民の権利義務の内容を具体的に定めるものですので、**法律の個別具体的な委任**が必要でした。

　仮に「この法律に規定する内容については、すべて政令で定める」のように、個別具体的な委任をせずに、国民の権利義務を決する内容を委任命令に「丸投げ」するような法律があったら、そのような法律は「**白紙委任**」といい、**憲法41条に反して違憲**になります。国会が唯一の立法機関である地位を放棄するようなものだからです。

　一方、委任立法は、あくまでも法律に「委任された通り」に作られなければなりません。仮に委任した法律の側から見て、「そのような規定を作るように委任していない」と思われるような内容を定めていた場合、そのような委任立法は「**委任の範囲を超え無効**」になります。委任立法は、あくまでも委任された範囲でしか立法できないからです。

　なお、委任命令は法律の委任によって成り立っていますので、委任を行った法律が廃止されたりし

て失効すると、その委任を受けて制定された**委任命令も自動的に失効**します。

判例では、「白紙立法ではないか」「委任の範囲を超えていないか」がしばしば問題になりますので、有名な判例を挙げておきました（判例21）。

Bの判例の概略は次のようなものです。銃刀法は刀剣類の所持を禁止していますが、「**美術品として価値のある刀剣類**」については、教育委員会への登録によって所持が可能になります。その美術刀の範囲については、文部省令で日本刀のみに限定していたことから、サーベルを所持していた者が登録を拒否された事例で、**行政側の専門技術的な裁量を重視し、委任の範囲内**としました。

一方、Cの判例では、**監獄法**（現在の「刑事収容施設及び被収容者等の処遇に関する法律」）が**接見**（刑務所や拘置所に拘束されている者と外部の者が面会すること）の制限に関する事項を監獄法施行規則に委任していましたが、規則が「幼年者の心情保護」を理由に14歳未満の者の接見を禁止していたことが問題になりました。

判例は、法律の委任の趣旨は、逃亡・証拠隠滅や監獄の規律・秩序が乱されるおそれを防ぐための接見制限を規則に委任したもので、幼年者の心情保護という趣旨は法律にはないとして、このような接見制限を行う規則を**委任の範囲を超えるとして無効**にしました。

図表21-2　委任命令の「委任」

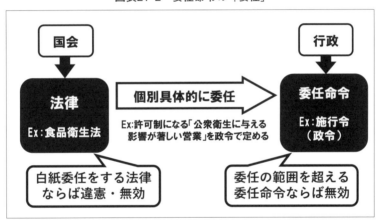

練習問題21

次の問いに〇×で答えよ。（解答は巻末にあります。）

1　政令とは、内閣が制定した法規範をいい、省令は各省が制定したもので、例えば法務省令は法務省が制定したものである。
2　法規命令は、国民も拘束する行政立法のことを指し、国民の権利義務の内容を具体的に決める執行命令とその実施細目である委任命令に分けることができる。
3　委任命令は、個別具体的な法律の委任が必要で、委任の範囲を超える委任命令は無効になる。
4　届出によって所持が可能になる銃刀法の「美術刀」の範囲について、文部省令が日本刀のみに限定し、サーベルを除外したことは、委任の範囲内とするのが最高裁の判例である。
5　監獄法施行令が14歳未満の者の接見を禁止したことは、幼年者の心情保護を考えると監獄法の委任の範囲内と言えるとするのが最高裁の判例である。

行政立法②（行政規則）

レジュメ

22-1 行政規則の種類

訓令・通達・要綱・告示といった形式がある。なお、**告示**には**法規としての性質を有するもの**がある。

判例22-1 告示に法規の性質を認めた例（最判平成2年1月18日　伝習館高校事件）

〔判旨〕学習指導要領（文部科学省告示）を逸脱した指導を行ったとして懲戒免職処分を受けた公立高校教諭がその取消しを求めて出訴した事件で、学習指導要領の法規としての性質を肯定した。

なお、地方自治法15条の長が制定する「規則」は法的拘束力を有し、行政規則とは異なる。

22-2 通達の法的性質

通達は、行政の統一性確保のため、**上級行政機関が下級行政機関に対して発する命令**のうち、特に書面によるものをいう。判例は、**通達の法規性を否定**するが、現実には国民生活や裁判に一定の影響を及ぼしている（「通達の外部化」）。

判例22-2 通達の法的性質・取消しの可否（最判昭和43年12月24日）

〔判旨〕「墓地、埋葬等に関する法律」の規定の解釈を示す通達（墓地の管理者が異教徒の埋葬拒否をすることを認めないとする内容）が発せられたが、この通達が違法であるとして取消訴訟が提起された事案について、下記の内容が判示された。

・通達は上級行政機関が下級行政機関に対して発する命令であるから、行政機関やその職員を拘束するが、法規としての性質を有せず、たとえ国民の権利義務に重大な関わりを持つような内容のものであっても一般国民を拘束するものではない。

・通達に法規の性質がない以上、行政機関が通達等で定めた法令解釈や裁量基準に違反する処分を行ったとしても、それによってその処分の効力が左右される（当然に違法となる）ものではない。

・通達が示す法律の解釈に従った行政行為に関し、その適法性が裁判で争われた場合、裁判所は通達に拘束されず、通達の法令解釈とは異なる独自の解釈ができる。

・通達が上記のような性質を持つ以上、取消訴訟の対象となる「処分」に該当せず、訴えを却下する（取消訴訟はできない）。

22-3 通達に関するその他の判例

判例22-3 通達による法の解釈変更（最判昭和33年3月28日　パチンコ球遊器事件）

〔判旨〕パチンコ球遊器については物品税の課税対象である「遊戯具」に該当するか疑義があり、課税はされていなかった。しかし、パチンコ球遊器を「遊戯具」として課税すべき旨の通達が発せられ、課税が開始されたという事案について、社会通念上、パチンコ球遊器は物品税法の「遊

> 戯具」に含まれると解釈すべきであり、課税がたまたま通達を機縁（きっかけ）に行われたとしても、通達の内容が法の正しい解釈に合致する以上、課税処分は法の根拠に基づくもので違法ではないとした。

講義

1 行政規則の種類

　行政立法には、国民も拘束する法規命令と**行政の内部規則に過ぎない行政規則**がありました（Unit 21）。ここでは、行政規則を見ていきます。

　行政規則は、国民を拘束するものではないので、**国民はそれを守る義務はありませんが、行政内部にいる公務員はこれを守る義務があり**、違反した場合はルール違反としてその者に懲戒処分が下されることがあります。

　具体的には、「訓令」「通達」「要綱」「告示」といった名称のルールが行政規則であるとされています。訓令と通達は、**上級の行政機関が下級の行政機関に命令・指示を行う**もので、「××の業務を行う際にはこのような点を注意せよ」とか「〇〇法第△△条は、このように解釈せよ」といった内容が示されます。通達は、文書になっており、細かい内容が示されるのが特色です。

　また、**要綱**は判例18-2で出てきた行政指導要綱のように、**行政活動の内部的基準を定めたもので**、**告示は公的機関が一定の事項を広く一般国民に知らせるもの**をいいます。ただ、判例は告示の一部には法規の性質、つまり法規命令と同様に国民を拘束する性質を有するものがあることを認めています。たとえば、**学習指導要領**は、学校の先生が教育を行う際の要領を示したものですが、文部科学省の告示で定められています。しかし、学校の先生がこれに反して授業を行った場合には、一定の懲戒処分等の対象になり得る以上、**法規の性質がある**ということになります（判例22-1）。

2 通達の法的性質

　通達は行政規則ですが、行政機関は通達で上級庁から指示された基準に従って実務を行っていますので、国民生活に重大な影響を与える場合が現実にはあります（「外部化現象」という）。そこで**通達の法的性質**が問われたのが判例22-2です。

　「墓地、埋葬等に関する法律」は、墓地管理者に対して「正当な理由」がない限り、埋葬等の求めを拒否することを罰則付で禁止しています。ここにいう「正当な理由」について、厚生省（現在の厚生労働省）の通達では、宗教団体が経営する墓地について、「他の宗教の信者であることを理由とする埋葬等の拒否は、『正当な理由』にならない」という法令解釈を他の行政機関に通達していました。その後、これによって損害が生じると考えた墓地管理者がこの通達の取消訴訟を提起しました。

　取消訴訟を提起するには、「**処分性**」（Unit 40）が必要ですので、通達の法的性質が問題になります。

行政立法②（行政規則）

図表22-1　判例の事案

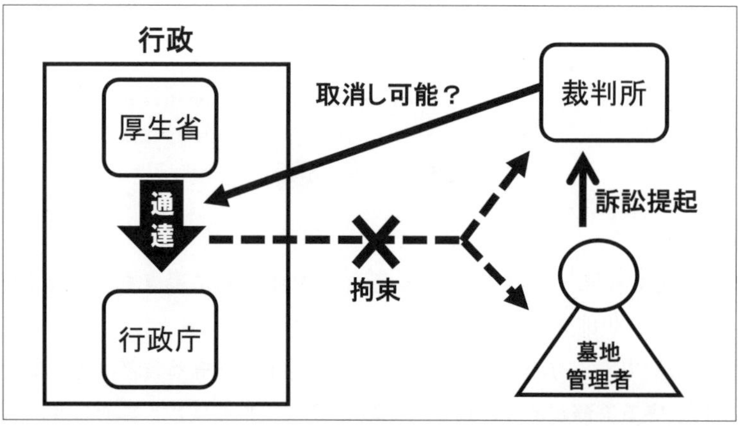

判例は、通達について、レジュメの判旨（判例22-2）にあるような法的性質論を述べています。要するに、通達は公務員を拘束しても、**一般国民を拘束する効力は常になく**、国民に義務を課さない以上**処分性もないので取消訴訟は提起できない**ということです。また、通達は**裁判所も拘束しません**。したがって、裁判である法令の解釈が問題になったとしても、裁判所は行政が通達で示した法令解釈にそのまま従うことはなく、独自に法令解釈を行います。

さらに言えば、**通達で示された法令解釈に従わずに行政庁が処分を行った場合**、その処分は単に行政の内部基準に反しているだけであって、国民を拘束する「法規」に反しているわけではないということになりますので、そのまま「**違法**」として取消しの対象にはなるわけではないということになります。

なお、通達に対しては取消訴訟で争うことはできないことになりますが、**国家賠償請求**や行政事件訴訟法にある**実質的当事者訴訟**（Unit 49）の**義務の不存在確認訴訟**という形で争うことは可能です。

3　通達による法の解釈変更

税務の世界では、国民が平等に税金を負担する必要があることから、できる限り税務官の裁量を廃し、法令の細かい点まで通達等で決める必要があります。したがって、通達の規定が実務で大きな意

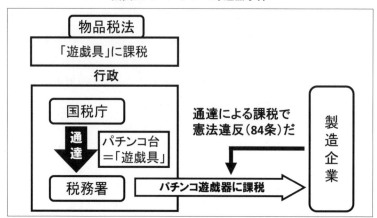

図表22-2　パチンコ球遊器事件

110

味を持つことがありますが、その点で有名なのが憲法でも出てくる「パチンコ球遊器事件」(判例22-3)です。

物品税法(消費税の導入により現在は廃止されている)は、「**遊戯具**」を物品税の課税対象としていました。この「遊戯具」にパチンコ球遊器が含まれ、課税対象なのかどうかが問題になっており、各税務署は慎重に長年非課税としてきました。ところが後に国税庁長官等からの通達で「パチンコ球遊器は物品税法の『遊戯具』に該当する課税対象である」という通達が出たことから、税務署はパチンコ球遊器に課税を開始しました。これに対して、当該課税は憲法84条の租税法律主義や30条に違反する「法律によらない『通達による課税』」であるとして、パチンコ球遊器製造業者が課税処分の取消訴訟を提起したものです。

判例は、法の正しい解釈は「パチンコ球遊器＝遊戯具」、つまり**通達の解釈が正しい**とした上で、通達によって課税が開始されたのは、「非課税だったものを新たに課税した」のではなく、「パチンコ球遊器は課税対象である」という**法の正しい解釈による課税を行う機縁**(きっかけ)**に過ぎなかった**として、違憲・違法としませんでした。

なお、以前は国の各大臣から地方公共団体の長に対して様々な通達が発せられていました。しかし、本来地方公共団体は国の下級機関ではありません。そこで、国と地方公共団体の関係を上下関係から対等の関係に転換する地方分権改革(1999年)の際に**国から地方公共団体への通達は廃止**され、現在では、技術的助言(地方公共団体の事務に対する助言として、客観的に妥当性のある行為を行うように促す通知)のみを発することができるとされています。

練習問題22

次の問いに○×で答えよ。(解答は巻末にあります。)

1　行政規則は行政の内部規則であるので、その定立には法律の根拠は特に要しない。
2　行政規則は行政の内部規則にすぎない以上、それが法規の性質を持つことはあり得ない。
3　通達は、法規の性質を持つものではないが、国民の権利義務に重大な関わりを持つような内容のものについては、法規たる性質が肯定される場合があるとするのが最高裁の判例である。
4　通達に反して行政庁が行った処分は、行政の内部的命令に反するにすぎず、それだけで即違法となるものではない。
5　通達を機縁として行われた課税処分であっても、それが法の正しい解釈に合致するものであれば、法の根拠に基づくものといえるとするのが最高裁の判例である。

行政立法②（行政規則）

問題演習コーナー3

（解答は巻末にあります）

問題3-1

行政上の義務履行確保等に関するア～エの記述のうち、妥当なもののみを全て挙げているのはどれか。【国家一般職大卒（2022年）】

ア　行政代執行法に基づき代執行をなし得るのは、他人が代わってなすことのできる代替的作為義務が履行されない場合のほか、営業停止や製造禁止といった不作為義務が履行されない場合も含まれる。

イ　法人税法が定めていた追徴税（当時）は、単に過少申告・不申告による納税義務違反の事実があれば、同法所定のやむを得ない事由のない限り、当該納税義務違反の法人に対し課せられるものであり、これによって、過少申告・不申告による納税義務違反の発生を防止し、もって納税の実を挙げようとする趣旨に出た行政上の措置と解すべきであるから、同法の定める追徴税と罰金とを併科することは、憲法第39条に違反しないとするのが判例である。

ウ　即時強制とは、相手方の義務の存在を前提とせずに、行政機関が人又は物に対して実力を行使する事実行為をいう。即時強制は、緊急の危険から私人を保護することや、公共の秩序や民衆に危険が及ぶことを防止することを目的としており、その実施の判断は行政機関の裁量に委ねられる必要があるため、原則として即時強制を実施するための根拠規定は不要である。

エ　国税徴収法は、国税債権の徴収に関わる手続を定めているが、同法に定められている厳格な手続は、国税債権以外の行政上の金銭債権の徴収にも広く適用されるべき一般的手続である。このため、国税債権以外の行政上の金銭債権の徴収に当たり、国税徴収法の定める徴収手続を適用する場合には、個別の法律において国税徴収法の定める徴収手続を適用するための明文の規定は不要である。

1　イ
2　ア、イ
3　ア、ウ
4　イ、エ
5　ウ、エ

問題3-2

行政上の義務履行確保に関するア～オの記述のうち、妥当なもののみを全て挙げているのはどれか。【国家専門職（2022年一部改題）】

ア　行政代執行の手続として、履行義務について相当の期限を定め、期限までにその義務が履行されない場合に代執行が行われる旨を戒告した上で、義務者がなお義務を履行しないときに代執行令書により代執行をなすべき時期等を通知する必要があるが、これらの戒告や通知は取消訴訟の対象となると一般に解されている。

イ　直接強制は、緊急の場合や義務を命ずることによっては目的を達成しがたい場合に、相手方の義

務の存在を前提とすることなく、行政機関が直接に身体又は財産に対して実力を行使することにより、行政上望ましい状態を実現する制度である。
ウ　執行罰は、義務を履行しない義務者に対して過料を課す旨を通知することで心理的圧迫を与え、義務を履行させる制度であり、一般法として行政代執行法の適用を受ける。また、砂防法をはじめ執行罰を認める個別法が数多く存在する。
エ　執行罰は、代替的作為義務又は非代替的作為義務の不履行に対して適用することはできるが、不作為義務の不履行に対して適用することはできない。
オ　行政刑罰は、刑法以外の法律に規定された犯罪に科される制裁であるが、拘禁刑や罰金など刑法に刑名のある罰を科すものであるから、原則として刑事訴訟法の規定の適用がある。

1　ア、エ
2　ア、オ
3　イ、ウ
4　イ、オ
5　エ、オ

問題3-3

行政法学上の行政罰に関する記述として、妥当なものはどれか。【特別区Ⅰ類（2013年一部改題）】

1　行政罰は行政刑罰と行政上の秩序罰との2種類に分けられ、行政刑罰として罰金、拘留、科料、没収を科すことはできるが、拘禁刑を科すことはできない。
2　行政刑罰は、反社会的・反道義的性質の行為に対して、行為者の道義責任の追及のため又は社会的悪性の矯正のために科されるものである。
3　行政刑罰は、刑事罰とは異なり、違反行為者だけでなく、その使用者や事業主にも科刑されることがある。
4　行政上の秩序罰には刑法総則が適用され、裁判所が刑事訴訟法の手続にしたがって科刑する。
5　行政上の秩序罰は、行政上の義務が履行されない場合に、一定の期限を示して過料を科すことを予告することで義務者に心理的圧迫を加え、その履行を将来に対して間接的に強制するものである。

問題3-4

行政契約に関する次の記述のうち、妥当なものはどれか。【国家専門職（2022年）】

1　行政契約は行政作用の一形式であるため、行政契約の一方当事者である私人は、契約に関して訴訟を提起する場合、他の行政の行為形式の場合と同様に、行政事件訴訟法に定める抗告訴訟によらなければならない。
2　行政契約は、当事者の意思の合致により成立するため、その内容が国民に義務を課すものや、国民の権利を制限するものであっても、法律の根拠を要しないと一般に解されており、契約の中で、契約違反に対する罰則を設けることや、地方公共団体の職員による強制力を伴う立入検査権について定めることも認められる。

3 行政契約は、契約や協定の当事者のみを拘束するのが原則であるが、建築基準法上の建築協定や、景観法上の景観協定のように、私人間で協定を締結し、行政庁から認可を受けることにより、協定の当事者以外の第三者に対しても効力を有するものがある。
4 水道事業者は、給水区域内の需要者から給水契約の申込みを受けたときは、正当の理由がなければこれを拒んではならず、マンション分譲業者からの給水契約の申込みに対し、水資源のひっ迫を理由にこれを拒むことができるのは、長期間の断水を余儀なくされるなど現実に深刻な水不足が顕在化した場合に限られ、近い将来に予見される事情を考慮することは許されないとするのが判例である。
5 廃棄物の処理及び清掃に関する法律には、処分業者による事業や処理施設の廃止については、知事に対する届出で足りる旨が規定されているものの、処分業者が、公害防止協定において、協定の相手方に対し、その事業や処理施設を将来廃止する旨を約束することは、処分業者自身の自由な判断で行えることではなく、その結果、同法に基づき処分業者が受けた知事の許可が効力を有する期間内に事業や処理施設が廃止されることがあったときは、知事の専権に属する許可権限を制約することになり、同法に抵触するとするのが判例である。

問題3-5

行政計画に関するア～エの記述のうち、妥当なもののみを全て挙げているのはどれか。
【国家専門職（2021年）】

ア 行政計画とは、行政権が一定の公の目的のために目標を設定し、その目標を達成するための手段を総合的に提示するものであり、私人の行為を規制するような外部効果を有するか否かにかかわらず、その策定については法律の根拠を必要としない。

イ 行政計画の策定は多数の国民の権利利益に対して多様かつ長期的な影響を与えることから、行政手続法は、行政計画の策定に際し、公聴会の開催その他の適当な方法により利害関係者の意見を聴く機会を設ける努力義務を行政庁に課している。

ウ 都市計画区域内において工業地域を指定する決定は、当該地域内の土地所有者等に建築基準法上新たな制約を課し、その限度で一定の法状態の変動を生ぜしめるものであることは否定できないが、その効果は、新たに当該制約を課する法令が制定された場合と同様の当該地域内の不特定多数の者に対する一般的抽象的なものにすぎず、抗告訴訟の対象となる処分には当たらないとするのが判例である。

エ 地方公共団体が、一定内容の継続的な施策を決定し、特定の者に対し当該施策に適合する特定内容の活動を促す個別的具体的な勧誘等を行い、当該者が当該施策の相当長期にわたる存続を信頼して投資した後に当該施策を変更した場合、これにより当該者がその活動を妨げられ、社会観念上看過することのできない程度の積極的損害を被ることとなるときは、補償等の措置を講ずることなく当該施策を変更した地方公共団体は、それがやむを得ない客観的事情によるのでない限り、当該者に対する不法行為責任を負うとするのが判例である。

1 ア、イ
2 ア、ウ

3　ア、エ
4　イ、エ
5　ウ、エ

問題3-6

行政法学上の行政立法に関する記述として、最高裁判所の判例に照らして、妥当なものはどれか。
【特別区Ⅰ類（2020年）】

1　銃砲刀剣類登録規則が、銃砲刀剣類所持等取締法の登録の対象となる刀剣類の鑑定基準として、美術品としての文化財的価値を有する日本刀に限る旨を定め、この基準に合致するもののみを登録の対象にすべきものとしたことは、同法の趣旨に沿う合理性を有する鑑定基準を定めたものではないから、同法の委任の趣旨を逸脱する無効のものであるとした。

2　児童扶養手当法の委任に基づき児童扶養手当の支給対象児童を定める同法施行令が、母が婚姻（婚姻の届出をしていないが事実上婚姻関係と同様の事情にある場合を含む。）によらないで懐胎した児童から、父から認知された児童を除外したことは、同法の委任の範囲を逸脱しない適法な規定として有効であるとした。

3　国の担当者が、原爆医療法及び原爆特別措置法の解釈を誤り、被爆者が国外に居住地を移した場合に健康管理手当の受給権は失権の取扱いとなる旨を定めた通達を作成、発出し、これに従った取扱いを継続したことは、公務員の職務上通常尽くすべき注意義務に違反するとまではいえず、当該担当者に過失はないとした。

4　町議会議員に係る解職請求者署名簿に関する事件において、地方自治法施行令の各規定は、地方自治法に基づき公職選挙法を議員の解職請求代表者の資格について準用し、公務員について解職請求代表者となることを禁止しているが、これは、地方自治法に基づく政令の定めとして許される範囲を超えたものであって、その資格制限が請求手続にまで及ぼされる限りで無効であるとした。

5　医薬品ネット販売の権利確認等請求事件において、薬事法施行規則の各規定が、一般用医薬品のうち第一類医薬品及び第二類医薬品につき、店舗販売業者による店舗以外の場所にいる者に対する郵便その他の方法による販売又は授与を一律に禁止することとなる限度で、薬事法の委任の範囲を逸脱した違法なものではなく有効であるとした。

問題3-7

行政立法に関するア～オの記述のうち、妥当なもののみを全て挙げているのはどれか。
【国家専門職（2016年）】

ア　明治憲法においては、議会と関わりなく天皇が自ら規範を定立することができたが、現行憲法においては、国会が「国の唯一の立法機関」とされているため、国会と無関係に行政機関が法規命令を制定することはできない。

イ　法律を執行するために定められる執行命令については、その執行の手続の適正を担保するため、たとえ権利・義務の内容を新たに定立するものではなくとも、具体的な法律の根拠が必要であると一般に解されている。

ウ　委任命令を制定する行政機関は、委任の趣旨に従って命令を制定することになるところ、委任の

行政立法②（行政規則）

趣旨をどのように具体化するかについては、法の委任の趣旨を逸脱しない範囲内において、当該行政機関に専門技術的な観点からの一定の裁量権が認められるとするのが判例である。

エ　告示は、行政機関の意思決定や一定の事項を国民に周知させるための形式の一つであり、法規としての性質を有するものはないとするのが判例である。

オ　通達を機縁として課税処分が行われたとしても、通達の内容が法の正しい解釈に合致するものである以上、当該課税処分は、法の根拠に基づく処分と解され、租税法律主義に反しないとするのが判例である。

1　ア、イ
2　イ、ウ
3　エ、オ
4　ア、ウ、オ
5　ア、エ、オ

第 3 部

行政作用
（行政手続法）

行政手続法①（一般論）

レジュメ

23-1 行政手続の意義
違法な行政活動を予防し、**透明性・公正性を確保**するため、行政活動の事前手続を定めたものを一般に行政手続と呼ぶ。**行政手続法**（以下「行手法」）が主要な行政作用についての手続を定めている。

23-2 行手法の目的
行政運営における**公正の確保と透明性**（行政上の意思決定について、その内容及び過程が国民にとって明らかであること）の向上を図り、もって**国民の権利利益の保護**に資することを目的とする（行手法1条1項）。

23-3 行手法の規定対象となる行政活動
行手法は、各種の行政作用のうち、次の行政作用について手続を定めている（行手法2条）。

処分	行政庁の処分その他公権力の行使に当たる行為（2号）。	**申請に対する処分** 法令に基づき、行政庁の許可、認可、免許その他の**自己に対し何らかの利益を付与する処分を求める行為**（申請）に対して、行政庁が諾否の応答を行う処分（3号）。
		不利益処分 行政庁が、法令に基づき、特定の者を名あて人として、**直接名あて人に義務を課し、又はその権利を制限する処分**。ただし、相手方に不利益を課すものでも、事実上の行為や申請により求められた許認可等を拒否する処分（申請拒否処分）などは不利益処分から除外される（4号）。
行政指導	行政機関がその任務又は所掌事務の範囲内において一定の行政目的を実現するため、**特定の者に一定の作為又は不作為を求める指導、勧告、助言その他の行為**であって処分に該当しないもの（6号）。	
届出	国民が行政庁に対し一定の事項の通知をする行為（申請を除く）であって、法令により**直接に当該通知が義務付けられているもの**（国民が自己の期待する一定の法律上の効果を発生させるためには当該通知をすべきこととされているものを含む）（7号）。	
命令等	内閣や行政機関が定める**行政立法**のなかで、**命令又は規則**（政令・省令など）、**審査基準、処分基準、行政指導指針**の四つをいう（8号）。（平成17年改正で追加）	

23-4 行手法の適用除外
(1) 実施機関によるもの（行手法3条3号）

	処分、届出	行政指導、命令等
国の機関が行う場合	行手法の手続規定が**適用される**	
地方公共団体の機関が行う場合	法令に基づくもの…**適用される** 条例・規則に基づくもの…**適用されない**※	**適用されない**※

※地方公共団体に必要な措置を講ずるよう**努力義務**を課しており（行手法46条）、実際には行政手続条例が制定されている。

(2) 内容によるもの（行手法3条1項、2項）
　国会の議決に基づく処分や裁判所・裁判官が行う処分、刑事事件に関する処分・行政指導、公務員の職務・身分に関する処分・行政指導、法律の施行期日を定める政令などには行手法の手続は**適用されない**。

講　義

1　行政手続の意義

　行政は様々な行政活動を行う際、行政内部で意思決定を行い、その後実施します。従来の行政法では、実施された行政活動に関して、それが違法であった場合に事後的に国民を救済する手続は用意されていました（取消訴訟や国家賠償など）。しかし、行政側の独断的・恣意的な意思決定によって違法な行政活動が行われることを「未然に」防ぐには、事後救済の手段だけでは十分でありません。

　そこで、行政活動が実施される**前段階の意思決定プロセス**に対して公正なルールを決め、それを行政に守らせることで違法な**行政活動を未然に防ぎ、国民の権利保護を図る**ことが必要になります。このように考える背景には、憲法31条に由来する**適正手続の原則**（Unit 3）があります。適正手続とは、行政活動は、それを行うプロセスで適正な手続を踏まなければならず、適正でない手続を経て行われたものは違法（あるいは違憲）になるというアメリカ法に由来する考え方でした。

　では、どのような手続が「適正（あるいは公正）」なのかというと、アメリカで特に重視されてきたのは、公権力がある国民に不利益を課す場合、それが行われる前に相手の国民に知らせ、国民自ら事前手続に参加して自己の主張を公権力側に伝えて権利を防御することです。これを「**告知・聴聞**」と言います。つまり、行政が国民に対して何かする場合には、事前に知らせ、相手の言い分をきちんと聞いてから行うべきだ、ということです。

図表23-1　行政手続

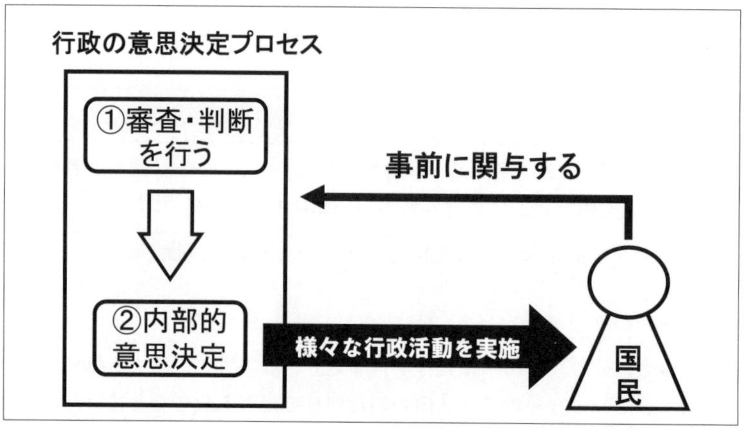

2　行政手続法の制定とその目的

わが国には、行政手続を定める一般法はありませんでしたが、行政手続について上記の告知・聴聞手続や行政の独断を防ぐための判断基準の設定の必要性を説く判例や事前手続に重大な欠陥があれば、それによって行われた処分も違法になるという判例も昭和40年代以降現れ始めました。そこで、平成5年に成立したのが「**行政手続法**」です。

行政手続法（以下「行手法」）は、**透明性・公正性の確保**と**国民の権利利益の保護**という2つの目的を掲げました。これは、ともすればブラックボックス化しがちな行政の意思決定のプロセスを透明化することで独断的・恣意的な行政活動が行われることを防止し、また、権利侵害を受ける危険性がある国民を事前プロセスに参加させることで権利侵害を防ぐと言う趣旨です。

3　行政手続法が手続を規定する行政活動

行手法は、様々な行政活動すべての手続を規定しているわけではありません。規定されているのは、「処分（行政行為）」、「行政指導」、「届出」、「命令等」という4つの行政活動のみです。

行政行為はUnit 6以降ですでに学習しましたが、この法律では、処分（行政行為）を「**申請に対する処分**」と「**不利益処分**」という2つのグループに分け、それぞれ異なった事前手続を決めています。

図表23-2　2種類の処分

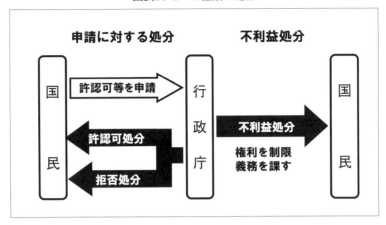

　申請に対する処分とは、国民が許可や認可のような**自己の利益になる処分**を行政に行ってほしいと望む場合、通常、「許認可をください」と行政側に申請を行います。行政側は許認可すべきかどうかを審査した上、許認可すべきと判断した場合は**許認可処分**（例：営業許可）を出しますし、逆に許認可すべきでないと判断した場合には、「許認可しない」という処分（**拒否処分**）を行います。許認可申請を行政側が断ることも処分なのです。

　このような、申請に対して許認可する、または逆に拒否する処分の二つを総称して「申請に対する処分」と言います。これを行う際の手続の詳細は、Unit24で説明します。

　次に、**不利益処分**は直接相手の国民に**義務を課し、又はその権利を制限**するような、相手の国民にとってやってほしくない処分のことです。たとえば、営業禁止処分や各種免許の取消処分がこれに該当します。

　なお、申請に対する処分で説明した「拒否処分」は、国民に不利益な内容にも見えますが、「申請に対する処分」の手続をすでに経ているので、ここにいう「不利益処分」には含めません。

　不利益処分の手続は、Unit25と26で説明します。

　「**行政指導**」は、Unit18で勉強しましたが、行政手続法では、「行政機関がその任務又は所掌事務の範囲内において一定の行政目的を実現するため、**特定の者に一定の作為又は不作為を求める指導、勧告、助言その他の行為**であって処分に該当しないもの」という定義規定を置き、これらの指導を行う際に行政が遵守すべき事項を定めています（詳細はUnit26）

　「**届出**」とは、「国民が行政庁に対し**一定の事項の通知をする行為**であって、法令により直接に当該通知が義務付けられているもの」とされています。例えば、「ある事業を廃止した場合には、行政官庁に届けること」と法令で規定されているようなケースです。この手続については、Unit27で説明します。

　「**命令等**」は、平成17年改正で追加されたものです。要は**行政立法**（Unit21、22）のことですが、行手法では、行政立法に該当するもののうち、「**命令又は規則**」、「**審査基準**」、「**処分基準**」、「**行政指導指針**」の4つを対象にしています。「命令又は規則」は、ほぼ**法規命令**（Unit21）と同じものととらえて良いと思います。「審査基準」、「処分基準」、「行政指導指針」は**行政規則**（Unit22）に該当するものですが、その意味や内容はUnit24、25、26で出てきます。

4　行政手続法の適用除外

以上のように、行手法は適用対象である４つの行政活動の定義を置きましたが、それらの定義に該当すれば常に行手法が適用されるわけではなく、適用を外されるものもあります（適用除外）。

まず、実施機関による適用除外ですが、行手法は**国**が前記４つの行政活動を行う際には**全面的に適用対象**になります。一方、**地方公共団体**が行政指導を行ったり、命令等を制定したりする場合は、**全面的に適用されません**が、処分と届出の場合は、それらの根拠が**国の法令であった場合には適用され**、**条例や地方公共団体の規則を根拠にするものには適用されません**（行手法３条３項）。例えば、県知事が営業禁止処分を行う場合でも、その根拠規定が条例ではなく法律であった場合は、行手法が適用されます。

また、地方公共団体が行うもので行手法が適用されない場合でも、「公正の確保と透明性の向上を図るため必要な措置を講ずる」ように**努力義務**を課しており（行手法46条）、実際に多くの地方公共団体では「行政手続条例」を制定して行手法と同様の手続を保障しています。

次に、４つの行政活動に該当しても、**内容が特殊な一定のものは適用除外**となります（行手法３条１項、２項）。例えば、国会の議決で行う処分や裁判所が行う処分、刑事手続上の処分や行政指導、法律の施行期日について定める政令（命令）など、後に説明する行手法の手続を踏むことが困難であったり、不適切あるいは無意味だったりするものです。

それでは、Unit 24～28でそれぞれの手続を見ていきましょう。

練習問題23

次の問いに〇×で答えよ。（解答は巻末にあります。）

1　行政手続法は、行政運営の公正の確保と透明性の向上、国民の権利利益の保護を目的として制定されている。
2　行政手続法は、処分や行政指導だけでなく、行政計画や行政調査など行政活動全般の手続を定めた一般法である。
3　申請に対する処分とは、自己に対し何らかの利益を付与する処分を求める申請に対して、行政庁が諾否の応答を行う処分のことをいう。
4　不利益処分とは、直接名あて人に義務を課し、又はその権利を制限する処分を指すが、申請に対する拒否処分はこれに含まれない。
5　地方公共団体が行う処分や行政指導、地方公共団体が制定する命令等には、行政手続法は全面的に適用されない。

行政手続法②（申請に対する処分）

レジュメ

24-1 審査基準の設定など
行政庁は、**審査基準**を定め、行政上特別の支障があるときを除き、それを**公**にしなければならない。また、審査基準は、許認可等の性質に照らして**できる限り具体的**なものとしなければならない（行手法5条）。

24-2 標準処理期間の設定など
行政庁は、**標準処理期間**（申請が行政機関の事務所に到達してから申請に対する処分をするまでに通常要すべき標準的な期間）を定めるよう努め（**努力義務**）、これを定めたときは、**公**にしなければならない（行手法6条）。

24-3 審査の開始等
行政庁は、申請がその事務所に到達したときは**遅滞なく申請の審査を開始**しなければならず、法令に定められた要件に適合しない申請については、速やかに、申請者に対し相当の期間を定めて**申請の補正を求める**か**申請に対して拒否処分**をしなければならない（行手法7条）。

24-4 複数の行政庁が関与する場合の遅延行為の禁止
行政庁は、他の行政庁において同一の申請者からされた関連する申請が審査中であることを理由として、自らすべき許認可等についての審査・判断を殊更に**遅延**させるようなことをしてはならない（行手法11条1項）。

24-5 情報提供・公聴会の開催（行手法9条、10条）
行政庁は、申請者の求めに応じ、**情報提供**（申請に係る審査の進行状況及び処分の時期の見通しを示す）するよう努めなければならない（**努力義務**）。また、申請者以外の者の利害を考慮すべきことが許認可等の要件とされているものを行う場合には、必要に応じ、**公聴会の開催**等により申請者以外の者の意見を聴く機会を設けるよう努めなければならない（**努力義務**）。

24-6 拒否処分時の理由提示とその方法（行手法8条）
行政庁は、申請に対する拒否処分をする場合は、申請者に対し、**拒否処分と同時にその理由を示さなければならない**。ただし、許認可等の要件・審査基準が数量的指標その他の客観的指標により明確に定められている場合で、申請がこれらに適合しないことが明らかであるときは、申請者の求めがあったときに示せば足りる。

また、拒否処分を書面でするときは、その理由も**書面**により示さなければならない。

> 判例24-1　理由の提示内容（最判昭和60年1月22日）
> 〔判旨〕一般旅券発給拒否通知書に付記すべき理由としては、いかなる事実関係に基づきいかなる法規を適用して一般旅券の発給が拒否されたかを、申請者においてその記載自体から了知しうるものでなければならず、単に発給拒否の根拠規定を示すだけでは、旅券法の要求する理由付記として不十分であるとし、根拠規定のみを理由として記した旅券発給拒否処分を違法とした。

講　義

1　申請に対する処分の手続

Unit 23で説明した申請に対する処分を行う際に、行政側が守るべき手続を見ていきましょう。申請に対する処分では、①国民が自己の利益になる**許認可等を申請**します。その後、②行政はその**申請を審査**し、③審査終了後、**許認可処分・拒否処分**のいずれかを行います。

図表24-1　申請に対する処分の流れ

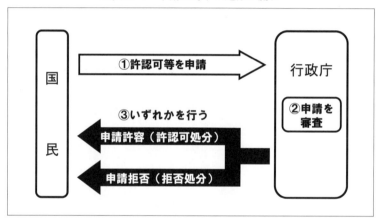

2　審査基準と標準処理期間の設定・公表

行政は、申請を受ける前にやっておくべきことがあります。それが審査基準（行手法5条）と標準処理期間の設定・公表（行手法6条）です。

審査基準とは、「この要件を満たせば許可する」というように、許認可するか、拒否するかを行政が判断する際の具体的な基準で、行政は必ずこれを**設定**し、**公**にしなければなりません。ただし、**行政上特別の支障**があれば、公にしないこともできます。

標準処理期間とは、申請後、行政がこれを審査し、許認可処分ないし拒否処分が出るまで「通常はこのくらいの期間がかかる」というもので、これがわかると申請を行った国民には至便です。行政はこれを**設定**しておくように「務める」（「**努力義務**」という）と規定されていますが、これは「設定しておくのが望ましい」くらいの意味で、設定しなかったら違法になるわけではありません。なお、行政が標準処理期間を設定した場合に**公にする**ことは、努力義務ではなく、**法的義務**です。

レジュメでは、法的義務の場合（「～しなければならない」「～してはならない」と規定）と努力義務

（「～するよう務める」と規定）の場合を区別して書いていますので、留意してください。

図表24-2　申請に対する処分の手続ルール

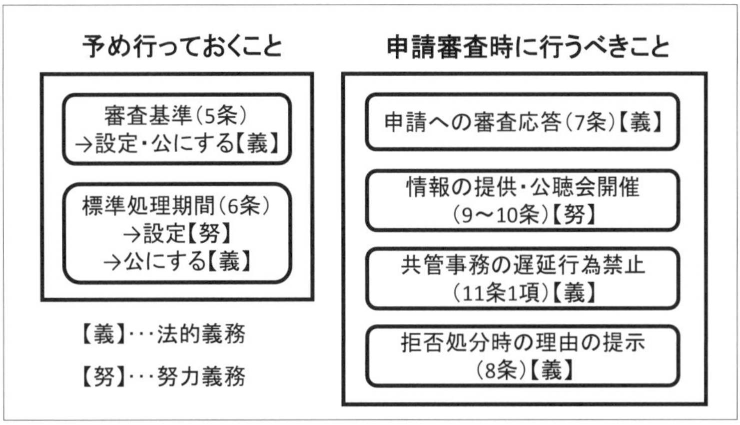

```
┌─────────────────────────┬─────────────────────────┐
│    予め行っておくこと    │   申請審査時に行うべきこと  │
├─────────────────────────┼─────────────────────────┤
│   審査基準(5条)          │   申請への審査応答(7条)【義】│
│   →設定・公にする【義】  │   情報の提供・公聴会開催     │
│   標準処理期間(6条)      │   (9～10条)【努】           │
│   →設定【努】            │   共管事務の遅延行為禁止     │
│   →公にする【義】        │   (11条1項)【義】           │
│                         │   拒否処分時の理由の提示     │
│   【義】…法的義務        │   (8条)【義】               │
│   【努】…努力義務        │                             │
└─────────────────────────┴─────────────────────────┘
```

3　申請への審査手続

では、ある国民から許認可を求める申請が行政側の事務所に届いたとします。

その際、行政は、**遅滞なく申請への審査を開始**しなければなりません。かつては、申請があっても行政側が受け取り自体を拒否したり、長期間審査を留保したり、「受理していない」という理由で審査しなかったりするような実務が行われていましたが、それらは違法とされています（行手法7条）。

また、申請に法の要件に適合しない不備があった場合、例えば必要な添付書類が付いていない場合や記載に不備がある場合は、「**補正を命じる**」「**申請を拒否する処分を行う**」のいずれかを行わなければなりません。「補正」とは申請などに不備がある場合にそれを直すことで、申請を受け取った上で「記載を直してください」とか「添付書類を提出してください」と指示するか、あるいは申請そのものを断る（拒否処分）をするかどちらかのレスポンスを行います。かつては、申請に不備があったときに、受け取り自体を拒否したり、受け取っても放置してしまうような実務が見られたので、それを禁止する趣旨です。

また、申請の中には、A庁とB庁の二つ行政庁の許可が必要というものもあります。そのような場合に、A庁が「B庁の許可がまだ出ていないので、ウチもまだ許可しません」と言って許可を出さず、審査が遅延することが以前はよくありました。これも「**殊更（ことさら）に遅延させるようなことをしてはならない**」と規定して禁止しています（行手法11条1項）。

行政庁は、申請者の求めがあれば、審査の進捗状況や処分の出る時期の見込み等について情報提供をしたり、利害関係者（許認可されるかどうかについて利害がある者）の利害を考慮すべき場合には、その者の意見を聞く公聴会の開催をしたりしますが、これらはいずれも努力義務です（行手法9条、10条）。

4　拒否処分時の理由提示

審査が終了した場合、行政庁は、申請を許容して許認可処分を行うか、申請を拒否する処分（拒否処分）のいずれかを行います。

許認可処分の場合には特に規定はありませんが、拒否処分を行う場合は、それと**同時に申請者に拒否された理由も示さなければなりません**（行手法8条）。申請者が拒否処分に納得できない場合、その理由がわかれば、後で取消訴訟や不服申立で争いやすいからです。

　例外として、「数量的指標その他の客観的指標により明確に定められている」ものに適合しないことが明らかであるから拒否した場合、つまり、なぜ拒否されたかが誰の目にも明らかであるような場合は、拒否処分時に理由を示さず、「理由を教えてくれ」と請求された時にのみ示せば足ります。

　また、拒否処分は書面にして行うものと、口頭で行うなど書面で行わないものがありますが、**拒否処分を書面で行う場合は、理由も書面で示します**。逆に言うと、拒否処分を口頭で行う場合は、理由も口頭で伝えればよいことになります。

　では、「理由を示す」とは、何を示すことでしょうか。行政手続法には特に規定はありませんが、同法制定前の判例で次のようなものがあります（判例24-1）。

　外務大臣に旅券（パスポート）発給を申請したところ、発給拒否されました。その際、理由として「（当時の）旅券法13条1項5号に該当するから」という拒否処分の根拠条文だけが示されたという事例です。なお、同規定は、「著しく、かつ、直接に日本国の利益又は公安を害する行為を行うおそれがあると認めるに足りる相当の理由がある者」には旅券の発給を拒否できる旨が規定されています。

　判例は、**根拠条文**だけでなく、**事実関係**（どのような事実がこの条文に該当しているのか）も示さなければ不十分であるとして、拒否処分を違法にしました。

練習問題24

次の問いに○×で答えよ。（解答は巻末にあります。）
1　申請に対する処分を行う行政庁は、審査基準を設定し、いかなる場合でも公にしなければならない。
2　申請に対する処分を行う行政庁は、標準審査期間を設定するように努め、設定した場合はそれを公にするように努めなければならない。
3　申請が法令に定められた要件に適合しない場合、行政庁は、申請者に対し相当の期間を定めて申請の補正を求めなければならず、申請を拒否することは許されていない。
4　行政庁が申請の拒否処分を書面で行う場合、拒否処分と同時にその理由を書面で示さなければならない。
5　申請を拒否する場合、行政庁は、その根拠条文を理由として示せば足りるとするのが最高裁の判例である。

行政手続法③(不利益処分)

レジュメ

25-1 処分基準の設定など

行政庁は、**処分基準**を定め、これを公にするよう努めなければならない(どちらも**努力義務**)。処分基準は、不利益処分の性質に照らして**できる限り具体的**なものとしなければならない(行手法12条)。

25-2 聴聞または弁明の実施

行政庁は、不利益処分の名あて人(処分の相手方)に意見陳述のための手続として**聴聞又は弁明のいずれか**を実施しなければならない(行手法13条)。聴聞は口頭審理による**慎重な手続**であり、弁明は書面による**簡易な手続**である。

聴聞を実施(不利益度が大きい一定の処分など)	弁明を実施(聴聞の場合以外)
①許認可等を**取り消す**不利益処分 ②名あて人の**資格又は地位を直接にはく奪**する不利益処分 ③法人の役員や業務従事者の**解任**を命ずる不利益処分、法人の会員である者の**除名**を命ずる不利益処分 ④上記①~③以外の場合であって、**行政庁が相当と認めるとき**	左記①~④のいずれにも該当しないとき。 (例:許認可の停止処分)
ただし、**公益上、緊急に不利益処分をする必要**があるため、聴聞・弁明の手続を執ることができないときなど一定の場合は、例外的に聴聞・弁明のいずれも行わずに不利益処分が行われる。	

25-3 聴聞の手続

(1) 聴聞の通知

行政庁は、聴聞の期日までに**相当な期間**をおいて、不利益処分の名あて人に対し、不利益処分の内容・根拠条文、原因となる事実、聴聞の期日・場所等を**書面により通知**しなければならない(行手法15条)。

(2) 代理人・参加人制度

通知を受けた者(当事者)は、**代理人**を選任することができる(行手法16条)。また、主宰者は、必要があると認めるときは、**参加人**(当事者以外の者で、当該不利益処分につき利害関係を有するとして聴聞への参加が認められる者)の参加を求め、又は参加を許可することができる(行手法17条)。

(3) 文書等の閲覧権

当事者及び参加人は、聴聞の通知があった時から聴聞が終結する時までの間、行政庁に対し、当該不利益処分の原因となる事実を証する**資料の閲覧**を求めることができる。行政庁は正当な理由があるときでなければ、その閲覧を拒むことができない(行手法18条)。

(4) 聴聞の主宰者

聴聞は、行政庁が指名する職員その他政令で定める者が主宰する(**主宰者**という)。ただし、当該

聴聞の当事者・参加人およびそれらの者の一定範囲の親族などは主宰者にはなれない（行手法19条）。
(5) 聴聞の期日の審理
①主宰者は、最初の聴聞の期日の冒頭において、行政庁の職員に、予定される不利益処分の内容・根拠となる法令の条項・原因となる事実を**説明**させなければならない（行手法20条1項）。
②当事者又は参加人は、**意見を述べ**、**証拠書類等を提出**し、主宰者の許可を得て行政庁の**職員に対し質問**をすることができる（行手法20条2項）。
③当事者・参加人は、聴聞の期日への出頭に代えて、陳述書及び証拠書類等を提出することができる（行手法21条）。
④聴聞の審理は、行政庁が公開することを相当と認めるときを除き、**非公開**とされる（行手法20条6項）。
(6) 調書・報告書の作成・提出
主宰者は、**調書**と**報告書**を作成し、行政庁に提出しなければならない（行手法24条）。また、行政庁は、不利益処分の決定をするときは、調書・報告書を**十分に参酌**（拘束はされない）しなければならない（行手法26条）。

25-4　不服申立の制限
聴聞に関する規定に基づく処分又は不作為については、行政不服審査法の**審査請求**をすることができない（行手法27条）。

25-5　弁明の手続
弁明は、聴聞に比べて簡易な手続きであり、原則として**書面**（**弁明書**）を提出して行う。ただし、行政庁が認めたときは例外的に口頭ですることができる（行手法29条）。
(1) 弁明の通知
行政庁は、弁明書の提出期限までに相当な期間をおいて、不利益処分の名あて人となるべき者に対し、不利益処分の内容・根拠条文、原因となる事実、弁明書の提出先・提出期限を**書面**により**通知**しなければならない（行手法30条）。
(2) 代理人制度
通知を受けた者は、**代理人**を選任することができる（行手法31条）。ただし、聴聞とは異なり、参加人制度はない。

25-6　不利益処分実施時の理由提示
行政庁は、不利益処分をする場合には、名あて人に対し、不利益処分と**同時に理由を示さなければならない**。ただし、**差し迫った必要**がある場合は同時に示す必要はなく、原則として処分後相当期間内に示せば足りる。また、不利益処分を書面でするときは、その理由も**書面**により示さなければならない（行手法14条）。

講義

1　不利益処分の手続
Unit 23で説明した不利益処分を行う際に行政庁が行うべき手続の方を見ていきましょう。
不利益処分は、「**直接名あて人に義務を課し、又はその権利を制限する処分**」、つまり相手方の国民にとっては本来やってほしくない処分ですので、国民からの「申請」はなく、行政側から一方的にな

されます。その際、それが不意打ちないし独断的なものにならないように、行政手続法では、事前に相手方の言い分や反論を聞くように求めています。

図表25-1 不利益処分のイメージ

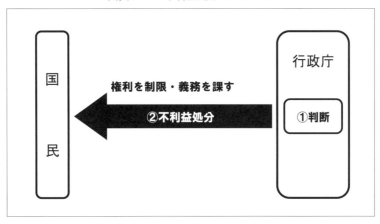

2 処分基準設定

行政庁は、不利益処分に先立って**処分基準**を設定することが求められています。処分基準とは、どのようなケースにどのような不利益処分をするかを具体的に定めた判断基準で、申請に対する処分の審査基準に該当するものです。ただし、審査基準と違うのは、予め画一的に基準を決めるのが難しいケースもあることなどから、**設定も公にすることも努力義務**に止まることです（行手法12条）。

3 聴聞と弁明の振り分け

そして、実際に不利益処分を行うようなケースが発生したとします。その際、行政庁は、相手方（処分の名あて人）に告知・聴聞の機会を与える手続である「**聴聞**」又は「**弁明**」のいずれかを行わなければなりません。

聴聞は、裁判と似たようなやり方で、**口頭**（直接面と向かって）で行われる**慎重な手続**で、主に不利益処分の中でも大きな不利益を課す場合に行われます。これに対して、弁明は**書面**による**簡易な手続**で、聴聞が行われるケース以外はすべて弁明になります。

具体的な振り分けは、レジュメ25-2の通りで、**許認可の取消し、資格・地位のはく奪、役員等の解任、会員の除名**といった、相手からある地位や権利を完全に奪ってしまう場合は聴聞になります。また、このようなケースに該当しなくても、行政庁が聴聞を行うことを「**相当と認めるとき**」は、特別に聴聞が実施されることもあります。一方、**聴聞が行われるケース以外はすべて弁明**で足り、例えば、許認可の取消しではなく、「停止」に過ぎない場合は、弁明になります。

なお、**公益上、緊急に不利益処分をする必要**があるなど、一定の場合は、聴聞・弁明ともに行わずに不利益処分を行うことが許されます。

次に、聴聞と弁明の手続の内容を見ます。

行政手続法③（不利益処分）

図表25-2　不利益処分の手続

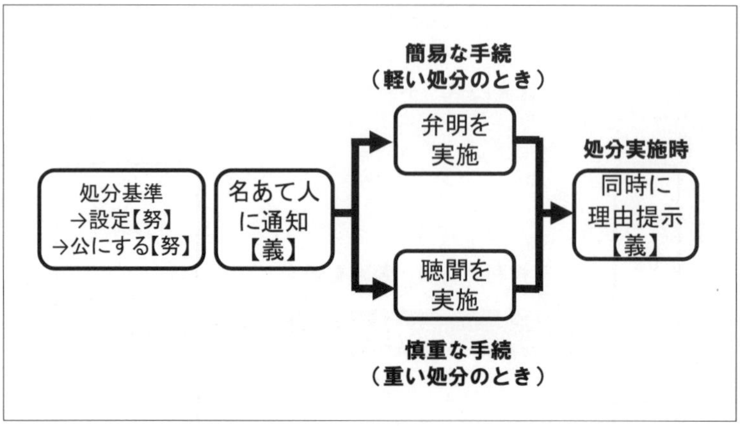

4　聴聞の手続

　行政庁は、聴聞を行う前に相当な期間をおいて、不利益処分の名あて人（処分を受ける人）に対し、不利益処分の内容・根拠条文、原因となる事実、聴聞の期日・場所等を書面によって**通知**します（行手法15条）。通知を受けた名あて人は、自分に行われようとしている処分の内容等を予め知ることができますので、それに反論する順備を進めることができます。また、名あて人は、自分に代わって聴聞に関する一切の行為をすることができる**代理人**を選任することもできます（行手法16条）。

　そして、実際の聴聞では、裁判官役である「**主宰者**」が選任されており、当日の進行を行います。主宰者は、「行政庁が指名する職員その他政令で定める者」ですので、現実には行政機関の職員ですが、当事者・参加人の親族はなることはできないなど、一定の中立性の確保がなされています（行手法19条）。

　また、その不利益処分について、利害関係を有する者がいれば、主宰者は、聴聞に参加することを求めたり、参加を許可したりすることができます。これを**参加人**と言います（行手法17条）。

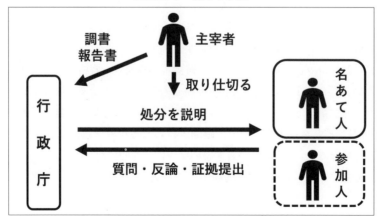

図表25-3　聴聞の手続

　主宰者は、聴聞の最初に、行政庁の職員に、予定されている不利益処分の内容、根拠となる法令の条項、原因となる事実を名あて人・参加人に対し説明させます。これに対して名あて人・参加人は、

意見を述べたり、**証拠書類等を提出**したり、主宰者の許可を得て行政庁の**職員**に対し**質問を発する**ことができます（行手法20条1項、2項）。なお、聴聞は原則として**非公開**で行われます（行手法20条6項）。

また、名あて人や参加人は、聴聞の通知があった時から聴聞が終結する時までの間、行政庁に対し、不利益処分の原因となる事実を証する**資料の閲覧**を求めることができ、行政庁は正当な理由がなければ、その閲覧を拒むことができません（行手法18条）。

一通り聴聞の手続が終わった後、主宰者は、**調書**（聴聞の経過を記載した文書）と**報告書**（不利益処分について主宰の意見を記した文書）を作成し、行政庁に提出しなければなりません（行手法24条）。行政庁は、不利益処分の決定をするときは、それらの文書を**十分に参酌**（拘束はされない）した上で不利益処分を実施するかどうかを決します（行手法26条）。

不利益処分が実施されてしまった後は、取消訴訟や不服申立のような事後救済策で取消しを求めるしかありません。

なお、**聴聞に関する規定に基づく処分又は不作為**については、**不服申立（審査請求）ができません**（行手法27条）。これは、不利益処分そのものではなく、不利益処分を行う前の聴聞の手続の中で行われた処分や不作為のことで、例えば、資料の閲覧を請求した名あて人に対して、行政庁が閲覧を拒否する処分などです。これも処分には変わりはないのですが、本命の不利益処分を行う前の聴聞の手続の中で行われた細かい処分に過ぎないので、審査請求をできないことにしています。

5　弁明の手続

弁明は、意見を記載した**書面（弁明書）**を提出するだけの簡易な手続です。ただし、行政庁が口頭ですることを認めたときは、口頭で行われることもあります（行手法29条）。

行政庁は、弁明書の提出期限までに相当な期間をおいて、名あて人に対し、不利益処分の内容、根拠法令の条項、原因となる事実、弁明書の提出先・提出期限を予め書面で**通知**します（行手法30条）。なお、弁明には、**代理人**制度はありますが（行手法31条）、参加人制度はありません。

名あて人は弁明書を提出し、自己の意見を行政庁の意思決定に反映させることができます。

6　処分の実施と理由提示

行政庁が不利益処分を実行する場合、**同時に理由を提示**しなければなりません。ただし、例外として「**差し迫った必要**」がある場合は、同時にではなく、不利益処分後の相当期間内に示せば足ります（行手法14条）。

なお、**不利益処分を書面でするときは、理由も書面**で示さなければならないことは、申請に対する不利益処分の場合（Unit 24）と同じです。

練習問題25

次の問いに○×で答えよ。（解答は巻末にあります。）

1　不利益処分を行う行政庁は、処分基準を定め、これを公にしなければならない。
2　聴聞は、許認可の取消しや法人の解散など、法定の不利益度が大きい場合だけでなく、行政庁が相当と認めた場合にも実施される。
3　行政庁は、公益上、緊急に不利益処分をする必要がある場合には、聴聞で行われるべき処分であっても弁明に変更することができる。
4　聴聞の通知後、不利益処分の名あて人や聴聞の参加人から資料の閲覧を求められた場合、行政庁がこれを拒むことは認められていない。
5　聴聞に関する規定に基づく処分又は不作為については、審査請求をすることができない。

行政手続法④（行政指導）

レジュメ

26-1 行政指導時の禁止事項

(1) 所掌事務範囲外の行政指導の禁止

指導を行う行政機関の**任務又は所掌事務の範囲**にあること（行手法32条1項）。

(2) 不服従への不利益取り扱いの禁止

行政指導にあっては、その内容があくまでも相手方の**任意の協力によってのみ実現**されるものであることに留意しなければならない（行手法32条1項）、相手方が行政指導に従わなかったことを理由として、**不利益な取扱いをしてはならない**（行手法32条2項）。

(3) 申請者の権利行使妨害禁止

申請の取下げ又は内容の変更を求める行政指導にあっては、申請者が当該行政指導に従う意思がない旨を表明したにもかかわらず行政指導を継続すること等により**申請者の権利の行使を妨げるようなことをしてはならない**（行手法33条）。

(4) 許認可権の濫用禁止

許認可等をする権限又は許認可等に基づく処分をする権限を有する行政機関が、その権限を行使することができない場合又は行使する意思がない場合においてする行政指導にあっては、その権限を行使し得る旨を殊更（ことさら）に示すことにより**相手方に当該行政指導に従うことを余儀なくさせるようなことをしてはならない**（行手法34条）。

26-2 行政指導の方式（行手法35条）

①**趣旨・内容・責任者**を相手方に明示しなければならない。

②行政指導をする際に、行政機関が許認可等をする権限又は許認可等に基づく処分をする権限を行使し得る旨を示すときは、その相手方に対して、その権限を行使し得る**根拠となる法令の条項**、その**条項に規定する要件**、その権限の行使が要件に**適合する理由**を示さなければならない。

③行政指導が口頭でされた場合において、上記①②について**書面の交付**を求められれば、支障がない限りこれを交付しなければならない。ただし、次の場合は例外として書面交付は不要。

・相手方に対しその場において完了する行為を求めるもの

・既に文書又は電磁的記録により相手方に通知されている事項と同一の内容を求めるもの

26-3 複数者への指導

同一の行政目的を実現するため**一定の条件に該当する複数の者に対し行政指導**をしようとするときは、予め事案に応じて**行政指導指針**を定め、行政上特別の支障がない限り、これを**公表**しなければならない（行手法36条）。

講義

1 行政指導の禁止事項

行政指導については、Unit 18ですでに勉強しましたが、「相手の国民に**法的義務を課すものではなく、これに従うかどうかは任意であること**」を思い出してください。

行政指導は、行政手続法制定前から行われてきたもので、行政の側からすると、法的根拠なく柔軟に行うことができますので、社会状況に対応しながら政策を実現する上で大きな力になることがありました。しかし、その一方で、任意であるはずの行政指導に何とか従わせようとして、様々な事実上の強制を働かせるような場面も見られました。Unit 18で見た判例18-2〜18-4はまさにそのような事例でした。

そこで、行政手続法制定の際に、はじめて**行政指導について一般的ルール**が置かれました。

同法では、行政指導を「行政機関が**その任務又は所掌事務の範囲内**において一定の行政目的を実現するため特定の者に一定の作為又は不作為を求める指導、勧告、助言その他の行為であって処分に該当しないもの」と定義しました（行手法2条6号）。各行政機関の任務や所掌事務（担当する業務）は、法律に明記されていますので、それに含まれないような行政指導はできません（行手法32条1項）。たとえば、外国人の出入国管理を所掌しているのは法務大臣や出入国在留管理庁長官ですから、これについての行政指導を外務大臣が行うことはできません。

そして、行政手続法は、行政指導はあくまでも**相手方の任意の協力によってのみ実現されるもの**であること（行手法32条1項）、したがって、相手方が行政指導に従わなかったことを理由として、**不利益な取扱いをしてはならない**（行手法32条2項）という大原則を確認しています。

また、国民が許認可を申請した際にその許認可を出したくない行政側が「申請を取下げてほしい」とか「申請の内容を別の許認可申請に変更してほしい」と行政指導する場合があります。そのような場合、相手の国民がこれに従うことを**明確に拒否した場合でも指導を続け、申請に対する審査をなかなか行わない**という実務がかつては見られました。これを禁止するのが行手法33条です。なお、判例18-4は、申請の取下げを指導したのではなく、審査を留保したものですが、似たような事案です。

次に、かつて実務で見られたやり方として、行政指導に従おうとしない相手方に対して、その相手方が行っている許認可等の申請を持ち出し、「今回の行政指導に従わないと、あなたの申請を許認可しませんよ」と殊更に示し（強く示唆すること）、いわば**許認可を質に取って行政指導に従わせるやり方**がありました。

実は、許認可処分の中には、行政指導に従わない者に対して申請を拒否したり、すでに行った許認可を取消し・撤回したりすることが認められるものもあります。しかし、そのような場合でも、行政側に行政指導への不服従を理由として許認可の拒否や取消し・撤回を行うつもりが全くないのに表面上「拒否するぞ」と脅したり、あるいは、行政指導への不服従が申請の拒否理由や取消し・撤回理由として認められていないような、そもそも全く関係がない許認可申請を持ち出してきて脅したりすることは許されません。

このようなやり方を禁止したのが行手法34条です。例えば、建築規制の行政指導に従わない相手方に給水拒否することを示唆することもこれに該当します。

2　行政指導の方式

行政手続法では、行政指導を行う際の方式も規定しました（行手法35条）。

かつては、責任逃れのため、内容等が曖昧・不明確な行政指導が行われることがありました。そこで、行政指導の際、**趣旨・内容・責任者の明示**を義務付けました。

また、先ほど「許認可処分の中には、行政指導に従わない者に対して申請を拒否したり、すでに行った許認可を取消し・撤回したりすることが認められるもの」もあると言いましたが、「指導に従わない場合、申請拒否や取消し・撤回を行うことがあります」と相手に示して行政指導する際には、**根拠法令の条項**、その条項に**規定する要件等**を示さなければなりません。

行政指導は、相手の国民に最初から書面を交付して行う場合と書面を交付せず口頭で伝える場合がありますが、たとえ口頭で行う場合でも、上記の明示すべき内容を書面で示すように相手方の国民から**請求があれば、書面を交付**しなければなりません。

ただし、書面の交付に「行政上特別の支障」がある場合は例外として交付しないこともできますし、また、相手方の国民にその場において完了する行為を求めるもの（災害時の避難勧告や違法行為を行っている者に警察官が止めるように注意する指導）などは、請求があっても書面交付を要しません。

3　複数者への指導のルール

行政指導は、ある特定の国民に対してケースバイケースの内容で行われるのが通常です。しかし、ある条件やカテゴリーに該当する国民全員に対して自動的に同じような内容の行政指導を行う場合もあります。このような、「一定の条件に該当する複数の者に対し」行われる行政指導を**複数の者への行政指導**と言います。

これを行う場合、指導する相手によって指導内容がバラバラでは不平等になってしまいます。そこで、行政手続法は、予め**行政指導指針**という基準を定め、特別の支障がない限り、これを**公表**しなければならないと規定しています（行手法36条）。

練習問題26

次の問いに○×で答えよ。（解答は巻末にあります。）
1　当該行政機関の任務又は所掌事務の範囲外の行政指導を行うことは許されない。
2　申請の取下げ又は内容の変更を求めるような行政指導は、申請者の権利の行使を妨げることから許されていない。
3　許認可等をする権限を有する行政機関が、その権限を行使することができない場合又は行使する意思がない場合、行政指導にあたってその権限を行使し得る旨を殊更に示すことは禁止される。
4　行政指導に際しては、趣旨、内容、責任者を相手方に明示しなければならず、書面の交付を求められれば、支障がない限りこれを交付しなければならない。
5　同一の行政目的を実現するため一定の条件に該当する複数の者に対し行政指導をしようとするときは、予め事案に応じて行政指導指針を定め、公表するように努めなければならない。

行政手続法⑤（届出と命令等）

レジュメ

27-1 届出の手続

届出が法令に定められた形式上の要件に適合している場合は、提出先とされている機関の**事務所に到達したとき**に、国民の手続上の義務が履行されたものとする（行手法37条）。

27-2 命令等の制定手続

命令等（①命令又は規則、②審査基準、③処分基準、④行政指導指針）の制定にあたって、事前に**意見公募**（いわゆるパブリックコメント）手続を取るべきことを規定している。

(1) 意見公募手続

命令等制定機関は、命令等を定めようとする場合には、**命令等の案及びこれに関連する資料**をあらかじめ**公示**し、意見の提出先・提出期間を定めて広く一般の意見を求めなければならない（行手法39条1項、2項）。ただし、例外として**公益上、緊急に命令等を定める必要**があるため、意見公募手続を実施することが困難であるときなど一定の場合（行手法39条4項）には意見公募手続は必要ない。

(2) 意見提出期間

意見提出期間は原則として**30日以上**でなければならないが（行手法39条3項）、例外として**やむを得ない理由**があるときは、30日を下回る意見提出期間を定めることができる。この場合、命令等の案の公示の際にその理由を明らかにしなければならない（行手法40条1項）。

(3) 命令等の制定

命令等制定機関が命令等を定める場合には、意見提出期間内に提出された当該命令等の案についての意見を**十分に考慮**し（拘束はされない）、公布と同時期に提出意見（提出意見がなかった場合は、その旨）、提出意見を考慮した結果及びその理由を公示しなければならない（行手法42〜43条）。

(4) 公示の方法

上記命令等制定機関が行う公示は、**電子情報処理組織を使用する方法**（インターネット等）その他の情報通信の技術を利用する方法により行う（行手法45条）。

講義

1 届出の手続

このUnitでは、Unit 23で勉強した行政手続法が規定する4つの行政活動のうち、「届出」と「命令等」の手続を扱います。

届出は、国民が行政庁に対し一定の事項の通知をする行為であって、法令により直接に当該通知が義務付けられているものおよび通知をすることで**自己の期待する法律上の効果が発生**（一定の行為が可能になる等）**するもの**（行手法2条7号）と定義されていました（Unit 23-3）。ただし、申請に対する許可の「申請」のように、行政庁が許可するかどうかの応答をしなければならないものは除かれま

す。

　届出に該当する例としては、生活保護法61条が「被保護者は、収入、支出その他生計の状況について変動があつたとき、又は居住地若しくは世帯の構成に異動があつたときは、すみやかに、保護の実施機関又は福祉事務所長にその旨を届け出なければならない」としているものが挙げられます。

　届出に該当する場合、行政庁が守るべきルールは1つだけで、届出に記載事項や添付書類の不備がない限りは、届出の**提出先とされている機関の事務所に到達したときに届出をすべき国民の義務が完了した**と扱わなければなりません（行手法37条）。

　かつては、行政側が事務所に届いた届出を突き返したり（「返戻（へんれい）」といいます）、法令にない「受理」という段階を設け、届出を受け取っても、「行政側が『受理』しない限り、届出は完了していない」という扱いをしたりすることがありました。この規定は、それらを明確に否定します。

2　命令等の制定手続

　行政立法や政策立案に際して、事前に案を国民に示し、広く意見を求めて、寄せられた意見を考慮してから制定・実施することを**パブリックコメント**と言います。政令や省令等については、以前から閣議決定によってこれが行われてきましたが、平成17年改正で行手法に実施すべきことが明記されました。

　行手法では、Unit 23で見たように、**命令又は規則**（Unit 21の法規命令とほぼ同じ）、**審査基準**（Unit 24で出てきた、申請に対する処分の基準）、**処分基準**（Unit 25で出てきた、不利益処分の基準）、**行政指導指針**（Unit 26で出てきた、複数の者への行政指導を行う際の指針）の4つについてパブリックコメントを必要としていますが、「法律の施行期日について定める政令」など一定の内容の命令は除外しています（行手法39条4項）。

　次にパブリックコメントの手続ですが、命令等を制定する機関が命令等を定めようとする場合、当該**命令等の案**（制定しようとする内容を示すもの）、これに**関連する資料**をあらかじめ**公示**し、意見の提出先と意見提出期間を定めて**広く一般の意見を求めなければなりません**（行手法39条1項）。

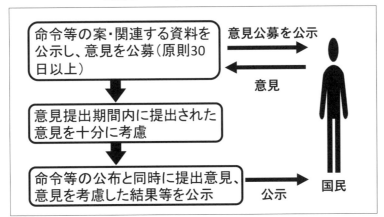

図表27-1　パブリックコメント手続

　意見提出期間は、原則として**公示の日から起算して30日以上**ですが（行手法39条3項）、公益上、緊急に命令等を定める必要がある場合など一定の場合にはこれより短い期間を定めることができます。

ただし、その場合には、当該命令等の案の公示の際にその理由を明らかにしなければなりません。(行手法40条1項)

意見公募後、命令等を制定する機関は、提出された**意見を十分に考慮**した上で当該命令等を制定しなければなりません(行手法42条)。ただし、行政側は提出された意見に**拘束はされません**ので、圧倒的多数の意見がその命令等に反対であったとしても、そのまま制定することは可能です。

そして、命令等を制定する際には、その公布と同時期に、**提出された意見や提出意見を考慮した結果・その理由も公示**します(行手法43条1項)。

また、上記の公示等はすべて「電子情報処理組織を使用する方法その他の情報通信の技術を利用する方法」すなわち、インターネットで行われます(行手法45条)。

練習問題27

次の問いに○×で答えよ。(解答は巻末にあります。)

1 国民が行政庁に対して一定の事項の通知をする届出を行う場合、提出先とされている機関の事務所に当該届出が到達したときに届出義務が完了したものとされる。

2 行政手続法では、命令や規則だけでなく、審査基準や処分基準についても原則としてパブリックコメント手続が必要とされているが、行政指導指針については、特別の規定がない限り、その必要はない。

3 意見公募手続を実施する場合、意見提出期間は、公示の日から起算して30日以上であり、公益上、緊急に命令等を定める必要があったとしても、これより短い期間を定めることはできない。

4 意見公募手続を行った場合、命令等制定機関は、提出された意見に拘束され、反対意見が多数の場合は制定することができなくなる。

行政手続法⑥
（処分・行政指導の求め）

レジュメ

28-1　行政指導中止等の求め（行手法36条の2）

　法令に違反する行為の是正を求める行政指導（根拠規定が法律に置かれているものに限る）の**相手方**は、その行政指導が法律に規定する要件に適合しないと思うときは、その行政指導をした行政機関に対し、一定の事項を記載した申出書を提出して**申し出る**ことにより、当該**行政指導の中止その他必要な措置**をとることを求めることができる。ただし、その行政指導がその相手方について弁明その他意見陳述のための手続を経てされたものであるときは、この限りでない。

　行政機関は、申し出があったときは、必要な調査を行い、その行政指導が法律に規定する要件に適合しないと認めるときは、当該**行政指導の中止その他必要な措置**をとらなければならない。

28-2　処分・行政指導の求め（行手法36条の3）

　何人も、**法令に違反する事実がある場合に、その是正のためにされるべき処分又は行政指導**（根拠規定が法律に置かれているものに限る）がされていないと思うときは、一定の事項を記載した申出書を提出して**申し出る**ことにより、その処分をする権限を有する行政庁又はその行政指導をする権限を有する行政機関に対し、その旨を**申し出て**、**処分又は行政指導**をすることを求めることができる。

　行政庁又は行政機関は、申し出があったときは、必要な調査を行い、その結果に基づき必要があると認めるときは、その**処分又は行政指導**をしなければならない。

講　義

1　処分・指導の求め

　行手法の平成26年改正法によって、①**行政指導中止等の求め**（行手法36条の2）と②**処分・行政指導の求め**（行手法36条の3）が新設されました。

行政手続法⑥（処分・行政指導の求め）

図表28-1　処分・指導の求め

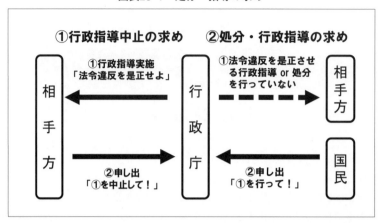

　①の行政指導中止の求めは、**違法な**（法律に規定する要件に適合しない）**行政指導**を受けた国民が、「その行政指導を中止してくれ」と行政機関に申し出ることができる制度で、行政機関が必要な調査を行い、その行政指導が違法と認めるときは、**中止その他必要な措置**をとらなければなりません。
　ただ、行政指導ならば何でも中止を申し出ることができるのではなく、その行政指導が**法令に根拠規定がある**もので、しかも「**法令に違反する行為の是正を求める**」内容の行政指導でなければなりません。例えば、道路運送車両法56条に「国土交通大臣は、自動車の使用者に対し、その用に供する自動車車庫に関し、国土交通省令で定める技術上の基準によるべきことを勧告することができる」とありますが、この条文に基づいて行われた「国土交通省令に反しているので、是正しなさい」という勧告（行政指導）に対して中止を申し出ることができます。また、この申し出ができるのは、当該**行政指導を受けた相手方**本人に限られます。
　次に、②の処分・行政指導の求めは、①とは逆に、**本来行われるべき処分や行政指導が行われていない場合**に、それに気づいた者が、「その処分（又は行政指導）を行ってくれ」と行政機関に申し出ることができる制度で、行政機関が必要な調査を行い、その処分や行政指導を行う必要があると認めるときは、**それらを行わなければなりません**。①とは異なり、**処分も申し出の対象**になります。
　これも、①と同様にどのような処分や行政指導でもできるわけではなく、**法令に根拠規定がある**もので、内容が「**法令に違反する事実がある場合において、その是正のためにされるべき処分又は行政指導**」でなければなりません。ただ、この申し出は、「**何人**」でも（誰でも）できます。
　例としては、省令で定める技術上の基準に適合しない自動車車庫があるのに、上記①の道路運送車両法56条の勧告がなされていない場合や法令等に違反した銀行に対して内閣総理大臣が行う業務停止命令や営業免許の取消処分（銀行法26条〜27条）がなされていない場合が挙げられます。
　なお、上記①②ともに条文上、「**申し出**」ができるという文言になっていますが、これは、「申請に対する処分（Unit 24）」の「申請」のように、申請者に対して行政側がそれを認めるかどうか（許否）**を応答（返答）する義務を課すものではありません**。したがって、「申し出」と「申請」は区別する必要があります。

練習問題28

次の問いに○×で答えよ。（解答は巻末にあります。）

1　法令に違反する行為の是正を求める処分又は行政指導の相手方は、当該処分又は行政指導が当該法律に規定する要件に適合しないと思料するときは、行政機関に対し、当該処分又は行政指導の中止その他必要な措置を申し出ることができる。

2　何人も、法令に違反する事実がある場合において、その是正のためにされるべき処分又は行政指導がされていないと思料するときは、行政機関に対し、当該処分又は行政指導を行うことを申請することができる。

行政手続法⑥（処分・行政指導の求め）

問題演習コーナー4

（解答は巻末にあります）

問題4-1

行政手続法に関するア～エの記述のうち、妥当なもののみを全て挙げているのはどれか。
【国家一般職大卒（2021年）】

ア　行政手続法は、行政手続に関する一般法であり、その目的として、行政運営における公正の確保と透明性の向上を図り、もって国民の権利利益の保護に資することに加えて、国民の行政の意思決定への参加を促進することについても規定している。

イ　行政手続法は、処分に関する手続について、申請に対する処分と不利益処分とに区分し、それぞれの手続について規定している。

ウ　行政手続法は、行政庁が不利益処分をしようとする場合における処分の名あて人の意見陳述のための手続として、聴聞と弁明の機会の付与の二つを規定しており、許認可等を取り消す不利益処分をしようとするときは、原則として聴聞を行わなければならないとしている。

エ　行政手続法は、処分、行政指導及び届出に関する手続に関し、共通する事項を規定しているが、法律に基づく命令等を定めようとする場合の意見公募手続については規定していない。

1　ア、イ
2　ア、ウ
3　ア、エ
4　イ、ウ
5　ウ、エ

問題4-2

行政手続法上の申請に対する処分に関するア～オの記述のうち、妥当なもののみを全て挙げているのはどれか。【国家専門職（2020年）】

ア　行政庁は、申請がその事務所に到達してから当該申請に対する処分をするまでに通常要すべき標準的な期間を定めなければならない。

イ　行政庁は、行政上特別の支障があるときを除き、法令により申請の提出先とされている機関の事務所における備付けその他の適当な方法により審査基準を公にしておかなければならない。

ウ　行政庁は、申請により求められた許認可等を拒否する処分をする場合は、原則として、申請者に対し、同時に、当該処分の理由を示さなければならない。

エ　行政庁は、申請書に必要な書類が添付されていないなど、法令に定められた形式上の要件に適合しない申請については、申請者に対し、当該申請の受理を拒否しなければならない。

オ　行政庁は、申請に対する処分であって、申請者以外の者の利害を考慮すべきことが当該法令において許認可等の要件とされているものを行う場合には、公聴会の開催その他の適当な方法により当該申請者以外の者の意見を聴く機会を設けなければならない。

1　ア、イ
2　ア、エ
3　イ、ウ
4　ウ、オ
5　エ、オ

問題4-3

行政手続法における不利益処分に関するア～オの記述のうち、妥当なもののみを挙げているのはどれか。【国家専門職（2023年）】

ア　不利益処分とは、行政庁が、法令に基づき、特定の者に対して直接に義務を課し、又はその権利を制限する処分であり、申請により求められた許認可等を拒否する処分も含まれる。

イ　行政庁には、審査基準と同様に、不利益処分の基準を定め、これを公にしておく法的義務がある。

ウ　行政庁は、許認可を取り消す不利益処分をしようとするときは聴聞を行わなければならないが、名宛人の資格を直接に剥奪する不利益処分をしようとするときは弁明の機会を付与しなければならない。

エ　弁明は、行政庁が口頭ですることを認めたときを除き、弁明を記載した書面を提出して行い、その際、証拠書類等を提出することができる。

オ　行政庁は、不利益処分を行う場合、原則として、その名宛人に対して処分と同時にその理由を示さなければならない。

1　ア、イ
2　ア、エ
3　イ、ウ
4　ウ、オ
5　エ、オ

問題4-4

行政指導に関するア～オの記述のうち、妥当なもののみを挙げているのはどれか。
【国家専門職（2023年）】

ア．行政指導は、その果たす機能により、規制的行政指導、助成的行政指導及び調整的行政指導に分類されるが、規制的行政指導には行政処分と同様に法律の根拠が必要であると一般に解されている。

イ．地方公共団体が、建築主に対し、建築物の建築計画につき一定の譲歩・協力を求める行政指導を行った場合において、建築主が、建築主事に対し、建築確認処分を留保されたままでは行政指導に協力できない旨の意思を真摯かつ明確に表明し、建築確認申請に対し直ちに応答することを求めたときは、特段の事情がない限り、それ以後の行政指導を理由とする建築確認処分の留保は違法となるとするのが判例である。

ウ．行政指導に携わる者は、その相手方に対し、当該行政指導の趣旨及び内容並びに責任者を明確に示さなければならない。また、行政指導が口頭で行われた場合に、これらの事項を記載した書面の交付を相手方から求められたときは、行政上特別の支障がない限り、これを交付しなければならない。
エ．行政指導に携わる者は、公益上必要があると認められる場合には、その相手方が行政指導に従わなかったことを理由として、不利益な取扱いをすることができる。
オ．法令に違反する事実がある場合において、その是正のためにされるべき行政指導がされていないと思料するときは、当該行政指導の根拠となる規定が法律に置かれているか否かにかかわらず、当該行政指導をする権限を有する行政機関に対し、何人もその旨を申し出て当該行政指導をすることを求めることができる。

1．ア、イ
2．ア、エ
3．イ、ウ
4．ウ、オ
5．エ、オ

第 4 部

行政作用
（行政の情報管理に関する法）

Unit 29 情報公開法①（一般論・公開対象）

レジュメ

29-1 情報公開制度の意義・目的

行政機関の保有する情報の公開に関する法律（以下「情報公開法」）はその目的として、「**国民主権**の理念にのっとり、（略）もって政府の有するその諸活動を**国民に説明する責務**が全うされるようにするとともに、（略）**公正で民主的な行政の推進に資する**」ことを規定する（情報公開法1条）。**知る権利は明記されなかった**。

29-2 公開対象機関・対象文書

情報公開法の対象は、**国の行政機関**が保有する**行政文書**である。

(1) 公開対象機関（情報公開法2条1項）

	情報を保有する機関
公開対象となる	**国の行政機関**（会計検査院を含むすべての機関）
公開対象にならない	国会・裁判所
	独立行政法人→「独立行政法人等の保有する情報の公開に関する法律」によって公開される
	地方公共団体→各自治体で施策（情報公開条例を制定して公開する）をとるよう、努力義務だけ課している（情報公開法25条）

(2) 公開対象文書（情報公開法2条2項）

行政文書が公開対象。行政文書とは、次の2つの要件をいずれも満たすものをいう。

要件	備考
①行政機関の職員が**職務上作成**し、又は**取得**した文書、図画及び電磁的記録であること	・決裁の有無は問わない（未決裁でも該当） ・職員の個人的メモ類は該当しない。
②当該行政機関の職員が**組織的に用いるもの**として、当該行政機関が保有しているもの	・未作成の文書が公開請求されても行政機関に作成・公開義務はない。

講義

1 情報公開制度とは

情報公開制度は、公権力の有する情報を国民に公開することで国民の**知る権利**を実効化させ、政府の**説明責任**（Unit 3-8）を全うさせる制度をいいます。

国民は主権者ですので、政府は国民の信託によって国を統治していることになります。したがって、国民から行政の持っている情報の公開請求がなされ、説明が求められた場合には、政府はそれに応えなければなりません。

　また、国民には、憲法によって「知る権利」が21条1項によって保障（抽象的権利）されていると解釈するのが通説です。国民が知りたいと思った情報を入手できる手段が確保されていないと、その「知る権利」も絵に描いた餅になります。

　さらに、情報が公開されることによって、行政側が違法・不正な行政活動を行っても、その記録が外部に公開されてしまうわけですから、そのような活動の予防にもつながります。

　地方公共団体では、すでに1980年代から一部の先進的な自治体で情報公開条例を制定する動きがありましたが、国は平成11年にようやく**行政機関情報公開法**を制定しました（正式名は「行政機関の保有する情報の公開に関する法律」）。同法では、その目的として、**国民への説明責任を果たすことと公正な行政の推進**が挙げられました（情報公開法1条）が、国民の「知る権利」の文言は、制定時に掲載が見送られました。

2　公開対象の機関と文書

　同法によって公開の対象となるのは、**国の行政機関**が保有する**行政文書**です（情報公開法2条）。

　ここにいう行政機関とは、同法2条1項の定義規定では、各種法律によって設置された**国の行政機関全て**を指すとされています。「法律によって設置された国の行政機関」というと、唯一憲法の規定（憲法90条）によって設置された会計検査院が漏れてしまいますが、**会計検査院も公開対象**に含めています。

　一方で、「行政機関」が対象ですから、**国会**や**裁判所**が保有する文書は、公開対象ではありません。また、**地方公共団体**は、各地方公共団体の条例で情報公開制度を実施することが予定されていますので、施策を行う**努力義務**だけを課し（情報公開法25条）、公開対象から外しています。そして現在、ほとんどの地方公共団体で**情報公開条例**による情報公開が行われています。

　なお、**独立行政法人、国立大学法人、一部の特殊法人**の保有する文書については、この法律の公開対象機関とはせず、別の法律（「独立行政法人等の保有する情報の公開に関する法律」）で公開されることにしています。

　次に、公開対象になる文書は、上記の国の行政機関が保有する「**行政文書**」です。行政文書とは、行政機関の職員が①「**職務上作成又は取得した文書**」であることと、②「**組織的に用いるものとして保有しているもの**」という2つの要件をいずれも満たすものをいいます。

　したがって、行政機関の職員が作成した文書でなくても、「職務上取得した」文書ならば、公開対象になります。また、ここにいう「文書」には、**電磁的記録**すなわち、データとして保管されているものも含みますし、行政機関の内部処理である決裁がなくても公開対象になります。

　一方、現に保有していない文書は公開する義務はありませんので、未作成の文書が公開請求されてもそれを作成する義務はありません。また、組織として用いるものではない職員の個人的メモ類も公開されません。

情報公開法①（一般論・公開対象）

練習問題29

次の問いに○×で答えよ。（解答は巻末にあります。）

1　情報公開法は、情報公開の目的として、国民の知る権利の具体化を明記している。
2　情報公開法にいう行政機関には会計検査院も含まれるが、外務省や防衛省は、多くの機密情報を保有することから、公開対象の行政機関から外されている。
3　行政機関以外の職員が作成した文書であっても、行政機関の職員が職務上取得し、現に保有していれば、公開対象となる。
4　情報公開法の公開対象である行政文書は、電磁的記録も含み、未決裁文書であってもこれに含まれる。

情報公開法②（開示請求手続）

レジュメ

30-1 開示請求者と請求方法

何人（なんびと）も、行政機関の長に対し、当該**行政機関の保有する行政文書の開示を請求**することができる。外国人や法人（権利能力なき社団含む）も公開請求可能（情報公開法3条）。**開示請求**は、開示請求をする者の氏名・住所等の他、開示請求に係る行政文書を特定するに足りる事項を記載した**書面（開示請求書）**を行政機関の長に提出して行う（情報公開法4条1項）。

行政機関の長は、開示請求書に形式上の不備があるときは、開示請求者に対し、相当の期間を定めて、その**補正**を求めることができる。（情報公開法4条2項）。

30-2 開示義務と不開示情報

行政機関の長は、開示請求があったときは、開示請求に係る行政文書に**不開示情報**（次の①～⑦のいずれかが記録されているもの）が含まれている場合を除き、開示請求者に対し、当該**行政文書を開示**しなければならない（情報公開法5条）。

不開示情報

不開示情報	意義	例外として公開されるもの
①個人情報	個人に関する情報であって、**特定の個人を識別できるもの**又は特定の個人を識別できなくても、公にすることにより、個人の権利利益を害するおそれがあるもの。	・法令又は慣行により**公にされている情報** ・人の生命・財産等を保護するため、**公にすることが必要な情報** ・**公務員の職・職務遂行**の内容に係る情報
②法人情報	法人その他の団体に関する情報であって次のいずれかに該当するもの。 ・公にすることにより、当該**法人等の正当な利益を害するおそれ**があるもの ・行政機関の要請を受けて、**公にしない**との条件で任意に提供されたもの	・人の生命・財産等を保護するため、**公にすることが必要な情報**
③行政機関等匿名加工情報等	個人情報保護法に規定する行政機関等匿名加工情報および行政機関等匿名加工情報の作成に用いた保有個人情報から削除した記述・個人識別符号	
④国家の安全等に関する情報	公にすることにより、国の安全が害されるおそれ、他国・国際機関との信頼関係が損なわれるおそれ、他国・国際機関との交渉上不利益を被るおそれがあると**行政機関の長が認めることにつき相当の理由がある情報**	

⑤公共の安全等に関する情報		公にすることにより、犯罪の予防・鎮圧又は捜査・公訴の維持・刑の執行その他の公共の安全と秩序の維持に支障を及ぼすおそれがあると**行政機関の長が認めることにつき相当の理由がある**情報
⑥審議・検討・協議に関する情報		国・独立行政法人等・地方公共団体の内部又は相互間における**審議・検討又は協議に関する情報**であって、公にすることにより、率直な意見の交換・意思決定の中立性が不当に損なわれたり、不当に国民の間に混乱を生じさせたり、特定の者に不当に利益・不利益を及ぼすおそれがあるもの。
⑦事務・事業に関する情報		国・独立行政法人等・地方公共団体が行う事務又は事業に関する情報であって、公にすることにより、**事務又は事業の性質上、適正な遂行に支障を及ぼすおそれがあるもの**。情報公開法は、「監査・検査・取締り・試験・租税の賦課・徴収に係る事務に関し、正確な事実の把握を困難にするおそれ、違法・不当な行為を容易にし、その発見を困難にするおそれ」など公開によって支障が生じる情報を5つ列挙している。

30-3 開示・不開示の決定

行政機関の長は、開示請求に係る行政文書の全部又は一部を開示するときは、その旨の決定（**開示決定**）をし、逆に、開示請求に係る行政文書の全部を開示しないときや当該文書を保有していないときは、開示をしない旨の決定（**不開示決定**）をし、いずれの決定でも、開示請求者に対してその旨を**書面により通知しなければならない**（情報公開法9条）。

決定は、開示請求があった日から原則として**30日以内**に行わなければならないが、事務処理上の困難その他**正当な理由**があるときは、30日以内に限り延長することができる。その場合は、開示請求者に対し、遅滞なく、延長後の期間・延長の理由を書面により通知しなければならない（情報公開法10条）。

30-4 部分開示と裁量開示

開示請求に係る文書に不開示情報が記録されていたとしても、次の方法で公開されることがある。

(1) 部分開示

行政機関の長は、開示請求に係る行政文書の一部に不開示情報が記録されている場合、**不開示情報が記録されている部分を容易に区分して除くことができるときは、不開示とするのではなく、当該部分を除いた部分を開示しなければならない**（情報公開法6条）。これを**部分開示**という。ただし、当該部分を除いた部分に有意の情報が記録されていないときは、この限りでない。

(2) 裁量開示

行政機関の長は、開示請求に係る行政文書に不開示情報が記録されている場合であっても、**公益上特に必要があると認めるときは**、開示請求者に対し、当該行政文書を開示することができる（情報公開法7条）。これを**裁量開示**という。

30-5 文書の存否を明らかにしない不開示決定

開示請求に対し、**当該行政文書が存在しているか否かを答えるだけで、不開示情報を開示することとなるときは**、行政機関の長は、当該**行政文書の存否を明らかにしないで**、**当該開示請求を拒否**することができる（情報公開法8条）。

30-6　開示の実施
　行政文書の開示は、文書・図画については閲覧又は写しの交付により、電磁的記録については政令で定める方法により行う（情報公開法14条）。行政文書の開示を受ける者（開示請求する者も）は、政令で定めるところにより、政令で定める額の**手数料**を納めなければならない。また、行政機関の長は、経済的困難その他特別の理由があると認めるときは、手数料を減額し、又は免除することができる（情報公開法16条）。

図表30-1　開示請求手続

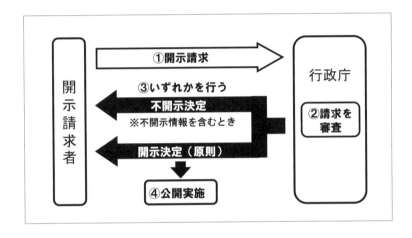

1　開示請求

　情報公開は、ある情報を公開してほしいと思った人が、その文書を保管する行政機関に**開示請求**することによって始まります。

　開示請求は、「**何人（なんびと）**」でもできます（情報公開法3条）。つまり、日本国民以外の外国人や自然人でない法人でも可能です。目的に「国民主権の理念にのっとり」（情報公開法1条）とありますが、情報公開請求することは、政治的意思決定そのものに関わるわけではないので、外国人でも可能なのです。

　開示請求する者（**開示請求者**）は、「行政文書を特定するに足りる事項（どの文書を公開してほしいかがわかること）」などを記した**開示請求書**という書面を作成し、行政機関の長に提出します。開示請求書に形式上の不備があるときは、行政機関の長はその**補正**を求めることができます（情報公開法4条）。

　なお、開示請求書の記載事項に「開示請求をする目的や理由」はありません。開示請求者が公開を請求する目的や理由は不問だからです。

2　開示義務と不開示情報

　開示請求を受けた行政機関の長は、その文書に「不開示情報が含まれていないかどうか」を審査し、含まれていなければ「**開示決定**」を行って公開を実施しなければなりませんが、不開示情報が含まれていた場合には、「**不開示決定**」を行い、原則として公開しません（情報公開法5条）。

不開示情報とは、それが公開されることで、特定の国民の利益が害されたり、行政の円滑な運営に支障が出る情報のことで、情報公開法5条1号、1号の2および2号～6号に規定する7つのパターンいずれかに該当するものです。以下、不開示情報を見ていきます。

不開示情報の1つ目は**個人情報**です。情報公開によって行政機関の保有する個人情報が流出してはたまりません。

情報公開法では、「**特定の個人を識別できる**」場合、つまり、氏名や住所、生年月日等が記載されているような場合だけでなく、その文書を見れば「あの人のことだ」とわかってしまうものや、新聞報道などの他の情報と照らし合わせればそれがわかってしまうものであれば、個人情報として不開示にするという立場を採っています。また、特定の個人を識別できなくても、公にすることにより、**個人の権利利益を害するおそれがあるもの**も非公開になります。

ただし、上記個人情報に該当するものであっても、①法令又は慣行として**公にされている情報**、すなわち、誰でも閲覧可能な名簿等にすでに記載されている個人情報のような、すでに公にされているのと同じ情報、②**人の生命・財産等を保護**するため、公にすることが必要な情報、③**公務員の職**（地位・立場）・**職務遂行の内容**に関する情報は、例外として公開されます。

③については、「○○省の××局長が△△という職務を行った」という情報は、公務員である××局長にとっては「個人が識別できる情報」ですが、国民による行政の監視という情報公開法の趣旨・目的から考えると、公開が必要です。

不開示情報の2つめは、法人（会社など）その他の団体に関する情報であって、①公にすることにより、その法人等の**正当な利益を害するおそれがあるもの**や②行政機関の要請を受けて、**公にしないとの条件で任意に提供**されたもので、これを**法人情報**と言います。たとえば、ある民間企業の企業秘密にあたる情報やライバル企業に知られたくない技術的ノウハウなどの情報をその民間企業から提供を受けて行政機関が保管している場合があります。それらが情報公開で公開されてしまうとその民間企業等の利益を害するので、非公開としています。

ただし、これに該当する場合でも、**人の生命・財産等を保護**するため、公にすることが必要な情報であれば公開されます。例としては、ある製薬会社が製造した医薬品によって健康被害が発生した場合に、その被害の拡大を防ぐため、製薬会社が厚生労働省に提出した情報を公開する場合が考えられます。

3つ目は、**行政機関等匿名加工情報等**というものです。これは、行政機関が保有する膨大な個人情報を個人が識別できないように加工を施したもので、それを民間企業等にも提供し、活用できるようにしようとするものです。請求があれば行政機関から提供される情報ですが、提供された者（企業等）には、個人情報保護法（Unit 32）の規定によって様々な義務が課されることから、情報公開法の公開対象から外しています。

4つめと5つめは、「**国家の安全等に関する情報**」と「**公共の安全等に関する情報**」です。

前者は、公表されると「国の安全が害される」「他国・国際機関との信頼関係が損なわれる」「他国・国際機関との交渉上不利益を被る」ようなおそれがあると行政機関の長が判断する情報で、例えば外務省が保管する外交機密や防衛省が保有する防衛機密はこれに該当すると考えられます。

後者は、公表された場合、犯罪の予防・鎮圧又は捜査等の公共の安全と秩序の維持に支障を及ぼすおそれがある情報で、例えば国際テロリストに関する情報などは、これに該当する場合があると思わ

れます。

　6つめは、**審議・検討・協議に関する情報**といいますが、要は未だ審議中あるいは検討中の段階の事項で、まだ不確定なので、公表してしまうとその後の意思決定に支障が出たり、不当に国民の間に混乱を生じさせたりするおそれがあるような情報です。

　最後の**事務事業情報**は、上記6つの情報以外で、公にすることにより、事務又は事業の性質上、**適正な遂行に支障を及ぼすおそれがある情報**を5パターン挙げて非公表としたものです。

　例えば、「監査、検査、取締り、試験又は租税の賦課若しくは徴収に係る事務に関し、正確な事実の把握を困難にするおそれ又は違法若しくは不当な行為を容易にし、若しくはその発見を困難にするおそれ」がある情報を不開示にしていますが、公表すると行政が抜き打ちの検査や取締りを行うことが事前に知られてしまい、その実施が困難になるような情報はこれに該当します。

　行政庁は、上記不開示情報が開示請求された文書に含まれているかどうかを審査しますが、開示請求があった日から**原則として30日以内**に行わなければなりません。例外として、開示請求された文書が大量であるなどの**正当な理由**があるときは、30日以内に限り延長することができます（情報公開法10条）。

　審査の結果、開示請求された文書に不開示情報が含まれていなければ、そのまま**開示決定**を行い、その後公開を実施します。

　なお、開示請求をしたり、開示を受けたりする際は政令で定める額の**手数料**を納める必要があります（情報公開法16条）が、行政機関の長は、経済的困難等の理由があると認めるときは、手数料を減額又は免除することができます。

3　部分開示と裁量開示

　開示請求された文書に不開示情報が含まれていた場合でも、行政庁は「部分開示」や「裁量開示」によって公開されることがあります。

　まず、**部分開示**ですが、不開示情報が記録されている部分を容易に区分して除く（たとえば黒く塗りつぶして消す）ことができるときは、不開示とするのではなく、残りの部分を開示しなければなりません（情報公開法6条）。ただし、黒く塗りつぶすなどした結果、「て・に・を・は」しか残らないなど、意味のない情報となってしまっている場合は、部分開示する義務はなく、不開示にして構いません。

　また、**裁量開示**という制度もあります。これは、不開示情報が記録されているにもかかわらず、行政機関の長が「**公益上特に公開する必要がある**」と判断して文書を開示してしまう制度です（情報公開法7条）。この制度で毎年数件公開が実施されているようです。

　なお、不開示決定をする際、その文書が存在するかどうかを明らかにするだけで、個人情報等が流出してしまう場合もあります。例えば、国立がん研究センターが保管する、Aという人物のカルテが開示請求された場合、もちろん個人情報として不開示になりますが、Aのカルテが存在することを前提として不開示決定を行うと、カルテが存在することがわかってしまい、それだけでAががんに罹患しているという情報が漏れてしまいます。そのような場合は、行政機関の長は、その**行政文書が存在するかどうかを明らかにしないで、開示請求を拒否する**ことができます（情報公開法8条、独立行政法人等情報公開法8条）。これをグローマー拒否と呼びます。

情報公開法②（開示請求手続）

練習問題30

次の問いに○×で答えよ。（解答は巻末にあります。）

1　情報公開制度は、国民主権原理に基づく制度であることから、外国人が開示請求することは認められていない。

2　開示請求に係る文書に個人を識別できる情報があっても、その公開によってプライバシー侵害のおそれが認められなければ、公開される。

3　開示請求を受けた行政機関の長は、開示請求があった日から30日以内に開示・不開示の決定を行わなければならず、正当な理由があったとしても、この期間を延長することは認められない。

4　開示請求に係る行政文書に不開示情報が記録されている場合であっても、部分開示や裁量開示によって当該行政文書が公開されることがある。

5　開示請求に係る行政文書が存在しているか否かを答えるだけで、不開示情報を開示することとなる場合であっても、行政機関の長は、当該開示請求に対して文書の存在を前提とした不開示決定しかできない。

情報公開法③（第三者の保護・争訟方法）

レジュメ

31-1 第三者の保護

(1) 第三者への意見書提出機会の付与

行政機関の長は、開示決定等をするに当たって、開示請求者以外の者（**第三者**）対して通知をし、意見書を提出する機会を与える場合がある（情報公開法13条1項、2項）。

ケース	意見書提出機会付与
・開示請求された行政文書に**第三者に関する情報**が記録されているとき	意見書提出機会の付与は行政機関の長の**任意**
・**個人情報**および**法人情報**を「人の生命・財産等を保護するため、公にすることが必要な情報」として開示しようとする場合（Unit 30-2）。 ・第三者に関する情報が記録されている行政文書を**裁量開示**しようとするとき（Unit 30-4）。	意見書提出機会の付与は**必須**

(2) 第三者への通知

行政機関の長は、意見書の提出の機会を与えられた第三者が当該行政文書の開示に反対の意思を表示した**意見書を提出**した場合において、開示決定をするときは、開示決定後直ちに、第三者に対して開示決定をした旨、その理由、開示を実施する日を**書面により通知**しなければならない（情報公開法13条3項）。

(3) 取消訴訟を提起する機会の保障

行政機関の長は、下記の**開示決定又は裁決の日と開示を実施する日との間に少なくとも2週間**を置かなければならない（13条3項、20条1項）。

①行政機関の長から意見書提出の機会を与えられた第三者が、開示に反対の意思を表示した**意見書を提出**した場合にもかかわらず、**開示決定**をするとき。
②開示決定に対して第三者が**審査請求**（不服申立）を提起したが、これを**却下又は棄却する裁決**をするとき。

31-2 開示・不開示決定への争訟方法

(1) 自由選択主義

行政機関の長が行った開示・不開示決定は処分であり、これらに不服がある者は、不服申立および取消訴訟で争うことになるが、審査請求前置（不服申立前置）の規定はなく、審査請求を経ることなく、即時に取消訴訟を提起することも可能である。これを**自由選択主義**（Unit 39-3）という。

(2) 不服申立の特則

① 諮問手続
　開示・不開示決定等について審査請求があったときは、当該審査請求に対する裁決をすべき行政機関の長は、公正な判断を行うため、**情報公開・個人情報保護審査会に諮問**をしなければならない。ただし、次のいずれかの場合には諮問手続は不要である（情報公開法19条）。
・審査請求が不適法であり、**却下裁決**をする場合
・裁決で、**審査請求の全部を認容し、行政文書の全部を開示**することとする場合

31-3　情報公開・個人情報保護審査会の組織・権限（情報公開・個人情報保護審査会設置法）
(1)　組織
　審査会は、15人の委員で組織され、委員は、両議院の同意を得て内閣総理大臣が任命する。また、審査会の行う調査・審議手続は、非公開である。

(2)　インカメラ審理
　審査会は、行政庁（諮問庁）に対して行政文書等の提示を求めることができる。これを**インカメラ審理**という。諮問庁は、審査会から文書等提示の求めがあったときは、これを拒んではならない。

1　第三者の保護規定

　開示請求者が、ある文書を公開してほしいと思って開示請求をする一方で、その文書が公開された場合、利益が害されるおそれがある人がいます。

　例えば、開示請求された文書に自己に関する情報が記載されている個人や自己の利益にかかわる情報が記載されている法人は、それが個人情報や法人情報に該当しないと行政庁に判断された場合、公開されてしまうというリスクを負うことになります。これらの人を**第三者**と言い、その保護規定が情報公開法に置かれています。

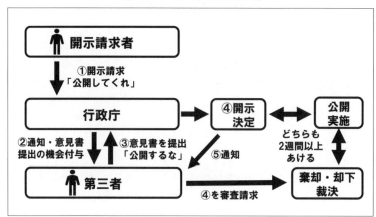

図表31-1　第三者の保護規定

　まず、**意見提出機会の付与**ですが、行政機関の長は、開示請求された文書に**第三者に関する情報が記載されている場合**、開示・不開示の決定等をする前にその第三者に対して通知をし、意見書を提出

する機会を与えることができます（情報公開法13条1項）。その場合、第三者は行政庁に対して公開に反対する旨の意見書を提出することが可能ですが、意見書提出機会を付与するかどうかは、**行政庁の任意**の判断になります。

一方、個人情報および法人情報を含み、本来は不開示になる文書を「**人の生命・財産等を保護するため、公にすることが必要な情報**」として開示しようとする場合（Unit 30-2）や**裁量開示**（Unit 30-4）しようとする場合は、行政機関の長は第三者に意見書提出機会を**必ず付与**しなければなりません（情報公開法13条2項）。

また、行政機関の長は、上記の意見書提出の機会を与えられた第三者が開示（公開）に反対の意思を表示した意見書を提出していたにもかかわらず開示決定をした場合は、決定後直ちに第三者に対して開示決定をした旨、その理由、開示を実施する日を**書面により通知**しなければなりません（情報公開法13条3項）。

開示に反対する意見を意見書で表明したにもかかわらず、文書を開示する旨の開示決定が出てしまった場合、開示決定とか不開示決定はすべて**処分**（行政行為）ですので、第三者はその取消しを**不服申立**や**取消訴訟**で争い、開示処分を取り消してもらうことで公開を防ぐしかありません。

もし、開示決定が出た直後に公開が実施されてしまうと、これに反対する第三者にとっては、取消訴訟提起や不服申立をする期間がなくなってしまいますので、**開示決定の日と開示（公開）を実施する日との間に少なくとも2週間を置かなければならない**ことになっています（情報公開法13条3項）。

また、開示決定に対して第三者が先に審査請求（不服申立の原則的な方法のこと。Unit 33-6）を行って取消しを請求しましたが、いずれも取消しを認めない判断である**棄却裁決・却下裁決**が出た場合、最後の手段として第三者は取消訴訟を裁判所に提起します。この場合もすぐに公開すると取消訴訟が提起できなくなりますので、棄却裁決・却下裁決の日と公開実施日との間にやはり少なくとも2週間をおきます（情報公開法20条1項）。

2　開示・不開示決定への争訟方法

不開示決定が出た場合、開示請求者は不服です。逆に開示決定が出た場合、それに反対する第三者は不服です。このような、開示決定・不開示決定に不服な開示請求者や第三者としては、上記で述べたように、開示決定・不開示決定が処分であることから、その取消しを不服申立（**審査請求**）や**取消訴訟**で争うことになります。

審査請求と取消訴訟は、異なる制度ですので、両方使うことができますが、使う順番は自由です。審査請求を行わず、いきなり取消訴訟を提起することもできます。これを**自由選択主義**（Unit 39-3）と言い、開示決定・不開示決定の場合もこれに該当します。

なお、処分の中には、**不服申立前置主義**または**審査請求前置主義**（Unit 39-3）といい、例外的に順番の指定（先に審査請求を行い、だめだった時だけ取消訴訟ができる）がなされている処分も一部にあります。

では、不開示決定に不服な開示請求者や開示請求に不服な第三者が、まずは不服申立（**審査請求**）を行ったとします。通常の処分でしたら、**行政不服審査法**（Unit 33～37）の規定により、審査請求を行政側が審査し、そのまま**裁決**（審査請求に対して行政が判断した結論）を出して終わりですが、開示決定・不開示決定への審査請求の場合は、裁決を出す前に、原則として「**情報公開・個人情報保護審**

査会」という行政機関への**諮問手続**（意見を伺うこと。図表31-2の③④）を行わなければなりません（情報公開法19条）。つまり、行政庁のみで判断するのではなく、慎重に専門機関の意見を聞いてから裁決を出すことを求めています。この点が開示・不開示決定への審査請求と他の処分への審査請求が異なる点です。

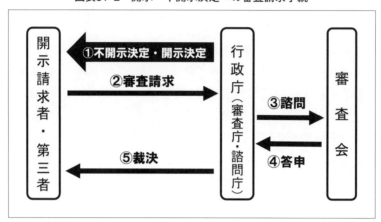

図表31-2　開示・不開示決定への審査請求手続

ただし、そもそも審査請求が不適法であり、**却下裁決**（Unit 36-2）をする場合や、不開示決定を不服とする審査請求に対して裁決で**行政文書の全部を開示**する予定である場合は、この諮問手続をとる必要はありません。

3　情報公開・個人情報保護審査会

情報公開・個人情報保護審査会（以下「審査会」）は、情報公開法の制定とともに設けられた機関であり、組織や権限等の詳細は、情報公開・個人情報保護審査会設置法に規定されています（レジュメ31-3）。

審査会が**インカメラ審理**を行うことができる点は、特に注目されます。つまり、委員会は、公開すべきかどうか問題になっている文書を行政庁（諮問庁）に提示させ、現物を見てから意見（答申）を述べることができるのです。提示を求められた行政庁は、提示を一切拒むことができません。

練習問題31

次の問いに○×で答えよ。(解答は巻末にあります。)

1 行政機関の長は、開示請求された行政文書に第三者に関する情報が記録されている場合は、当該第三者に対して通知をし、意見書を提出する機会を与えなければならない。

2 行政機関の長が開示決定をする際には、当該行政文書の開示に反対する旨の意見書を提出した第三者に対し、直ちに書面による通知をしなければならない。

3 第三者が開示に反対する旨の意見書を提出している場合であっても、行政機関の長は、開示決定後直ちに開示を実施することができる。

4 開示決定や不開示決定に審査請求が行われた場合、審査請求を不適法として却下する場合であっても、審査庁は情報公開・個人情報保護審査会に諮問をしなければならない。

5 情報公開・個人情報保護審査会は、諮問庁に対し、行政文書等の提示を求めることができ、諮問庁は正当な理由がない限りこれを拒むことができない。

行政機関個人情報保護法の概要

レジュメ

32-1 経緯・目的

行政機関が保有する個人情報の保護については、従来「行政機関の保有する個人情報の保護に関する法律」（行政機関個人情報保護法）で規定されていたが、2021年法改正で民間部門の個人情報保護について規定する**個人情報保護法**（以下「法」）**に統合**され、行政機関個人情報保護法は廃止された。

同法の目的は、個人情報の利用が著しく拡大していることに鑑み、個人情報の適正な取扱いに関し、基本理念・施策の基本事項、国・地方公共団体の責務、個人情報を取り扱う事業者・行政機関が遵守すべき義務等を定めることで、個人情報の有用性に配慮しつつ、個人の権利利益を保護することにある（法1条）。

32-2 行政機関における個人情報の取扱いの原則

(1) 個人情報保有の制限等

行政機関が個人情報等を保有するに当たっては、法令の定める所掌事務を遂行するため必要な場合に限り、かつその利用の目的をできる限り特定しなければならず、**利用の目的の達成に必要な範囲を超えて、個人情報を保有してはならない**。また、利用目的を変更する場合には、**変更前の利用目的と相当の関連性を有すると合理的に認められる範囲を超えて行ってはならない**（法61条）。

（注）この法律にいう「行政機関」「個人情報」は情報公開法のそれとほぼ同じ意味（Unit29）。

(2) 利用目的の明示

行政機関は、本人から直接書面に記録された当該本人の個人情報を取得するときは、人の生命、身体又は財産の保護のために緊急に必要があるときなど一定の例外を除き、**予め本人に対してその利用目的を明示**しなければならない（法62条）。

(3) 正確性の確保

行政機関の長は、利用目的の達成に必要な範囲内で、保有個人情報等が過去又は現在の**事実と合致**するよう努めなければならない（**努力義務**：法65条）。

(4) 安全確保の措置・従事者の義務

行政機関の長は、保有個人情報の漏えい、滅失又はき損の防止その他の**保有個人情報の適切な管理のために必要な措置**を講じなければならず、個人情報の取扱いに従事する行政機関の職員若しくは職員であった者（個人情報の取扱いの委託を受けた者も含む）はその**業務に関して知り得た個人情報の内容をみだりに他人に知らせ、又は不当な目的に利用してはならない**（法66条〜67条）。

(5) 利用および提供の制限

行政機関の長は、法令に基づく場合を除き、原則として**利用目的以外の目的のために保有個人情報を自ら利用し、又は提供してはならない**。

本人の同意があるとき又は本人に提供するときや行政機関が法令の定める所掌事務の遂行に必要な限度で保有個人情報を内部で利用する場合であって、当該保有個人情報を利用することについて相当な理由のあるときなど一定の場合には**例外的に利用目的以外の目的のために保有個人情報を自ら利用**

し、又は提供することができる。ただし、その場合であっても本人又は第三者の権利利益を不当に侵害するおそれがあると認められるときは目的外の利用・提供は認められない（法69条）。
(6) 個人情報ファイル（保有する個人情報を体系的に構成したもの）
　行政機関が**個人情報ファイル**を保有しようとするときは、原則として行政機関の長は予め個人情報保護委員会に対し、ファイルの名称、利用目的、記録される項目等を**通知**しなければならない。通知した事項を変更しようとするときも、同様である。また、原則として保有している個人情報ファイルについて、一定事項を記載した帳簿（**個人情報ファイル簿**）を**作成**し、**公表**しなければならない（法74条～75条）。

32-3　開示・訂正・利用停止の請求

(1) 開示請求
　何人（法人・外国人も可能）も、一定事項を記した書面を提出することで行政機関の長に対し、当該行政機関の保有する**自己を本人とする保有個人情報の開示を請求**することができ（法76条1項）、行政機関の長は、開示請求があったときは、開示請求に係る保有個人情報に不開示情報のいずれかが含まれている場合を除き、開示請求者に対して当該保有個人情報を開示しなければならない（法78条）。
　不開示情報の範囲は、①開示請求者の生命・健康・生活又は財産を害するおそれがある情報、②開示請求者以外の個人情報を含むものの他は、法人情報、公共・国家の安全に関する情報、審議・検討情報、事務・事業情報となっており、情報公開法とほぼ同じである。
　また、**部分開示**（可能ならば義務的）や**裁量開示制度**（個人の権利利益を保護するため特に必要があると認めるとき）があること、**情報の存否を明らかにしないで開示拒否をする制度**があることは情報公開法と同じである（法79～80条）。
(2) 訂正請求
　何人も、自己を本人とする保有個人情報の内容が事実でないと思料するときは、一定事項を記した書面を提出することによって、当該保有個人情報を保有する行政機関の長に対し、**保有個人情報の訂正**（追加又は削除を含む）**を請求**することができ、行政機関の長は当該訂正請求に理由があると認めるときは、当該訂正請求に係る保有個人情報の利用目的の達成に必要な範囲内で、当該保有個人情報の訂正をしなければならない（法90～92条）。
(3) 利用停止請求
　何人も、自己を本人とする保有個人情報が次のいずれかに該当すると思料するときは、当該保有個人情報を保有する行政機関の長に対し、次の措置を請求することができる（法98条）。
①当該保有個人情報を保有する行政機関により**適法に取得**されたものでないとき、利用目的の達成に**必要な範囲を超えて**個人情報を保有しているとき、**目的外の利用**がなされているときは、当該保有個人情報の**利用の停止又は消去**を請求できる。
②**目的外に保有個人情報が提供**されているときは当該保有個人情報の**提供の停止を請求**できる。
(4) 決定までの期限
　上記(1)～(3)の請求を受けた行政機関の長は原則として30日以内に決定等をしなければならない。
　ただし、正当な理由があれば30日を限度に延長することができ、また特に長期間を要すると認めるときは相当の期間内に決定等をすれば足りる（その場合は理由及び期限を相手方に通知）（法83条、94条、102条）。

32-4　審査会への諮問

　開示請求、訂正請求、利用停止請求に関する決定等について行政不服審査法による不服申立があったときは、当該不服申立てに対する裁決又は決定をすべき行政機関の長は、**原則として情報公開・個人情報保護審査会に諮問**しなければならない（法105条）

講義

1 個人情報保護法（公的部門）の目的・概要

　情報通信手段の高度化によって、**行政機関**による**個人情報**の利用が**益々拡大**しており、行政機関は、膨大な国民の個人情報を保有しています。そのような個人情報が違法に収集・保管されたり、漏洩したり、あるいは、不正・不当な目的に利用されたりする危険も増大しています。

　このような公的部門における個人情報に関する法律としては、「行政機関の保有する個人情報の保護に関する法律」が制定されていました。しかし、2021年法改正により、同法を廃止し、従来民間部門の個人情報保護について規定していた「個人情報保護法」（正式名称は「個人情報の保護に関する法律」。以下「法」。）に公的部門についての個人情報保護規定も置くことになりました。

　改正後の個人情報保護法の第5章は、廃止された行政機関個人情報保護法と同様に、行政機関における**個人情報取り扱いに関する基本原則**を定め（レジュメ32-2）、国民に対しては、行政機関が保有する自己に関する個人情報についての**開示、訂正、利用停止を請求できる権利**を認め（レジュメ32-3）、また、開示、訂正、利用停止に関する処分について不服申立てする場合には、情報公開法と同様の**諮問手続**が予定されています（レジュメ32-4）

図表32-1　行政機関個人情報保護法

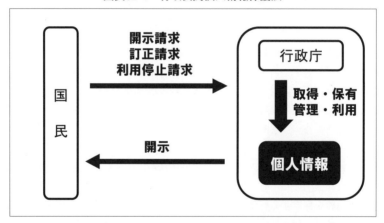

2 行政機関における個人情報の取扱いの原則

　同法では、行政機関が個人情報を扱う際の基本原則として、(1)**個人情報保有の制限等**、(2)**利用目的の明示**、(3)**正確性の確保**、(4)**安全確保の措置・従事者の義務**、(5)**利用および提供の制限**の諸規定を置きました。

　(1)は、不必要な個人情報保有や個人情報の目的外の利用を禁じるもので、ここにいう「行政機関」「個人情報」は情報公開法のそれとほぼ同じ意味です。(2)は、行政機関が個人情報を取得する際、原則として予め本人に対してその利用目的を明示するように求めています。(3)では個人情報が真実と合致するように行政機関に**努力義務**を課し、また、(4)では個人情報の漏洩や滅失・き損の防止措置を規定しています。(5)では、原則として個人情報の目的外の利用・提供を禁止しつつ、例外的にそれが許されるケースを規定しています。

また、保有する個人情報を体系的に構成した「**個人情報ファイル**」を保有しようとする際の個人情報保護委員会への**通知**や保有ファイルの**公表**も規定しています。個人情報ファイルは、保有する個人情報を体系化・リスト化したもので、例えば、国土交通省は「自動車登録ファイル」を保有しており、「自動車の登録事項記録、所有権の公証、安全性の確保・環境の保全等、自動車行政の施策策定等」に利用する目的で、「自動車登録番号、登録年月日、車台番号、使用者及び所有者の氏名又は名称及び住所」などが記載されていると公表されています。

3 開示・訂正・利用停止の請求

行政機関情報公開法では、個人情報は不開示情報として公開されないことになっていました（Unit 30-2）。同法では、たとえ自分に関する個人情報でも「個人が識別できる」という点には変わりがないので、不開示になります。

一方、個人情報保護法では、**自己に関する個人情報の開示請求**を認めており、行政機関の長は、開示請求があったときは、保有個人情報を開示しなければなりません。ただし、当該個人情報に「**不開示情報**」が含まれている場合は、不開示決定になります。

個人情報保護法の「不開示情報」は、行政機関情報公開法の不開示情報（Unit 30-2）と概ね同様で、両者の違いは、情報公開法の「個人情報」が「開示請求者の生命・健康・生活又は財産を害するおそれがある情報」「開示請求者以外の個人に関する情報」に変わっている程度です。

そして、開示された自己に関する個人情報を見た結果、それに内容が事実でない点があった場合、行政機関の長に対し、その**訂正**（あるいは追加・削除）**を請求**することができます。

また、次のような事項も請求できます。

図表32-2　個人情報保護法のその他請求可能な事項

ケース	請求できる事項
・個人情報が**適法に取得**されたものでないとき ・利用目的達成に**必要な範囲**を超えて個人情報を保有しているとき ・**目的外の利用**がなされているとき	当該保有個人情報の**利用の停止又は消去**
・**目的外**に保有個人情報が**提供**されているとき	当該保有個人情報の**提供の停止**

開示請求、訂正請求、利用停止請求があった場合に、請求があった日から**原則として30日以内**に決定を行わなければならない点、正当な理由があるときは、30日以内に限り延長することができる点、上記請求に関する決定等について不服申立（審査請求）があったときは、行政機関の長は、原則として**情報公開・個人情報保護審査会に諮問**しなければならない点も情報公開法と同じです。

図表32-3　参考：情報公開法と個人情報保護法の比較

	情報公開法	個人情報保護法
目的	政府の説明責任・公正・民主的な行政運営	個人の権利利益の保護
対象機関	国のすべての行政機関	
対象情報	行政文書	保有個人情報（生存する個人に関する情報）
請求権を有する者	何人でも可能	
請求できる内容	（行政文書の）開示請求権	（保有個人情報の）開示請求権、訂正請求権、利用停止請求権
救済手続	不服申立（審査会への諮問手続あり）・取消訴訟	
罰則規定	無	有

練習問題32

次の問いに〇×で答えよ。（解答は巻末にあります。）

1　現行法上、公的分野における個人情報の保護については、「行政機関の保有する個人情報の保護に関する法律」によって規定されている。

2　行政機関が個人情報を保有するに当たっては、必要な場合に限り、かつその利用の目的をできる限り特定しなければならず、利用目的の変更は一切認められていない。

3　行政機関は、本人から直接書面に記録された当該本人の個人情報を取得するときは、原則として、予め本人に対してその利用目的を明示しなければならない。

4　行政機関が個人情報ファイルを保有しようとするときは、行政機関の長は予め個人情報保護委員会に対し、ファイルの名称、利用目的、記録される項目等を通知しなければならず、保有している個人情報ファイルについて、個人情報ファイル簿を作成し、公表しなければならない。

5　何人も、一定事項を記した書面を提出することで行政機関の長に対し、自己を本人とする保有個人情報の開示、訂正、利用停止を請求することができる。

問題演習コーナー5

(解答は巻末にあります)

問題5-1

行政機関の保有する情報の公開に関する法律（情報公開法）における行政文書の開示に関する記述として、妥当なものはどれか。【特別区Ⅰ類 2023年】

1. 開示請求の対象となる行政文書とは、行政機関の職員が職務上作成した文書であって、当該行政機関の職員が組織的に用いるものとして、当該行政機関が保有しているものであり、決裁、供覧の手続をとっていない文書は含まない。
2. 行政文書の開示請求をすることができる者は、日本国民に限られないが、日本での居住が要件とされているため、外国に居住する外国人は、行政文書の開示請求をすることができない。
3. 行政文書の開示請求をする者は、氏名、住所、行政文書の名称その他の開示請求に係る行政文書を特定するに足りる事項及び請求の目的を記載した開示請求書を、行政機関の長に提出しなければならない。
4. 行政機関の長は、開示請求に係る行政文書に不開示情報が記録されている場合には、公益上特に必要があると認めるときであっても、開示請求者に対し、当該行政文書を開示することは一切できない。
5. 行政機関の長は、開示請求に対し、当該開示請求に係る行政文書が存在しているか否かを答えるだけで、不開示情報を開示することとなるときは、当該行政文書の存否を明らかにしないで、当該開示請求を拒否することができる。

問題5-2

行政機関の保有する情報の公開に関する法律（以下「情報公開法」という。）に関する次の記述のうち、妥当なものはどれか。【国家一般職大卒 2020年】

1. 行政機関の長は、開示請求に係る行政文書に不開示情報（行政機関匿名加工情報など情報公開法で定められている情報を除く。）が記録されている場合であっても、公益上特に必要があると認めるときは、開示請求者に対し、当該行政文書を開示することができる。
2. 開示請求に対し、当該開示請求に係る行政文書が存在しているか否かを答えるだけで、不開示情報を開示することとなるときは、行政機関の長は、当該行政文書の存否を明らかにしないで、当該開示請求を拒否することができ、その理由を提示する必要もない。
3. 開示請求に係る行政文書の開示又は不開示の決定は、開示請求があった日から30日以内にしなければならないが、行政機関の長は、正当な理由があるときは、この期間を30日以内に限り延長することができる。この場合、事情のいかんにかかわらず、当該延長期間内に開示請求に係る全ての行政文書の開示又は不開示の決定を行わなければならない。
4. 情報公開法は、行政文書の開示を請求する者に対しては、開示請求に係る手数料を徴収することとしているが、行政文書の開示を受ける者に対しては、情報公開制度の利用を促進する政策的配慮から、開示の実施に係る手数料を徴収してはならないこととしている。
5. 情報公開法は、その対象機関に地方公共団体を含めていないが、全ての地方公共団体に対し、同

法の趣旨にのっとり、その保有する情報の公開に関する条例の制定を義務付けている。

問題5-3

行政機関の保有する情報の公開に関する法律（以下「情報公開法」という。）に関するア～オの記述のうち、妥当なもののみを全て挙げているのはどれか。【国家専門職　2020年】

ア　情報公開法の対象となる国の機関について、内閣から独立した地位を有する会計検査院や国の防衛を所掌する防衛省はこれに含まれるが、国会や裁判所は含まれない。

イ　情報公開法は、何人も、同法の定めるところにより、行政機関の長に対し、その行政機関の保有する行政文書の開示を請求することができるとしており、我が国に在住する外国人はもとより、外国に在住する外国人であっても、行政文書の開示を請求することができる。

ウ　情報公開法の対象となる行政文書は、行政機関の職員が組織的に用いるものであって、決裁や供覧等の事案処理手続を経たものに限られるため、行政機関内部の意思決定が終了していない検討段階の文書については、開示請求の対象とはならない。

エ　開示決定等又は開示請求に係る不作為について審査請求があった場合には、当該審査請求に対する裁決をすべき行政機関の長は、裁決で当該審査請求の全部を認容し、当該審査請求に係る行政文書の全部を開示することとするときであっても、必ず情報公開・個人情報保護審査会に諮問しなければならない。

オ　情報公開法は、審査請求前置主義を採用していることから、行政機関の長が行った開示決定等について、行政不服審査法による審査請求を行うことなく直ちに訴訟を提起することはできない。

1　ア、イ
2　ア、オ
3　イ、エ
4　ウ、エ
5　ウ、オ

第 5 部

行政救済

Unit 33 行政救済と行政不服審査法①（全体論）

レジュメ

33-1 行政救済の意義

行政活動によって損害や損失を被った国民がその救済を求める方法について定めた法分野を行政救済法という。次の4分野に分けることができる。

33-2 行政救済法の全体像

大まかな分類	4つの分野	内容
行政争訟法（違法な行政活動の効力の否定等を要求する）	**行政不服申立て**	違法・不当な行政活動の是正を**行政自身**に求める。**行政不服審査法**が一般法。
	行政訴訟	違法な行政活動の是正を**裁判所**に求める。**行政事件訴訟法**が一般法で、**取消訴訟がその中心**（Unit 38参照）。①抗告訴訟、②当事者訴訟、③民衆訴訟、④機関訴訟がある。
国家補償法（行政活動による損害・損失の填補を要求する）	**国家賠償**	違法な行政活動によって国民が被った**損害の賠償を請求**する。**国家賠償法**が一般法。
	（行政上の）損失補償	適法な行政活動によって国民が**財産上の損失**を受けた場合に**憲法29条3項**等に基づいて正当な補償を請求する。一般法は存在しない。

参考：統制主体による救済制度の分類

統制主体	制度
行政内における法統制制度	行政不服申立て
	住民監査請求（Unit 49-3）
裁判所による法統制制度	行政訴訟（取消訴訟など）
	国家賠償請求（損失補償含む）
	住民訴訟（Unit 49-3）

33-3 行政不服審査法の目的

行政不服審査法（以下「行審法」）は、違法・不当な行政の公権力の行使等に対して**簡易迅速・公正な手続**による救済（不服申立て）を国民に認めることおよび**行政の適正な運営を確保**することを目的とする（行審法1条1項）。

33-4 他の法律との関係

行政不服審査法は**不服申立ての一般法**であり、処分その他公権力の行使に当たる行為に関する不服

申立てについては、他の法律に特別の定めがある場合を除き、同法の定めるところによる（行審法1条2項）。

33-5 不服申立ての対象

処　分（行審法2条）	処分その他公権力の行使に当たる行為。
不作為（行審法3条）	法令に基づき行政庁に対して処分についての**申請をした**が、**相当の期間が経過後も何らの処分をもしないこと**。

33-6 行政不服審査の種類

(1) 審査請求

審査請求は原則的な不服申立方法であり、行政庁の処分又は不作為に対して、審査庁に不服申立てする手続のことをいう（行審法4条）。審査庁（審査請求先）は下記のようになる。

申立先（審査庁）	ケース
処分庁・不作為庁の**最上級庁**	・下記以外のケース（処分庁・不作為の上級行政庁が省の大臣、庁の長官である場合は、最上級庁は省の大臣、庁の長官になる）
処分庁・不作為庁	・処分庁・不作為に**上級行政庁がない場合** ・処分庁・不作為庁が**主任の大臣、庁の長官**である場合

(2) 再調査の請求

再調査の請求とは審査請求よりも簡易な手続で、事実関係等の再調査を行い、処分の見直しを**処分庁自身**に求める制度である（行審法5条）。処分庁以外の行政庁に対して審査請求ができる場合に、個別法で**特に定められた場合のみ**請求が可能で、その場合、審査請求とは次のような関係になる。

①審査請求と再調査の請求のどちらを利用するかは国民の**自由選択**であるが、審査請求を行った場合は再調査の請求はすることはできない（5条1項）。

②再調査の請求を行った場合は、原則として当該再調査の請求について**決定を経た後でなければ、審査請求をすることができない**が、次の場合は決定を経ることなく審査請求できる（5条2項）。

(i)再調査の請求をした日の翌日から起算して**3か月を経過**しても再調査の請求につき決定がなされないとき

(ii)その他決定を経ないことにつき**正当な理由**がある場合

(3) 再審査請求

再審査請求とは審査請求の裁決に対して不服がある者が、さらにもう一度審査請求を行うもので、**個別法で特に定められた場合のみ**、法で定められた審査庁に申立て可能である（行審法6条）。

1　行政救済全体について

このUnitでは、まずこれから学ぶ行政救済の全体像を概観し、その後で行政救済法の分野の一つである行政不服審査法の一般論を勉強します。

行政救済とは、Unit 1で見たように、「行政活動によって損害・損失を被った国民がその救済を国などに請求する手続・ルール」を指しますが、大まかに「行政争訟法」と「国家補償法」に分けるこ

「**行政争訟法**」とは、**違法な行政活動**が行われた際に、**その効力の除去・否定をするなど効力を争う**もので、典型的には行政活動の取消しを求めるものです。

また、行政争訟法は、「行政不服申立て」と「行政訴訟」に分けることができます。**行政不服申立ては**、行政活動の効力否定（取消し）を**行政自身に求める**もので、簡易な手続であり、手軽に利用しやすい反面、行政自身が自己反省する形で判断しますので、慎重さや公正さは行政訴訟には劣ります。

行政訴訟（Unit38〜）は、正式な**裁判によって行政活動の効力を争います**ので、慎重な手続で中立・公正な判断が期待できますが、手間や時間がかかるという難点があります。なお、行政事件訴訟法には様々な行政訴訟のやり方が規定されていますが、中心はあくまで取消しを裁判で争う「**取消訴訟**」です。

一方、「**国家補償法**」とは、行政活動による**損害・損失の賠償や填補を要求**、すなわち「お金を払ってくれ」と請求するものです。このうち、「**国家賠償法**」は、**違法な行政活動**による損害が対象であり、「（行政上の）**損失補償**」は**適法な行政活動**による国民の**財産上の損失**への補償を対象とします。

前者には「国家賠償法」という一般法があり、その内容を勉強しますが、後者には一般法がなく、根拠規定である憲法29条3項の解釈論が中心になります。

2　行政不服審査法について

ここからは、行政救済法の最初の分野である不服申立てについて勉強します。**行政不服審査法**という一般法がありますので、その内容が中心です。

旧憲法時代にこの法律の前身である「**訴願法**」が制定されていましたが、手続きの不十分が指摘されており、行政不服審査法の制定にあわせて廃止されました。その後、長らく大きな改正が行われませんでしたが、平成26年に大改正がなされています。

行政不服審査法では、**簡易迅速かつ公正な不服申立制度**を定めることにより、**国民の権利利益の救済**を図り、**行政の適正な運営を確保**することを目的として掲げています。また、同法は**不服申立ての一般法**ですので、他の法律に特別の定めがなければ、すべて同法の定めによります（行審法1条）。

3　不服申立ての対象

同法では、処分だけでなく不作為も不服申立てできることになっています。

処分に対する不服申立てとは、違法・不当の瑕疵がある処分（行政行為）を「取り消せ」と行政に求めるものですが、それだけでなく、**不作為**すなわち、行政側に許認可処分の申請を行ったが、相当な期間を過ぎても許認可処分・拒否処分のいずれも行われない場合に、「早く返事をくれ」と不服申立てできるのです。

処分に対して不服申立てする場合と不作為に対して不服申立てする場合では、扱いに違いがある場合があるので、以下ではその点に注意してください。

図表33-1 不服申立ての対象

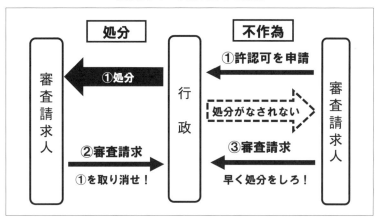

4 審査請求とは

不服申立てには、①**審査請求**、②**再調査の請求**、③**再審査請求**という3つの種類（やり方）があります。

図表33-2 不服申立ての種類

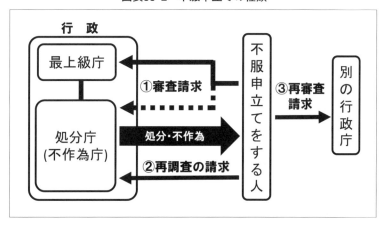

審査請求は、行政庁の処分・不作為に対して、**審査庁**に不服申立てをする手続で、不服申立ての**原則的な方法**です。通常、不服申立てとは審査請求のことを指します。

その特色は、後に見るように、裁判に似た三者構造で、比較的公正・慎重に判断してもらえる点です。また、審査庁は、審査請求への審査を行った後、「**裁決**」という結論（裁判の判決のようなもの）を出します。

では、処分や不作為に不服がある場合、どの行政庁に審査請求をするのでしょうか。

処分を行った行政庁を「**処分庁**」、申請に対して返答をしていない行政庁を「**不作為庁**」、処分庁の上司にあたる行政庁を「**上級庁**」と言いますが、ポイントは「処分庁・不作為庁に上級庁があれば、最上級庁に審査請求し、上級庁がない場合は、処分庁・不作為庁自身に審査請求する」と「国の行政庁が行った処分・不作為は、大臣と庁の長官が最上級庁」ということです。詳しく言うと、下記の表のようになります。

図表33-3

処分庁・不作為庁	審査庁（審査請求先）
①上級行政庁がない行政庁	処分庁・不作為庁自身
②主任の大臣・庁の長官	
③上級行政庁が庁の長や主任の大臣である行政庁	当該庁の長官・主任の大臣
④上記①～③以外	処分庁・不作為庁の最上級庁

まず、**処分庁の最上級庁**（最も上にいる行政庁）に審査請求する（④）が大原則です。ただし、①～③のような例外があります（行審法4条）。

①のケースは、例えば、地方公共団体の長（都道府県知事・市町村長）が処分庁・不作為庁である場合です。この場合、例えば東京都知事や横浜市長に上級庁はありませんので、原則として**処分庁・不作為庁自身**に**審査請求**します。

②のケースは、例えば、処分庁・不作為庁が財務大臣（主任の大臣）や国税庁長官（庁の長）である場合です。この場合、組織図上、財務大臣には内閣、国税庁長官には財務大臣という上級庁があるように思えますが、**大臣や長官は処分等については最上級庁**と考え、**処分庁・不作為庁自身に審査請求**します。

③のケースは、例えば、国土交通省の地方機関である地方整備局長が処分庁・不作為庁の場合や海上保安庁の地方支分部局である管区海上保安本部長が処分庁・不作為庁の場合です。このような場合も内閣ではなく、大臣と庁の長官が最上級庁と考え、前者の場合は国土交通大臣、後者の場合は海上保安庁長官に審査請求します。

また、個別の法律の規定によって上級庁や処分庁以外の別の行政庁に審査請求することが特別に定められている場合もあります。例えば、国民健康保険法に国民健康保険の保険給付について市町村が行った処分に対しては、国民健康保険審査会に審査請求できると定められている例があります。

5　再調査の請求と再審査請求

再調査の請求は、**処分庁**に対し、自身が行った処分に間違いがないかどうか再調査・再検討を求める不服申立てのことで（行審法5条）、当然請求先は処分庁自身です。審査請求よりも**簡易な手続**によって行われるのが特色で、これを行った処分庁は「**決定**」という結論を出します。

再調査の請求は、常にできるわけではなく、元々**処分庁以外の行政庁に対して審査請求ができる場合**（図表33-3の①②以外の場合）であり、かつ**法律で特にできることが定められている場合**のみ可能です。主に大量・反復的に行われる租税関係の処分などでできる旨が法定されています。

次に、**再審査請求**とは、審査請求（1回目）への裁決に不服がある場合に、**更にもう一度審査請求（2回目）を別の行政庁に行う**ものです（行審法6条）。再審査請求も常にできるものではなく、**法律で特にできることが定められている場合**に法律で規定された行政庁にのみできます。実例はあまり多くありませんが、主に社会保険や福祉関係の処分で見られます。

再審査請求では、**原処分**（審査請求の対象である元々問題になっている処分）と**原裁決**（1回目の審査請求への裁決）のどちらでも対象として争う（取り消せと主張する）ことができます。

なお、再調査の請求、再審査請求とも処分に対する不服申立てにのみ認められるもので、**不作為に対してはできません。**

6 それぞれの関係

審査請求と再調査の請求、再審査請求の関係は、次のようになります（行審法5条、6条）。

図表33-4

```
          不服申立ての原則形態
不
服      ┌─────────┐         ┌──────┐
申  ───→│審査請求 → 裁決│ ┄┄┄┄→ │取消訴訟等│
立      └─────────┘         │を提起  │
て                               └──────┘
を      ┌─────────┐         ┌──────┐
行  ┄→ │再調査の  → 決定│ ───→ │再審査  → 裁決│
う      │請求      │              │請求    │
        └─────────┘         └──────┘
        法律に特別の定め          法律に特別の定め
        がある時のみ              がある時のみ
```

まず、不服申立ての原則は、**審査請求を1回のみ行い、裁決が出たらそれで終わり**です。もし裁決で取消しをしてもらえなかった場合、あとは取消訴訟等を提起するしかありません。

しかし、法の規定で再調査の請求ができることになっている処分の場合、国民は審査請求と再調査の請求の**どちらかを選択**できます。

審査請求を選んだ場合は再調査の請求はできなくなりますが、再調査の請求を選んだ場合、決定が出てダメだった後ならば、更に審査請求を行うことができます。この場合、決定が出るまでは審査請求に進むことが認められていませんが、①再調査の請求をした日の翌日から起算して**3か月を経過しても決定が出ない場合**と、②**正当な理由がある場合**であれば、例外的に決定が出る前に審査請求に進めます。

また、審査請求への裁決が出た後であっても、法が特に再審査請求ができる旨を規定していれば、取消訴訟の提起と再審査請求を**自由に選択**することができます。その場合、再審査請求の裁決が出た後に取消訴訟を提起することももちろん可能です。

練習問題33

次の問いに○×で答えよ。（解答は巻末にあります。）

1 　不服申立ては、処分についてのみ認められており、処分以外への不服申立ては、個別の法律の規定がないとできない。
2 　審査請求は、処分庁の直近上級庁に行うのが原則であり、処分庁・不作為庁が庁の長官である場合は、主任の大臣が審査庁になる。
3 　法の規定によって再調査の請求が認められている場合、再調査の請求を行うことなく審査請求を行うことはできない。
4 　法の規定によって再調査の請求が認められており、再調査の請求を行った場合は、原則として当該再調査の請求への決定を経た後でなければ、審査請求を行うことはできない。
5 　審査請求への裁決に不服がある場合、原則として再審査請求を行うことができる。

行政不服審査法②（申立要件）

レジュメ

34-1 審査請求の申立要件
　審査請求を適法に行うためには、**申立要件**が備わっている必要があり、いずれかの要件を欠く場合は、その審査請求は**不適法として却下**される。

34-2 申立要件①：申立事項
　審査請求できるのは行政庁の処分と不作為（Unit 33-5）である。いずれも条例によるものも含む。
　現行法は、上記処分・不作為に該当すれば法律の定める例外以外すべて審査請求可能とする立場（**概括主義**という）を採る。なお、旧訴願法は列記主義を採っていた。

原則	処分・不作為ならば審査請求可能
例外として審査請求できないもの	（ⅰ）行審法7条1項が掲げる12項目 ・国会・議会の議決によってされる処分 ・裁判所・裁判官の裁判によってされる処分 ・刑事事件に関する法令に基づいて検察官等がする処分 ・行政不服審査法に基づく処分　など （ⅱ）他の法律に特別の定めがある場合（行審法1条2項）

　国・地方公共団体の機関等に対する処分で、これらの機関等がその固有の資格において処分の相手方となるもの及びその不作為については、行審法の規定は適用されない（行審法7条2項）。

34-3 申立要件②：申立先
　審査請求は審査庁に申立てをする必要がある（審査庁については、Unit 33-6を参照）。

34-4 申立要件③：申立期間
(1) 処分に対する審査請求
　下記いずれかの期間が経過するまでに審査請求を提起する必要がある（行審法18条）。

期間の種類	期間制限	例外
主観的審査請求期間	処分があったことを**知った日**の翌日から起算して**3か月** （当該処分について再調査の請求をしたときは、決定があったことを知った日の翌日から起算して**1か月**）	**正当な理由**があるときは、期間経過後も審査請求可能
客観的審査請求期間	処分（当該処分について再調査の請求をしたときは、その決定）があった日の翌日から起算して**1年**	

(2) 不作為に対する審査請求
申立期間制限はない。ただし、申請から相当期間が経過する前になされた審査請求は不適法として却下される（行審法49条1項）。

34-4　申立要件④：申立適格
不服申立てを提起するにふさわしい地位があるかどうかについて具体的な事件ごとに判断されるものを**申立適格**という。
(1) 処分に対する審査請求
行政庁の処分に「**不服がある者**」（行審法2条）が審査請求できる。これは、「**法律上の利益を有する者**」（行政事件訴訟法9条1項：Unit 41）と同じ範囲と解されている。
(2) 不作為についての審査請求
申請をした者（行審法3条）のみが審査請求できる。

1　審査請求の申立要件

ある処分ないし不作為に対して審査請求をしようとする場合、審査請求を適法に行うためのいくつかの条件（**申立要件**）があり、それらがすべてそろっていないと、せっかく審査請求を行ったとしても「却下」されてしまいます。却下（却下裁決）というのは、処分に違法・不当があるかどうか、あるいは違法な不作為といえるかどうかを審査する以前に、適法な審査請求でないとして「門前払い」されることです。

図表34-1　審査請求の審査

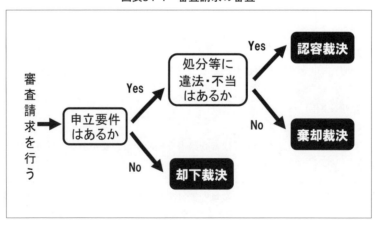

2　申立事項

要件の1つ目は、「審査請求が認められている事項を審査請求していること」です。
あらゆる行政活動に対して審査請求ができるわけではなく、「**処分**」と「**不作為**」に限定されています。それぞれの意味は、Unit 33-5で既に見ましたが、ここにいう「処分」には典型的な行政行為だけでなく、**事実上の行為**も含まれており、公権力の行使であっても法的義務を課すわけではないも

の、例えば即時強制（Unit 15-4）なども含まれます。

現行法は、上記「処分」「不作為」に該当するものであれば、原則としてすべて審査請求できるとしており、これを**概括主義**と言います。一方、旧訴願法では不服申立てできる処分だけをリストアップする「列記主義」を採っていました。

なお、法律で例外的に審査請求できないとされた処分・不作為があります。まず、行審法7条1項は12項目の審査請求できない処分・不作為を挙げています。主に不服申立てが不必要ないし適さないものです（レジュメ34-2）。このうち、「行政不服審査法に基づく処分」とは、ある処分・不作為に対して審査請求がなされ、その審理の中で行われた処分（例えば、利害関係人参加への審理員の許可）のことで、これにまで審査請求できるとなると、審査が停滞してしまうからです。

また、「他の法律に特別の定めがある場合」とは、例えば、行政手続法の不利益処分で出てきた「聴聞に関する規定に基づく処分又は不作為」（Unit 25-4）のように個別の法律で特に「審査請求できない」と規定されているものです。

上記のような審査請求できないとされている処分・不作為を審査請求した場合は、もちろん却下されます。

更に、国・地方公共団体の機関等に対して行われる処分やその不作為で、これらの機関等が「その固有の資格」において処分の相手方となるものについても審査請求はできません（行審法7条2項）。「固有の資格」において処分の相手方となるものとは、一般私人が立ち得ないような（行政機関の）特殊な地位、というような意味で、地方公共団体が行うバス事業に対する国の認可処分のような場合は、これに該当しませんので、審査請求が可能です。

3　申立先

要件の二つ目は、「正しい審査請求先に審査請求していること」です。関係のない行政機関に審査請求しないことです。

審査請求先は**審査庁**になりますが、これについてはすでにUnit 33-6で学習済みです。「原則として最上級庁に審査請求」と「国の場合、大臣と庁の長官が最上級庁」がポイントでした。

4　申立期間

要件の3つ目は、「審査請求可能な期間内に審査請求していること」ですが、処分と不作為では期間制限が異なりますので、注意してください。

処分については、行審法は、二種類の期間制限をおき、どちらかに引っかかった段階で審査請求ができなくなるという方法をとっています（行審法18条）。

一つ目が「**主観的審査請求期間**」で、「**処分があったことを知った日の翌日から起算して3か月**」です。処分が行われたことを審査請求する本人が「知った日」の翌日から（初日不算入の原則）数えて3か月経つと審査請求できなくなります。

二つ目が「**客観的審査請求期間**」です。上記の主観的審査請求期間では、「知った日」がいつになるか不確定で、処分が行われてから3年後に知る可能性もあります、そこで、もう一つの期間制限として、「**処分があった日（処分日）の翌日から起算して1年**」という期間制限も置き、どちらかが過ぎた時点で審査請求ができなくなるとしています。

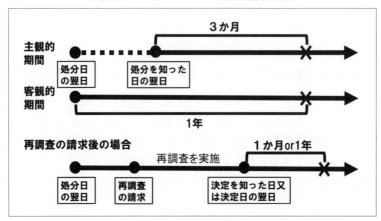

図表34-2　処分についての審査請求期間

また、再調査の請求も可能な処分であって、**先に再調査の請求を行った場合**（Unit 33-6(2)）は、再調査に時間がかかっていますので、処分があったことを知った日や処分日からでなく、再調査の請求が終わったとき（決定が出たとき）から計算してあげます。つまり、主観的審査請求期間は「**決定があったことを知った日の翌日**」から起算します。ただし、期間は**1か月**に短縮します。客観的審査請求期間は「**決定があった日の翌日から起算して1年**」になります。

なお、上記「主観的」「客観的」いずれの制限を過ぎてしまった場合でも、「**正当な理由**」があれば、例外的に審査請求が認められます。例えば、天災などで審査請求できなかった場合や行政庁が誤って法定よりも長い期間を審査請求期間として教示（Unit 37-3）し、これに従って法定期間を過ぎて審査請求を行った場合などがこれに該当します。

また、**不作為**については、そもそも**申立期間制限自体がなく**、不作為状態が続く限りいつまででも審査請求できます。申請に対する処分を行うことが遅れれば遅れるほど違法になり、救済する必要性が高まるのに、期間制限によってある時点で審査請求できなくなるとするのは矛盾しているからです。

5　申立適格

要件の4つ目は、**申立適格**といい、「その処分・不作為に対して審査請求するにふさわしい者が行っていること」です。問題になっている処分・不作為と全く無関係な者が審査請求しても、権利の救済につながらないので、無意味です。この点も処分と不作為では要件が異なります。

まず、**処分**については、「**不服がある者**」としか条文に書いてありませんが（行審法2条）、これは行政事件訴訟法9条1項の「**法律上の利益を有する者**」（Unit 41）と同じ意味だと解釈されています。したがって、取消訴訟の原告適格と全く同じ理屈になりますので、後に詳しく勉強しますが、「処分を受けた相手方以外の**第三者**でも『法律上の利益』が認められれば、審査請求が認められる」と今はおぼえておいてください。

なお、**不作為**については、申立適格が認められるのは、**申請者**だけです（行審法3条）。したがって、処分のように別の第三者が審査請求しても、すべて却下されます。

練習問題34

次の問いに○×で答えよ。（解答は巻末にあります。）

1　審査請求できる事項につき、現行法は概括主義をとっており、処分・不作為に該当するものについては、原則として審査請求が可能である。

2　行政不服審査法に基づいて行われた処分についても、国民の権利救済の必要から審査請求が認められている。

3　処分に対する審査請求は、当該処分があったことを知った日の翌日から起算して6か月が経過すると、その時点で原則として審査請求できなくなる。

4　再調査の請求を行った場合、その後の審査請求は、当該再調査の請求への決定があったことを知った日の翌日から起算して1か月又は決定があった日の翌日から起算して1年以内に行わなければならないのが原則である。

5　審査請求の申立適格は制限されており、処分については当該処分の相手方、不作為については申請者のみが適法に審査請求することができる。

行政不服審査法③
（審査請求の審理）

レジュメ

35-1 審査請求の審理
(1) 標準処理期間の設定・公表
　審査庁となるべき行政庁は、審査請求がその事務所に到達してから当該審査請求に対する裁決をするまでに**通常要すべき標準的な期間を定める**よう努める（**努力義務**）とともに、これを定めたときは、**公にしておかなければならない**（行審法16条）。
(2) 代理人と参加人
　審査請求は、**代理人**によってすることができる（行審法12条1項）。また、**利害関係人**（当該処分につき利害関係を有するものと認められる者）は、審理員の許可を得て、審査請求に参加することができる（**参加人**：行審法13条1項）。審理員は、必要があると認める場合には、利害関係人に対し、審査請求に参加することを求めることができる（行審法13条2項）。

35-2 審査請求の開始
　審査請求は、口頭ですることができる旨の定めがある場合を除き、必要事項を記載した**審査請求書**を提出してしなければならない（行審法19条1項）。
　審査請求書に不備がある場合、審査庁は、相当の期間を定め、その期間内に不備を**補正すべきことを命じなければならない**（行審法23条）。審査請求人がその期間内に不備を補正しないとき、または補正することができないことが明らかなときは、審理員による審理手続を経ずに審査庁は裁決で審査請求を却下することができる（行審法24条）。
(4) 情報の提供
　不服申立て（審査請求、再調査の請求、再審査請求等）につき裁決、決定その他の処分をする権限を有する行政庁は、不服申立てをしようとする者又は不服申立てをした者の求めに応じ、不服申立書の記載に関する事項その他の不服申立てに必要な**情報の提供**に努めなければならない（**努力義務**：行審法84条）。

35-3 審理員による審理手続
(1) 審理員の指名
　審査請求がされた行政庁は、**審理員**（審査庁に所属する職員のうちから審理手続を行う者）を指名するとともに、その旨を審査請求人・処分庁等（審査庁以外の処分庁）に**通知**しなければならない（行審法9条1項）。ただし、次の場合には審理員による審理は不要である。
・国および地方公共団体に設置される**委員会が審査庁**である場合
・条例に基づく処分について**条例に特別の定め**がある場合
・審査請求が不適法であり、**却下**する場合
・個別法で審理員による審査を排除しているとき
(2) 審理員になることができる者とその権限

審査請求（または再調査の請求）に係る処分の決定や不作為に係る処分に関与し、または関与することとなる者などは審理員になることができない（行審法9条2項）。

審理員は独立して審理を行い、また、申立てまたは職権で、物件の提出命令、事実の陳述・鑑定の要求、必要な場所についての検証、審理関係人に質問ができる(行審法33条～36条)。

(3) 職権証拠調べと職権探知

行審法は、審理員が職権で物件の提出命令、鑑定等の要求、検証、審理関係人への質問ができるとするなど、職権による審理（**職権証拠調べ**）を広く認めている（職権主義）。さらに、通説は**職権探知**（当事者が申し立てていない事実についても証拠調べを行い、審理対象とすること）も可能であると解している。

(4) 書面主義と口頭意見陳述

審査請求の手続きは書面によって行われるのが原則であるが（**書面主義**）、審査請求人又は参加人の**申立て**があった場合には、意見を述べる機会を与えることが困難であると認められる場合を除き、審理員は**口頭で意見を述べる機会を与え**なければならない（行審法31条）。

(5) 弁明書の提出

審理員は、審査庁から指名されたときは、処分庁等が審査庁である場合を除き、直ちに審査請求書を処分庁等に送付し、相当の期間を定めて処分庁等に**弁明書**の提出を求め、処分庁等から弁明書の提出があったときは、これを審査請求人・参加人に送付しなければならない（行審法29条）。

(6) 反論書・意見書の提出

審査請求人は、弁明書に記載された事項に対する反論を記載した書面（**反論書**）を提出することができる。また、参加人は、審査請求に係る事件に関する意見を記載した書面（**意見書**）を提出することができる。審理員は、審査請求人から反論書の提出があったときはこれを参加人・処分庁等に、参加人から意見書の提出があったときはこれを審査請求人及び処分庁等に、それぞれ送付しなければならない（行審法30条）。

(7) 審査請求人、参加人の権限

審査請求人、参加人は次のような権限を有する。

・口頭で意見を述べる機会を審理員に申立てをすること。その場合、審理員は原則としてその機会を与えなければならない（行審法31条）。
・証拠書類又は証拠物を提出すること（行審法32条）。
・物件の提出命令、事実の陳述・鑑定の要求、必要な場所についての検証を審理員に申し立てること（行審法33～35条）。

(8) 審理手続の終了

審理員は、必要な審理を終えたと認めるときは、審理手続を終結する。終結後、審理員は遅滞なく意見書（「**審理員意見書**」）を作成し、速やかに、これを事件記録とともに、**審査庁に提出**しなければならない（41～42条）。

35-4 行政不服審査会等への諮問手続

(1) 行政不服審査会等への諮問手続

審査庁は、審理員意見書の提出を受けたときは、審査庁が国の機関である場合は、**行政不服審査会**に、審査庁が地方公共団体の長などである場合は、**地方公共団体に置かれる機関**に、それぞれ諮問をしなければならない（行審法43条）。ただし、次の場合には諮問は不要である。

・審査請求に係る処分または当該処分への裁決をしようとするときに、国および地方公共団体に設置される**委員会・審議会の議を経て当該処分・裁決がされた場合**
・審査請求人から、**諮問を希望しない旨の申出**がされている場合

行政不服審査法③（審査請求の審理）

- ・行政不服審査会等によって、国民の権利利益及び行政の運営に対する影響の程度その他当該事件の性質を勘案して、**諮問を要しない**ものと認められたものである場合
- ・審査請求が不適法であり、**却下**する場合
- ・審査請求に係る処分の**全部を取消し・撤廃**する場合

(2) 行政不服審査会の権限

行政不服審査会は、必要があると認める場合には、関係人にその主張を記載した書面又は資料の提出を求めること、適当と認める者にその知っている事実の陳述・鑑定を求めることその他必要な調査をすることができる（行審法74条）。

35-5　執行不停止の原則と例外

(1) 執行不停止の原則（行審法25条1項）

審査請求がなされても、処分の効力、処分の執行・手続の続行は妨げられない（**執行不停止の原則**）。

(2) 例外として停止される場合（行審法25条2～7項）

例外として、下記の各審査庁は**必要があると認める場合**には、申立てや職権によって**執行停止**を行うことができる。※Unit 45-1と比較参照

審査庁	要件（※1）	行うことができる執行停止の内容（※2）
処分庁の上級庁又は処分庁自身	審査請求人の**申立てまたは職権**	処分の**効力**、処分の**執行・手続の続行**の全部又は一部の停止、**その他の措置**（代替の処分実施など）。
上記以外の審査庁	審査請求人の**申立て**（職権は不可）	処分の**効力**、処分の**執行・手続の続行**の全部又は一部の停止のみ。処分庁の意見聴取が必要。

※1：審査請求人から執行停止の**申立て**があった場合、処分、処分の執行又は手続の続行により生ずる**重大な損害**を避けるために**緊急の必要**があると認めるときは、審査庁は、原則として執行停止をしなければならない。

※2：処分の効力の停止以外の措置によって目的を達することができるときは、**処分の効力の停止**をすることができない。

講　義

1　審査請求の審理

審査請求はどのようなプロセスで審査されるのでしょうか。概略次のようになります。以下の説明は、図表35-1を見ながら読んでください。

> 審査請求人から審査庁に審査請求　→　審査庁は審理員を指名　→　審理員は処分庁（不作為庁）に弁明書の提出を要求　→　審査請求人が反論書、参加人が意見書を提出　→　審理員が審理員意見書を審査庁に提出　→　審査庁は行政不服審査会等に諮問を行う　→　審査庁が裁決を出す

図表35-1　審査請求の審理

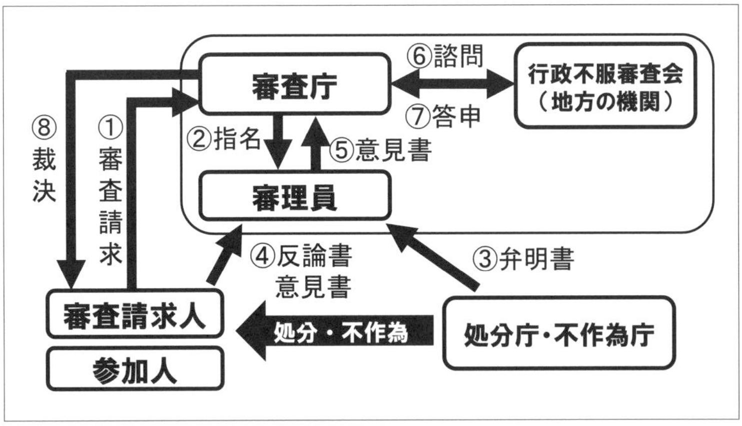

審査庁となる行政庁は、**標準処理期間**（審査請求から裁決までに通常かかる期間）を定めておきます。設定は**努力義務**ですが、設定した場合に**公にすることは義務**です（行審法16条）。

また、審査請求は、**代理人**によってすることができ（行審法12条1項）、実際には弁護士や税理士に代理を依頼することが多いようです。さらに、当該処分につき利害関係を有するものと認められる者（**利害関係人**）は、審理員の許可を得て、審査請求に参加することができます（**参加人**：行審査法13条1項）。

2　審査請求の開始

審査請求を行う者（審査請求人）は、必要事項を記載した**審査請求書**という書面を審査庁に提出して行います。**書面が原則**ですが、法に**口頭ですることができる旨の規定がある場合**は口頭でも可能です（行審法19条1項）。

審査請求が行われ、**審査請求書に不備がある場合**、審査庁は、相当の期間を定め、**補正を命じ**なければなりません（行審法23条）。審査請求人がその期間内に補正しないときや補正することができない場合は、審査請求を**却下**できます（行審法24条）。また、行政庁は、不服申立てをする者の求めに応じ、必要な**情報の提供**（行審法84条）に努めます（**努力義務**）。

3．審理員による審理

審査請求の審査を行う際、問題になっている処分・不作為に関わった職員が審査請求の審査を行うのは公正でないため、それ以外の職員の中から**審理員**という審理手続を行う者を原則として指名し、その旨を審査請求人等に通知しなければなりません。ただし、委員会が審査庁である場合のように公正性が担保されている場合や条例や個別法で審理員の審理が排除されている場合、審査請求を却下する場合は、例外として審理員の指名は不要です（行審法9条）。

審理は、原則としてすべて書面のやり取りで行われるのが原則です（**書面主義**）。ただし、審査請求人や参加人の**申立て**があった場合、審理員は原則として**口頭で意見を述べる機会**を与えなければなりません（行審法31条）。

審理員は、処分庁・不作為庁に**弁明書**の提出を求め、処分庁等から弁明書の提出があったときは、これを審査請求人・参加人に送付します（行審法29条）。弁明書では、通常は処分等の法的根拠や内

容、適法である旨の主張等がなされます。

そして、審査請求人・参加人は、弁明書を見た上で、審査請求人は反論を記載した書面（**反論書**）を、参加人は、自己の意見を記載した書面（**意見書**）を提出することができます（行審法30条）。審理員は、反論書を参加人・処分庁（又は不作為庁）に、意見書を審査請求人及び処分庁（又は不作為庁）にそれぞれ送付します。

また、審査請求人、参加人は口頭で意見を述べる機会を審理員に申立てしたり、証拠書類又は証拠物を提出したりする権限等もあります（行審法31～35条）。

審査請求の審理方法については、職権証拠調べが認められていることと職権探知が可能であることを知っておいてください。

通常の民事裁判では、裁判に必要な資料や証拠の収集は当事者（原告と被告）が自己の責任において行い、裁判官は自らイニシアティブをとって証拠収集を行ったり、当事者が主張しない事実を取り上げたりしないという**弁論主義**を採用しています。しかし、審査請求の審理では、裁判官役の審理員が職権によって当事者からの請求がなくても物件の提出要求や鑑定の要求、検証の実施等ができるなど証拠収集活動（**職権証拠調べ**）ができます。

また、当事者が主張していない事実や争点についても裁判所が証拠収集し、判断を行うことを**職権探知**といいますが、通説によれば、審査請求のような不服申立てではこれも可能とされています。

審理員による審理が終了した場合、審理員は、遅滞なく意見書（**審理員意見書**）を作成し、事件記録とともに、審査庁に提出しなければなりません。審理員意見書では、審理員が今回の処分・不作為についてどういう裁決を下すべきかの意見が記されます（行審法41～42条）。

4　行政不服審査会等への諮問

審理員による意見書提出後もそのまま裁決が下されるわけではありません。審査庁が国の機関の場合は**行政不服審査会**という機関に、審査庁が地方公共団体の長などである場合は、**地方公共団体に条例によって設置される機関**に諮問（意見を聞くこと）を行い、その答申を考慮して裁決を行います（行審法43条）。つまり、第三者機関の意見を聞き、妥当性のチェックを行うのです。

ただし、国および地方公共団体に設置される委員会の議を経て処分・裁決がされた場合や審査請求人から諮問を希望しない旨の申し出がされている場合、当該事件の性質を勘案し、諮問を要しないものと認められたものである場合等のケースでは例外として諮問手続は必要ありません。なお、諮問手続ですので、答申には**審査庁への拘束力はありません**。

以上の手続を経た上で審査庁は、審査請求人に審査請求への最終判断である裁決を行います。

5　執行不停止の原則と例外

ところで、審査請求人がある処分について審査請求を行った場合、その処分は執行が停止されるのでしょうか。例えば、営業禁止処分について不服な者が審査請求を行った場合、自動的に営業禁止処分の執行が停止され、審査請求への裁決が出るまでの間営業できる状態になるでしょうか。

答えは「ノー」です。処分に対して審査請求がなされても、行政活動の停滞を防ぐために当該処分の執行は停止されず、続行されます。これを**執行不停止の原則**といいます（行審法25条1項）。

しかし、これには例外があり、審査請求人から審査庁への「執行停止してくれ」という**申立て**や審

査庁自身の**職権**（申立てはないが、行政自らの自発的判断で行うこと）によって執行を停止してくれることがあります（行審法25条2～7項）。この場合、審査庁が処分庁の上級庁の場合や処分庁自身である場合は、**申立て**でも**職権**でも執行停止が可能ですが、審査庁が上級庁でも処分庁自身でもない場合（つまり、全く別の行政庁が審査庁の場合）は、**申立て**によってのみ執行停止が可能です（職権では不可）。

また、審査請求人からの**申立て**があり、「処分や処分の続行により生ずる**重大な損害**を避けるために（執行停止をする）**緊急の必要がある**」といえる場合には、審査庁は原則として執行停止をする義務が課されます。

執行停止を行う場合、その方法として①処分の**効力の停止**、②処分の**執行の停止**、③**手続の続行の停止**、④**その他の措置**の四つがあります。①は処分が存在しないのと同じ扱いをすることで、②は処分の内容を実現する行政作用を止めること、③は当該処分を前提にして行われる後続の処分等を止めること、④は当該処分に代わる別の処分等を仮に行うことなどですが、最も強力な停止である①の「**処分の効力の停止**」は、他の②～④の方法によって目的を達成することができない場合でないとすることができません。

また、審査庁が処分庁の上級庁でも処分庁自身でもない場合は、④の「その他の措置」は行うことができず、①～③のみが可能です。

練習問題35

次の問いに○×で答えよ。（解答は巻末にあります。）

1　審査請求は、口頭ですることができる旨の定めがある場合を除き、審査請求書を提出してしなければならず、不適法がある場合、審査庁は、相当の期間を定めて補正を命じなければならない。

2　審査請求がされた行政庁は、審理員を指名し、その旨を審査請求人等に通知しなければならないが、審査請求を不適法として却下する場合など一定の場合にはこれを行う必要はない。

3　審査請求の審理においては、職権証拠調べが可能であるが、当事者が主張していない事実や争点についても審査庁が証拠収集して判断を行う職権探知は認められないとするのが通説である。

4　審査庁が国の機関、地方公共団体の機関のいずれの場合であっても、審査員による意見書提出後、行政不服審査会に原則として諮問手続をとらなければならない。

5　審査請求は、処分の効力、処分の執行又は手続の続行を妨げないが、審査庁がいずれの行政庁であるかを問わず、申立てまたは職権によって執行停止をすることができる。

行政不服審査法④（裁決の種類と効力）

レジュメ

36-1 審査請求の終了

審査庁は、行政不服審査会等から諮問に対する答申を受けたとき、又は審理員意見書が提出されたとき（諮問を要しない場合）は、**遅滞なく、裁決をしなければならない**（行審法44条）。

36-2 裁決の種類

処分についての裁決

ケース（審査庁の判断）	裁決の種類	
審査請求が**不適法**	**却下裁決**（行審法45条1項）	
審査請求に**理由がない**	**棄却裁決**（行審法45条2項）	
審査請求に**理由がある**	**認容裁決**（行審法46条）	・処分の全部又は一部を**取り消す**か**変更**（※）する。 ・**事実上の行為**の場合には、当該行為を**撤廃**する。
審査請求に係る処分に違法・不当があるが、取消し・撤廃すると**公益に著しい障害が生じる**	**事情裁決**（行審法45条3項）	損害の程度等その他**一切の事情**を考慮し、処分を取消し・撤廃することが**公共の福祉に適合しない**と認めるときは、**審査請求を棄却**する。この場合、裁決で、処分が**違法・不当であることを宣言**しなければならない。

※処分等の変更は、審査庁が処分庁の上級庁あるいは処分庁自身でない場合はできない。また、審査請求人の不利益に処分等を変更することはできない（行審法48条：**不利益変更禁止**）。

不作為についての裁決

ケース（審査庁の判断）	裁決の種類
審査請求が申請から**相当期間が経過**していないなど**不適法**な場合	**却下裁決**（行審法49条1項）
審査請求に**理由がない**	**棄却裁決**（行審法49条2項）
審査請求に**理由がある**	裁決で、当該不作為が**違法・不当である旨を宣言**する。この場合、申請に対して一定の処分をすべきものと認めるときは、審査庁が不作為庁の上級庁である場合は、**不作為庁に対し処分をすべき旨を命じ**、審査庁が不作為庁自身である場合は、**自ら処分を行う**（行審査法49条3項）。

36-3 裁決の効力

裁決は、審査請求人に**送達された時**に、その効力を生ずる（行審法51条）。裁決は、行政行為の一種であり、行政行為一般が有する効力（**公定力、不可争力**）の他、**裁断的行政行為**として**不可変更力**（Unit 8-3）を有する。また、裁決は、関係行政庁を拘束する効力（**拘束力**）を有し（行審法52条1項）、行政側は裁決の内容を実現し、同一の処分等を繰り返してはならない（**反復禁止**）。

ただし、拘束力があるのは認容裁決だけで、**棄却裁決をした場合でも以後処分庁が当該処分を職権取消しすることは妨げない**。

申請に基づいてした処分が手続の違法・不当を理由として裁決で取り消され、又は申請を却下・棄却した処分が裁決で取り消された場合には、処分庁は、裁決の趣旨に従い、**改めて申請に対する処分**をしなければならない（行審法52条2項）。

講義

1 審査請求の終了と裁決

審査庁は、行政不服審査会等から諮問に対する答申を受けたときは、遅滞なく、最終判断である**裁決**をします（行審法44条）。

処分に対する裁決には次の種類があります。

図表36-1　処分に対する裁決の種類

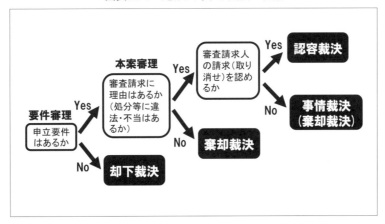

却下裁決は、申立要件（Unit 34）の有無を審査（要件審理）した結果、これを欠いているとして却下（門前払い）する裁決（行審法45条1項）でした。

申立要件がある場合、違法・不当があるかどうかの審査（**本案審理**）に進むことができますが、「違法・不当はない（「**理由がない**」と言います）」として請求を棄却するのが**棄却裁決**です（行審法45条2項）。

本案で「違法・不当がある（**理由がある**）」と判断された場合、通常は**認容裁決**が出され、審査庁は処分の全部又は一部を取り消します。ただし、**事実上の行為**であった場合は、処分でないので「取消し」ではなく、「**撤廃**」をします（行審法46条）。また、処分の取消しや撤廃ではなく、**変更**することも可能です。例えば、1か月の営業停止処分が長すぎて違法と判断した場合、取り消すのではなく、10日間の営業停止処分に変更するような場合です。この場合、当然ですが、1か月の営業停止処分

だったものを2か月の営業停止処分に変更するように、審査請求人に**不利益に変更**することは許されません（行審法48条）。

さらに、「**事情裁決**」というものがあります（行審法45条3項）。これは、本案で「違法・不当がある（**理由がある**）」と判断されましたが、取消し等をすると**公益**（社会全体の利益）に著しい**障害が生じる場合**に、**一切の事情を考慮**した上で**棄却裁決**（つまり取り消さない）を行うものです。例えば、ダム建設のため河川の使用許可が行われ、ダムも完成しましたが、後に河川の使用許可が違法と判断された場合、使用許可を取り消してダムを撤去することは事実上も経済上も不可能です。そのような場合は事情裁決になります。

事情裁決を行う場合は、裁決で**処分が違法・不当であることは宣言**しなければなりません。取消しをしてもらえなかった審査請求人が国家賠償（Unit 50）等で救済を求める場合に便宜を図るためです。

不作為についての審査請求への裁決は、レジュメの表の通りになります（行審法49条）。処分の場合と似ていますが、「審査請求に理由がある」つまり、不作為が違法・不当と認める場合、審査庁が不作為庁の上級庁であるときは、不作為庁に対し「処分を行え」と命じ、審査庁が不作為庁自身である時は、自らその処分を行います。

この場合、不作為庁は、許認可等の申請に対して**許認可処分か拒否処分のいずれかを行う**義務があるのであって、許認可処分を行わなければならない義務があるのではありません。

2　裁決の効力

裁決にはどのような効力があるでしょうか。

まず、裁決は**行政行為の一種**です。したがって、**公定力**（Unit 7）や**不可争力**（Unit 8）のような行政行為一般に認められる効力はもちろんあります。また、いわゆる「裁断的行政行為」ですから、**不可変更力**（Unit 8）がある行政行為の典型です。したがって、いったん行った裁決は、行政庁自身が取消し・変更できません。

また、審査庁がある処分を違法として裁決で取り消したとしても、処分庁が裁決を無視してその処分を続行しているというのでは、審査請求の意味がありません。そこで、行政側は裁決の内容を守り、それを実現する義務があります（行審法52条1項）。これを**拘束力**と言います。また、裁決に拘束力がある以上、裁決で違法とされたやり方を同じような事例でその後も繰り返すことは許されません。これを**反復禁止**と言います。

では、許認可を申請したところ、拒否処分がなされ、これを不服として拒否処分への審査請求を行ったところ、審査庁が違法・不当を認めて拒否処分を取り消した場合はどうなるのでしょうか。

拒否処分が取消しで無くなっただけで、許認可がされたわけではありません。このような場合は、申請がなされた状態（図表36-2の①）に戻り、処分庁は裁決の趣旨を守って違法とされたやり方の反復を行わず、**改めて申請に対して許認可するかどうかの審査をやり直します**（行審法52条2項）。申請に対する審査をやり直した結果、再び拒否処分がなされることもあり得ます。

なお、拘束力があるのは認容裁決だけで、**棄却裁決**にはありません。したがって、ある処分に対して審査庁が裁決で棄却裁決（違法・不当ではないという判断）を出したとしても、その判断に処分庁は拘束されませんので、その後に処分庁自身が「やはり違法・不当があった」と認めてその処分を**職権取消し**（Unit 11）することは何ら問題ありません。

図表36-2 拒否処分の取消し

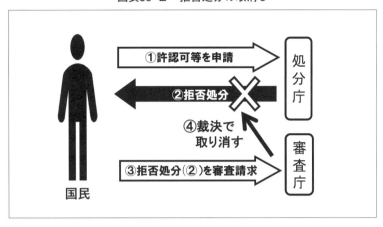

練習問題36

次の問いに〇×で答えよ。(解答は巻末にあります。)

1 処分についての審査請求に理由がない場合、審査庁は裁決で当該審査請求を却下する。
2 処分が違法又は不当であるが、取消し、又は撤廃することにより公の利益に著しい障害を生ずる場合、一切の事情を考慮した上、審査庁は、裁決で、当該審査請求を棄却することができ、審査庁は、裁決の主文で、当該処分が違法又は不当でない旨を宣言する。
3 不作為についての審査請求に理由がある場合、審査庁は裁決で当該不作為が違法・不当である旨を宣言し、審査庁が不作為庁の上級庁であるときは、不作為庁に対し許認可処分をすべき旨を命じる。
4 処分に対する審査請求に棄却裁決があった場合であっても、その後、処分庁が当該処分を職権取消しすることは可能である。
5 申請に基づいてした処分が手続の違法・不当を理由として裁決で取り消され、又は申請を却下・棄却した処分が裁決で取り消された場合には、処分庁は、当該申請に係る許認可処分をしなければならない。

行政不服審査法⑤(その他)

レジュメ

37-1 再調査の請求

簡易な手続である再調査の請求(Unit 33-6)は、**法が特に認めた場合に処分庁自身**に対して行う。請求期間は、**審査請求の請求期間(申立期間)と同様**である(行審法54条)。請求があった場合、処分庁は事実関係の再調査を行い、それが終結すれば、**決定**を行う(行審法58〜59条)。

37-2 再審査請求

再審査請求(Unit 33-6)は、審査請求後にさらに別の審査庁(再審査庁)に審査請求を行うもので、**法の規定がある場合のみ**可能である。

(1) 再審査請求期間

原裁決(1回目の審査請求への裁決)があったことを知った日の翌日から起算して1か月または**原裁決があった日の翌日から起算して1年間**のいずれかが経過するまで可能。ただし、**正当な理由**があるときは例外としてこれらの期間経過後も再審査請求できる(行審法62条)。

(2) 再審査請求の裁決

再審査庁は、審理を実施後、審査請求と同様に却下裁決、認容裁決、棄却裁決、事情裁決を行う(行審法64〜65条)。

再審査請求は、原裁決又は処分(原処分)のどちらを対象としても争うことができる。ただし、原裁決が違法・不当であっても、審査請求に係る処分(原処分)が違法・不当でないときは、再審査庁は、**裁決で当該再審査請求を棄却**する(行審法64条3項)。

37-3 教示制度

(1) 教示制度

行政庁が処分等を行う際に、相手方が当該処分等に不服である場合のとるべき法的手段を示すことを**教示**という。下記の場合には、処分庁に教示が義務付けられている(行審法82条)。

教示が必要な場合	その場合の教示すべき内容	教示の方式
①**不服申立てをすることができる処分**をする場合(ただし、処分を**口頭**でする場合は教示不要)	・不服申立てをすることができる旨(②の場合は、できるかどうか) ・不服申立てをすべき**行政庁** ・不服申立てをすることができる期間	**書面**
②**利害関係人**から、**教示を求められたとき**		書面による教示を求められたときは**書面**

(2) 教示を誤った場合等の救済

教示が行政庁に義務付けられている場合に、行政庁が教示を怠ったり、誤った教示を行ったりした場合は、一定の救済策が法定されている。

ケース	救済策
行政庁が必要な教示をしなかった場合	処分庁に不服申立書を提出でき、行政側が不服申立てを適切に処理する（行審法83条）。
行政庁が法定よりも長い期間を審査請求期間として誤って教示した場合	教示された期間内に審査請求がなされれば、「正当な理由」（行審法18条1項）ありとして、審査請求が認められる。
行政庁がその他の誤った内容の教示を行い、それに従って審査請求等が行われた場合	審査請求人等に不利益がないように、行政側が様々な処置を行う規定あり（行審法22条）。

講義

1　再調査の請求と再審査請求

このUnitでは、審査請求以外の「再調査の請求」と「再審査請求」を勉強した後、教示制度についても言及します。

再調査の請求は、処分庁自身に請求する簡易な不服申立ての方法で、法にできる旨の規定がある場合にのみ認められるものでした（Unit 33-6）。審査請求との関係についても、Unit 33をもう一度復習しておいてください。請求期間は、審査請求の場合（Unit 34-4）と同じで（行審法54条）、再調査後、処分庁は最終判断である**決定**を出します。

再審査請求は、審査請求を行い、裁決が出た後にさらにもう一度別の審査庁に行う審査請求でした（Unit 33-6）。1回目の審査請求への裁決を「**原裁決**」といいますが、再審査請求の審査請求期間は、**原裁決があった日や原裁決を知った日**からカウントする点と、知った日からの期間が**1か月**に短縮されている点が審査請求への請求期間と異なる点です（行審法62条）。

裁決の種類も基本的に審査請求の処分についてのそれと同一（Unit 36-2）です。

再審査請求は、**原処分**（1回目の審査請求の対象であった元々の処分）または**原裁決**（1回目の審査請求への棄却・却下裁決）のどちらに対してもすることができますが（行審法6条2項）、原裁決を再審査請求した場合、「原裁決には裁決を行う際の手続に違法・不当の瑕疵があるが、原処分には違法・不当がない」という判断になった場合には、**再審査庁は棄却裁決を行う**という規定があります（行審法

図表37-1　再審査請求の裁決の特則

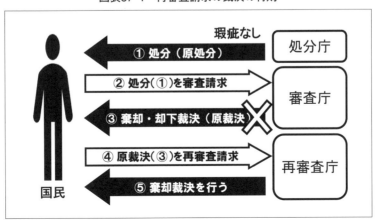

64条3項)。

2 教示制度について

行政不服審査法は、教示制度の規定も置いています。

不服申立ての制度は国民にとってなじみが薄いので、処分等に不服がある国民は、どのように行政側と争えばよいのかわかりません。そこで、処分を行う際に不服申立制度についての情報提供をすることを処分庁に義務付けるのが**教示制度**です。

処分が行われた際の書面に「この処分に不服がある場合、○○に対して××までに不服申立てをすることができます」と書いてあるのが教示で、行政にはこれを行う義務があります（行審法82条）。

教示が必要な場合は2つあり、①もともと**不服申立てができる処分をする場合**と②処分についての**利害関係人**から、教示を求められた場合です。ただし、①は口頭で処分を行う場合には教示義務はなく、つまり**書面で処分を行う場合のみ**教示義務があることになります。また、②は教示を求められた場合のみ教示が必要です。

教示する内容は、「**不服申立てができること**」「**不服申立先の行政庁**」「**不服申立てできる期間**」の三点ですが、②の場合は不服申立てできない場合もありますので、「不服申立てできるかどうか」を教示します。

なお、教示の方法は、①の場合は必ず**書面**で行いますが、②の場合は「書面で教示してくれ」と**請求があった場合のみ書面**で行う義務があり、それがなければ、口頭で教示しても構いません。

行政庁が教示をする義務があるのに怠った場合や間違った内容を教示した場合に、国民が不利益を受けないように救済を行う規定も置かれています。

まず、教示を怠った場合、国民はそもそもどこに不服申立てしてよいのかわかりません。そこで、最もわかりやすい**処分庁**に**審査請求書などの不服申立書を提出**すれば、行政側で正しい提出先に送付してくれます（行審法83条）。また、4月10日までが法定の不服申立期間であるのに、間違って5月10日までと教示したような場合は、その期間内に不服申立てすれば、行審法18条1項の「**正当な理由**」があったとして、法定期間を過ぎても審査請求が認められます。さらに、行審法22条には、行政庁が審査請求先を間違って教示した場合や、行うことができる不服申立ての種類を誤った場合の救済策もあります。やや細かい内容ですから、詳細は略しますが、興味がある方は一読してみてください。

練習問題37

次の問いに○×で答えよ。（解答は巻末にあります。）

1　再調査の請求は、処分庁以外の行政庁に対して審査請求ができる場合に、個別法で特に定められた場合のみ請求が可能で、請求期間は、審査請求と同様である。

2　再審査請求に係る原裁決が違法又は不当である場合において、当該審査請求に係る処分が違法又は不当のいずれでもないときは、再審査庁は、裁決で、当該再審査請求を棄却する。

3　行政庁は、不服申立てをすることができる処分をする場合には、処分の相手方に対し、書面又は口頭によって教示をしなければならない。

4　行政庁が行うべき教示をしなかった場合であっても、当該処分について不服がある者は、審査庁に対して不服申立書を提出しなければならない。

問題演習コーナー6

（解答は巻末にあります）

問題6-1

行政不服審査法に関するア～オの記述のうち、妥当なもののみを挙げているのはどれか。
【国家専門職（2023年）】

ア　審査請求書が行政不服審査法に規定する要件を欠いているために不適法となっている場合、審査庁は、相当の期間を定め、その期間内に不備を補正すべきことを命じなければならず、補正命令に応じて審査請求書が是正されたときは、是正された時点から、適法な不服申立てがあったこととなる。

イ　行政不服審査法では、行政庁の処分につき処分庁以外の行政庁に対して審査請求をすることができる場合で、法律に再調査の請求をすることができる旨の定めがあるときは、審査請求を既に行ったときでも、処分庁に対して再調査の請求をすることができる。

ウ　行政庁は、不服申立てをすることができる処分を書面でする場合には、処分の相手方に対し、当該処分につき不服申立てができる旨と、不服申立てをすべき行政庁及び不服申立てをすることができる期間を書面で教示しなければならない。

エ　処分の相手方が審査請求を行うと、原則として、審査請求を行った時点から当該処分の執行や効力は停止される。

オ　審査庁となるべき行政庁は、審査請求がその事務所に到達してから当該審査請求に対する裁決をするまでに通常要すべき標準的な期間を定めるよう努めるとともに、これを定めたときは、当該審査庁となるべき行政庁等の事務所における備付けその他の適当な方法により公にしておかなければならない。

1　ア、イ
2　ア、ウ
3　イ、エ
4　ウ、オ
5　エ、オ

問題6-2

行政不服審査法に関するア～オの記述のうち、妥当なもののみを全て挙げているのはどれか。
【国家専門職（2022年）】

ア　行政不服審査法においては、不服申立ての対象を行政作用全般としており、同法又は他の法律で適用除外とされている場合に該当しない限り、不服申立てをすることができるとする概括主義が採用されている。

イ　処分についての審査請求は、正当な理由がある場合を除き、処分があったことを知った日の翌日から起算して3か月以内にしなければならない。また、処分があった日の翌日から起算して1年を経過した場合は、正当な理由がある場合でも、審査請求をすることはできない。

ウ 審査請求が可能な処分について教示をする際に、審査請求をすべき行政庁を誤って教示した場合、誤った教示に基づいて審査請求を受けた行政庁は、速やかに審査請求書を処分庁又は審査庁となるべき行政庁に送付し、その旨を審査請求人に通知しなければならない。

エ 処分についての審査請求の裁決には、却下、棄却、認容といった類型がある。審査請求が適法になされていない場合は、却下とされ、審査請求に理由があるかの審理は行われない。審査請求に理由があると認められる場合は、例外なく認容とされ、当該処分の取消し、変更のいずれかが行われる。

オ 審査請求は、処分の効力、処分の執行又は手続の続行を妨げないが、処分庁の上級行政庁又は処分庁である審査庁は、必要があると認める場合には、審査請求人の申立てにより又は職権で、処分の効力、処分の執行又は手続の続行の全部又は一部の停止その他の措置をとることができる。

1 ア、イ
2 ウ、オ
3 ア、イ、エ
4 イ、ウ、オ
5 ウ、エ、オ

問題6-3

行政不服審査法に関するア～オの記述のうち、妥当なもののみを全て挙げているのはどれか。

【国家一般職大卒（2021年）】

ア 行政不服審査法は、行政庁の処分及びその不作為、行政立法、行政指導等について、特に除外されない限り、審査請求をすることができるとの一般概括主義を採っており、広く行政作用全般について審査請求を認めている。

イ 行政不服審査法は、審理員による審理手続を導入し、審理員が主張・証拠の整理等を含む審理を行い、審理員意見書を作成し、これを事件記録とともに審査庁に提出する仕組みを設けている。審理員には、審査請求の審理手続をより客観的で公正なものとするため、審査庁に所属していない職員が指名される。

ウ 審査請求の審理の遅延を防ぎ、審査請求人の権利利益の迅速な救済に資するため、審査庁となるべき行政庁は、審査請求がその事務所に到達してから当該審査請求に対する裁決をするまでに通常要すべき標準的な期間を必ず定め、これを事務所における備付けその他の適当な方法により公にしておかなければならない。

エ 審査請求の手続は、原則として書面によって行われるが、審査請求人又は参加人の申立てがあった場合、審理員は、原則として、その申立人に口頭で審査請求に係る事件に関する意見を述べる機会を与えなければならない。その際、申立人は、審理員の許可を得て、当該審査請求に係る事件に関し、処分庁等に対して、質問を発することができる。

オ 行政不服審査法は、審査請求手続において客観的かつ公正な判断が得られるよう、行政不服審査会を総務省に置き、審査請求の審理に関与する仕組みを設けている。行政不服審査会の委員は、審査会の権限に属する事項に関し公正な判断をすることができ、かつ、法律又は行政に関して優れた

識見を有する者のうちから、両議院の同意を得て、総務大臣が任命する。

1 ア、ウ
2 ア、オ
3 イ、ウ
4 イ、エ
5 エ、オ

問題6-4

行政不服審査法に関するア～オの記述のうち、妥当なもののみを全て挙げているのはどれか。
【国家一般職大卒（2020年）】

ア　行政庁の処分に不服がある者は、行政不服審査法の定めるところにより、審査請求をすることができるが、同法は、同法による審査請求をすることができない処分については、別に法令で当該処分の性質に応じた不服申立ての制度を設けなければならないとしている。

イ　法令に基づき行政庁に対して処分についての申請をした者は、当該申請から相当の期間が経過したにもかかわらず、行政庁の不作為がある場合には、行政不服審査法の定めるところにより、当該不作為についての審査請求をすることができるが、当該不作為についての再調査の請求をすることはできない。

ウ　行政庁の処分についての審査請求の裁決に不服がある者は、個別の法律に再審査請求をすることができる旨の定めがない場合であっても、行政不服審査法の定めるところにより、再審査請求をすることができる。

エ　審査請求は、代理人によってすることができ、代理人は、審査請求人のために、当該審査請求に関する行為をすることができる。ただし、審査請求の取下げは、いかなる場合であっても、代理人がすることはできない。

オ　行政不服審査法は、処分（事実上の行為を除く。）についての審査請求に理由がある場合（事情裁決をする場合を除く。）には、処分庁の上級行政庁又は処分庁である審査庁は、裁決で、当該処分の全部若しくは一部を取り消し、又はこれを変更することとしている。

1 ア、イ
2 ア、エ
3 イ、オ
4 ウ、エ
5 ウ、オ

問題6-5

行政不服審査法上の不服申立てに関するア～オの記述のうち、妥当なもののみを全て挙げているのはどれか。【国家専門職（2020年）】

ア　審査請求の審理は書面によることが原則とされているが、審査請求人又は参加人の申立てがあっ

たときは、審理員は、当該申立人に口頭で意見を述べる機会を与えなければならず、さらに、審査請求人又は参加人が当該申立てと同時に公開審理を求めたときは、公開審理を行わなければならない。

イ　審査請求が行政不服審査法における形式上必要な要件を欠いているために不適法な場合であっても、審査庁は、直ちに当該審査請求を却下してはならず、可能な場合には補正を命じなければならない。この補正命令に応じて審査請求書が補正されたときは、補正がされた時点から適法な審査請求がされたものとみなされる。

ウ　処分についての審査請求は、正当な理由があるときを除き、処分があったことを知った日の翌日から起算して3か月以内にしなければならず、また、正当な理由があるときを除き、処分があった日の翌日から起算して1年を経過したときはすることができない。

エ　行政庁の処分につき処分庁以外の行政庁に対して審査請求をすることができる場合において、法律に再調査の請求をすることができる旨の定めがあるときは、当該処分に不服がある者は、処分庁に対する再調査の請求をすることもできる。ただし、当該処分について再調査の請求をせずに審査請求をしたときは、再調査の請求をすることはできない。

オ　行政不服審査法が行政の適正な運営の確保をその目的として明示していることに照らし、同法の定める不服申立適格は、行政事件訴訟法の定める取消訴訟の原告適格よりも広く解釈すべきであるとするのが判例である。

1　ア、イ
2　ア、ウ
3　イ、オ
4　ウ、エ
5　エ、オ

行政事件訴訟法①(全体論)

レジュメ

38-1 行政訴訟の意義

行政機関の公権力の行使に対する国民の不服や行政法規に関する争いについて当事者からの訴えに基づき、第三者機関である裁判所が審理判断する手続を**行政訴訟**という。

明治憲法下では行政裁判所が行政事件を審理したが、現行憲法では特別裁判所は禁止されており(憲法76条2項)、通常の**司法裁判所**がこれを行う(憲法76条1項)。

行政訴訟においては、**行政事件訴訟法**(以下「行訴法」)が**一般法**であるが(行訴法1条)、同法に規定がない事項については、「民事訴訟の例による」(行訴法7条)として**民事訴訟法の規定が適用**される。

38-2 行政訴訟の類型

行政事件訴訟法が規定する行政訴訟の類型には次のものがあるが、取消訴訟を中心に規定し、それを他の訴訟類型にも準用させている。

主観訴訟 権利を侵害された国民個人の権利救済が目的	抗告訴訟 公権力の行使に関する訴訟	処分の取消訴訟	公権力の行使にあたる行為を取り消す
		裁決の取消訴訟	審査請求の裁決を取り消す
		無効等確認訴訟	処分・裁決の存否、効力の有無を確認
		不作為の違法確認訴訟	申請に対する不作為の違法を確認
		義務付け訴訟	行政庁に処分を行うことを義務付ける
		差止め訴訟	行政庁の処分を差し止める
	当事者訴訟	形式的当事者訴訟	処分等に関する訴訟で法律関係の当事者の一方を被告とするもの
		実質的当事者訴訟	公法上の法律関係に関する訴訟
客観訴訟 客観的な法秩序の維持が目的		民衆訴訟	違法な行政機関の行為の是正を要求(住民訴訟など)
		機関訴訟	行政機関相互間の紛争についての訴訟

38-3 処分の取消訴訟と裁決の取消訴訟の関係

処分の取消訴訟とその処分(原処分)についての審査請求を棄却した裁決の取消訴訟とを提起することができる場合、裁決の取消しの訴えにおいては、処分の違法を理由として取消しを求めることができず(行訴法10条2項)、裁決固有の瑕疵しか主張できないので、処分を取消すには処分の取消訴訟で争う。これを**原処分主義**という。

ただし、例外として個別の法により、裁決の取消訴訟のみ提起が認められている場合には、裁決の取消訴訟において処分の違法を主張することができる(これを**裁決主義**という)。

38-4　教示制度

下記の場合には、処分庁に取消訴訟についての教示が義務付けられている（行訴法46条）。

教示が必要な場合	その場合の教示すべき内容	教示の方式
取消訴訟を提起できる処分・裁決をする場合（ただし、処分を口頭でする場合は教示不要）	・取消訴訟の**被告とすべき者** ・取消訴訟の**出訴期間** ・当該処分について法律に審査請求前置の**規定**があるときは、その旨	**書面**

※裁決主義の処分を書面で行う場合は、その旨を書面で教示する。

1　行政訴訟の意義

Unit 33～37で勉強した行政不服申立ては、違法な行政活動に対する行政自身による是正の仕組みでした。しかし、国民には裁判を受ける権利（憲法32条）が保障されており、違法な行政活動による国民の権利救済は、最終的に中立公正な裁判所によって行われなければなりません。そこで、**行政事件訴訟法**という法律では、行政機関の公権力の行使や行政法規に関する争いについて、第三者機関である裁判所が審理判断する訴訟手続を規定しました。これが**行政訴訟**です。

ちなみに、明治憲法時代は、フランスなどヨーロッパ大陸国制度の影響の下で、通常の司法裁判所とは別の行政裁判所が行政訴訟を裁判する仕組みを採用していました。現憲法下では、**英米法の影響**により、行政訴訟であっても民事訴訟や刑事訴訟と同様にすべて**通常の裁判所（司法裁判所）**が行う形になっています。

行政事件訴訟法では、レジュメ38-2の表のような多くの行政訴訟の類型を規定しています。ただし、中心は「**取消訴訟**」であり、取消訴訟について詳しい規定を置き、それ以外の訴訟については、取消訴訟の規定を準用する形をとっています。まずは、取消訴訟を詳しく勉強し、それ以外の行政訴訟については、その特色を押さえておけば十分です。取消訴訟以外の訴訟の内容は、Unit 47～49で扱います。

また、行政事件訴訟法は、46条までしかなく、行政訴訟の裁判について詳しく書いてあるわけではありません。この法律では、行政訴訟独特の点についてのみ規定されており、規定のない部分については、すべて**民事訴訟法の規定が適用**されます（行訴法7条）。

参考までに、民事裁判と刑事裁判の簡単な比較表を掲載しておきます。

図表38-1　参考：刑事訴訟と民事訴訟

	刑事訴訟（刑事事件発生時）	民事訴訟（民事事件発生時）
目的	国家刑罰権の行使	私的自治の原則
主要手続法	刑事訴訟法	民事訴訟法
主要実体法	刑法	民法
裁判手続の理念	真実の発見、適正手続の保障	権利の保護、私法秩序の維持、紛争の解決

手続の概略	【捜査】（証拠収集・身柄確保） 【公判】 ①（検察官による）公訴提起 ②公判手続（証拠調べ） ③判決の宣告	【口頭弁論】 ①（原告による）訴えの提起 ②口頭弁論（証拠調べ） ③判決の言渡し（和解制度あり）
諸原則	起訴状一本主義、予断排除の原則、起訴便宜主義、当事者主義、自由心証主義、伝聞法則、補強法則、自白法則、無罪推定の原則など	処分権主義、弁論主義、自由心証主義など

出典：鈴木秀洋『自治体職員のための行政救済実務ハンドブック』（第一法規、2017年）

2　処分と裁決の取消訴訟の関係

レジュメ38-2の行政訴訟の類型を見ると、最も原則的な行政訴訟形態である取消訴訟に「**処分の取消訴訟**」と「**裁決の取消訴訟**」があります。裁決の取消訴訟は、審査請求への裁決を取り消すための取消訴訟です。

では、ある処分（原処分）について不服がある者がその処分を審査請求したところ、審査庁は却下裁決や棄却裁決を出して処分の取消しを認めませんでした。そこで、最後の手段として取消訴訟を提起する場合、どちらの取消訴訟を提起すればよいのでしょうか。

図表38-2　処分と裁決の取消訴訟

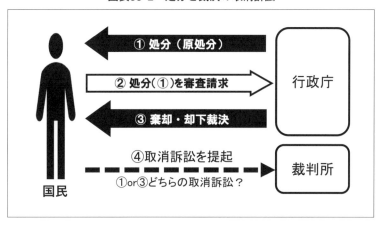

この場合、原告である国民には、処分（①）と裁決（③）の二つが行われていますが、処分（原処分）の取消訴訟を提起するのが原則で、これを**原処分主義**と言います。行訴法10条2項は、「裁決の取消しの訴えにおいては、処分の違法を理由として取消しを求めることができない」と規定しており、裁決の取消訴訟を提起した場合は、**裁決自体の瑕疵**しか裁判で主張できません。仮に裁決が取り消されたとしても、原処分は残ってしまうので、あまり意味がありません。

なお、原処分主義の例外として、個別の法の規定で**裁決主義**がとられている処分もあります。法律に「処分についての審査請求に対する裁決に対してのみ、取消訴訟を提起できる」と書いてある場合で、主に電波関係や特許関係の処分に見られます。その場合、必ず先に審査請求を行い、その裁決に対してのみ取消訴訟を提起でき、裁決の取消訴訟の中で原処分の瑕疵も主張できます。

3 取消訴訟についての教示

このUnitの最後に取消訴訟の教示を説明しておきます。行政不服審査法で**教示制度**を勉強しましたが（Unit 37-3）、取消訴訟についても処分の際に教示をすべきことが平成16年改正で規定されました（行訴法46条）。

教示義務がある場合や教示内容、方式は不服申立ての教示と似ていますので、レジュメ37-3の表と38-4の表を比較しながら見ると有益です。以下は違いのみ書きます。
- 利害関係者から教示を求められた場合の教示義務規定が取消訴訟にはない点
- 取消訴訟の教示は、**審査請求前置**（Unit 39-3）の場合や**裁決主義**（前記）の場合にその旨の教示義務がある点
- 不服申立ての教示のように教示を怠った場合や誤った教示を行った場合の**救済規定**（Unit 37-3）が取消訴訟にはない点

練習問題38

次の問いに○×で答えよ。（解答は巻末にあります。）
1 行政訴訟においては、その特殊性から、民事訴訟法の規定は適用が排除されている。
2 明治憲法下では、英米法の影響のもとで通常裁判所が民事訴訟や刑事訴訟の他に行政訴訟も扱っていた。
3 処分の取消しの訴えとその処分についての審査請求を棄却した裁決の取消しの訴えとを提起することができる場合には、裁決の取消しの訴えにおいて、処分の違法を理由として取消しを求めることができる。
4 取消訴訟を提起することができる処分又は裁決をする場合には、行政庁には教示義務があり、教示を怠った場合等についての救済規定も法定されている。

行政事件訴訟法②（取消訴訟の訴訟要件）

レジュメ

39-1 取消訴訟の訴訟要件

取消訴訟を適法に提起するための条件を**訴訟要件**という。これらを満たしていない場合には、裁判所によって訴えは**却下**される。

①**出訴期間**（行訴法14条）～定められた期間内に訴訟を提起したか。
②**不服申立前置**（行訴法8条）～予め不服申立てを行っているか（不服申立前置の場合のみ）。
③**被告適格**（行訴法11条）～正しい相手を被告としているか。
④**裁判所の管轄**（行訴法12条1項）～管轄権を有する裁判所に訴訟を提起したか。
⑤**処分性**（行訴法3条2項）～訴えの対象が「処分その他公権力の行使」か。
⑥**原告適格**（行訴法9条）～その処分の取消しに関して「法律上の利益」を有する者が訴訟提起したか。
⑦**狭義の訴えの利益**（行訴法9条括弧書き）～取消判決によって現実に救済できるケースか。

39-2 出訴期間

取消訴訟を適法に提起できる期間を**出訴期間**という。下記いずれかの期間が経過するまでに取消訴訟を提起する必要がある（行訴法14条）。

期間の種類	期間制限		例外
主観的出訴期間	処分または裁決（裁決の取消訴訟の場合）があったことを知った日から**6か月**		**正当な理由**があるときは、期間経過後も取消訴訟可能
客観的出訴期間	処分または裁決の日から**1年**		
審査請求をすることができる処分・裁決に審査請求があったとき	これらに対する**裁決があったことを知った日から6か月**又は**裁決の日から1年**		
行政庁が誤って審査請求をすることができる旨を教示した場合において審査請求があったとき			

39-3 審査請求前置（不服申立前置）

処分に対しては、まず不服申立て（審査請求）を行ってもよいし、あるいは直ちに出訴してもよい（**原則：自由選択主義**）。ただし、法に審査請求に対する裁決を経た後でなければ処分の取消訴訟を提起することができない旨の定めがあるとき（例外：**審査請求前置主義**または**不服申立前置主義**）は不服申立て（審査請求）をまず行い、その裁決を経た後に取消訴訟を提起しなければ却下される（行訴法8条）。ただし、不服申立前置の場合でも、次の場合には裁決を経ずに出訴が可能である。

・審査請求があった日から**3か月**が経過しても**裁決がないとき**。
・処分、処分の執行・手続の続行により生じる**著しい損害**を避けるため緊急の必要があるとき。
・**その他正当な理由**があるとき。

39-4 被告適格

被告として裁判を遂行し、判決を受ける資格を被告適格といい、取消訴訟を提起する際は、下記の者を被告として提起する（行訴法11条）。

ケース	取消訴訟の被告となる者
①処分・裁決をした行政庁が**国・公共団体に所属する場合**（原則）	その処分をした行政庁の所属する**国又は公共団体（行政主体）**
②処分・裁決をした行政庁が**国・公共団体に所属しない場合**	その行政庁（処分庁・裁決庁）
③上記（①②）により被告とすべき国・公共団体又は行政庁がない場合	その処分・裁決に係る**事務の帰属する国又は公共団体**

39-5 裁判所管轄

取消訴訟の第一審は**地方裁判所**になるが、当該事件について下記の管轄権（**裁判所管轄**）を有する裁判所に提起する必要がある（行訴法12条）。

原則	原告が次のいずれかの裁判所を選択できる ・**被告**（原則として行政主体）の普通裁判籍の**所在地を管轄する裁判所** ・**処分・裁決をした行政庁**（処分庁・裁決庁）の**所在地を管轄する裁判所**
国（一部の独立行政法人等も含む）を被告とする取消訴訟は、**原告の普通裁判籍の所在地を管轄する高等裁判所の所在地を管轄する地方裁判所**（**特定管轄裁判所**）にも提起することができる	

講義

1 取消訴訟の訴訟要件

ここから先は、行政訴訟の中でも取消訴訟について勉強をしていきますが、まず訴訟要件を扱います。

不服申立ての審査請求で「申立要件」というものがあり、これを欠くと却下裁決がなされて「門前払い」されることはすでに勉強しました（Unit 34）。取消訴訟にも同様に取消訴訟を適法に提起するための条件（**訴訟要件**）があり、これらのいずれかを欠くと、裁判所によって**却下の判決**が下され、肝心の違法かどうかの審査（本案審理）に進むことができません。

図表39-1 取消訴訟の訴訟要件

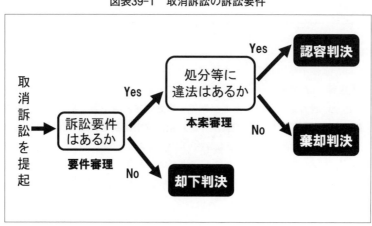

取消訴訟の訴訟要件をレジュメ39-1に挙げましたが、特に⑤の**処分性**、⑥の**原告適格**、⑦の**狭義の訴えの利益**の三つは判例が多く出ており、重要な訴訟要件ですので、Unit 40〜43で別個扱います。ここでは、①〜④の訴訟要件を扱います。

2　出訴期間

取消訴訟を適法に提起できる期間（**出訴期間**）も処分に対する審査請求の申立期間（Unit 34-4）と同様に**主観的出訴期間**と**客観的出訴期間**があります（行訴法14条）。違いは、主観的期間が**6か月**（審査請求は3か月）に伸長されていることです。

なお、条文上、取消訴訟の出訴期間の方には「翌日から起算して」という文言がありませんが、実際に計算する際には、**初日不算入の原則**（民法140条）が適用されますので、やはり翌日から起算されます。

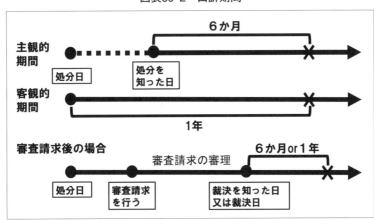

図表39-2　出訴期間

なお、**処分に対して先に審査請求を行った場合**、審査請求の裁決が出るまでに時間がかかり、6か月の期間を過ぎてしまうこともあり得ます。そこで、そのような場合は「処分があったことを知った日」や「処分の日」から期間をカウントするのではなく、審査請求への「**裁決があったことを知った日**」や「**裁決の日**」から6か月や1年をカウントします（行訴法14条3項）。つまり、審査請求にかかった期間はカウントしないのです。

また、「**行政庁が誤って審査請求をすることができる旨を教示した場合において審査請求があったとき**」も「裁決があったことを知った日」「裁決の日」から出訴期間をカウントします。これは、審査請求できない処分であるのに、処分庁が誤って「審査請求できる」と教示（Unit 37-3）してしまった場合で、国民がそれに従って審査請求したとしても、もちろん**却下裁決**が出ます。ただし、審査請求はできない処分でも取消訴訟は提起できますので、却下裁決後に取消訴訟提起する際、行政の間違った教示によって行った審査請求期間をカウントしないためです。

なお、上記の期間いずれを過ぎたとしても、「**正当な理由**」がある場合には訴訟提起が例外的に認められる点は、不服申立ての場合と同様です。

3 審査請求前置

取消訴訟と不服申立ては、別の制度ですので、当然どちらも提起することができます。この場合、**原則は自由選択主義**といい、どちらをどの順番で行うかは自由です。現実には、①不服申立て（審査請求）を先に行い、棄却裁決が出たら取消訴訟を行う、②不服申立てを行わず、取消訴訟のみ行う、③不服申立てと取消訴訟を同時に行うという3つの選択肢が考えられ、どれにするかは自由です。

しかし、一部の処分では法律の規定で「取消訴訟は、審査請求についての裁決を経た後でなければ、提起することができない」と書いてある場合があり、この場合は必ず上記①の順で行わなければなりません（行訴法8条1項）。これを**審査請求前置主義**（あるいは**不服申立前置主義**）と言います。以前は100に近い法律で審査請求前置がとられていましたが、平成26年法改正でかなり数を減らしています。

審査請求前置になっている処分であるのに裁決を経ないで取消訴訟を提起すると（例えば上記②③で行う）、裁決を経ていないことを理由に**却下**されます。

ただし、例外として、審査請求前置主義を採っている場合でも、審査請求を行ったにもかかわらず、**3か月が経過しても裁決が出ないとき**、処分の続行等により生じる**著しい損害を避けるため緊急の必要があるとき**、**その他正当な理由**があるときは、裁決が出ていなくても取消訴訟提起が認められます（行訴法8条2項）。

4 被告適格

取消訴訟も裁判ですので、基本的には誰かが誰かを訴えます。訴えた者を**原告**と言い、訴えられた者を**被告**と言います。また、原告と被告のことを当事者と言います。

原告になることができるのは誰か、という問題は原告適格（Unit 41）で扱いますので、ここでは、原告は誰を訴えて取消訴訟を起こすのか、という問題を扱います。これも、法律で決まった相手（**被告適格**がある者）を訴えなければなりません（行訴法11条）。

被告適格の原則は、処分等を行った行政庁（処分庁）が所属する**行政主体**です（行政庁と行政主体についてはUnit 2-1で勉強しましたので、忘れた方は確認してください）。例えば、処分庁が東京都知事の場合は、都知事の属する行政主体は「東京都」ですので、東京都を訴えます。また、厚生労働大臣や税務署長が行った処分の場合は、すべて「国」を訴えることになります。要は、処分庁という「人」ではなく、それが属する「**組織（国・公共団体）**」が被告になります。

ただし、これには2つの例外があり、1つめは、**処分庁等が国にも地方公共団体**などの公共団体**にも属していない場合**です。例えば、弁護士に対する懲戒処分は行政機関ではなく、弁護士会が処分庁として行いますが、弁護士会は国に属する機関でも地方公共団体の機関でもありません。このような場合の取消訴訟は、行政主体ではなく処分等を行った**行政庁（処分庁等）を被告**にします。例えば、上記の例では、懲戒処分に不服の弁護士が取消訴訟を提起する場合、被告は弁護士会になります。

2つめは、**処分庁等が法令の改正等によって存在しなくなったような場合**です。その場合は、その処分等についての**事務の帰属する国又は公共団体**を被告とします。

5 裁判所管轄

取消訴訟の第一審は地方裁判所になりますが、訴訟提起を**管轄権のある裁判所**に行わなければなり

ません（行訴法12条）。裁判所管轄の原則は、①**被告**（被告適格で説明したように、原則として**行政主体**）の普通裁判籍（原則的な管轄権を発生させる場所のこと）の**所在地を管轄する裁判所**と②**処分等をした行政庁**（処分庁など）の**所在地を管轄する裁判所**のどちらかを原告が選択できる形になっています。

　神奈川県知事が行った処分の場合、①の被告は神奈川県、②の処分庁は神奈川県知事ですので、どちらも横浜地方裁判所になります。一方、国土交通省の地方機関である近畿運輸局長（所在地は大阪府）が行った処分の場合は、①の被告は国になりますが、国の所在地は訴訟について国を代表する法務省の所在地になりますので（民事訴訟法4条6号）、東京地裁に提起できることになり、また②の処分庁の所在地は大阪ですので、大阪地裁にも提起できることになります（なお、以上の原則には、土地の収用の場合等いくつかの例外が規定されていますが、ここでは省略します）。

　上記に加えて、**国**や**独立行政法人等**を被告とする取消訴訟は、「**原告の普通裁判籍の所在地を管轄する高等裁判所の所在地を管轄する地方裁判所**」にも提起することができ、これを「**特定管轄裁判所**」と言います。

　例えば、先ほどの近畿運輸局長の事例で、運輸局長は山口県在住の者に処分を行い、その者が処分を不服として取消訴訟を提起するとします。そうすると、「原告の普通裁判籍の所在地」は山口県、山口県を「管轄する高等裁判所」は広島高等裁判所、広島高等裁判所の所在地（広島市）を管轄する地方裁判所は広島地方裁判所になりますので、結局、この事例では東京地裁、大阪地裁、広島地裁の3つから選択できることになります。

練習問題39

次の問いに○×で答えよ。（解答は巻末にあります。）

1　取消訴訟の出訴期間は、処分があったことを知った日から3か月であり、また、処分の日から1年が経過した場合も訴訟提起できなくなる。
2　処分・裁決につき審査請求をすることができる場合において、審査請求があったときは、その審査請求をした者については、これに対する裁決があったことを知った日から6か月を経過したとき又は当該裁決の日から1年を経過したときは、取消訴訟を提起することができない。
3　法律に当該処分についての審査請求に対する裁決を経た後でなければ処分の取消しの訴えを提起することができない旨の定めがあるときであっても、審査請求があった日から3か月を経過しても裁決がないときは、訴えの提起ができる。
4　取消訴訟は、当該処分等を行った行政庁を被告として提起することが原則となっている。
5　名古屋市が所在地である国の行政機関が行った処分について、山形市を所在地とする者が原告として取消訴訟を提起する場合、東京地裁、名古屋地裁、山形地裁から選択して訴訟提起できる。

行政事件訴訟法③（処分性）

レジュメ

40-1 処分性の意義

処分の取消訴訟の対象となるのは、行政庁の**処分その他公権力の行使**に当たる行為である（行訴法3条2項）。

その意味につき、判例は「行政庁の法令に基づく行為のすべてを意味するものではなく、**公権力の主体たる国または公共団体が行う行為**のうち、その行為によって、**直接国民の権利義務を形成しまたはその範囲を確定することが法律上認められているもの**をいう（最判昭和39年10月29日）」としている。これに該当し、取消訴訟の対象となるものを「**処分性を有する**」という。

処分性の有無を判断する際には、①**法令に基づく行為**であること、②**外部の国民に対する行為**であること、③**権力的行為**であること、④**個別・具体的行為**であること、⑤**法的行為**であることの諸点を要素として検討される。

40-2 処分性に関する判例

判例40 （○処分性あり、×処分性なし）

	結論	問題となった行為	判例の理由付け
内部行為	×	A．建築許可に際して**消防長が知事に行う同意**（最判昭和34年1月29日）	行政機関相互間の内部的行為で直接国民に法的効果なし
	×	B．墓地埋葬法の埋葬拒否禁止規定の解釈を示す**通達**（最判昭和43年12月24日）	通達には法規の性質はなく、行政組織内部の命令にすぎないから。
	×	C．**運輸大臣が行った日本鉄道建設公団に対する工事実施計画の認可**（最判昭和53年12月8日）	上級庁の下級庁に対する監督手段としての承認であり、直接国民に法的効果がないから。
一般的行為	○	D．**告示による一括指定**で行った建築基準法の二項道路の指定（最判平成14年1月17日）	告示によって建築や私道の変更・廃止が制限される等の効果があるから。
	×	E．**別荘所有者のみ水道料を値上げする町の条例改正行為**（最判平成18年7月14日）	当該条例が限られた特定の者のみ適用されるものではないから。
	○	F．**特定の保育所の廃止を内容とする市の条例制定行為**（最判平成21年11月26日）	入所中の児童・保護者に対して保育を受けることを期待しうる法的地位を奪うことになるから。
段階的行為	×	G．都市計画法の**用途地域（工業地域）指定**（最判昭和57年4月22日）	指定が土地所有者等に課す制約は不特定多数者に対する一般的抽象的なものにすぎないから。
	○	H．都市再開発法の**第二種市街地再開発事業計画の決定**（最判平成4年11月26日）	計画決定・公告により土地収用の事業認定と同じ効力を生じ、施行地区内の土地所有者等の法的地位に影響するから。

段階的行為	○	I. 土地区画整理法の**土地区画整理事業計画決定**（最大判平成20年9月10日）	計画決定により宅地所有者等は換地処分を受けるべき地位に立たされ、また換地処分後の取消訴訟では救済が不十分だから。
私法上の行為	×	J. **国有普通財産の払下げ**（最判昭和35年7月12日）	払下許可の形式を取っていても私法上の売買と同じだから。
	×	K. **ゴミ焼却場の設置行為**（計画の議決、契約締結行為：最判昭和39年10月29日）	計画の議決は内部手続で、契約締結は私法上の行為だから。
	○	L. **供託金取戻請求に対する供託官の却下行為**（最大判昭和45年7月15日）	供託規則に却下への不服申立手続が定められている。
事実行為	×	M. 海難審判庁による**海難原因裁決**（最大判昭和36年3月15日）	海難の原因を明らかにする裁決であって、法的効果はないから。
	○	N. 源泉徴収による所得税の**納税の告知**（最判昭和45年12月24日）	告知された税額に不服ならば、不服申立て等が認められるから。
	○	O. 関税定率法の**輸入禁制品該当の通知**（最判昭和54年12月25日）	「観念の通知」だが、通知により適法に輸入できなくなる法的効果があるから。
	×	P. **交通反則金納付の通告**（最判昭和57年7月15日）	通告は意思の表明にすぎず、違反事実の有無は刑事訴訟で争うべきだから。
	○	Q. 医療法の**病院開設中止勧告**（最判平成17年7月15日）および**病床数削減勧告**（最判平成17年10月25日）	行政指導であるが、勧告に従わなかった場合、事実上病院開設を断念せざるを得なくなるから。

40-2　民事訴訟による空港使用の差止めの可否

判例40-2（最大判昭和56年12月16日　大阪空港訴訟）

〔判旨〕空港の騒音等により身体的・精神的被害、生活妨害等の損害を被っていることを理由に民事上の請求として、一定の時間帯につき空港を航空機の離着陸に使用させることの差止めを請求できるかどうかが問題になった事案につき、「航空機の離発着の差止めのような請求は、不可避的に**航空行政権の行使の取消変更ないしその発動を求める請求を包含する**こととなるものといわなければならない。したがって、行政訴訟の方法により何らかの請求をすることができるかどうかはともかくとして、**民事訴訟の手続**により一定の時間帯につき**空港を航空機の離着陸に使用させることの差止めを求める請求は、不適法**というべきである」とした。

講　義

1　処分性の意義

取消訴訟の対象となる行政活動は、**処分と裁決**です。後者は審査請求への裁決ですので、それが何かは問題になりませんが、「処分」は「**行政庁の処分その他公権力の行使に当たる行為**」（行訴法3条2項）と定義されているだけで、かなり漠然としています。

「処分」の定義に該当するものを「処分性がある」と言いますが、これに該当しない行政活動を取消訴訟したとしても、却下されますので、その意味が重要になります。

判例は「**行政庁の法令に基づく行為**」であって、「**公権力の主体**」である国などが行う行為のうち、「**直接国民の権利義務を形成しまたはその範囲を確定する**」ものという定義を行っています。ここか

行政事件訴訟法③（処分性）

らいえることは、ある行為が処分に該当するためには、**①法令に基づく**（法の根拠がある）**行為**であること、**②行政外部の国民に対する行為**であり、行政機関内部の行為は該当しないこと、**③権力的行為**であること（非権力的なものは該当しない）、**④個別・具体的行為**であること（抽象的・一般的なものは該当しない）、**⑤法行為**であること（法的効果がない、全くの事実行為は該当しない）ということです。Unit 6 で勉強した行政行為と同じ概念として理解してください。

2　処分性についての判例

　処分性の有無が問題になった判例は多数ありますが、判例40では、著名なものを挙げました。
　まず、行政の**内部行為**に過ぎないのではないか（②の要素）が問題になった判例がA〜Cです。判例Aでは、当時の法令で県知事が建築許可を行う際に必要であった**消防長の県知事に対する同意**を、判例Cでは、**運輸大臣**（現国土交通大臣）が当時の鉄道建設公団に対して行った新幹線工事実施計画の認可を行政内部の行為に過ぎず、直接国民対して法的効果（⑤の要素）が生じないとして、**処分性を否定**しました。
　また、判例Bは、Unit 22でも扱った判例（判例22-2）ですが、行政内部で発せられた**通達**には、国民を拘束する法規の性質がなく（⑤の要素がない）、**処分性が認められない**としていました。
　次に、処分性が肯定されるためには、**個別・具体的な行為**でなければなりません。ルールを制定する作用のように、広く社会一般・国民一般に行う行為や、まだ計画段階のもののように未だ現実的・具体的に権利義務を左右しない段階のものは、処分ではなくなります。
　Dの判例では、県の告示（Unit 22-1）によって行った建築基準法42条2項のみなし道路の一括指定（2項道路指定）が問題になりました。みなし道路の一括指定は、特定の者に対する処分ではなく、広域の道路に対する行為ですが、法的効果に注目して**処分性を肯定**しました。
　地方公共団体の条例を取消訴訟できるか問題になった判例もあります。判例Eは、行政契約のUnit 19で出てきた判例（判例19-2）ですが、**町の条例によって別荘住民の水道料金のみが大幅に引き上げられたことは地方自治法244条3項に反し無効**であり、別荘住民は改定前料金との差額について支払い義務を負わないと判示しましたが、当該条例の制定行為に対する無効確認訴訟では、「限られた特定の者に対してのみ適用されるものではない」として**処分性を否定**し、却下しました。
　一方、判例Fは、市が保育所の民営化のため、4か所の**保育所を市の保育条例から削除**したことについて、条例の制定行為の取消訴訟が提起された事例ですが、こちらでは、入所中の児童・保護者という限られた者に対して、当該保育所で保育を受けることを期待しうる法的地位を直接奪うことになる、として**処分と同視できる**とし、処分性を肯定しました。
　DとFは「**限られた特定の者**」に法的効果をもたらしているかどうかの判断の違いから結論の違いが生じていると言えます。
　G〜Iの判例は、**行政計画**のUnit 20で既に紹介した判例（判例20-1）です。行政計画のようにプロジェクトの中間段階の行為についても、現実的に具体的な法的効果を生じさせるものであったり、計画に対して不服申立てを認める規定があったりする場合には、処分性を認めるのが最近の判例の傾向でした。説明はUnit 20で行いましたので、ここでは省略します。
　J〜Lの判例は、法的効果が発生しても、公権力行使（③の要素）によるものではなく、**非権力的な私法上の行為**（契約など）によるものではないかが問題になった判例です。

Jの国有普通財産の払下げは、一応「払下許可」という処分らしき名目となっています。しかし、判例は、実質的に売買契約に過ぎないとして**処分性を否定**しました。Lの判例は、供託金の取戻請求を消滅時効完成を理由に**供託官が却下した行為**が問題になりました。民法上の履行拒絶のようにも見えますが、判例は却下への不服申立制度があることに着目し、**処分性を肯定**しました。

Kの判例は、処分の定義を述べた有名な判例ですが、都が**ゴミ焼却場設置のために行った諸行為**（計画作成、計画の議会への提出、用地買収と設置行為）の無効が主張された事例です。判例は処分の定義（レジュメ40-1）を述べた後、計画作成、計画の議会への提出は行政の内部行為に過ぎず、用地買収や設置行為は私法上の契約によるものとして**処分性を否定**しました。

判例M～Qは、法的効果のない（権利義務等に変化を生じない）**事実行為**ではないかが問題になった事例です。この点が問題になった判例は多数ありますが、主なものを挙げています。

判例は、その行為によって一定の不利益があっても、法的地位に直接の影響を及ぼさないといえる場合には処分性を否定しますが、当該行為に対して**不服申立制度が存在**したり、**その行為に続く行為によって原告に大きな不利益**があったりする場合には、柔軟に処分性を認める場合もあります。

中でも注目されるのは、判例Qです。病院を開設しようとする者に対して**県知事が医療法に基づいて行う病院開設中止勧告や病床数削減勧告**について、法律上は任意の「**行政指導**」として定められているとしましたが、実務上、同勧告に従わずに病院を設置した場合は、後に国の通達によってほぼ確実に保険医療機関の指定を拒否され、**病院開設自体を事実上断念せざるを得なくなる**点を重視し、処分性を肯定しました。それ自体は法的効果がない行政指導のように見えても、その後の扱いを考えると実質的に法的効果があるのと同じ（病院開設拒否処分と同じ）ということです。

3　大阪空港訴訟について

処分性の有無が直接問題になった事例ではありませんが、関連する判例として大阪空港訴訟を紹介します。同事件は、空港の騒音被害等に悩む周辺住民が国を相手取り、夜間・早朝の**空港の供用**（航空機の離発着）**を差止めるように通常の民事訴訟によって裁判所に請求**した事例です。

判例は、国が空港を供用（運営）する作用は、国が所有権に基づき空港の施設管理を行う私法上の行為たる「**空港管理権**」と航空機の離発着等について国が処分等の公権力行使を行う「**航空行政権**」が合わさったものであるとし、後者が含まれる以上、行政訴訟で何らかの請求をするのならばともかく、今回のような**民事訴訟で差止めを請求することは認められない**としました。

練習問題40

次の問いに○×で答えよ。（解答は巻末にあります。）

1　公権力の主体たる国または公共団体が行う行為のうち、その行為によって、直接国民の権利義務を形成しまたはその範囲を確定することが法律上認められているものを処分とするのが最高裁の判例である。

2　特定の保育所の廃止を内容とする条例であっても、市の条例制定行為は一般的な行為であり、およそ処分性を認める余地はないとするのが最高裁の判例である。

3　国有普通財産の払下げ行為は、払下許可の形式をとっている点から見ると、公権力の行使たる処分に該当するとするのが最高裁の判例である。

4　医療法の病院開設中止勧告は、行政指導として規定されてはいるが、勧告に従わなかった場合、事実上病院開設を断念せざるを得なくなることから、処分性を肯定できるとするのが最高裁の判例である。

5　空港の供用は、国が所有権に基づき空港の施設管理を行う私法上の行為にすぎず、民事訴訟によって空港供用差止めの請求を行うことは、適法である。

Unit 41 行政事件訴訟法④（原告適格1）

レジュメ

41-1 原告適格の意義

原告として訴訟を適法に提起できる条件のことを**原告適格**という。これを有しない者が訴訟提起しても裁判所によって却下される。取消訴訟において原告適格を有するのは、当該処分又は裁決の取消しを求めるにつき「**法律上の利益を有する者**」（行訴法9条1項）である。

41-2 法律上の利益の意義

(1) 学説

①法の保護する利益説 （通説・判例）	当該処分の根拠法令が**原告の個別的利益を直接保護する趣旨**である場合には、その者には原告適格が認められる。
②保護に値する利益説 （有力説）	原告の利益が根拠法令によって直接保護されていなくても、**裁判上保護に値するもの**であれば、原告適格を認める。

(2) 判例の基本的立場

判例および通説は、一貫して**法の保護する利益説**に立ち、法令の保護する利益を私人の個別的利益と公益に分け、前者の場合のみ原告適格を認め、後者の場合には、たとえ原告が一定の利益を受けていてもそれは「**反射的利益**」であるとして原告適格を認めない。

判例41-1（最判平成1年2月17日　新潟空港訴訟）

【判旨】
「法律上の利益を有する者」とは、当該処分により自己の権利若しくは法律上保護された利益を侵害され又は必然的に侵害されるおそれのある者をいうが、当該処分を定めた行政法規が、不特定多数者の具体的利益をもっぱら一般的公益の中に吸収解消させるにとどめず、それが帰属する個々人の個別的利益としてもこれを保護すべきものとする趣旨を含むと解される場合には、かかる利益も法律上保護された利益に当たり、当該処分によりこれを侵害され又は必然的に侵害されるおそれのある者は、当該処分の取消訴訟における原告適格を有する。

41-3 第三者の原告適格の判断基準（行訴法9条2項）

原則論	考慮要素
裁判所は、処分・裁決の相手方以外の者について法律上の利益の有無を判断するに当たっては、**当該処分・裁決の根拠となる法令の規定の文言のみによることなく**、右の①②を考慮する。	①**当該法令の趣旨及び目的** ⇒当該法令と**目的を共通にする関係法令**があるときはその趣旨・目的をも参酌する。 ②**当該処分において考慮されるべき利益の内容・性質** ⇒当該処分・裁決がその根拠となる法令に違反してされた場合に害されることとなる**利益の内容・性質**並びにこれが**害される態様・程度**をも勘案する。

行政事件訴訟法④（原告適格1）

講義

1 原告適格の意義

取消訴訟の原告適格とは、「『その処分』に対して取消訴訟を提起できるのは誰か」という問題です。取消訴訟は、あくまでも訴えた人（原告）が受けた権利侵害を救済するために行うものですので、肝心の原告が「その処分」と全く無関係な人では救済につながらず、裁判をする意味がないからです。このような、原告適格がない者が提起した取消訴訟も違法かどうかの審査をする以前に**却下**されます。

2 法の保護する利益説

では、誰が原告適格を有するかというと、「**法律上の利益を有する者**」（行訴法9条1項）が原告適格を有するとしています。条文からは、「その処分と何らかの利害関係がある者」というニュアンスが読み取れますが、注意してほしいのは、「処分の相手方」とは言っていないことです。

つまり、処分を受けた相手方に原告適格があるのは当然として、それ以外の者（**第三者**）でも、その処分に対して「法律上の利益を有する」といえれば原告適格が認められるのです。では、「法律上の利益を有する者」とはどの範囲の者のことを指すのでしょうか。通説・判例である「**法の保護する利益説**」は次のように解釈します。

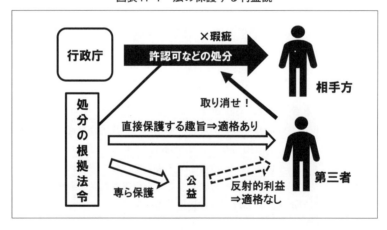

図表41-1　法の保護する利益説

今、行政庁がある処分を相手方に対して行ったとします。この処分は、処分の相手方にとって利益となる許認可等の処分です。ところが、相手方以外の第三者が、処分には瑕疵（違法）があり、その処分によって自分の利益が害されるとして取消訴訟提起できるかというと、それは、**処分の根拠となった法令が直接その第三者の利益を保護する趣旨があるかどうか**、によって決まります。

例えば、Aがある場所に公衆浴場（銭湯）を新設して営業しようとしたとします。公衆浴場の新規開設・営業は、公衆浴場法の規定により都道府県知事等の許可が必要です。そこでAは知事に営業許可の申請を行い、許可されました。Aが公衆浴場を新設しようとしている付近の場所ですでに公衆浴場を営業しているB（第三者）は、Aに対する営業許可は許可条件である距離制限（新設する場所が既存の業者から一定距離はなれた場所であること）の基準を満たしていないとして取消訴訟提起できるで

しょうか。

その答えは、処分の根拠法令である公衆浴場法の規定・趣旨によります。つまり、公衆浴場法が公衆浴場の設置を許可制にしたのは、「付近で営業する既存業者（B）の営業利益を守る趣旨である」といえれば、Bの利益は**法で直接保護**されていることになり、原告適格が認められます。逆に、公衆浴場開設が許可制なのは、「**専ら公益**（社会全体の利益）のため、たとえば伝染病の蔓延防止のような衛生保持（公益）の趣旨であり、Bの営業利益を守るという趣旨はない」ということならば、Bに原告適格は認められません。ちなみに判例（最判昭和37年1月19日）は、公衆浴場法はBの営業上の利益も守る趣旨があると認めて**原告適格を肯定**しました。

似たような別のケースを挙げると、質屋を営業する際も質屋営業法という法律で許可制になっています。Aが質屋を開設しようとして都道府県公安員会から営業許可を受けたところ、近隣ですでに質屋を営業するBが自分の店の営業利益が害されるとして、Aに対する許可処分の取消訴訟を提起できるかというと、判例（最判昭和34年8月18日）はこれを否定しました。質屋営業法が質屋営業を許可制にしているのは、泥棒が換金目的で質屋に盗品を持ち込むことがあるので、警察の捜査や被害者の盗品の取り戻しを容易にするためには、誰でも勝手に営業されては困るからです。つまり、犯罪の防止、捜査への便宜、被害者の救済という「**専ら公益**」のためであり、付近で営業する既存業者の営業利益を守るという趣旨は、質屋営業法の許可制にはありません。

なお、判例は、法が専ら公益のために処分（例えば営業許可制）を規定している結果、第三者が「たまたま」ないし「ついでに」受けた利益（例えば許可制なのでライバル業者が出現しにくい）を**反射的利益**と呼んで法の保護する利益とは区別し、これには原告適格を認めません。

一方、学説の中には、上記法の保護する利益説の考え方を批判して、根拠法の趣旨にとらわれず、原告適格の有無を現実的・柔軟にケースバイケースで考えるべきであるとする説（**保護に値する利益説**）もあります。

3　原告適格の判断基準

判例は、このように、根拠法の規定によって原告適格の有無を判断してきましたが、実際には多くの第三者が提起した取消訴訟で原告適格を否定していました。ところが、昭和末期から平成の最初にかけて、根拠法令を柔軟に解釈して、第三者に従来よりも広く原告適格を認める判例が出されるようになってきました。

そこで、それらの判例の趣旨を平成16年行政事件訴訟法改正の際に、「**第三者の原告適格の判断基準**」として条文に書き込みました（行訴法9条2項）。重要な基準ですので、その内容は要チェックです（レジュメ41-3）。

まず、大原則として「**当該処分・裁決の根拠となる法令の規定の文言のみによることなく**」と言っていますが、昔の判例にありがちな、「根拠法令に原告（第三者）のことに触れた文言がない」として自動的に原告適格を否定するような判断方法を戒めています。さらに41-3の①と②の2点を判断するように指示しています。

①は、「**当該処分の根拠法令だけを読んで決めるな**」と言っています。たとえば、都市計画事業認可の取消訴訟の原告適格が問題となった事件（最大判平成17年12月7日　小田急高架訴訟）では、最高裁は、根拠法の都市計画法だけでなく、関連する公害対策基本法や東京都の環境影響評価条例の趣

行政事件訴訟法④（原告適格1）

旨・目的まで読み込んで判断しています。また、②は、「（いったん根拠法令を離れて）**もし、処分が違法だった場合、どういう被害が現実に原告に及ぶかを裁判官が頭の中で予想・シミュレーションしてみろ**」と言っています。場合によっては、仮に根拠法令にその第三者を直接保護する趣旨がなかったとしても、「もし処分が違法だった場合には大きな被害を受ける」といえれば、原告適格を認めてよい、ということになります。これは、「保護に値する利益説」に近い発想です。

次のUnitでは、原告適格に関する最高裁の代表的な判例をいくつか見ていきます。

練習問題41

次の問いに○×で答えよ。（解答は巻末にあります。）

1　原告適格は、処分の相手方のみに認められ、第三者に認められる余地はない。
2　通説・判例によれば、処分の根拠法が原告の利益を直接保護する趣旨があれば、第三者にも原告適格が認められることになる。
3　当該処分によって原告が受ける利益が反射的利益に過ぎない場合でも、原告適格は認め得るというのが判例の立場である。
4　行政事件訴訟法によれば、原告適格の判断の際には、根拠法令の文言のみを判断基準とすることになる。
5　根拠法令の趣旨・文言のみが重要であるから、原告適格の有無の際に、当該処分等がその根拠となる法令に違反してされた場合に害されることとなる利益や利益が害される態様・程度は考慮しないとするのが行政事件訴訟法の規定である。

Unit 42 行政事件訴訟法⑤（原告適格２）

レジュメ

42-1 原告適格に関する判例

判例42（○原告適格あり、×原告適格なし）

	結論	原告適格が問題となった者	判例の理由付け
営業上の利益等	○	A．**公衆浴場営業許可**に対する**既存の公衆浴場事業者**（最判昭和37年１月19日）	公衆浴場法は濫立による経営不合理化から業者を保護する趣旨があるから。
	×	B．**病院開設許可**に反対する**他施設開設者**（近隣の医師）と医師が所属する**医師会**（最判平成19年10月19日）	医療法の規定からは他施設開設者等の利益を保護する趣旨を読み取ることはできないから。
	○	C．郵政大臣が①**他者に行った放送免許処分**と②**自己に対して行った拒否処分**の取消しを求める**競願者**（最判昭和43年12月24日）	他者への免許処分と原告への申請拒否処分は表裏の関係にあるから①②どちらも可能。※狭義の訴えの利益（Unit 43）も問題になる
周辺住民	○	D．森林法の**保安林指定解除処分**に反対する周辺住民（長沼訴訟：最判昭和57年９月９日）	森林の存続によって不特定多数が受ける利益のうち、一定のものを個別的利益として保護しているから。
	○	E．**定期航空運輸事業免許**により騒音等の被害を受ける周辺住民（新潟空港訴訟：最判平成１年２月17日）	航空法および関連法規は、騒音被害を受ける空港周辺住民の個別的利益も保護しているから。
	○	F．原子炉等規制法の**原子炉設置許可**に反対する周辺住民（もんじゅ訴訟：最判平成４年９月22日）※無効等確認訴訟を提起した事例	法は原子炉の事故等によって直接・重大な被害が想定される範囲の住民の生命・身体の安全を個別的利益として保護しているから。
	×	G．パチンコ店への**風俗営業許可**とこれに反対する周辺住民（最判平成10年12月17日）	法令は、良好な風俗環境を専ら公益の面から保護しているにすぎないから。
	○	H．**高層建築物への総合設計許可**（建築基準法）、**都市計画許可、建築確認**に反対する周辺住民（最判平成14年１月22日）	建物の倒壊・炎上等により直接的被害を受ける地域に存する建築物居住者と所有者の個別的利益を保護しているから。
	○	I．鉄道高架化事業のための**都市計画事業認可**（連続立体交差化・付属街路設置）に反対する周辺住民（**事業地内地権者と地権者でない者**）（小田急高架訴訟：最大判平成17年12月７日）	法は都市計画事業実施により騒音・振動等の著しい被害を直接受けるおそれのある者の個別的利益を保護する趣旨を有するから（地権者以外にも認める）。

行政事件訴訟法⑤（原告適格2）

	結論	原告適格が問題となった者	判例の理由付け
周辺住民		J．**場外車券発売施設設置許可**に反対する周辺住民・周辺で事業を営む者・医療施設開設者等（最判平成21年10月15日）	医療施設開設者：処分の要件である位置基準は、医療施設開設者が業務上の支障を被らないことを保護しているから。 上記以外の者：公益に属するもので、原告適格を基礎付けられないから。
	○	医療施設開設者	
	×	周辺居住者・周辺で事業を営む者・医療施設利用者	
その他	×	K．公正取引委員会の行った**果実飲料等の表示に関する認定処分**に反対する**消費者団体**（主婦連合会）（主婦連ジュース訴訟：最判昭和53年3月14日）※不服申立ての事案	法（景表法）の規定により一般消費者が受ける利益は、反射的・事実上の利益にすぎないから。
	×	L．陸運局長が私鉄会社へ行った**特急料金値上認可**に反対する**利用者**（近鉄特急事件：最判平成1年4月13日）	地方鉄道法の規定は、専ら公益の確保にあり、当該地方鉄道利用者の個別的利益を保護していないから。
	×	M．遺跡への**史跡指定解除処分**（文化財保護法・条例）に反対する**学術研究者**（伊場遺跡訴訟：最判平成1年6月20日）	法および条例は、県民・国民が文化財の保護・活用から受ける利益を公益に吸収・解消させ、専ら公益として保護しているから

講　義

1　営業上の利益等が問題になった判例

原告適格が問題になった有名な判例を見ていきます。

以下の判例は、ほとんどが第三者の原告適格の有無が問題になった判例ですので、Unit 41の図表41-1を常に頭に想定しながら読んでください。

まず、競願者や営業上の利益を有する第三者の原告適格の有無が問題になった判例ですが、判例AはUnit 41でも紹介した原告適格を認めた判例です。Cの判例は、**医療法の病院開設許可**がなされたところ、これに反対する**近隣の医師や医師が所属する医師会**が取消訴訟提起した事例ですが、医療法の規定の目的は、良質・適切な医療の提供にあり、本件医師などの他施設開設者の利益を保護すべき趣旨はないとして、**原告適格を否定**しました。

やや特殊なのが判例Cです。Yはテレビ局の開設のため、郵政大臣（現総務大臣）に放送免許を申請しましたが、5者の競合になり、郵政大臣はXの申請が最適であると判断し、Xに免許を与えました。その結果、競願に敗れたYらの免許申請はすべて却下されました。そこで、Yは自己に免許が与えられるべきであるとして取消訴訟で争うことにしましたが、このような場合、①Xへの**免許処分の取消訴訟**と②自己（Y）への**拒否処分の取消訴訟**のいずれの訴訟で争うべきかが問題になりました（なお、実際に行ったのは②）。①ではYは第三者であり原告適格の有無が問題になりますし、②を行った場合であっても、仮に拒否処分が違法として取り消されたとしても、そのことでYが免許されるわけではないので、取消しは無意味ではないかという狭義の訴えの利益の問題（Unit 43）があります

(なお、裁決主義（Unit 38-3）が採られている処分ですから、実際は裁決（決定）の取消訴訟です）。

図表42-1　判例の事案

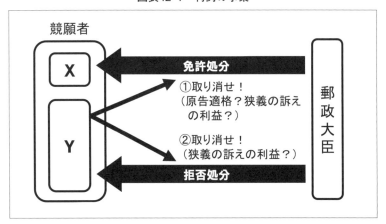

　判例は、Xへの免許処分とYへの拒否処分は**表裏の関係**（Xに免許が与えられたので、自動的にYらに拒否処分がなされた）にあり、Xへの免許処分が取り消された場合でもYへの拒否処分が取り消された場合でも免許の審査がやり直しになり、結果Yに免許が与えられる可能性があるので、①②どちらも取消訴訟提起可能としました。

2　周辺住民の原告適格が問題になった判例

　あるプロジェクトの実行ないしある施設の設置を許認可する処分が行われましたが、それによって迷惑を被る予定地の周辺住民が取消訴訟を提起することはよくあります。その場合、周辺住民は許認可処分に対して第三者となりますが、原告適格が認められるのでしょうか。

　Dの判例は、いわゆる長沼訴訟と呼ばれる判例で、自衛隊のミサイル基地設置のため保安林（防災や水源の保全等のための森林で、これに指定されると伐採制限がある）の指定解除を行いました。それに対して基地設置に反対する住民が**保安林指定解除処分の取消訴訟**を提起したものですが、処分の根拠法令である森林法は森林の伐採等により被害を受ける周辺住民の利益を保護する趣旨があると見て、**原告適格を肯定**しました。なお、同判例では、原告適格は認められましたが、**狭義の訴えの利益**（Unit 43）が否定され、却下されています（判例43H）。

　EとFは平成に入ってからの判例です。Eは、運輸大臣（現国土交通大臣）が**定期航空運輸事業免許**を航空会社に与えましたが、これによって騒音被害を受けるとして空港周辺住民が取消訴訟提起を行ったものです。最高裁は処分の根拠規定だけでなく、**他の関係法令の趣旨も考慮**し、原告適格を認めました。

　また、Fでは、高速増殖炉への**原子炉設置許可に反対する周辺住民**に対し、仮に処分が違法であり、原発事故が発生してしまった場合に周辺住民が被るであろう被害の性質等も考慮し、やはり**原告適格を認めました**。

　両判例とも従来の最高裁には見られなかった柔軟な判断を行っており、平成16年法改正によって規定された第三者の原告適格の判断基準（行訴法9条2項：Unit 41-3）のもとになりました。

　高層ビルを建築したり、鉄道を高架化したりするような都市開発プロジェクトを行う場合、都市計画法などの法律や条例による多くの許認可を受ける必要がありますが、それらに対して周辺住民が騒

音被害、日照の悪化等の生活環境への影響や、災害発生の危険等を理由に許認可等への取消訴訟を提起することがあります。

Hの判例では、**高層建築物の建設**に反対する周辺住民に対し、「**建物の倒壊・炎上等により直接的被害を受ける地域に存する建築物の居住者と所有者**」であれば、原告適格があるとしました。また、Iは「小田急高架訴訟」として有名な判例です。**鉄道高架化事業のための許認可**について、行訴法9条2項の第三者の原告適格判断基準（Unit 41-3）を当てはめて精密な判断を行い、周辺住民のうち、「**騒音・振動等の著しい被害を直接受けるおそれのある者**」であれば、原告適格が認められるとしました。

なお、以前の判例は、都市計画事業認可取消しの原告適格は事業地内の地権者のみしか認められないとしていましたが、これを同判決では地権者以外であっても上記のおそれがあれば認められるという判例変更を行いましたので、大法廷判決になっています。

Jの判例は、競輪の**場外車券売場設置の許可**が行われたことに対し、これに反対する設置予定地の周辺住民や周辺で事業を経営する者、病院等の医療施設を開設する者等が取消訴訟を提起した事例です。判例は、処分の要件である**位置基準**は、周辺で**医療施設を開設する者**の個別的利益は保護しているが、それ以外の者（周辺住民、医療施設以外の事業を営む者、医療施設利用者）については、公益としてしか利益を保護していないとして原告適格を否定しました。

3 その他（一般消費者、利用者、学術研究者）

ある処分に対し、第三者が「消費者」ないし「利用者」として取消訴訟を提起する場合、判例は、通常原告適格を否定します。

Kの判例では、ジュースの業界団体の規約に対して**公正取引委員会が行った認定処分**が不当な表示を認めるものであるとして、取消しを主張した主婦連（**消費者団体**）の適格を否定しました。なお、この事例は取消訴訟ではなく、不服申立ての**申立適格**（Unit 34-4）が問題になった事例ですが、両者の判断基準は同一ですので、ここに掲載しました。

Lの判例は、私鉄会社へ行った**特急料金値上認可**に反対して定期券購入者である利用者が取消訴訟提起を行ったものですが、この事例でも**原告適格が否定**されています。上記いずれの場合も、根拠法令が専ら公益を保護する趣旨であることを理由としています。

遺跡等の文化財は史跡に指定されることで現状の改変などが制限され、保存に必要な措置等が講じられますが、ある遺跡に対して**史跡指定を解除する**（史跡ではなくなる）**処分**が行われました。これに反対して当該遺跡を研究している学者が取消訴訟提起をしたのが判例Mです。

判例は、専ら公益の実現のために文化財保護を行うものであり、個々の国民・県民の個別的利益として保護するものではなく、そうである以上、学術研究者にも個別的利益は保護されないとして、**原告適格を否定**しました。

練習問題42

次の問いに○×で答えよ。（解答は巻末にあります。）

1　競願関係にある他者に対して行われた放送免許処分の取消訴訟を提起することは可能であるが、自己に対する拒否処分の取消訴訟を提起することはできないとするのが最高裁の判例である。

2　空港周辺住民が騒音被害等を理由に定期航空運輸事業免許の取消訴訟を提起しても、航空法には当該周辺住民らの個別的利益までも保護する趣旨はなく、原告適格が認められないとするのが最高裁の判例である。

3　鉄道高架化を内容とする都市計画事業認可に対する取消訴訟の原告適格は、当該都市計画事業実施により騒音・振動等の著しい被害を直接受けるおそれのある周辺住民に認められるとするのが最高裁の判例である。

4　場外車券発売施設設置許可の位置基準の趣旨からは、当該処分に反対する周辺住民や周辺で事業を営む者全般に取消訴訟の原告適格が認められるとするのが最高裁の判例である。

5　文化財保護法および条例は、文化財保護をもっぱら公益の中に吸収解消させるにとどめず、それが帰属する国民や県民個々人の個別的利益としても保護する趣旨を含むと解するのが最高裁の判例である。

行政事件訴訟法⑥（狭義の訴えの利益）

レジュメ

43-1 狭義の訴えの利益の意義

裁判所が裁判を行うための客観的利益・必要性を「**狭義の訴えの利益**」という。取消訴訟の場合、仮に取消判決が出ても原告の権利利益の回復可能性がない場合は不適法として**却下**される。ただし、処分・裁決の効果が期間の経過その他の理由によりなくなった後においてもなお処分・裁決の取消しによって**回復すべき法律上の利益**を有する者は取消訴訟を適法に提起できる（行訴法9条1項括弧書）。

43-2 狭義の訴えの利益に関する判例

判例43　（○訴えの利益あり、×訴えの利益なし）

	結論	狭義の訴えの利益が問題となった事例	判例の理由付け
処分の効果消滅	×	A．**建物完成後**の**建築確認処分**取消訴訟（最判昭和59年10月26日）	たとえ建築確認が取り消されたとしても、行政庁は検査済証の交付拒否や違反是正命令をすべき法的拘束力はないから。
	○	B．**土地改良工事が完了し、原状回復不能**となった後の**土地改良事業施行認可**取消訴訟（最判平成4年1月24日）	事業施行認可が取り消された場合、それが有効であることを前提として後に行われる換地処分等の効力に影響を与えるから。原状回復不能である点は事情判決の適用時に考慮すればよい。
期日の経過	○	C．**運転免許取消処分**に対する取消訴訟中に本来の運転免許の**有効期間が経過**した場合（最判昭和40年8月2日）	処分が取り消された場合、違法な処分によってできなかった運転免許の更新ができることになるから。
	×	D．**運転免許停止処分期間が終了**し、処分から**1年間経過**後の同処分への取消訴訟（最判昭和55年11月25日）	左記の期間が経過することで、法令上、不利益に扱われることがなくなるから。処分が記載された免許証によって名誉・信用が害されたとしても、事実上のものにすぎない。
原告の死亡	×	E．**生活保護の変更決定**に対する取消訴訟中に原告が**死亡**した場合（朝日訴訟：最大判昭和42年5月24日）	生活保護を受ける権利は法的権利（生活保護受給権）だが、相続・譲渡されない一身専属の権利だから。
	○	F．**懲戒免職処分**を受けた公務員がその取消訴訟中に**死亡**した場合（最判昭和49年12月10日）	公務員の地位の回復はできないが、給与請求権等は一身専属でなく、法律上の利益として相続人が引き続き追行できる

	結論	狭義の訴えの利益が問題となった事例	判例の理由付け
後発的事情その他	×	G．再入国不許可処分に対して取消訴訟を提起した外国人が**再入国許可**を受けないまま**わが国を出国**した場合（最判平成10年4月10日）	わが国に在留する外国人が再入国許可を受けずに出国した場合、在留資格は消滅するが、再入国許可は元々有していた在留資格を出国にもかかわらず存続させ、元の在留資格のまま入国を認めるものだから。
	×	H．**代替施設が設置**された後の**保安林指定解除処分**の取消訴訟（長沼訴訟：最判昭和57年9月9日）	代替施設設置によって洪水や渇水の危険が解消し、保安林存続の必要性がなくなったから。
	○	I．**優良運転者**である旨の記載がない運転免許更新処分（「一般運転者」と記載）への取消訴訟（最判平成21年2月27日）	優良運転者である旨の記載がある運転免許の更新を受ける法律上の地位が認められるから。
	○	J．公務員に対する**懲戒免職処分**の取消訴訟中に原告が**公職選挙に立候補**した場合（最判昭和40年4月28日）	公務員は公職選挙の立候補により職を辞したとみなされるが（公職選挙法）、給与等の請求権につき救済を求める利益があるから。

講　義

1　狭義の訴えの利益の意義

　取消訴訟は**原告の権利・利益の救済**のために行われますので、取消訴訟を裁判所が審査した結果、処分を違法として取り消したとしても、それが現実的に原告の救済につながらないとすれば、そもそも行う意味がありません。したがって、取消訴訟の対象となっている処分が裁判の時点で完全に消滅・失効していたり、救済を受けるべき原告本人が裁判中に死亡したりした場合で、取消訴訟をやっても無意味といえるような場合は、「**（狭義の）訴えの利益がない**」として**却下**されます。

　この点につき、行訴法9条括弧書きは、「処分又は裁決の効果が期間の経過その他の理由によりなくなった後においてもなお処分又は裁決の取消しによって**回復すべき法律上の利益**を有する」ような場合であれば、取消訴訟は可能（却下されない）としており、この「回復すべき法律上の利益」の有無が問題になります。

　なお、用語の問題ですが、原告適格（Unit 41）と狭義の訴えの利益を合わせて（広義の）訴えの利益という場合がありますので、注意してください。

2　狭義の訴えの利益に関する判例

　では、狭義の訴えの利益の有無が問題になった判例の事案を見ていきます。

　Aの判例は、Xが自己が建築しようとしている建物に対して**建築確認**（建築基準法に基づき、建築物等の計画が建築関係法令に適合しているかどうかを着工前に審査する処分）を受けましたが、その隣地に居住する者が「違法建築物だ」と主張して当該建築確認の取消訴訟を提起しました。しかし、その時

行政事件訴訟法⑥（狭義の訴えの利益）

点で建物は**完成済み**だったという事例です。

判例は、建築確認は違法建築物の出現を**未然に防止**することを目的としており、それが取り消されたとしても検査済証（工事完了時に、その建物が建築基準法に適合していることを検査した証書）の交付拒否や違反是正命令を行政側に行わせる法的拘束力が生じるわけではないので、建物完成後は取消しを求める**訴えの利益は消滅**するとしました。

これと対照的なのが判例Bです。農業生産基盤の整備・振興のため、土地改良法に基づいて灌漑排水施設の設置や農用地の造成、農地の区画整理等を国や都道府県等が主体となって行う事業を**土地改良事業**といいますが、X県知事がY町に対して土地改良事業の施行認可を行いました。事業施行区域内に農地を所有するZは、当該土地改良事業に反対して**事業施行認可の取消訴訟**を提起しましたが、**その段階で土地改良工事および換地処分**（元の土地所有者に工事完了後の土地を割り当てる処分）**は完了**しており、社会通念上、仮に取り消されたとしても、土地を原状回復することが不可能な状態になっていたという事案です。

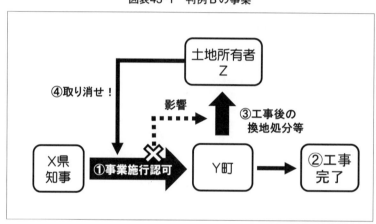

図表43-1　判例Bの事案

判例は、結論的に**訴えの利益は失われない**としました。というのは、事業施行認可の後に行われている**換地処分等は、事業施行認可が適法であることを前提**に行われていますので、取消訴訟で事業施行認可が違法と判断・宣言された場合、Zに対し、換地処分等に関して行政側から損害の塡補等が行われる可能性があります。そういう意味では、Zにとって全く利益がなくなったわけではないからです。

なお、事業施行認可を取消してしまうと原状回復義務が生じてしまいますが、それが不可能という点については、裁判で違法と判断された際に**事情判決**（Unit 46-2）を出し、違法である旨だけは判決で宣言した上で、取消しを行わなければ問題は生じません。

判例CとDは運転免許に関するものですが、結論は逆になっています。

Cは、**運転免許取消処分**を受けた者がそれを不服として取消訴訟を提起しましたが、取消処分を受けた**元の免許の有効期間が裁判中に経過**した場合です。この場合、仮に免許取消処分が取り消されたとしても、元の免許が失効してしまっているので、運転できる状態には戻ることができず、訴えの利益がないようにも見えますが、判例は、免許取消処分が取り消されたような場合には、元の免許の更新を行うことが可能であると解釈し、**訴えの利益を肯定**しました。

Dは、違反点数の累積によって30日間の**運転免許の停止処分**を受け、これを不服として取消訴訟を提起しましたが、裁判中に**処分から1年が経過した**という事案です。免停期間の終了によって元の運転できる状態に戻りますが、免停処分から1年間経過すると、更に処分が違反履歴としてその後カウントされなくなり、一切の法的不利益がなくなりますので、判例は**訴えの利益を否定**しました。原告側は、免停処分を受けた旨の免許の記載が原告の名誉・信用等を害しているとして、当該記載を「消す」という利益を主張しましたが、判例は**「事実上の効果に過ぎない(法的保護に値しない)」**として認めませんでした。

EとFはいずれも裁判中に原告が死亡した事例です。救済を受けるべき本人が死亡してしまっては、取消訴訟を行う意味が失われるように見えますが、本人が死亡しても**本人の権利を相続する者が**取消しによって利益を受けられるとすれば、**訴えの利益は失われません**。

Eは憲法の生存権(憲法25条)のところで出てくる朝日訴訟です。同事件では、裁判中に原告本人が死亡し、最高裁はそれによって**訴えの利益はなくなる**としました。というのは、同訴訟で問題になった**生活保護受給権**は生活保護を受ける者本人のみが主張し得る**一身専属の権利**であり相続の対象にならないからです。

Fは公務員が**懲戒免職処分**を受け、これを不服として取消訴訟を提起しましたが、裁判中に死亡した事案です。仮に本人が生きていた場合、懲戒免職処分が取り消されると、公務員の地位を回復したり、免職後に支払われなかった**賃金を請求**したりすることが可能になります。本人の死亡により前者は不可能になっていますが、後者は**相続人が相続**することができ、相続した遺族等が賃金を請求できるという利益があるからです。

Gは、わが国の永住権を持つ外国人が米国に留学するため、**出入国管理法の再入国許可**を申請したところ、外国人登録時の指紋押捺拒否を理由として**拒否処分**を受けました。そこで、当該拒否処分に対して取消訴訟を提起しましたが、その後再入国許可を受けないままわが国を出国したという事案です。

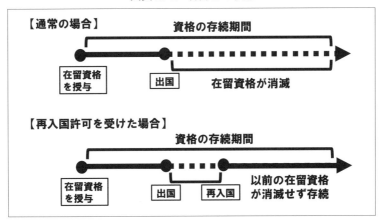

図表43-2 判例Gの事案

判例は、再入国許可の性質につき、通常は在留資格を有する者がわが国を出国した場合、在留資格が消滅してしまうところ、再入国許可は、新たな在留資格を与えるのではなく、わが国を出国したにもかかわらず、**以前の在留資格を存続させる処分**であるとしました。

そうだとすると、再入国許可を受けずに出国した場合、出国によって在留資格は消滅しており、消滅した権利を争っても無意味ですから、**訴えの利益はない**ということになります。

HはUnit 42で出てきた長沼訴訟（判例42-D）です。同判例では、周辺住民に原告適格は認められましたが、（狭義の）**訴えの利益は否定**されました。なぜならば、原告は保安林伐採による渇水や洪水の危険を理由に保安林指定解除処分の取消訴訟を提起しましたが、国は保安林伐採に際して保安林に代わるダム等の**防災設備（代替施設）**を設置しており、保安林が伐採されても渇水や洪水は起きない状態になっているので、回復すべき利益がないということです。

Iは、道路交通法違反があったとして運転免許更新の際に**一般運転者としての免許（ゴールド免許でない免許）の更新**を受けた者が、違反の事実はなく、**優良運転者としての免許（ゴールド免許）**の更新がなされるべきであるとして、一般運転者としての免許の更新処分に対して取消訴訟を提起した事案です。ゴールド免許であるという地位を回復することが「回復すべき法律上の利益」といえるかどうかの問題ですが、判例は、ゴールド免許であることによる更新手続上の優遇措置等を考えると、それを回復するための取消訴訟提起には、**訴えの利益がある**としました。

最後のJは、**公務員に対して懲戒免職処分**が行われ、その取消訴訟中に**原告が公職選挙に立候補**した事案です。公務員が公職選挙に立候補した場合、公職選挙法の規定によって公務員を辞職したものと見なされますので、仮に取消訴訟で免職処分が取り消されても公務員の地位は回復しません。ただし、懲戒免職によって得ることができなかった**給与の請求権**は失われませんので、その回復のためにも**訴えの利益は存続**するとされました。

練習問題43

次の問いに○×で答えよ。（解答は巻末にあります。）

1　建築確認は、それが取り消されることによって検査済証の交付拒否や違反是正命令をすべき法的拘束力が生じるため、建物完成後であっても訴えの利益が認められる。

2　土地改良工事が完了し、原状回復不能となった後の土地改良事業施行認可の取消訴訟であっても、換地処分等の効力に影響を与えることができるので、訴えの利益は失われないとするのが最高裁の判例である。

3　運転免許停止処分の期間が終了し、処分から1年間経過後の同処分への取消訴訟であっても、同処分がなされた旨の免許証の記載を除去する利益は法的保護に値し、取消訴訟提起が認められるとするのが最高裁の判例である。

4　懲戒免職処分を受けた公務員がその取消訴訟中に死亡した場合であっても、給与等の請求権が相続人に相続されることによって回復可能であるので、訴えの利益は失われないとするのが最高裁の判例である。

5　再入国許可は、新たな在留資格を授与する処分であるので、再入国許可申請に対する拒否処分に対して取消訴訟を提起した者が再入国許可を受けることなくわが国を出国した場合であっても、訴えの利益は認められるとするのが最高裁の判例である。

行政事件訴訟法⑦（取消訴訟の訴訟審理）

レジュメ

44-1 審理の対象
処分の違法性一般が審理の対象になる。また、裁量行為であっても、**裁量の逸脱・濫用**の場合は審理の対象になり、裁判所は処分を取り消すことができる。（行訴法30条）

44-2 違法性判断の基準時
取消訴訟係争中に法規の改廃や事実状態の変動があった場合、裁判所の判断すべきことは、係争の行政処分が違法に行われたかどうかの点であり、行政庁は改正後の法律によって行政処分をしたのではないから、裁判所は**処分時の法規や事実状態**を基準に違法性を判断すべきである。（最判昭和27年1月25日）

44-3 原告の主張制限
取消訴訟においては、本案審理において**自己の法律上の利益に関係のない違法**を理由として取消しを求めることができない（行訴法10条1項）。

44-4 審理手続
(1) 訴訟参加

裁判所は、**訴訟の結果により権利を害される第三者**がいるとき（行訴法22条）にはその者を、また**処分又は裁決をした行政庁以外の行政庁**を訴訟に参加させることが必要であると認めるとき（行訴法23条）にはその行政庁を**決定**をもって参加させることができる（行訴法23条）。

	参加の要件	決定
第三者の訴訟参加	裁判所の**職権**または当事者・第三者、参加する行政庁の**申立て**	裁判所の任意の判断で行う
行政庁の訴訟参加		

(2) 釈明処分の特則

裁判所は必要があると認めるときは、行政庁に対して、処分又は裁決の内容、根拠となる法令の条項、原因となる事実その他処分・裁決の理由を明らかにする資料の提出を求めることや当該処分への審査請求に係る事件の記録の提出を求めることができる（行訴法23条の2）。

(3) 職権証拠調べ

取消訴訟の結果は公益に重大な影響を及ぼすので、民事訴訟とは異なり、裁判所は**職権証拠調べ**（裁判所自らが証拠収集をすること）が可能である（行訴法24条）。ただし、その際は証拠調べの結果について当事者の意見を聞かなければならない。一方、行政不服審査のような**職権探知主義**は採用されていない（Unit 35-3）。

(4) 立証責任

当事者が要件事実について立証しないことによって裁判上不利益を受けることを「**立証責任**があ

る」という。当事者（原告・被告）のいずれが立証責任を負うのかについての明確な定めはなく、かつての通説は、原告が処分が違法であることの立証責任をすべて負うとしていた。ただし、次のような判例がある。

判例44-1　原子炉設置許可処分取消訴訟の立証責任（最判平成4年10月29日　伊方原発訴訟）
〔判旨〕原子炉設置許可処分についての取消訴訟においては、被告行政庁がした判断に不合理な点があることの主張、立証責任は、本来、原告が負うべきものと解されるが、当該原子炉施設の安全審査に関する資料をすべて被告行政庁の側が保持していることなどの点を考慮すると、被告行政庁の側において、まず、その依拠した具体的審査基準並びに調査審議及び判断の過程等、被告行政庁の判断に不合理な点のないことを相当の根拠、資料に基づき主張、立証する必要があり、被告行政庁がその主張、立証を尽くさない場合には、被告行政庁がした判断に不合理な点があることが事実上推認される。

講義

1　取消訴訟の訴訟審理対象

　取消訴訟の裁判審理は、基本的に民事訴訟法の規定が適用され、**民事裁判と同様の方法**で行われます。つまり、当事者（原告と被告）がお互いに証拠をあげて自己に有利な事実等を主張し、それに対して裁判官が判断（判決）を行います。

　ただし、取消訴訟のような行政訴訟では、裁判資料の圧倒的多くを行政機関が有していることから、事実上行政側が有利であり、また、**公益**に関わる処分を争いますので、一般の民事訴訟とは異なった一定の配慮が必要です。そこで、行政事件訴訟法には、一般の民事訴訟とは異なる扱いがなされる事項が書いてあります。以下では、それを中心に審理手続を見ていきます。

　まず、取消訴訟の審理の対象は、処分（又は裁決）の**違法性**、すなわち、処分が違法かどうかという点で、違法であると判断されれば、原則として原告の勝訴となり、違法でないと判断されれば、原告敗訴となります。不服申立ての場合（Unit 33-3）とは異なり、不当は審査対象になりません。

　なお、裁量行為については、「**裁量権の範囲をこえ（逸脱）又はその濫用があつた場合**」に限り、処分を違法として取り消すことができる（行訴法30条）のは、以前に説明したとおりです（Unit 14）。また、違法かどうかの判断は、「**処分時の法規や事実状態**」を基準として行われ、判決時の法令や事実状態は違法性の判断に影響を与えないということもすでに説明したとおりです（Unit 10-4）。

　取消訴訟では、「**法律上の利益**」を有する者のみに原告適格が認められ（Unit 41）、そのような者しかそもそも訴訟提起できませんでした。

　本案審理になってもこの点は同様で、原告が処分の違法・取消しを主張する際、**自己の法律上の利益に関係のない違法**を理由として取消しを求めることはできません（行訴法10条1項）。つまり、仮に処分に違法な点があったとしても、それが原告の権利を侵害しているとはいえない場合は、取消しを主張できません。

2　取消訴訟の審理手続

取消訴訟では、**訴訟参加**という制度があり、利害関係を有する第三者や処分庁以外で処分に関係する行政庁が裁判に参加し、証拠を提出したり、主張を述べたりすることができます（行訴法22条、23条）。民事訴訟法にも訴訟参加の制度がありますが、それとは別の行政事件訴訟法独特の制度です。

訴訟参加できるのは、「**訴訟の結果により権利を害される第三者**」つまり、処分が取り消されなければ自分も権利侵害を受けるといえる者、又は処分が取り消された場合は逆に自分が権利侵害を受けるという者と「**処分又は裁決をした行政庁以外の行政庁**」つまり、その処分に対して同意したり、あるいは処分庁に対して監督をしたりするなど、処分庁以外で処分に関わった行政庁です。

参加は裁判所による**決定**で行われますが、決定は、当事者や参加を希望する第三者・行政庁による申立て（参加を裁判所にリクエストすること）だけでなく、裁判所による**職権**（申立てはないが、裁判所が自らの判断で決すること）でも可能です。

図表44-1　取消訴訟の訴訟審理

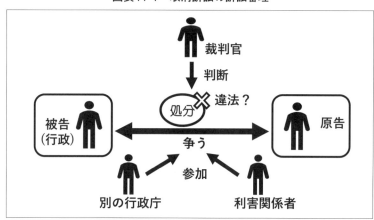

民事訴訟法には、訴訟関係を明確にするため、裁判所が訴訟書類や訴訟において引用した文書等を提出させることなどができるとする規定（**釈明処分**：民事訴訟法151条）がありますが、行政事件訴訟法では、さらにこの**特則**が規定されており（行訴法23条の2）、行政訴訟の審理の充実・迅速化のため、処分に関する資料一式を有している行政庁に対し、裁判所は、それら資料の提出を求めること等ができます。

Unit 35-3で民事裁判では弁論主義が採用されているが、審査請求の審理では、職権証拠調べができること、さらに職権探知も可能であるということを話しました。

取消訴訟ではこの点はどうでしょうか。取消訴訟も民事訴訟と同じく、**弁論主義が原則**であり、裁判に必要な資料や証拠の収集・提出は当事者が自己の責任において行います。しかし、一般の民事訴訟と違い、取消訴訟は公益と関わる処分の効力を争いますので、当事者の提出した証拠だけでは適正な判断ができないことがあります。そこで、弁論主義の補充のため、裁判所は当事者の意見を聞いた上で**職権証拠調べ**ができることになっています（行訴法24条）。

ただし、審査請求のように、さらに進んで**職権探知**まで認められるかというと、さすがに裁判ではこれは認められません。

裁判では、当事者のどちらか一方が、ある事実があったこと又はなかったことを証明しなければな

らず、それがなされなかった場合は、裁判で負けるなどの不利益を被ることになり、これを**立証責任**(**または証明責任**)と言います。

民事訴訟法には立証責任に関する明確な規定がなく、学説でも議論されていますが、一般に自己の有利な法効果の発生や現状の変更を主張する側が立証責任を負うとされています。

取消訴訟についても立証責任の規定が行政事件訴訟法になく、やはり学説の議論があるところですが、処分に関する資料等の証拠書類はほとんど行政側が有しており、しかも高度専門的・技術的事項については、一般国民である原告側にのみ立証責任を課すのは酷になる場合があります。

判例44-1(判例14-2と同じ判例)は、原発設置に反対する周辺住民が提起した**原子炉設置許可処分の取消訴訟**について、原発の安全性の判断について不合理がないことの立証責任を行政側に負わせ、**原告側の立証責任を軽減**しています。

練習問題44

次の問いに○×で答えよ。(解答は巻末にあります。)

1　取消訴訟係争中に法規の改廃や事実状態の変動があった場合、裁判所は口頭弁論終結時の法規や事実状態を基準に違法性を判断することになる。

2　取消訴訟の本案審理において、自己の法律上の利益に関係のない違法を理由として取消しを求めることはできない。

3　裁判所は、訴訟の結果により権利を害される第三者があるときは、当事者又はその第三者の申立てによってのみ、その第三者を訴訟に参加させることができる。

4　裁判所は必要があると認めるときは、行政庁に対して、処分等の内容、根拠となる法令の条項、原因となる事実その他処分等の理由を明らかにする資料の提出を求めることができる。

5　取消訴訟の結果は公益に重大な影響を及ぼすことから、裁判所は職権証拠調べが可能である他、職権探知も可能であると解されている。

Unit 45 行政事件訴訟法⑧(執行不停止と例外)

レジュメ

45-1 執行不停止の原則と例外

行訴法44条は、抗告訴訟について仮処分命令(民事保全法)を明文で排除しており、訴訟の提起は処分の効力や進行に妨げない(**執行不停止の原則**)。しかし、下記要件を満たす場合には裁判所が執行停止を決定することができる(行訴法25条)。※Unit 35-5と比較参照

	執行停止の要件	執行停止の方法
積極的要件	・原告からの**申立**があること(職権では不可) ・処分やその執行・手続の続行により生ずる**重大な損害**を避けるため**緊急の必要**があること	裁判所は、**決定**によって、処分の効力、処分の執行・手続の続行の停止(執行停止)をすることができる(※)。
消極的要件	・**公共の福祉に重大な影響**を及ぼすおそれがないこと ・本案について**理由がないとみえない**こと	

執行停止の決定が確定した後にその理由が消滅した等の場合、裁判所は、相手方(行政側)の**申立**てにより、決定によって、**執行停止の決定を取り消す**ことができる(行訴法26条)

※処分の効力の停止は、処分の執行・手続の続行の停止によって目的を達することができる場合には、することができない。

45-2 内閣総理大臣の異議

上記執行停止の申立てが原告から裁判所にあった場合や裁判所が執行停止の決定を行った場合、**内閣総理大臣**は、裁判所に対し、**異議を述べる**ことができる(行訴法27条)。

要件	その場合の効果
・**理由**(処分を続行しなければ、公共の福祉に重大な影響を及ぼす事情)を附すこと ・**やむをえない場合**であること ・次の**国会の常会**に異議を述べた旨を**報告**すること	裁判所は、**執行停止をすることができず**、また、すでに執行停止の決定をしているときは、これを取り消さなければならない。

※なお、上記内閣総理大臣の異議の制度には、権力分立の観点から違憲の疑いがあるという指摘が学説からなされている。

講　義

1　執行不停止の原則と例外

処分に対して審査請求があっても当該処分は不停止が原則であるが、例外として一定の要件の下に停止される場合があるという話を以前にしましたが（Unit 35-5）、取消訴訟も似たような制度になっています。

ある処分に対して取消訴訟が提起されたとしても、**処分の執行は停止されないのが原則**です（行訴法25条1項）。取消訴訟提起の度に処分を止めていたら、行政活動の停滞・遅延を招くからです。

ただし、取消訴訟提起にあたって、とりあえず処分を停止してあげないと原告が大きな損害を被ってしまう場合があります。そこで、例外として、一定の要件があれば、**裁判所が執行停止を決定してくれる場合があります**（行訴法25条2～4項）。その場合、決定には行政への拘束力がありますので、行政はその処分を停止する義務が発生します。

図表45-1　執行停止制度の全体像

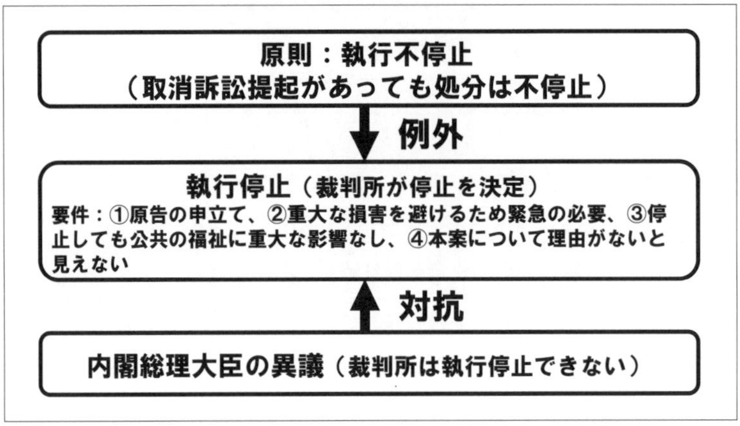

```
原則：執行不停止
（取消訴訟提起があっても処分は不停止）
           ↓ 例外
執行停止（裁判所が停止を決定）
要件：①原告の申立て、②重大な損害を避けるため緊急の必要、③停
止しても公共の福祉に重大な影響なし、④本案について理由がないと
見えない
           ↑ 対抗
内閣総理大臣の異議（裁判所は執行停止できない）
```

裁判所が執行停止を行うための要件は、次の①～④すべてがある時です。

まず、原告から裁判所に執行停止を求める**申立て**がなければ執行停止は行われません（①）。言い換えれば、裁判所の職権での執行停止は認められていません。

次に、処分を停止しないと、処分の執行等により**重大な損害**が生じるおそれがあり、それを避けるために**緊急の必要**があるといえなければなりません（②）。つまり、原告にとってどうしても処分を止めることが必要であると言えなければならないということです。以上の①と②は、その条件が「ある」ことが執行停止の条件になっていますので、**積極的要件**と言います。

また、仮に処分の執行が停止されたとしても、**公共の福祉（公益）**に重大な影響が「ない」こと（③）、**本案について理由がないと「みえない」**こと（④）も条件です。「ない」ことが執行停止の条件ですから、これを**消極的要件**と言います。④の意味はわかりにくいですが、「本案（処分が違法かどうかの判断）について理由がない（違法でない）とみえないこと」つまり、後の本案審理で処分が違法とされる可能性がほとんどないと見込まれるような場合は執行停止しないということです。

なお、要件①の**「重大な損害」**という文言は、平成16年法改正前は**「回復困難な損害」**となっていました。しかし、損害が回復困難とはいえないとして、実務上ほとんどの場合で執行停止が否定され

るという事態を招いたため、改正法では、回復の困難の程度に加えて損害の性質・程度や処分の内容・性質をも勘案（考慮）して決定することとし、文言も「重大な」に変更して要件を緩めました。

執行停止には、①**処分の効力停止**、②**処分の執行の停止**、③**手続の続行の停止**がありますが、不服申立て時の執行停止と同様に（Unit 35-5）、最も効果の強い①は、②③によって目的を達することができる場合はすることができません。

また、いったん執行停止の決定があった後でも、事情が変わったり、停止する必要性がなくなったような場合には、行政側の「執行停止を取り消せ（処分を続行に戻せ）」という**申立てによって裁判所が執行停止を取り消す**ことがあります（行訴法26条）。

2　内閣総理大臣の異議

裁判所の執行停止決定に対する行政側の対抗策として、**内閣総理大臣の異議**という制度があります（行訴法27条）。裁判所が執行停止を決定した場合に内閣総理大臣がそれに対して異議を述べた（反対した）場合、裁判所は執行停止の決定を取り消さなければなりませんし、また、原告側から執行停止の申立てがあった際に内閣総理大臣が異議を述べると、裁判所は執行停止の決定ができなくなります。要は、裁判所の行う執行停止決定を行政の長がつぶして**処分を続行に戻す**ことができるのです。

この制度については、執行停止決定も裁判所による司法権（憲法76条）の行使であり、それを行政の長がひっくり返すことができるとする制度は、司法権の侵害であり、**違憲ではないかという指摘**が学説上なされていますが、現行法では存置されています。また、乱発されては困りますので、これを行う際には、**理由**（異議を述べる必要性）を附すこと、**やむをえない場合**であること、次の**国会の常会**に異議を述べた旨を報告することという条件を総理大臣に付けています。

なお、昭和50年代以降、異議を述べた実例はなく、最近はこの制度は全く利用されていません。

練習問題45

次の問いに○×で答えよ。（解答は巻末にあります。）
1　処分の取消しの訴えの提起は、処分の効力、処分の執行又は手続の続行を妨げない。
2　処分の取消しの訴えの提起があった場合において、処分の執行等により生ずる回復困難な損害を避けるため緊急の必要があるときは、裁判所は、申立て又は職権により、執行停止を決定することができる。
3　執行停止は、公共の福祉に重大な影響を及ぼすおそれがあるとき、又は本案について理由がないとみえるときは、することができない。
4　執行停止の決定が確定した後に、その理由が消滅し、その他事情が変更したときは、裁判所は、相手方の申立て又は職権により、決定をもって、執行停止の決定を取り消すことができる。
5　執行停止の申立てがあった場合、内閣総理大臣は、裁判所に対し、異議を述べることができるが、執行停止の決定があった後においては、異議を述べることはできない。

行政事件訴訟法⑨（取消訴訟の判決）

レジュメ

46-1 取消訴訟の終了

取消訴訟は**判決**で終了する。また、原告は**訴えを取り下げる**ことも可能であり、訴えの取下げによっても訴訟は終了する。

46-2 判決の種類

ケース	裁決の種類	
訴訟要件がなく、**不適法**	**却下判決**	
理由がない（違法ではない）	**棄却判決**	
理由がある（違法である）	**認容判決**	処分・裁決を取り消す。
処分・裁決が**違法**であるが、これらを取り消すことにより**公の利益に著しい障害を生ずる場合**	**事情判決**	損害の程度等その他**一切の事情**を考慮し、処分・裁決を取消しすることが公共の福祉に適合しないと認めるときは、**請求を棄却**する（取り消さない）。この場合、判決の主文で、処分・裁決が**違法であることを宣言**しなければならない（行訴法31条1項）。（※）

※裁判所は、終局判決前に、処分・裁決が違法であることを宣言することができる。これを**中間違法宣言判決**という（行訴法31条2項）。

46-3 判決の効力

既判力	終局判決が確定すると、当事者および裁判所は、その訴訟の対象と**同一事項について異なる判断・主張ができなくなり**、裁判所で再び判断することはない。	すべての判決
形成力	取消判決によって**処分・裁決は当初からなかったものとなる**（遡及効）	認容判決のみ
第三者効（対世的効力）	処分が初めから行われなかったという効力（形成力）は原告・被告以外の**第三者にも及ぶ**（行訴法32条）。 <第三者の保護を図る制度> ①第三者の**訴訟参加制度**（行訴法22条） ②自己の責任でなく訴訟参加できなかった者は、確定判決を知った日から30日以内（または判決確定日から1年以内）に**再審の訴え**ができる（行訴法34条）	

効力	効力の内容	効力が生じる判決
拘束力	処分・裁決を取り消す判決は、その事件について、**行政庁を拘束**する（行訴法33条1項）。したがって、違法とされ、取り消された処分と同内容の処分を繰り返すことはできない（**反復禁止**）。 申請の却下や棄却裁決が違法を理由に判決で取り消されたときは、行政庁は判決の趣旨に従い、**改めて処分や裁決を行わなければならない**（行訴法33条2項）。	認容判決のみ

1 取消訴訟の終了

取消訴訟は、裁判所が**判決**を行うことによって終了するのが通常です。ただし、原告が**訴えを取り下げ**れば、裁判の途中でも終了し、その場合、訴訟は最初からなかったことになります。

2 判決の種類

取消訴訟の判決には、**却下判決**、**棄却判決**、**認容判決**、**事情判決**がありますが、これは審査請求への裁決の種類（Unit 36-2）と同じであり、「裁決」が「判決」に変わっただけです。

図表46-1 判決の種類

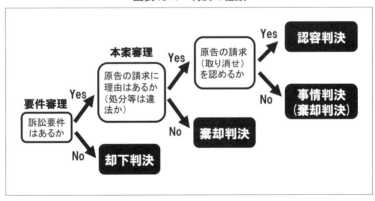

もう一度説明すると、**却下判決**は、訴訟要件を欠いている場合に、違法かどうかの審査をせずに門前払いする判決、**棄却判決**は、処分等は違法でないとして「取り消せ」という請求を棄却する判決（つまり、原告敗訴）、**認容判決**は、処分が違法であることを認め、「取り消せ」という原告の請求を認容する判決（つまり原告勝訴）です。さらに、事情裁決と同様に、違法であることを認めながら、公益のために取消しを行わない「**事情判決**」もあります（行訴法31条1項）。また、その際に**中間違法宣言判決**を出すことも可能です（行訴法31条2項）。これは、裁判の途中段階で処分が違法であることを宣言する判決で、これによって行政側が原告側に損害賠償を行う等の措置をとったかどうかが後に裁判所が事情判決を出す際の考慮要素にされます。

3 判決の効力

判決にはいくつかの効力があります。

まず、**既判力**とは、判決の確定によって、**当事者も裁判所もその訴訟の対象となった事項について異なる主張や判断ができなくなり**、裁判の蒸し返しが禁止されるという効力を言います。つまり、判決によって完全に決着がついたので、二度と裁判しないということです。民事訴訟で認められる効力ですが、取消訴訟でもあらゆる判決についてこの効力が認められます。

次に、**形成力**とは、判決によって処分が取り消された場合、**処分は処分時に遡って無効になる**（最初からなかったことになる）という効力で、**認容判決のみ**に認められる効力です。取消判決によってそのまま処分がなかったことになりますので、取消判決後に処分庁が職権取消しする必要もありません。

また、判決によって処分の効力が遡及的に消滅するという効力は、**原告・被告以外の第三者にも及び**、これを**第三者効（対世効）**と言います。つまり、原告は、処分が遡及的に無効になったということを第三者にも主張できるのです（行訴法32条）。

典型的な事例を挙げると、農地改革時に行政庁によって地主に対して農地買収処分が行われ、農地が取り上げられました。これを違法と考えた地主が取消訴訟を提起したところ、裁判所が買収処分を違法として取り消したとします。この場合、買収処分が遡ってなかったことになりますので、原告は農地を返せと主張できますが、行政だけでなく、その農地の売り渡しを受けた小作人（第三者）に対しても主張できます。

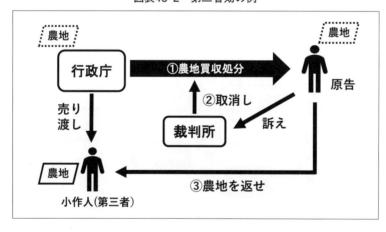

図表46-2　第三者効の例

一方、第三者は第三者効によって不測の損害を被る危険があります。

そこで、行政事件訴訟法は、**第三者の保護**を図る制度を二つ用意しています。一つは以前に学習した**第三者の訴訟参加制度**（Unit 44-4）で、利害関係を有する第三者は取消訴訟の際にこれに訴訟参加し、自己に有利な主張を行うことで、自己の利益を守ることができます（行訴法22条）。

もう一つは、**第三者の再審の訴え**で、**自己の責めに帰することができない理由により訴訟に参加することができなかった第三者**は、再審の訴えができます（行訴法34条）。これは、いったん確定した裁判のやり直しを認めるもので、既判力の例外です。この訴えは、判決を知った日から30日以内か判決が確定した日から1年を以内に提起する必要があります。

拘束力という効力もあります。

仮に裁判所が処分を違法として取り消しても、行政側が判決を無視して当該処分を続行していたり、判決で違法とされたやり方をその後も繰り返したりしていては、意味がありません。そこで、取消判決（認容判決）は、その事件について、**処分庁その他の関係行政庁を拘束**し、行政側は判決の趣旨に沿った行動を行う義務が生じます（行訴法33条1項）。これが拘束力です。

拘束力があることによって、判決で違法とされたやり方をその後同じ事情、同じ理由、同じ手続で行政が繰り返すことは禁止されます（**反復禁止**と言います）。

では、許認可の申請を行ったところ、拒否処分がなされ、これを不服として取消訴訟を提起したところ、**拒否処分の取消し**がなされた、という場合はどうなるのでしょうか。この場合、拒否処分が取り消されただけで、許認可が行われたわけではないことに注意してください。

このような場合は、拒否処分の取消しによって申請がなされた状態に戻りますので、**行政庁は改めて申請に対して許認可するかどうかの審査をやり直す**ことになります（行訴法33条1項）。ただし、その際、判決で違法とされたやり方の反復は禁止されますので、そのやり方はせずに審査します。そして、審査をやり直した結果、別の理由でふたたび拒否処分が行われることもあり得ます。

練習問題46

次の問いに○×で答えよ。（解答は巻末にあります。）

1. 取消訴訟は公益に関する訴訟であるので、原告が訴訟提起した後に訴えを取り下げることは認められない。
2. 処分又は裁決が違法ではあるが、これを取り消すことが公共の福祉に適合しないと認めるときは、裁判所は、判決主文において処分又は裁決が違法でないことを宣言し、請求を棄却することができる。
3. 処分又は裁決に対して取消判決があった場合、当該処分又は裁決は、処分庁または裁決庁によって取り消され、それによって初めてその効力が失われる。
4. 処分又は裁決を取り消す判決は、第三者に対しても効力を有し、第三者は、当該取消訴訟に訴訟参加することができる。
5. 許認可申請への拒否処分に対して取消判決があった場合、当該判決の拘束力により、行政庁によって許認可がなされたのと同一の状態になる。

Unit 47 行政事件訴訟法⑩（その他抗告訴訟1）

レジュメ

47-1 無効等確認の訴え
(1) 意義

処分・裁決の存否、その効力の有無の確認を求める訴訟を**無効等確認の訴え**という（行訴訟3条4項）。処分等に**重大明白な瑕疵**があり、**公定力・不可争力を欠く**と主張するもので、出訴期間の制限はない。

処分等が無効な場合は、争点訴訟や実質的当事者訴訟（Unit 49-1）によって処分が無効であることを前提とした**現在の法律関係を争う**ことができるので、無効確認訴訟は、それらの訴訟では目的を達成できない場合のみ提起できる（**補充性**）。

(2) 争点訴訟とは

処分の有効・無効を前提とする私法上の法律関係に関する訴訟を**争点訴訟**という。民事訴訟の一種として扱われるが、行政庁の訴訟参加など若干の規定が準用されている（行訴法45条）。

(2) 無効等確認訴訟の原告適格

下記いずれかに該当する者のみ原告適格が認められる（行訴法36条）。
①当該処分・裁決に続く処分により損害を受けるおそれのある者（**予防的無効確認訴訟**）

判例47-1　予防的無効確認訴訟（最判昭和51年4月27日）

〔判旨〕課税処分を受け、課税分を未だ納税していないため、滞納処分を受けるおそれがある場合、その課税処分の無効を争おうとする納税者は課税処分の無効確認訴訟を提起できる。

②当該処分・裁決の無効等の確認を求めるにつき**法律上の利益**を有する者で、当該処分・裁決の存否又はその効力の有無を前提とする**現在の法律関係に関する訴えによって目的を達することができないもの**（**補充的無効確認訴訟**）

判例47-2　補充的無効確認訴訟①（最判平成4年9月22日：もんじゅ訴訟）

〔判旨〕「現在の法律関係に関する訴えによって目的を達することができない」場合とは、当該処分に基づいて生ずる法律関係に関し、処分の無効を前提とする当事者訴訟又は民事訴訟によっては、その処分のため被っている不利益を排除することができない場合だけでなく、当該処分に起因する紛争を解決するための争訟形態として、当事者訴訟・民事訴訟と比較して無効確認を求める訴えのほうがより**直截的で適切な争訟形態であるとみるべき場合**をも意味する。

判例47-3　補充的無効確認訴訟②（最判昭和62年4月17日）

〔判旨〕土地改良事業で換地処分を受けた者が、当該処分は照応の原則に違反するとして無効を主張する場合、自己に対してより有利な換地が交付されるべきことを主張していることにほかならないのであって、当該換地処分の無効を前提とする従前の土地の所有権確認訴訟等の現在の法律関係

に関する訴えよりも、むしろ換地処分の無効確認を求める訴えのほうがより直截的で適切な争訟形態というべきであり、換地処分の無効確認訴訟提起が認められる。

(3) 取消訴訟との主な異同（取消訴訟の規定の準用：行訴法38条1～3項）

	取消訴訟の規定を準用するもの	取消訴訟の規定を準用しないもの
訴訟要件	・被告適格 ・裁判所管轄	**・出訴期間制限**（出訴期間制限なし） **・不服申立前置**（適用なし）
その他	・原処分主義　・執行停止制度 ・第三者・行政庁の訴訟参加 ・職権証拠調べ	・事情判決（適用なし）

47-2　不作為の違法確認の訴え
(1) 意義
　行政庁が**法令に基づく申請**に対し、**相当の期間内**に何らかの処分・裁決をすべきであるにかかわらず、これをしないことについての**違法の確認**を求める訴訟を**不作為の違法確認の訴え**という（行訴法3条5項）。

(2) 訴訟要件

要件	内容
原告適格	処分・裁決についての**申請をした者**に限り提起することができる（行訴法37条）。現実に申請した者であれば該当し、申請の適法・不適法は問わない。申請権は明文であるものに限らず、法令の解釈上認められれば足りる。
相当期間経過	行手法の標準処理期間を経過しても、直ちに相当期間を経過したとはいえない。
訴えの利益	訴訟係属中に行政庁が何らかの行為をすると訴えの利益が失われ、却下される。
出訴期間	**制限なし**。不作為状態が続く限り提起可能。

(3) 判決
　原告が勝訴した場合、判決には拘束力があり、**申請に対して何らかの行為**（応答）**を行う義務**が課せられる。（申請を認容し、許認可等を行う義務はない）。

講義

1　取消訴訟以外の訴訟類型

　これまで取消訴訟について詳しく見てきましたが、行政事件訴訟法は、取消訴訟を中心に規定しつつも、それ以外の行政訴訟についても規定しています。そこで、以下では取消訴訟以外の行政訴訟について見ていきます。

図表47-1　行政事件訴訟法の訴訟類型

主観訴訟	抗告訴訟	処分の取消訴訟	公権力の行使にあたる行為を取り消す
権利を侵害された国民個人の権利救済が目的	公権力の行使に関する訴訟	裁決の取消訴訟	審査請求の裁決を取り消す
		無効等確認訴訟	処分・裁決の存否、効力の有無を確認
		不作為の違法確認訴訟	申請に対する不作為の違法を確認
		義務付け訴訟	行政庁に処分を行うことを義務付ける
		差止め訴訟	行政庁の処分を差し止める
	当事者訴訟	形式的当事者訴訟	処分等に関する訴訟で法律関係の当事者の一方を被告とするもの
		実質的当事者訴訟	公法上の法律関係に関する訴訟
客観訴訟 客観的な法秩序の維持が目的		民衆訴訟	行政機関の違法行為の是正を要求（住民訴訟など）
		機関訴訟	行政機関相互の間の紛争の訴訟

　主観訴訟とは、**自己の侵害された権利・利益を回復するための訴訟**ですが、このうち、抗告訴訟は、処分などの**公権力行使に関する訴訟**です。以下では、取消訴訟以外の抗告訴訟について見ていきます。

2　無効等確認訴訟

　無効等確認訴訟は、処分・裁決の存在・不存在、有効・無効の確認を求める訴訟のことで、処分等がそもそも「ある」「ない」とか「有効である」「（重大明白な瑕疵があり）無効である」といったことを争うことができる訴訟です（行訴法3条4項）。このうち、重要なのは無効確認訴訟ですから、以下はこれを説明します。

　無効確認訴訟は、処分に重大明白な瑕疵があり、無効であることを判決で確認してもらうための訴

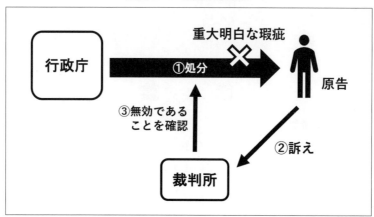

図表47-1　無効確認訴訟

訟です。ただし、処分が無効であれば、誰でも提起できるわけではなく、原告適格が制限されています（行訴法36条）。

処分に重大かつ明白な瑕疵があり、無効と言える場合には、そもそも**公定力がない**のですから、取消しをしなくても最初から無効です（Unit 9）。したがって、処分によって失った権利や法的地位を裁判で回復したければ、処分が無効であることを前提に**現在の法律関係を争う**（失った権利や法的地位自体が「ある」ということを確認してもらうなど）ことで目的が達成できます。

例えば、農地買収処分に重大明白な瑕疵がある場合に、買収されて失った農地を取り返そうとする場合や重大明白に違法な懲戒免職処分によって公務員の地位を失った者が公務員の地位を回復しようとする場合、前者では、買収処分が無効であることを前提に「農地の所有権確認訴訟」という民事訴訟（このような訴訟を**争点訴訟**と言います）を提起し、また、後者では、懲戒免職処分の無効を前提に「公務員の地位の確認訴訟」を**実質的当事者訴訟**（Unit 49-1）で争います。

図表47-2　現在の法律関係を争う訴訟

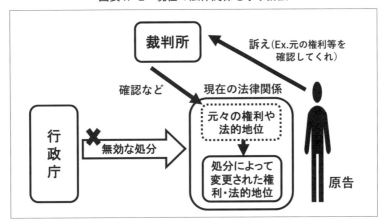

無効確認訴訟は、処分が無効な場合に、上記のような**現在の法律関係を争うのでは救済目的が達成できない者**が提起することが許されます（これを**補充性**といいます）。行訴法36条では、次の二つのケースいずれかに該当する者に原告適格を認めました。

一つ目は、「**無効な処分等に続く処分により損害を受けるおそれのある者**」で、例えば、課税処分を受けたが、無効と考え支払わなかったところ、税務署が滞納処分（強制徴収）を行おうとしているので、それを防ぐために無効を確認したい場合（判例47-1）です。これを**予防的無効確認訴訟**と言います。

二つ目は、処分に対して①**法律上の利益を有する者**であり、②**現在の法律関係に関する訴えによって目的を達することができない**という2つの条件を満たしている場合で、これを**補充的無効確認訴訟**と言います。①の要件は、取消訴訟の原告適格（Unit 41）と同じ文言ですので、「処分の根拠法令が原告の利益を直接保護する趣旨があること」という意味です。②は、先ほど説明した、争点訴訟や実質的当事者訴訟では救済目的が達成できないということです。

ただし、判例によると、②は緩めて解釈されており、争点訴訟や実質的当事者訴訟では救済目的が達成不可能な場合しかできない、という意味ではなく、「当事者訴訟・民事訴訟と比較して無効確認を求める訴えのほうがより**直截的で適切な争訟形態**」である場合（よりストレートな解決・救済に結び

つく場合）もこれに該当します（判例47-2）。例えば、土地改良工事が終了後、換地処分を受けましたが、与えられた土地の価値が低く、換地処分が重大明白に違法であると考え（照応の原則に違反）、より経済的価値が高い土地を求めて争う場合（判例47-3）、土地改良工事前の土地の所有権の確認訴訟が可能ですが、工事によって以前の土地は失われており、あまり意味がありません。むしろ無効確認訴訟で処分の無効を確認し、判決の拘束力（Unit 46-3）によって換地処分をやり直してもらった方がよりストレートな解決・救済につながりますので、無効確認訴訟が可能としました。

　なお、取消訴訟と無効等確認訴訟との異同をレジュメに記載しておきましたので参照してください。取消訴訟の規定を準用し、同じ扱いがなされる規定もありますが、最大の違いは、**出訴期間制限がない**ことです。現実には、取消訴訟の出訴期間を徒過してしまった者が「最後の手段」として無効等確認訴訟を提起することが多いようです。

3　不作為の違法確認訴訟

　不作為の違法確認訴訟は、許認可等を申請したにもかかわらず、行政庁が**相当の期間経過後**も申請に対する**処分**（許認可処分や拒否処分など）**を行わない**場合に、それが**違法であることの確認**を求める訴訟です（行訴法3条5項）。要は、不作為に対する審査請求（Unit 33-5）の訴訟版だと思ってください。

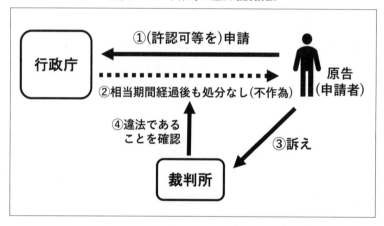

図表47-3　不作為の違法確認訴訟

　まず、訴訟提起できる者、つまり原告適格がある者は**申請者に限定**されます（行訴法37条）ので、それ以外の第三者が提起しても却下されます。

　なお、**不適法な申請をした者でも提起が可能**です。なぜならば、法令の要件に該当しない不適法な申請に対しては、行政庁は却下するか補正を命じる義務がありますので（Unit 24-3）、それをしないのは違法だからです。もちろん、そもそも原告に申請権がなければなりませんが、法律で明記されている場合だけでなく、法令が申請権を認めていると解釈できる場合も原告適格が認められます。

　また、**出訴期間制限はありません**。これは、不作為に対する審査請求に申立期間制限がないのと同じ理由です（Unit 34-4）。ただし、申請から相当期間が経過していなければ、却下されます。

　狭義の訴えの利益に関し、この訴訟を行っている最中に行政庁が（行っていなかった）処分等を行った場合は、訴訟の意味がなくなりますので、却下されます。

原告がこの訴訟に勝訴した場合、**不作為が違法**である旨が判決で**確認**され、その拘束力によって行政庁には**何らかの行為**（許認可処分や拒否処分などの応答）**を迅速に行う義務**が発生します。義務付け訴訟（Unit 48）のように許認可処分を行うことが義務付けられるわけではないので、注意してください。

練習問題47

次の問いに○×で答えよ。（解答は巻末にあります。）

1　処分等が無効である場合、現在の法律関係に関する訴えによって目的を達することができる場合であっても無効等確認訴訟を提起することが許される。

2　無効な課税処分を受け、その後滞納処分を受けるおそれがある者は、滞納処分を予防するために無効確認訴訟を提起することができるとするのが最高裁の判例である。

3　無効確認訴訟が提起できるのは、現在の法律関係を争うのでは不利益を排除することができない場合に限定されるので、無効確認を求める訴えのほうがより直截的で適切な争訟形態にすぎない場合は提起できないとするのが最高裁の判例である。

4　不作為の違法確認訴訟は、法律上の利益を有する者ならば提起することができ、申請者に限定されない。

5　不作為の違法確認訴訟にいう「申請」は適法なものに限定され、申請自体が不適法である場合は提起できない。

Unit 48 行政事件訴訟法⑪（その他抗告訴訟2）

レジュメ

48-1 義務付けの訴え

行政庁に対してある処分・裁決をすべき旨を命ずることを求める訴訟を「**義務付けの訴え（義務付け訴訟）**」といい、次の2つのパターンのものを提起することができる（行訴法3条6号）。申請型はさらに2つに区分される。

訴訟パターン	内容	区分（行訴法37条の3第1項）
申請型（申請満足型）	行政庁に対し一定の処分・裁決を求める旨の法令に基づく**申請又は審査請求**がされた場合において、行政庁がその処分・裁決をすべきであるにかかわらずこれがされないとき（行訴法3条6項2号）。	申請・審査請求に対し相当の期間内に何らの処分・裁決がされない場合（**不作為型**）
		申請・審査請求を却下・棄却する旨の処分・裁決がされた場合において、当該処分・裁決が取り消されるべきもの（又は無効・不存在）である場合（**拒否処分型**）
非申請型（直接義務付け型）	**上記の場合以外**で、行政庁が一定の処分をすべきであるにもかかわらずこれがされないとき（行訴法3条6項1号）。	

48-2 申請型義務付け訴訟

(1) 主な訴訟要件（行訴法37条の3第2項～第3項、第6項）

要件	内容
原告適格	法令に基づく**申請・審査請求をした者**に限り提起することができる。
併合提起	各区分に応じ、次の訴訟を義務付け訴訟に**併合して提起**すること（※）。なお、これら訴訟と義務付け訴訟の弁論・裁判は、分離しないでしなければならない。
	不作為型の場合 / 処分・裁決に係る**不作為の違法確認**の訴え
	拒否処分型の場合 / 処分・裁決に係る**取消訴訟又は無効等確認**の訴え

※裁判所は、迅速な争訟の解決に資すると認めるときは、併合して提起された訴訟についてのみ終局判決をすることができる。

(2) 申請型義務付け訴訟の本案勝訴要件

裁判所は、下記の要件がいずれも満たされたと認めた際には、その義務付けの訴えに係る処分・裁決をすべき旨を命ずる判決をする（行訴法37条の3第5項）。
①併合提起された訴えに**理由がある**と認められること
②その義務付けの訴えに係る処分・裁決につき、行政庁が**その処分・裁決をすべきである**ことがその処分・裁決の根拠となる**法令の規定から明らか**であると認められ、又は行政庁がその処分・裁決を

しないことがその裁量権の逸脱・濫用となる（裁量がある場合）と認められること

48-3　非申請型義務付け訴訟（直接義務付け訴訟）
(1)　主な訴訟要件（行訴法37条の2第1項〜第3項）

要件	内容
重大な損害と補充性	一定の処分がされないことにより**重大な損害を生ずるおそれ**（※）があり、かつ、その損害を避けるため**他に適当な方法がないこと**（**補充性**）
原告適格	処分をすべきことを求めるにつき**法律上の利益**を有する者であること

※裁判所は、重大な損害を判断するに当たっては、損害の回復の困難の程度を考慮し、損害の性質・程度、処分の内容・性質をも勘案するものとする。

(2)　非申請型義務付け訴訟（直接義務付け訴訟）の本案勝訴要件

　その義務付けの訴えに係る処分につき、行政庁がその**処分をすべきであること**がその処分の根拠となる**法令の規定から明らか**であると認められ、又は行政庁がその処分をしないことがその**裁量権の逸脱・濫用**となる（裁量がある場合）と認められること（行訴法37条の2第5項）。

48-4　差止めの訴え
(1)　差し止めの訴えの意義

　行政庁が一定の処分・裁決をすべきでないにかかわらずこれがされようとしている場合において、行政庁がその処分・裁決をしてはならない旨を命ずることを求める訴訟を「**差止めの訴え（差止訴訟）**」という（行訴法3条7項）。

(2)　差止訴訟の主な訴訟要件（行訴法37条の4第1項〜第3項）

要件	内容
重大な損害と補充性	一定の処分・裁決がされることにより**重大な損害を生ずるおそれ**（※）があり、かつ、その損害を避けるため**他に適当な方法がないこと**（**補充性**）。
蓋然性	一定の処分・裁決がされる蓋然性があること
原告適格	処分・裁決の差止めを求めるにつき**法律上の利益**を有する者であること

※裁判所は、重大な損害を判断するに当たっては、損害の回復の困難の程度を考慮し、損害の性質・程度、処分の内容・性質をも勘案するものとする。

判例　差止訴訟の訴訟要件49-1（最判平成24年2月9日）

〔判旨〕差止めの訴えの訴訟要件としての「重大な損害を生ずるおそれ」があると認められるためには、処分がされることにより生ずるおそれのある損害が、処分がされた後に取消訴訟等を提起して執行停止の決定を受けることなどにより容易に救済を受けることができるものではなく、処分がされる前に差止めを命ずる方法によるのでなければ救済を受けることが困難なものであることを要する。

(3)　差止め訴訟の本案勝訴要件（行訴法37条の4第5項）

　その差止めの訴えに係る処分につき、行政庁がその**処分・裁決をすべきでないこと**がその処分の根

拠となる**法令の規定から明らか**であると認められ、又は行政庁がその処分をすることがその**裁量権の逸脱・濫用**となる（**裁量がある場合**）と認められること。

48-5 仮の義務付け・仮の差止め制度

　義務付けの訴えや差し止めの訴えの提起があった場合において、下記要件を満たした場合は、裁判所が仮の義務付け・仮の差止め決定をすることができる（行訴法37条の5）。

	要件	方法
積極的要件	・訴えに係る処分等がされない（又はされる）ことにより生ずる**償うことのできない損害**を避けるため緊急の必要があること ・原告からの**申立て**があること（職権では不可） ・**本案について理由があるとみえる**こと	裁判所は、**決定**によって、仮に行政庁がその処分等をすべき旨（仮の義務付け）又はしてはならない旨（仮の差止め）を命ずることができる。
消極的要件	・**公共の福祉に重大な影響**を及ぼすおそれがないこと	
仮の義務付け・仮の差止めの決定が確定した後にその理由が消滅した等の場合、裁判所は、相手方（行政側）の申立てにより、決定によって、仮の義務付け・仮の差止めの決定を取り消すことができる。		

※なお、仮の義務付け・仮の差止め決定に対しては、執行停止決定と同様（Unit 45-2）に、**内閣総理大臣が異議を述べる**ことができる。

講義

1　義務付け訴訟の意義

　義務付け訴訟と差止訴訟は、いずれも平成16年法改正で新たに法定されたもので、改正前は「法定外（無名）抗告訴訟」としてその可否が議論されていました。

　違法な処分を取り消したり、無効を確認したり、処分を行わないことの違法を確認したりすることは従来からできました。**義務付け訴訟**は、さらに積極的に、行政に対して「**ある処分（あるいは裁決）を行え**」と判決で命じてもらうことができるというものです。

　義務付け訴訟は2つの類型があり、両者は使う場面が異なります（行訴法3条6項）。

　1つ目は、**申請型（申請満足型）義務付け訴訟**とよばれるもので（行訴法37条の3）、行政庁に対し法令に基づく許認可申請や審査請求をしましたが、①相当の期間内に何らの処分や裁決がされない場合（**不作為型**と言います）や、②申請等に拒否処分（審査請求ならば、却下・棄却裁決）がされた場合（**拒否処分型**と言います）に提起する義務付け訴訟です。

　法改正前は、①の場合は不作為の違法確認訴訟（Unit 47-2）を提起して争い、②の場合は拒否処分への取消訴訟や無効確認訴訟（Unit 47-1）で争いました。しかし、原告が勝訴したとしても、それによって直接許認可処分等が行われるわけではありませんでした。しかし、この申請型義務付け訴訟に勝訴すれば、判決によって行政庁に「許認可処分を行え」などと命令してくれます。

図表48-1 申請型義務付け訴訟

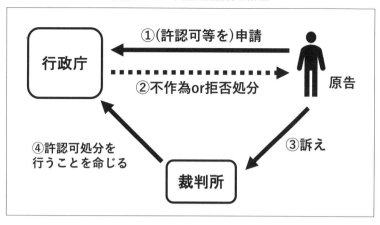

　もう一つの義務付け訴訟は、**非申請型（直接義務付け訴訟）**と言い、申請型義務付け訴訟以外の場面で義務付けを求める訴訟です（行訴法3条6項1号）。

　以下でそれぞれの主な訴訟要件等を見ていきます。

2　申請型義務付け訴訟

　申請型義務付け訴訟は、**申請者や審査請求をした者にのみ**原告適格があり、第三者が提起しても却下されます（行訴法37条の3第2項）。

　また、**併合提起**（1つの訴えで複数の請求を行う）をすることという訴訟要件もあり、不作為型の申請型義務付け訴訟を提起する際には、**不作為の違法確認訴訟と併合提起**すること、拒否処分型の申請型義務付け訴訟を提起する場合には**拒否処分への取消訴訟か無効等確認訴訟を併合提起**しなければ却下されます（行訴法37条の3第3項）。つまり、申請型義務付け訴訟だけの提起はできず、従前からある訴訟とセットでしか提起できないのです。

　そして、裁判所は申請型義務付け訴訟と併合提起された訴訟をセットで審査し、原告の主張を認める場合は、①併合提起された訴訟のみを認め（不作為の違法確認や拒否処分の取消し等のみを行う）、義務付けは行わない、②義務付けを行う、のいずれかを選択します。

　原告が裁判で勝訴判決を得るための条件を**本案勝訴要件**と言いますが、申請型義務付け訴訟では、最低限の条件として、**併合提起された訴訟に理由がなければなりません**。つまり、不作為が違法である（不作為型）とか拒否処分が違法である（拒否処分型）と言えなければなりません。

　さらにそれだけではなく、「行政庁がその処分等をすべきであることがその処分等の根拠となる**法令の規定から明らかであると認められる**」又は「（裁量行為の場合は）行政庁がその**処分・裁決をしない**ことがその**裁量権の逸脱・濫用となると認められる**」と言えなければ、義務付け判決は出ません（行訴法37条の3第5項）。

　取消訴訟では、処分が違法と言えるだけで原告は勝訴できますが、義務付け訴訟ではそのハードルを高くしているのです。

3　非申請型義務付け訴訟

　申請型義務付け訴訟以外の義務付け訴訟を**非申請型義務付け訴訟（直接義務付け訴訟）**と言います。

例えば、原子力発電所の原子炉が原子炉等規制法の基準を満たしておらず、重大な事故を起こしかねない状態であると考えた周辺住民が原告となって、原子力規制委員会が原子炉施設の使用停止命令を出すように義務付けることを求める訴訟を提起するような場合のように、**原告が自分以外の者に不利益な処分を行うように求める場合**が典型的なケースです。

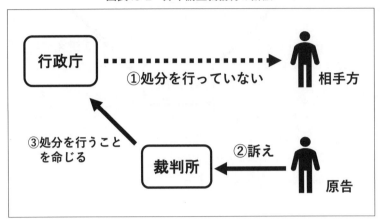

図表48-2　非申請型義務付け訴訟

　訴訟要件としては、ある処分がされないことにより**重大な損害**が生じるおそれがあり、しかも、損害を避けるために**義務付け以外に適当な方法がない（補充性）**と言えなければなりません。したがって、法律等で他に救済手段が用意されているような場合は提起できません（行訴法37条の2第1項）。
　次に、原告適格は取消訴訟と同じ**法律上の利益を有する者**ですので、処分の根拠法令が原告の利益を直接保護する趣旨があれば、第三者でも当然提起できます（行訴法37条の2第3項）。
　非申請型義務付け訴訟の本案勝訴要件は、申請型と同じく「行政庁がその処分等をすべきであることがその処分等の根拠となる法令の規定から明らかであると認められる」又は「（裁量行為の場合は）行政庁がその処分・裁決をしないことがその裁量権の逸脱・濫用となると認められる」に該当することです（行訴法37条の2第5項）。

4　差止訴訟

　義務付け訴訟（「処分・裁決を行え」と命じる）とは逆に、「処分・裁決を行うな」と行政に命じてもらうことを求める訴訟が**差止訴訟**です（行訴法3条7項）。例えば、職務命令違反があったとしてある公務員に対して懲戒処分が行われようとしているときに、処分が行われないように提起するような場合です。
　差止訴訟の訴訟要件は、非申請型義務付け訴訟と似ており、「しない」と「する」が入れ替わっただけです。つまり、ある処分が「**される**」ことにより**重大な損害**が生じるおそれがあり、しかも、損害を避けるために**差止め以外に適当な方法がない（補充性）**と言えること、そして、原告適格も同じ**法律上の利益を有する者**です（行訴法37条の4第1項、第3項）。また、そもそも行われる可能性がない処分・裁決を差し止めても意味がありませんので、ある処分・裁決が行われる「**蓋然性（行われるであろう可能性・確実性）**」も必要になります。
　なお、判例49-1は、入学式・卒業式での起立・国歌斉唱およびそのピアノ伴奏を命じる職務命令を

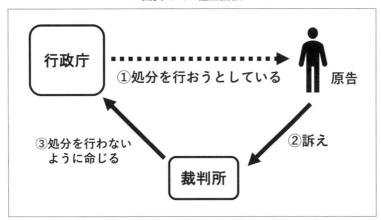

図表48-3　差止訴訟

学校長から受けた公立学校の教職員が、当該職務命令に従わず、懲戒処分を受けましたが、その後も懲戒処分が反復継続して行われ、その蓄積によって今後処分が次第に重くなる危険があるとしてその差止訴訟を提起したという事例です。判例は、「重大な損害を生ずるおそれ」の意義についての判旨のように説明した上で、今回の事案はこれに該当することを認めました（なお、訴訟要件を認めただけで、本案審理で差止めは認めませんでした）。

差止訴訟の本案勝訴要件は、非申請型義務付け訴訟のそれの文言を一部逆に入れ替えただけです。つまり、「その処分・裁決を**すべきでない**ことがその処分の根拠となる**法令の規定から明らかである**」又は「その処分を『**する**』ことがその**裁量権の逸脱・濫用**となる（裁量がある場合）と認められること」です（行訴法37条の4第5項）。

5　仮の義務付け・仮の差止め制度

義務付け訴訟・差止訴訟が法定されたことに合わせて、**仮の義務付け・仮の差止め制度**も法定されました（行訴法37条の5）。取消訴訟提起時に判決が出るまでの仮の救済として処分を停止させる執行停止制度（Unit 45）がありましたが、それと同様に、義務付け訴訟・差止訴訟提起時に判決が出るまでの仮の救済として仮に義務付け・差止めを行うものです。

仮の義務付け・差止めが認められるための要件は、取消訴訟の執行停止の要件（Unit 45-1）と比較しながら見ると有益です。結論から言えば、執行停止よりも一部の要件のハードルが上げられています。

執行停止の「重大な損害を避けるため緊急の必要」という文言は、「**償うことのできない損害**を避けるため緊急の必要」という文言に変わっています。これは、「重大な損害」や「回復困難な損害」よりもさらにハードルが高く、金銭賠償等を後に行うことでは償えないような損害という意味です。

また、「本案に理由がないと見えないこと」という執行停止の要件は、「**本案について理由があるとみえること**」という積極的な要件に変わっています。これは、「後に原告が勝訴し、義務付け・差止めが行われる見込みがあること」という意味で、原告の側でそれを裁判官に示さなければなりません。

なお、申立てによってのみ可能である点や、決定に対して内閣総理大臣の異議の制度がある点などは、執行停止と同様です。

練習問題48

次の問いに○×で答えよ。(解答は巻末にあります。)

1　申請型義務付け訴訟は、処分がされないことにより重大な損害を生ずるおそれがあり、かつ、その損害を避けるため他に適当な方法がないときに限り、申請者が提起することができる。

2　申請型義務付け訴訟を提起する際には、不作為の違法確認訴訟や処分・裁決の取消訴訟又は無効等確認訴訟と併合提起をしなければならない。

3　非申請型義務付け訴訟は、一定の処分がされないことにより重大な損害を生ずるおそれがあり、かつ、その損害を避けるため他に適当な方法がないときに限り、提起することができる。

4　差止訴訟は、一定の処分がされることにより重大な損害を生ずるおそれがあれば提起することができ、その損害を避けるため他に適当な方法があっても提起することができる。

5　義務付け訴訟に係る処分等がされないことにより生ずる回復困難な損害を避けるため緊急の必要がある場合でないと仮の義務付けはなされない。

Unit 49 行政事件訴訟法⑫（当事者訴訟と客観訴訟）

レジュメ

49-1 当事者訴訟

行訴法4条の規定する下記2つの訴訟を当事者訴訟という。取消訴訟に関する規定の準用も少なく、ほとんど民事訴訟法が適用される。

名称	意義	実例
実質的当事者訴訟	公法上の法律関係に関する**確認の訴えその他の公法上の法律関係に関する訴訟**	・公法上の地位・身分（公務員・国立大生の地位、選挙権や国籍を有すること）の確認訴訟 ・公法上の金銭債権（公務員の給与・損失補償金）の支払請求訴訟
形式的当事者訴訟	当事者間の法律関係を確認・形成する**処分・裁決に関する訴訟**で法令の規定によりその**法律関係の当事者の一方を被告**とするもの	・土地収用時に収用委員会が行った収用裁決に**損失補償額について不服があるとき** （収用委員会の収用裁決への取消訴訟等でなく起業者・被収用者で争う）

49-2 客観訴訟

個人の利益回復のための訴訟を主観訴訟というのに対し、**行政の客観的な公正の確保**を求める訴訟を**客観訴訟**という。客観訴訟は、**法律上の争訟**（裁判所法3条）**にあたらない**ので、法律で特に許された場合のみ例外的に提起できる。

名称	意義	実例
民衆訴訟	国・公共団体の機関の法規に適合しない行為の是正を求める訴訟で**自己の法律上の利益にかかわらない資格**で提起するもの（行訴法5条）。	・地方自治法の**住民訴訟**（地方自治法242条の2） ・公職選挙法の選挙無効・当選無効訴訟
機関訴訟	**国・公共団体の相互間**の権限の存否またはその行使についての紛争に関する訴訟（行訴法6条）。	・地方公共団体の長と議会の間の紛争の訴訟（地自法176条7項） ・国の関与に対して地方公共団体の機関が取消し等を求める訴訟（地自法251条の5） ・代執行訴訟（地自法245条の8第3項）

49-3 住民訴訟（地方自治法242条の2）

(1) 住民訴訟の意義

住民は、長や執行機関等の違法・不当な財務会計上の行為等に対して監査請求を行うことができ

（住民監査請求：地自法242条）、その結果や措置等に不服がある場合は、その後さらに裁判所に住民訴訟を提起することができる。先に住民監査請求を行っていないと住民訴訟は提起できない（監査請求前置主義）。

(2) 住民訴訟の内容

出訴可能な者と場合	①監査委員の監査結果・勧告に不服な場合、②監査・勧告が60日以内に行われない場合、③長などの措置に不服な場合に**住民監査請求を行った者のみ出訴可能**（**民衆訴訟の一種**）
請求・出訴の対象	・長・委員会・委員・職員が行った**財務会計上の行為**（公金の支出等） ・財産管理・公金の賦課徴収について**怠る事実** ※上記が**違法な場合のみ**（不当な行為は不可）
請求できる内容	①当該行為の全部又は一部の差止め ②当該行為の取消し又は無効確認 ③当該怠る事実の違法確認 ④執行機関・職員に対して、当該行為・怠る事実についての**損害賠償又は不当利得返還の請求を職員等に求めることの義務付け**

1　当事者訴訟

当事者訴訟とは、「当事者間の法律関係を確認し又は形成する処分又は裁決に関する訴訟で法令の規定によりその法律関係の当事者の一方を被告とするもの」（**形式的当事者訴訟**）と「公法上の法律関係に関する確認の訴えその他の公法上の法律関係に関する訴訟」（**実質的当事者訴訟**）を総称したものです（行訴法4条）。

自己の権利・利益を回復する主観訴訟という点では抗告訴訟と同じですが、抗告訴訟は行政が公権力の行使として行った処分に関する訴訟であるのに対し、当事者訴訟は原告と被告が民事訴訟と同様に**対等な立場で争う**点が異なります。

以下実質的当事者訴訟と形式的当事者訴訟をそれぞれ説明します。

2　実質的当事者訴訟

公法上の法律関係に関する確認の訴えその他の公法上の法律関係に関する訴訟を**実質的当事者訴訟**と言います。

民事訴訟では、貸金返還請求や家屋の明渡請求のように、ある権利に基づいて特定の行為をすること又はしないことを求める訴えを**給付の訴え**と言い、土地の所有権を有することの確認や親子関係があることの確認のように、ある権利や法律関係の有無の確認を求める訴えを**確認の訴え**と言います。

実質的当事者訴訟は、ある権利や法律関係が私法上の権利ではなく、**公法上の権利・法的地位**の場合に給付の訴えや確認の訴えを行うものです。例えば、懲戒免職になった公務員が免職処分が無効であることを前提に公務員の地位（公法上の法的地位）があることの確認や未払いの給与・退職金の支

払を求める訴訟は実質的当事者訴訟です。

他にも、日本国籍を有することの確認訴訟や公職選挙の際に投票できる地位があることの確認訴訟などが実質的当事者訴訟として認められています。

実質的当事者訴訟は、争われる権利や法的地位が公法上のものというだけで、ほとんど民事訴訟と変わりませんので、取消訴訟の規定で準用されているのは、行政庁の訴訟参加や職権証拠調べ、判決の拘束力などわずかです。

3　形式的当事者訴訟

形式的当事者訴訟とは、「当事者間の法律関係を確認・形成する**処分・裁決に関する訴訟**で法令の規定によりその**法律関係の当事者の一方を被告とするもの**」と定義されています。「処分・裁決に関する訴訟」ですので、本来は取消訴訟などの抗告訴訟を行うべきものですが、当事者が対等に争い合う当事者訴訟で行った方が適切であると考え、法令の規定で当事者訴訟の方式にされたものです。

典型的な例としては、**土地収用裁決に関して起業者と土地所有者（被収用者）の間で補償金額について争う場合**が挙げられます。

図表49-1　形式的当事者訴訟の例

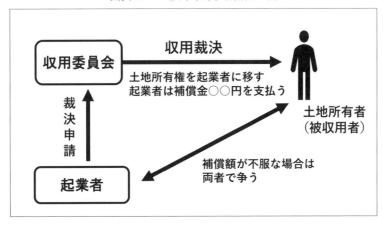

公共事業のために土地の取得が必要な場合、違法性の承継（Unit 10）の説明で出てきた土地収用が行われます。起業者（公共事業のために土地を必要とする者）の申請によって土地所有者の権利を起業者に移す収用裁決が収用委員会によって行われますが、起業者が土地所有者（被収用者）に支払うべき補償金の金額も裁決の中で決められます。

被収用者が補償金の金額が安すぎるという不服がある場合や逆に起業者が補償額が高すぎるとして不服な場合は、本来は補償額を決めた裁決の取消訴訟を行うべきです。しかし、土地収用法の規定によって（土地収用法133条3項）、起業者と被収用者の間で争うことになっています。

4　客観訴訟

主観訴訟は原告が自己の権利・利益回復のために提起するものですが、客観訴訟は原告の権利・利益とは関係なく、**行政の客観的な適法性の確保**のために提起するものです。

裁判所は「一切の**法律上の争訟**」を裁判する権限があり、それ以外の争訟については、「法律にお

いて特に定める」ものしか裁判できません（裁判所法3条1項）。主観訴訟は「法律上の争訟」に該当しますので当然に裁判できますが、**客観訴訟はこれに該当しません**。したがって、法律に定める場合において法律に定める者に限り提起できます（行訴法42条）。

行政事件訴訟法には、民衆訴訟と機関訴訟という2種類の客観訴訟が規定されています。

5　民衆訴訟

国・公共団体による**違法な行為の是正を求める訴訟**で、選挙人たる資格その他**自己の法律上の利益にかかわらない資格で提起**するものを民衆訴訟と言います（行訴法5条）。

つまり、違法な行政活動を見つけ、これを「けしからん」と思った国民が、選挙民あるいは住民のひとりとしてそのような違法な行政活動を是正するために提起する訴訟です。当然、裁判で勝っても自分自身に特別利益があるわけではありません。

民衆訴訟に該当する訴訟は、法律上いくつか規定されており、選挙や当選の効力に不服がある選挙人が選挙の効力等を争う公職選挙法の**選挙無効・当選無効訴訟**（公職選挙法203条～204条、207条～208条）や地方自治法の**住民訴訟**（地方自治法242条の2）が代表例です。住民訴訟は重要ですので、別途説明します。

6　機関訴訟

機関訴訟は、「**国・公共団体の相互間**の権限の存否またはその行使についての紛争に関する訴訟」すなわち行政機関と行政機関が権限等をめぐって裁判で争う訴訟であり（行訴法6条）、一般国民が訴えるものではありませんが、これも行政訴訟の一つです。例えば、地方公共団体の長と議会の間で議会の議決をめぐって紛争が生じた際の訴訟や国の地方公共団体への関与に対して地方公共団体の機関が取消し等を求める訴訟などが地方自治法に法定されています。

7　住民訴訟

民衆訴訟の例として住民訴訟を紹介しましたが、重要な訴訟ですから、ここでやや詳しく説明します。

地方公共団体の長や職員が違法・不当な財産上の行為を行っていたり（違法な公金支出等）、公金の賦課・徴収や財産管理等を怠っている（怠る事実）と考えた場合、たとえ一人の住民であっても、地方公共団体の監査委員に対して監査（チェックをしてもらう）を請求することができます。これを**住民監査請求**と言います（地方自治法242条1項）。

そして、住民監査請求の後、その結果等に不服の場合、住民監査請求を行った住民は、一定期間内に**住民訴訟**を提起し、裁判で争うことができます。住民監査請求を行わず、いきなり住民訴訟を提起することはできません（**監査請求前置主義**）。また、対象は**違法な行為等**で、不当に止まるものについては、住民訴訟は提起できません。

住民訴訟では、違法な行為の**差止め**や怠る事実の**違法確認**、当該行為が処分の場合は**取消しや無効確認**が請求できます。また、**損害賠償や不当利得返還**を行うように求めることもできますが、原告住民が勝訴した場合、判決で違法行為のあった長や職員に対してこれらを「払え」と命じるのではなく、地方公共団体に対して「違法な財産上の行為を行った長や職員に賠償金等を請求せよ」と**義務付**

けを行う形になっています。

図表49-2　住民監査請求と住民訴訟

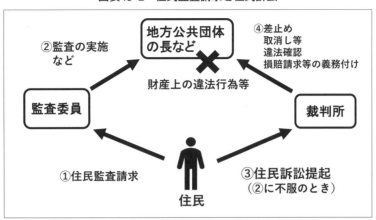

練習問題49

次の問いに○×で答えよ。（解答は巻末にあります。）

1　公法上の法律関係に関する確認の訴えその他の公法上の法律関係に関する訴訟を形式的当事者訴訟という。

2　土地収用で収用委員会の行った裁決に補償額について不服があるときの訴訟のように、処分・裁決に関する訴訟であるが、法令の規定により法律関係の当事者の一方を被告とするものを実質的当事者訴訟という。

3　客観訴訟は法律上の争訟に該当しないため、法律で特に定められた場合に法律に定める者しか提起することができない。

4　原告が自己の法律上の利益にかかわらない資格で国・公共団体の法規に適合しない行為の是正を求める訴訟を民衆訴訟といい、地方自治法の代執行訴訟はこれに該当する。

5　地方公共団体の長などによる違法な財務会計上の行為や怠る事実を発見した住民は、直ちに住民訴訟を提起することができる。

問題演習コーナー7

(解答は巻末にあります)

問題7-1

取消訴訟の訴訟要件に関するア〜オの記述のうち、妥当なもののみを全て挙げているのはどれか。ただし、争いのあるものは判例の見解による。【国家一般職大卒（2022年）】

ア　行政事件訴訟法で定められた訴訟要件を満たしていない訴えについては、請求が棄却されることとなる。

イ　取消訴訟は、正当な理由があるときを除き、処分又は裁決があったことを知った日から6か月を経過したときは、提起することができない。処分又は裁決の日から1年を経過したときも同様である。

ウ　取消訴訟の対象となる行政庁の処分とは、その行為によって、直接若しくは間接に国民の権利義務を形成し又はその範囲を確定することが法律上認められているものをいう。

エ　取消訴訟は、処分又は裁決の取消しを求めるにつき法律上の利益を有する者に限り提起することができ、当該者には、処分又は裁決の効果が期間の経過その他の理由によりなくなった後においてもなお処分又は裁決の取消しによって回復すべき法律上の利益を有する者も含まれる。

オ．行政庁の処分に対して法令の規定により審査請求をすることができる場合には、原則として、審査請求に対する裁決を経た後でなければ取消訴訟を提起することができない。

1．ア、ウ
2．ア、オ
3．イ、エ
4．イ、オ
5．ウ、エ

問題7-2

処分性に関するア〜オの記述のうち、判例に照らし、妥当なもののみを全て挙げているのはどれか。【国家一般職大卒（2023年）】

ア　行政庁の処分とは、公権力の主体たる国又は公共団体が行う行為のうち、その行為によって、直接国民の権利義務を形成し又はその範囲を確定することが法律上認められているものをいうが、東京都が私人から買収した土地の上にごみ焼却場を設置することを計画し、その計画案を都議会に提出した行為は、都の内部的手続行為にとどまり、設置行為そのものは私法上の契約によるため、いずれも行政庁の処分には当たらない。

イ　医療法に基づいて都道府県知事が行う病院開設中止の勧告は、当該勧告を受けた者が任意にこれに従うことを期待してされる行政指導であり、当該勧告に従わないことを理由に病院開設の不許可等の不利益処分がされることはないため、行政庁の処分には当たらない。

ウ　告示により一定の条件に合致する道を一括して指定する方法でされた建築基準法所定のいわゆるみなし道路の指定は、特定の土地について個別具体的にみなし道路の指定をするものではなく、こ

れによって直ちに建築制限等の私権制限が生じるものではないから、行政庁の処分には当たらない。

エ　市が設置する特定の保育所を廃止する条例が、当該保育所の廃止のみを内容とするものであって、他に行政庁の処分を待つことなく、その施行により当該保育所廃止の効果を発生させ、当該保育所に現に入所中の児童及びその保護者という限られた特定の者らに対して、直接、当該保育所において保育を受けることを期待し得る法的地位を奪う結果を生じさせるものである場合、その制定行為は、行政庁の処分と実質的に同視し得る。

オ　労働基準監督署長が労働者災害補償保険法に基づいて行う労災就学援護費の支給又は不支給の決定は、同法を根拠とする優越的地位に基づいて一方的に行う公権力の行使であり、被災労働者又はその遺族の労災就学援護費の支給請求権に直接影響を及ぼす法的効果を有するものであるから、行政庁の処分に当たる。

1　ア、ウ
2　ア、オ
3　イ、エ
4　ア、エ、オ
5　イ、ウ、エ

問題7-3

行政事件訴訟法上の抗告訴訟における処分性に関するア〜エの記述のうち、判例に照らし、妥当なもののみを全て挙げているのはどれか。【国家一般職大卒（2020年）】

ア　住民票に特定の住民の氏名等を記載する行為は、その者が市町村の選挙人名簿に登録されるか否かを決定付けるものであって、その者は選挙人名簿に登録されない限り原則として投票をすることができないのであるから、これに法的効果が与えられているということができる。しかし、住民票に特定の住民と世帯主との続柄がどのように記載されるかは、その者が選挙人名簿に登録されるか否かには何らの影響も及ぼさないことが明らかであり、住民票に当該続柄を記載する行為が何らかの法的効果を有すると解すべき根拠はないから、住民票に世帯主との続柄を記載する行為は、抗告訴訟の対象となる行政処分に当たらない。

イ　食品等を輸入しようとする者が検疫所長から食品衛生法に違反する旨の通知を受けた場合、検疫所長から食品等輸入届出済証の交付を受けることができなくなるが、当該通知は、法令に根拠を置くものではなく、当該者の採るべき措置を事実上指導するものにすぎない上、当該者は、科学的な検査結果等をもって同法違反がないことを証明し、輸入に関する検査又は条件の具備についての税関長の確認を得ることができるのであるから、当該通知は、抗告訴訟の対象となる行政処分に当たらない。

ウ　土地区画整理事業の事業計画の決定は、当該土地区画整理事業の基礎的事項を一般的、抽象的に決定するものであって、これによって利害関係者の権利にどのような変動を及ぼすかが必ずしも具体的に確定されているわけではなく、また、事業計画が公告されることによって生ずる建築制限等は土地区画整理法が特に付与した公告に伴う付随的効果にとどまるものであるから、抗告訴訟の対

象となる行政処分に当たらない。

エ　全国新幹線鉄道整備法に基づく運輸大臣（当時）の工事実施計画の認可は、いわば上級行政機関としての運輸大臣が下級行政機関としての日本鉄道建設公団（当時）に対しその作成した工事実施計画の整備計画との整合性等を審査してなす監督手段としての承認の性質を有するもので、行政機関相互の行為と同視すべきものであり、行政行為として外部に対する効力を有するものではなく、また、これによって直接国民の権利義務を形成し、又はその範囲を確定する効果を伴うものではないから、抗告訴訟の対象となる行政処分に当たらない。

1　ア、イ
2　ア、エ
3　イ、ウ
4　イ、エ
5　ウ、エ

問題 7-4

原告適格に関するア～エの記述のうち、判例に照らし、妥当なもののみを全て挙げているのはどれか。【国家専門職（2022年）】

ア　森林法は、森林の存続によって不特定多数者の受ける生活利益のうち一定範囲のものを公益と並んで保護すべき個人の個別的利益として捉え、当該利益の帰属者に対し保安林の指定につき直接の利害関係を有する者としてその利益主張をすることができる地位を法律上付与しているものと解されるところ、かかる直接の利害関係を有する者は、保安林の指定が違法に解除され、それによって自己の利益を害される場合には、当該解除処分に対する取消しの訴えを提起する原告適格を有する。

イ　文化財保護法及び同法に基づく県文化財保護条例は、史跡等の文化財の保存・活用から個々の国民あるいは県民が受ける利益については、これを本来同法及び同条例がその目的としている公益の中に吸収解消させ、その保護は専ら当該公益の実現を通じて図ることとしているものと解され、文化財の学術研究者の学問研究上の利益について、一般の国民あるいは県民が文化財の保存・活用から受ける利益を超えてその保護を図ろうとする趣旨を認めることはできないから、県指定の史跡を研究対象としている学術研究者であっても、同条例に基づく当該史跡の指定解除処分の取消しを求める原告適格を有しない。

ウ　自転車競技法及び同法施行規則が場外車券発売施設の設置許可要件として定める位置基準によって保護しようとしているのは、不特定多数者の利益であるところ、それは、性質上、一般的公益に属する利益であって、原告適格を基礎付けるには足りないものであるといわざるを得ないから、当該施設の設置、運営に伴い著しい業務上の支障が生ずるおそれがあると位置的に認められる区域に医療施設を開設する者であっても、当該位置基準を根拠として当該施設の設置許可の取消しを求める原告適格を有しない。

エ　処分を定めた行政法規が、不特定多数者の具体的利益をそれが帰属する個々人の具体的利益としても保護すべきものとする趣旨を含むか否かは、当該行政法規の趣旨・目的、当該行政法規が当該

処分を通して保護しようとしている利益の内容・性質等を考慮して判断すべきであるところ、核原料物質、核燃料物質及び原子炉の規制に関する法律は、専ら公衆の生命、身体の安全、環境上の利益を一般的公益として保護しようとするものと解されるから、設置許可申請に係る原子炉の近隣地域に居住する住民は、当該原子炉の設置許可処分の無効確認を求める原告適格を有しない。

1　ア、イ
2　ア、ウ
3　イ、ウ
4　イ、エ
5　ウ、エ

問題7-5

訴えの利益に関するア～オの記述のうち、判例に照らし、妥当なもののみを全て挙げているのはどれか。【国家専門職（2021年）】

ア　森林法に基づく保安林指定解除処分の取消訴訟において、いわゆる代替施設の設置によって洪水、渇水の危険が解消され、その防止上からは保安林の存続の必要性がなくなったと認められるに至ったときは、当該防止上の利益侵害を基礎として当該訴訟の原告適格を認められた者の訴えの利益は失われる。

イ　土地改良法に基づく土地改良事業の施行認可処分が行われ、当該処分の取消しを求める訴訟の係属中に当該事業の事業計画に係る工事及び換地処分が全て完了し、当該事業施行地域を当該事業施行以前の原状に回復することが社会通念上不可能となった場合、当該処分の取消しを求める訴えの利益は消滅する。

ウ　設置許可申請に係る原子炉の周辺に居住する住民が当該原子炉の設置者に対しその建設又は運転の差止めを求める民事訴訟を提起している場合には、当該住民が当該原子炉の設置許可処分の無効確認訴訟を提起することは、不適法である。

エ　自動車運転免許の効力を停止する処分は、当該処分の日から一定の期間が経過し、当該処分を理由に道路交通法上不利益を受けるおそれがなくなった後においても、当該処分の記載のある免許証を被処分者が所持することで警察官に当該処分の存在を知られ、被処分者の名誉等を損なう可能性が常時継続して存在し、かつ、その排除は法の保護に値するものであるから、これを理由として、被処分者には当該処分の取消しを求める訴えの利益が認められる。

オ　建築基準法に基づく建築確認は、それを受けなければ建物の建築に関する工事をすることができないという法的効果を付与されているにすぎないものであり、当該工事が完了した場合には、建築確認の取消しを求める訴えの利益は消滅する。

1　ア、イ
2　ア、オ
3　イ、エ
4　ウ、エ

5　エ、オ

問題7-6

行政事件訴訟法に規定する取消訴訟に関する記述として、妥当なものはどれか。
【特別区Ⅰ類（2018年）】
1　取消訴訟は、被告の普通裁判籍の所在地を管轄する裁判所又は処分若しくは裁決をした行政庁の所在地を管轄する裁判所の管轄に属するが、国を被告とする取消訴訟は、原告の普通裁判籍の所在地を管轄する高等裁判所の所在地を管轄する地方裁判所にも提起することができる。
2　取消訴訟は、主観的出訴期間である処分又は裁決があったことを知った日から6か月を経過したときであっても、正当な理由があれば提起することができるが、客観的出訴期間である処分又は裁決があった日から1年を経過したときは、いかなる場合であっても提起することができない。
3　裁判所は、取消訴訟の審理において必要があると認めるときは、職権で、証拠調べをすることができるが、その証拠調べの結果については、裁判所の専断であるため、当事者の意見をきく必要はない。
4　裁判所は、取消訴訟の結果により権利を害される第三者があるときは、当事者又はその第三者の申立てにより、その第三者を訴訟に参加させることができるが、当該裁判所の職権で、その第三者を訴訟に参加させることはできない。
5　処分又は裁決をした行政庁が国又は公共団体に所属する場合には、処分の取消訴訟は、当該処分をした行政庁を被告として提起しなければならないが、裁決の取消訴訟は、当該裁決をした行政庁の所属する国又は公共団体を被告として提起しなければならない。

問題7-7

行政事件訴訟法に規定する執行停止に関する記述として、妥当なものはどれか。
【特別区Ⅰ類（2020年）】
1　裁判所は、処分の執行又は手続の続行により生ずる重大な損害を避けるため緊急の必要があるときは、申立てにより、決定をもってそれらを停止することができるが、処分の効力の停止はいかなる場合もすることができない。
2　裁判所は、執行停止の決定が確定した後に、その理由が消滅し、その他事情が変更したときは、相手方の申立てにより、決定をもって、執行停止の決定を取り消すことができる。
3　裁判所は、処分の取消しの訴えの提起があった場合において、申立てにより、執行停止の決定をするときは、あらかじめ、当事者の意見をきく必要はなく、口頭弁論を経ないで、当該決定をすることができる。
4　内閣総理大臣は、執行停止の申立てがあり、裁判所に対し、異議を述べる場合には、理由を付さなければならないが、公共の福祉に重大な影響を及ぼすおそれのあるときは、理由を付す必要はない。
5　内閣総理大臣は、執行停止の申立てがあった場合には、裁判所に対し、異議を述べることができるが、執行停止の決定があった後においては、これをすることができない。

問題7-8

行政事件訴訟に関するア～オの記述のうち、妥当なもののみを全て挙げているのはどれか。
【国家専門職（2022年）】

ア　行政事件訴訟法は、抗告訴訟の類型として、処分の取消しの訴え、裁決の取消しの訴え、無効等確認の訴え、不作為の違法確認の訴え、義務付けの訴え、差止めの訴えの6類型を列挙しているが、同法には、抗告訴訟を法定されたものに限定する旨の定めがあり、これらの訴訟類型以外の無名抗告訴訟を許容しない趣旨と解されている。

イ　処分の取消しの訴えにおいては、自由選択主義がとられており、不服申立てを経ることなく、あるいは不服申立てと並行して訴訟を提起することができる。また、差止めの訴えにおいても、処分の取消しの訴えと同様の規定が準用され、自由選択主義がとられている。

ウ　処分の取消しの訴えとその処分についての審査請求を棄却した裁決の取消しの訴えとを提起することができる場合には、裁決の取消しの訴えにおいて、処分の違法を理由として取消しを求めることができる。

エ　義務付けの訴えは申請型と非申請型の二つに分類される。このうち、申請型の義務付けの訴えは、一定の抗告訴訟を併合提起することが要件となっており、例えば、法令に基づく申請又は審査請求を却下し又は棄却する旨の処分がされた場合にする義務付けの訴えは、当該処分の取消しの訴え又は無効等確認の訴えを併合提起しなければならない。

オ　当事者訴訟は形式的当事者訴訟と実質的当事者訴訟の二つに分類される。このうち、形式的当事者訴訟とは、当事者間の法律関係を確認し又は形成する処分又は裁決に関する訴訟で、法令の規定によりその法律関係の当事者の一方を被告とするものをいう。

1　ア、ウ
2　イ、エ
3　イ、オ
4　ウ、エ
5　エ、オ

問題7-9

行政事件訴訟法に規定する行政事件訴訟に関する記述として、通説に照らして、妥当なものはどれか。【特別区Ⅰ類（2022年）】

1　行政事件訴訟には抗告訴訟、機関訴訟、民衆訴訟及び当事者訴訟の4つの種類があり、抗告訴訟と機関訴訟は主観訴訟、民衆訴訟と当事者訴訟は客観訴訟に区別される。

2　行政事件訴訟法は、抗告訴訟について、処分の取消しの訴え、裁決の取消しの訴え、無効等確認の訴え、不作為の違法確認の訴え、義務付けの訴え、差止めの訴えの6つの類型を規定しており、無名抗告訴訟を許容する余地はない。

3　義務付けの訴えとは、行政庁が法令に基づく申請に対し、相当の期間内に何らかの処分又は裁決をすべきであるにかかわらず、これをしないことについての違法の確認を求める訴訟をいう。

4　民衆訴訟とは、国又は公共団体の機関の法規に適合しない行為の是正を求める訴訟で、選挙人た

る資格その他自己の法律上の利益にかかわらない資格で提起するものであり、具体例として、地方自治法上の住民訴訟がある。
5　当事者訴訟のうち、当事者間の法律関係を確認し又は形成する処分又は裁決に関する訴訟で法令の規定によりその法律関係の当事者の一方を被告とするものを、実質的当事者訴訟という。

国家賠償法①（全体論と公権力責任一般）

レジュメ

50-1　国家賠償の意義

違法な行政作用によって国民に被害が生じた場合に、国や地方公共団体にその賠償責任を負わせ、被害者の救済を図る制度を**国家賠償制度**という。現憲法は17条で法律で定めるところにより国家賠償請求権を保障しているが、この規定を受けて、国家賠償の一般法として**国家賠償法**（以下「国賠法」）が制定されている。

なお、明治憲法下では「**国家無答責の原理**」がとられ、公権力の行使として行われた国家活動についての賠償責任は否定されたが、公権力の行使以外の国家活動については、民法715条（使用者責任）や717条（土地工作物責任）によって賠償請求を認め、国民を救済する例もあった。

国家賠償法は、**公務員の違法な公権力行使による国家賠償責任**（**1条責任ないし公権力責任**）と**営造物の設置・管理の瑕疵による国家賠償責任**（**2条責任ないし営造物責任**）という2つの賠償責任を定めている。

50-2　公権力責任（1条責任）の意義

国家賠償法1条1項は、「国又は公共団体の公権力行使にあたる公務員が、その職務を行うについて、故意または過失によって違法に他人に損害を加えたときは、国又は公共団体がこれを賠償する責に任ずる」と定める。これを**公権力責任または1条責任**という。

50-3　公務員個人の責任と求償権

加害公務員が行った不法行為であっても、国・公共団体が賠償責任を負う以上、加害公務員は行政機関としての地位においても公務員個人としても被害者に対して賠償責任を負わない（最判昭和30年4月19日）。ただし、加害公務員に**故意又は重過失**があったときは、国・公共団体は、その公務員に対して**求償権**を有する（国賠法1条2項）。

また、国賠法1条には民法715条のような使用者の免責事由はなく、国・公共団体が公務員の選任・監督につき相当の注意をしていたとしても賠償責任を負う。

国賠法1条と民法715条（使用者責任）の比較

	国賠法1条	民法715条
加害者の故意過失	必　要	
使用者（国・公共団体）の免責規定	なし	あり
求償権行使の要件	故意・重過失	故意・過失
裁判上直接加害者個人への請求	不可	可

50-4　公権力責任の本質
　なぜ公務員の行った違法行為について国・公共団体が賠償責任を負うのか、については次の二つの考え方がある。

自己責任説	代位責任説
公権力には常に濫用の危険が伴っており、公権力の行使を委ねられている公務員が権力を違法に濫用して行った行為については、授権者である国が自ら責任を負うのが当然である。国賠法1条の責任はそのような**国自身の責任**である。	公務員が違法行為を行った場合、もはや国の行為とは言えないので、本来は公務員が個人責任を負うべきである。しかしそれではその責任財産からしても十分な被害の救済はできないし、また公務の遂行が事なかれ主義に陥る危険があるので、**政策的に使用者である国・公共団体に公務員個人の責任を代位**させたものである。

講義

1　国家補償と国家賠償

　国や地方公共団体の様々な活動が国民に損害や損失を与えてしまうことがあります。例えば、デモ行進の警備に当たっていた警察官がデモ参加者に暴行を加えて負傷させてしまった場合や国がダムを造るために必要な用地を土地所有者から収用した場合などです。このような場合、損害や損失を被った国民は、国などに対してその穴埋めとして金銭を要求できる制度が必要になります。これが**国家補償制度**です。

　国家補償には更に二つの制度があり、一つめは、前者の例のように国が本来あってはならない**違法な行為**（不法行為）を行い、国民に損害を与えた場合に、国民がその損害賠償を国に求める制度で、これを**国家賠償**と言います。

　二つ目は、国が後者の例のように**適法な行政活動**を行いましたが、その結果国民に**財産上の損失**を与えた場合に、国民がその損失の填補を求めるもので、これを「**(行政上の) 損失補償**」と言います。ダムを建造し、そのために用地を取得する行為自体は違法ではありません。しかし、それによって国民の財産権（憲法29条1項）が制限されたわけですから、それに対する**正当な補償金の支払**（憲法29条3項）が必要なのです。詳しくは、Unit 56で扱います。

　憲法17条は、「何人も、公務員の不法行為により、損害を受けたときは、法律の定めるところにより、国又は公共団体に、その賠償を求めることができる。」と規定していますが、これは、国家賠償を請求する権利を人権として保障するものです。「法律の定めるところにより」という文言がありますが、**国家賠償法**という、わずか6か条の法律が国家賠償の一般法として制定されています。

　なお、明治憲法時代には現憲法17条のような規定も国家賠償法もありませんでした。当時は「国家は違法なことをなしえない」とする**国家無答責の原理**を根拠に、特に権力的行政活動については、国家賠償責任が否定されていました。

　しかし、その一方で、非権力的な行政分野については、民法715条の使用者責任の規定や717条の土地工作物責任の規定を使い、公務員の不法行為や公物の瑕疵による国への損害賠償請求を認める判例も見られました。

国家賠償法の規定する国家賠償には、公権力責任（「1条責任」とも言います）と営造物責任（「2条責任」とも言います）という二つの分野があります。

公権力責任は、公務員という行政活動を行う「**人**」が**不法行為**を行ったことにより、国民に与えた損害を賠償するものです。先ほど挙げた警察官が市民を負傷させたような場合がその例です。

それに対して、**営造物責任**は、公の営造物、つまり「**物**」に**瑕疵**（安全性がない危険な状態）があり、それによって損害を被った国民が損害賠償を請求します。例えば、国が設置・管理する国道（営造物）を車で走っていたところ、落石が車を直撃し、被害が出たような場合です。

図表50-1　国家賠償の内容

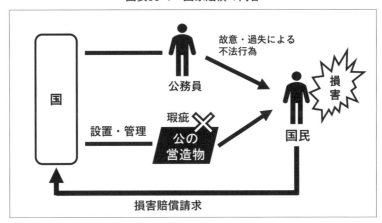

2　公権力責任の基本的内容

まず、公権力責任について詳しく見ていきます。

国家賠償法1条1項は、「国又は公共団体の公権力の行使に当る公務員が、その職務を行うについて、故意又は過失によって違法に他人に損害を加えたときは、国又は公共団体が、これを賠償する責に任ずる。」と規定します。つまり、公務員が不法行為によって与えた損害については、その公務員ではなく、その公務員が属している**国**や**地方公共団体等**が国家賠償責任を負う（被害を受けた国民に賠償金を払う責任がある）ということです。

図表50-2　公権力責任

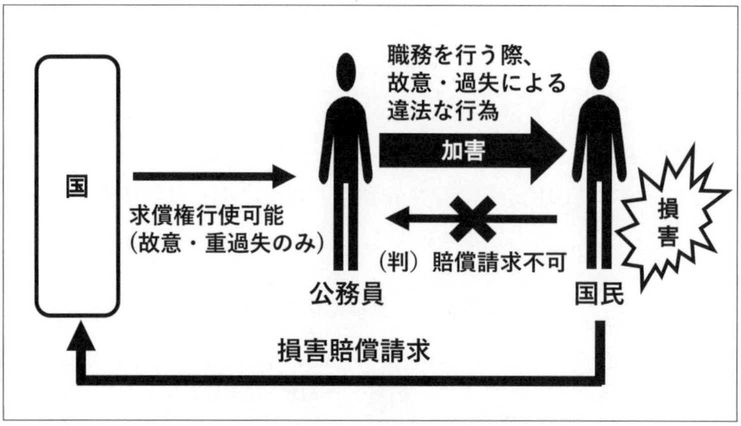

　民法の原則では、他人に違法な損害を加えた者は、加害者自身が賠償責任を負うのが原則です（民法709条）。ただし、企業の従業員が仕事中に不法行為を行った場合のように、事業を行うために使用された者（被用者）の行為である時は、その者の使用者（企業）も賠償責任を負います（民法715条1項）。これを**使用者責任**と言います。この場合、被害者は被用者（加害を行った従業員）にもその使用者（企業）にも賠償請求できることになります。

　公権力責任は、民法の使用者責任と似ていますが、いくつか異なる点があり、大きな違いは、国家賠償では、被害者（国民）は、**加害者である公務員には賠償請求できない**ということです。条文上、「国又は公共団体が」賠償責任を負うとなっており、国・公共団体によって賠償がなされる以上、被害者は救済されているはずですから、加害者である公務員は、その者の地位においても、あるいは公務員としても、被害者に対して賠償責任は負いません（判例）。

　なお、民法の使用者責任では、「使用者が被用者の選任及びその事業の監督について相当の注意をしたとき、又は相当の注意をしても損害が生ずべきであったとき」は使用者は賠償責任を免れることができ、この場合は、被用者のみが賠償責任を負うことになりますが、国家賠償法にはこのような規定はなく、**国だけが賠償責任を負う**ことになります。

　では、加害者である公務員自身は、全く何の責任を負わないかというとそうではなく、被害者に賠償金を支払った国・公共団体は、公務員の加害行為が**故意又は重大な過失**によるものであったときには、その公務員に対して**求償権を行使**し、賠償金で支払った分を請求することができます。

　求償権が行使できるのは、加害公務員が不法行為を故意で行った場合と重大な過失によって行った場合のみで、重大とは言えない過失による不法行為の場合には、求償権行使ができません（国・公共団体が賠償金を最終的に負担）。理由は、重大とは言えない過失の場合まで公務員に求償権行使できるとすると、公務員が責任を恐れて職務の遂行をためらい、事なかれ主義的な公務をする危険があるからだとされています。

　なお、民法の使用者責任でも、被害者に賠償を行った使用者は、加害者である被用者に求償権を行使できますが（民法715条3項）、上記のような「故意と重過失」に限定する規定はありません。

3　公権力責任の本質

　公務員が加害行為を行ったにもかかわらず、国や公共団体が賠償責任を負うという国家賠償法の原則はどういう理由によるものでしょうか。この点について、学説には「**自己責任説（自己責任論）**」と「**代位責任説（代位責任論）**」という考え方の対立があります。

　両者の説明はレジュメ50-4にありますが、要は、「すべての公務は、**国自身が行ったものである**（公務員は国の手足にすぎない）。違法な公務はあってはならないが、それを実際に行った公務員は、やはり単なる国の手足にすぎず、行ったのは国である。したがって、**国がその責任を行うのが当然である**」と考えるのが自己責任説で、「違法な公務はあってはならず、それが行われた場合は、もはや公務ではなく、**公務員個人の行為**である。したがって、本来は加害者である公務員が賠償責任を負うはずであるが、それでは加害者である公務員の財産によって十分な賠償ができない場合があるなど、様々な問題がある。そこで、公務員が負っている賠償責任を**国に代行させた**」と考えるのが代位責任説です。

　従来は代位責任説が通説とされてきましたが、自己責任説も最近は有力です。ただ、両説は説明の違いにすぎず、どちらの説を採っても、様々な論点を解釈する際に大きな違いは出ないとされています。

　次のUnitでは、公権力責任の成立要件を見ていきます。

練習問題50

次の問いに○×で答えよ。（解答は巻末にあります。）
1　明治憲法には国家賠償に関する規定がなく、国家無答責の法理によって、権力的な行政活動についての国家賠償は否定されていた。
2　国家賠償制度の存在は、憲法上の要求ではなく、国家賠償法によって創設されたものである。
3　国又は公共団体の公権力の行使に当る公務員が、その職務を行うについて、故意又は過失によって違法に他人に損害を加えたときは、当該公務員の他、国又は公共団体にも賠償請求ができる。
4　故意又は過失によって公務員が不法行為を行った場合、その賠償を行った国又は公共団体は、当該公務員に対して求償権を行使することができる。
5　公権力責任について、自己責任説によると、国は公務員の違法な行為による賠償責任を政策的に代位したことになる。

国家賠償法②（公権力責任の成立要件1）

レジュメ

51-1 「公権力の行使」の意義

国家賠償の対象となる行政活動は「公権力の行使」であるが、その意義について次の学説がある。

最広義説	広義説（通説・判例）	狭義説
私経済作用も含むすべての行政活動が該当する。	すべての行政活動のうちから、**私経済作用**と2条によって救済される**営造物管理作用**を除いたものが該当する。	処分などの権力的な行政活動のみが該当する。

通説・判例は、**広義説**に立ち、**行政指導**（最判平成5年2月18日：判例18-3）および**公立学校**での**教育活動**のような非権力作用も「公権力の行使」に該当することを認める。

51-2 「公務員」の意義

国賠法1条の「公務員」とは、**公権力行使の権限を与えられた一切の者**を指し、民間人でも、公権力行使の権限を委ねられている者は該当する。

判例51-1　民間委託行為と国家賠償（最判平成19年1月25日）

〔判旨〕児童養護施設に入所した児童に対する関係では、入所後の施設における養育監護は本来都道府県が行うべき事務であり、このような児童の養育監護に当たる児童養護施設の長は、本来都道府県が有する公的な権限を委譲されてこれを都道府県のために行使するものと解される。したがって、都道府県による入所措置に基づき社会福祉法人の設置運営する児童養護施設に入所した児童に対する当該施設の職員等による養育監護行為は、都道府県の公権力の行使に当たる公務員の職務行為と解するのが相当であるとして県の国家賠償責任を認め、施設職員の民法709条に基づく損害賠償責任や使用者（社会福祉法人）の民法715条に基づく損害賠償責任は否定した。

加害公務員の特定は原則として必要であるが、例外的に**一定の条件の下では不要**とされる。

判例51-2　加害公務員の特定の要否（最判昭和57年4月1日）

〔判旨〕公務員による一連の職務上の行為の過程において他人に被害を生ぜしめた場合において、それが具体的にどの公務員のどのような違法行為によるものであるかを特定することができなくても、①一連の行為のうちのいずれかに行為者の故意・過失による違法行為があったのでなければ被害が生ずることはなかったであろうと認められ、かつ、②それがどの行為であるにせよこれによる被害につき行為者の属する国・公共団体が法律上賠償の責任を負うべき関係が存するときは、国・公共団体は、加害行為不特定の故をもって国家賠償法又は民法上の損害賠償責任を免れることができない。しかしながら、これが妥当するのは、③それらの一連の行為を組成する各行為のいずれもが国・同一の公共団体の公務員の職務上の行為にあたる場合に限られ、一部にこ

れに該当しない行為が含まれている場合には、この法理は妥当しない。

51-3 「その職務を行うについて」の意義

公務員の職務行為であることが必要である。当該行為の外形と公務員の内心が異なる場合、通説・判例はその公務員の行為が客観的に**職務執行の外形**を備えているかどうかによって判断し、公務員の主観的意図は考慮しない（**外形標準説**）。

判例51-3 「職務を行うにつき」の意義（最判昭和31年11月30日）

〔判旨〕国家賠償法第1条は、公務員が主観的に権限行使の意思をもってする場合にかぎらず、自己の利をはかる意図をもってする場合でも、客観的に職務執行の外形をそなえる行為を行い、それによって他人に損害を加えた場合には、国又は公共団体に損害賠償の責を負わしめ、ひろく国民の権益を擁護することをその立法の趣旨とするものである。したがって、警察官である者がもっぱら自己の利をはかる目的で職務執行を装い、犯行を行った所為は、職務執行について違法に他人に損害を加えたときに該当する。

講　　義

1　公権力責任の成立要件

国家賠償法1条の公権力責任が成立し、国・公共団体への賠償請求が認められるためには、「**公務員**」が「**公権力の行使**」という「**職務を行う**」際に「**故意又は過失**」によって「**違法**」な行為を行い、「**損害**」を与えたと言えることが必要です。

以下はそれぞれの成立要件の意味を見ていきます。

2　「公権力の行使」の意義

国家賠償責任が成立するためには、公務員が「**公権力の行使**」という職務活動を行う際に与えた損害でなければなりません。

「公権力の行使」というと、今まで学習した内容からは、処分（行政行為）や行政上の強制執行、即時強制のような権力的な活動のみが対象になるようにも読めますが、学説でもそう解する説（狭義説）がかつてはありました。

現在の通説・判例は、いわゆる権力的な活動だけでなく、非権力的な活動であっても、**私経済作用**（国が国民や民間企業と同様の立場で行う経済的な取引など）**以外**はここにいう「公権力の行使」に該当すると解しており（**広義説**）、判例では、**行政指導**や**公立学校**での**教育活動**などを国家賠償の対象として認めています。

一方、同じ非権力的な活動でも、私経済作用の場合は、国家賠償ではなく、民法の不法行為などの規定で賠償請求を行えば十分です。また、公の営造物の設置管理による損害も国家賠償法2条の営造物責任で賠償請求できますので、公権力責任の対象から外します。

なお、少数説ですが、あらゆる国の活動が国家賠償の対象になると説く最広義説もあります。

図表51-1 「公権力の行使」の範囲

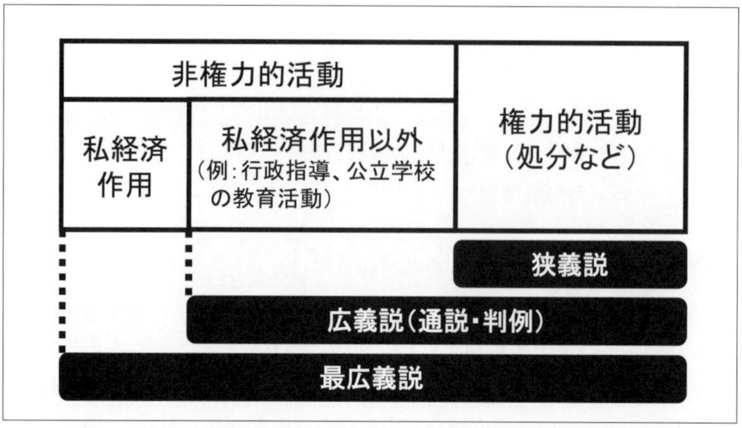

	非権力的活動	権力的活動（処分など）
私経済作用	私経済作用以外（例：行政指導、公立学校の教育活動）	

- 狭義説：権力的活動
- 広義説（通説・判例）：非権力的活動（私経済作用以外）＋権力的活動
- 最広義説：すべて

3 「公務員」の意義

国家賠償責任が肯定されるには、加害者が**「公務員」**でなければなりません。

通常、「公務員」というと、国家公務員や地方公務員の身分を有する者をイメージしますが、ここにいう「公務員」はもっと広く、先ほど説明した**「公権力の行使」の権限を委ねられた者はすべて該当**し、公務員の身分の有無は問題にしません。

例えば、地方公共団体が違反建築物の除却を代執行で行うために雇った建物解体業者は、建物除却という行政活動を行う権限を委ねられているわけですから、それを行う際に不法行為を行った場合、被害者は国家賠償請求できます。

公務員に該当するかどうかに関連する事案として、判例51-1を紹介します。

児童福祉法では、要保護児童（親から虐待を受けている児童や非行を行った児童など）を児童福祉施設等に入所させることができるとしています。児童BがA県知事からの入所処置を受けて社会福祉法人Cが運営する児童養護施設に入所していたところ、入所中に他の児童から暴行を受け、負傷しました。児童の世話を行う施設職員は暴行が行われないように注意すべきでしたが、その注意義務違反（過失）が認められた事案です。

図表51-1　判例の事案

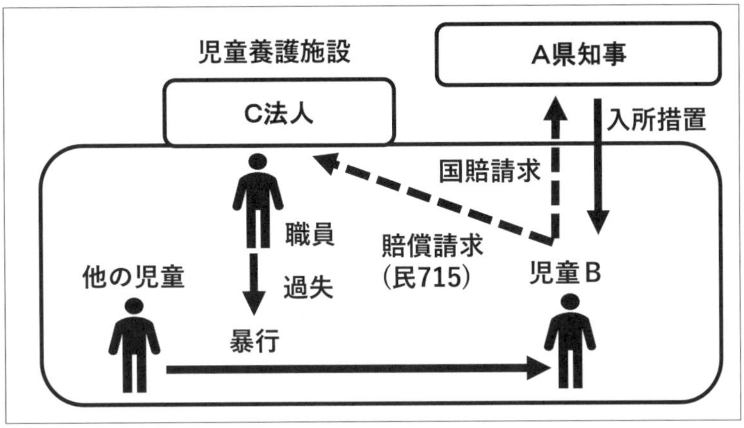

判例は、**入所処置**によってA県知事が有する児童Bへの養育監護という公務を行う権限がC法人に委ねられたと考えました。そうなると、**C法人の職員**は「**公務員**」であり、彼らが児童に対して行う活動も「公権力の行使」に該当することになります。したがって、児童BはA県知事に国家賠償することができ、逆に言えば、C法人には使用者責任（民法715条）は追求できないことになります。

次に、公務員の公権力行使によって被害を受けたが、加害行為を行った公務員が誰かわからないという場合でも国家賠償は請求できるでしょうか。これが「**加害公務員の特定は必要か**」という問題です。

次のような判例があります。ある税務署職員が結核に罹患しているにもかかわらず、定期健康診断でその結果が伝えられず、後に病状が悪化して長期療養を余儀なくされました。そこで、国に国家賠償を請求しましたが、「診断実施→本人に結果を伝達し、治療を促す」という一連の行為の中で、医師の診察行為に見落としがあったのか、それとも担当職員や税務署長に診断結果の伝達行為のミスがあったのかがわからず、誰が加害公務員なのか特定できないという事案です。

判例51-2は、加害公務員の特定は原則として必要であるとしつつ、レジュメにある①〜③の3つの条件がすべてそろった場合についてのみ、加害公務員が特定できなくても国家賠償請求できるとしました。

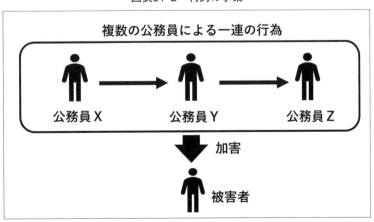

図表51-2　判例の事案

まず、①の条件は、一連の行為を構成する各行為を行った公務員X～Zの誰かが必ず加害行為を行ったと言えることです。さらに、②は、加害者がX～Yの誰であったとしてもすべて国家賠償責任が成立するといえるという意味で、もし加害者がYであった場合、Yの行為は国家賠償の対象にはならないという場合は該当しません。最後の③は、X～Yの全員が国の公務員であるか、または同じ公共団体の公務員であることという条件で、「XとYはA市の公務員だが、ZはB市の公務員である」という場合は該当しません。

4 「職務を行うについて」の意義

3つ目の要件は、公務員が「その職務を行うについて」与えた損害であるといえることです。つまり、公務員が仕事中に与えた損害であることが必要で、仕事中ではない状況で行った不法行為はもちろん国家賠償の対象ではありません。

「その職務を行うについて」に該当するかどうかが問題になった事案として、金に困っていた警視庁警察官Aが非番（休み）の日に警察署から制服と拳銃を持ち出し、職務質問を装って被害者から現金を騙し取ろうとしましたが、犯行に気づいた被害者に騒がれたため、発覚を恐れて射殺したという事案があります。遺族は東京都に国家賠償請求しましたが、Aの行為が「職務を行うについて」といえるかどうかが問題になりました。というのは、Aの行為の客観面（外見）は「制服を着た警察官が職務質問をしている」という職務の遂行に見えますが、主観面（内心）は自己の利益を図る犯罪行為を行おうとしているからです。

判例51-3は、自己の利をはかる内心の意図をもって行った行為であっても、**客観的に職務執行の外形をそなえる行為**であった場合は、「職務を行うについて（職務行為）」に該当するとしました。つまり、今回の事案は、職務行為に該当し、国家賠償責任が認められるということです。このような考え方を**外形標準説**と言います。

〈練習問題51〉

次の問いに○×で答えよ。（解答は巻末にあります。）

1　国家賠償法1条1項にいう公権力の行使とは、権力的作用に限定されず、国・公共団体による全ての作用を指すとするのが通説および判例である。

2　国家賠償法1条1項の責任は、公務員の身分を有する者による行為でなければこれが成立する余地はない。

3　県知事の入所措置によって、社会福祉法人の運営する児童福祉施設に入所した者が、養育監護について施設職員の過失によって被害を受けた場合、県は国家賠償責任を負うとするのが最高裁の判例である。

4　国家賠償法1条1項の責任が成立するためには、加害公務員の特定は常に不要であるとするのが最高裁の判例である。

5　公務員が主観的に自己の利を図る意図で行った行為でも、それが職務行為の外形を備えるときは、国家賠償法1条1項の「職務を行うについて」に該当するとするのが最高裁の判例である。

国家賠償法③（公権力責任の成立要件2）

レジュメ

52-1 「故意又は過失」・「違法に」の意義

国家賠償法は、条文上、**過失**と**違法**という二つの要件の充足を求めており、これらの解釈については多様な見解があるが、従前の判例および実務は概ね次のような見解に立っている。

国家賠償法上の「違法」と行政事件訴訟法上の「違法」は制度趣旨が異なることから、必ずしも一体的に理解する必要はなく、国家賠償法上の違法性の判断は、当該公務員が「**職務上通常尽くすべき注意義務を尽くしたか**」という基準によって判断される（**職務行為基準説**）。そうだとすると、国家賠償法上の「違法」と「過失」の判断は、注意義務違反の有無を基準とする点で同一であり、**両者は一体的に判断**される。

52-2 違法性・過失に関する判例

判例52-1

問題となった行為	判旨
A　公立学校の課外活動時間中に生徒同士のけんかで生徒が負傷したが、その際、顧問教諭が立ち会っていなかったこと（最判昭和58年2月18日）	けんかが発生することが当該顧問教諭にとって予見可能であったものでない限り、違法にはならない。
B　警察官がパトカーで不審車両を追跡中に追跡を受けた車が他の車両に追突事故を起こし、運転者を負傷させた場合（最判昭和61年2月27日）	当該追跡行為が職務上不必要であるか、又は状況から追跡の開始・継続、方法が不相当なものでない限り違法にならない。
C　税務署長が所得金額を過大に見積もる更正処分を行い、それによって営業損害等を与えた行為（最判平成5年3月11日）	税務署長が職務上尽くすべき注意義務を尽くすことなく、漫然と更正をしたと認められるような事情がある場合でなければ違法とならない。
D　検察官が控訴審の提起・追行を行ったが、控訴審で無罪判決が出た場合（最判平成2年7月20日）	後に無罪判決が確定したとしても、起訴時における合理的な判断過程により有罪と認められる嫌疑があれば違法にならない。

行政の権限不行使（不作為）が問題になったもの

問題となった行為	判旨
E　不適合宅建業者に対して府知事が宅建業免許の取消し等を行わなかった。それによって当該不適合業者との取引によって損害を受けた場	宅建業法の免許制は、不適合業者との取引によって被害を受けないように予防・救済する趣旨はなく、知事の権限不行使が著しく不合理と

国家賠償法③（公権力責任の成立要件２）

合（最判平成１年11月24日）	認められない限り、違法にはならない。
F　重篤な副作用があることが判明した医薬品に対して厚生大臣が副作用の発生防止策をとらなかったこと（最判平成７年６月23日：クロロキン訴訟）	その当時の医学的知見の下では、厚生大臣の権限不行使は著しく不合理とはいえない。
G　通産大臣がじん肺被害の発生・拡大を防止するための保安規制を行わなかったこと（最判平成16年４月27日：筑豊じん肺訴訟）	保安規制の権限の不行使は、著しく合理性を欠き、違法である。
H　水俣病の発生・被害拡大に対して国が規制権限を行使しなかったこと（最判平成16年10月15日：水俣病事件）	水俣病の公式発見当時、権限を行使しなかったことは、著しく合理性を欠き、違法である。

立法権や司法権の行為が問題になったもの

問題となった行為	判旨
I　裁判官が適用すべき法令を適用せず、それによって民事訴訟で敗訴した場合（最判昭和57年３月12日）	裁判は、裁判官が違法・不当な目的をもって裁判をしたなど、その権限の趣旨に明らかに背いて行ったような、特別な事情がない限り、国賠法上違法にならない。
J　国会議員が公職選挙法に規定されていた在宅投票制度を法改正で廃止したという立法行為（最判昭和60年11月21日：札幌在宅投票廃止事件）	国会議員は個別の国民の権利に対応した関係で法的責任を負わないので、国会議員の立法行為（立法不作為も含む）は、立法の内容が憲法の一義的な文言に違反しているにもかかわらず、あえてその立法を行うような例外的な場合以外は違法にならない。
K　在外邦人に対して在外投票制を設けることが技術的に可能なのに公職選挙法を改正してそれを設けることをしなかった立法不作為（最大判平成17年９月14日：在外投票制違憲判決）	立法の内容や立法不作為が国民に憲法上保障されている権利を違法に侵害するものであることが明白な場合や、国民に憲法上保障されている権利行使の機会を確保するために明白に不可欠な立法措置を国会が正当な理由なく長期にわたって怠る場合などには、例外的に国会議員の立法行為・立法不作為は国賠法上違法の評価を受ける、として違法と判断した。

52-3　加害行為による「損害」の発生と公務員の行為との間の因果関係
　　損害には、生命・身体に対するものや財産に関するものだけでなく、**精神的損害**も含まれる。

判例52-2　精神的損害への国賠請求（最判平成３年４月26日　水俣病認定遅延事件）

〔判旨〕認定申請者としての、早期の処分により水俣病にかかっている疑いのままの不安定な地位から早期に解放されたいという期待、その期待の背後にある申請者の焦燥、不安の気持を抱かされないという利益は、内心の静穏な感情を害されない利益として、これが不法行為法上の保護の対象になり得る。処分庁がこの意味における作為義務に違反したといえるためには、客観的に処分庁がその処分のために手続上必要と考えられる期間内に処分できなかっただけでは足りず、

> その期間に比してさらに長期間にわたり遅延が続き、かつ、その間、処分庁として通常期待される努力によって遅延を解消できたのに、これを回避するための努力を尽くさなかったことが必要である。

講義

1 「故意又は過失」と「違法」の意義

公権力責任（国賠法1条）が認められるための要件として、その公務員の加害行為に「故意又は過失」があり、「違法に」と言えることが必要です。

どのような場合に公務員の行為が違法になるかという点について、多くの最高裁判例は、その公務員が「**通常尽くすべき注意義務を尽くしたかどうか**」つまり、「その行為時の状況で、通常はやるべきことをやったと言えるかどうか」で判断します。これを**職務行為基準説**と呼びます。

違法性がこのように判断されるとすると、過失の有無の認定と違法性の有無の認定は、どちらも注意義務違反の有無を問題にする点でほぼイコールということになり、公務員が「やるべきことをやらなかった」場合に過失があり、かつ違法であるという形で、**両者は一体的に判断される**ということになります。これが最高裁判例や実務の採る従前の基本的な考え方です。

参考までに、公立の学校・保育園で事故が起きた際に、公務員が「尽くすべき注意義務」はどのようなものであったかを判定する基準（違法性・過失の認定基準）を挙げておきます。

図表52-1　参考：注意義務の判定基準の例

考慮要素	内容
①年齢	被害者の年齢の幼長による動静把握義務の程度
②活動の性質	事故発生時の活動の危険性の有無、大小
③時	発生時が登園中、保育中、保護者迎え時等で異なる
④場所	発生場所が園内・園外によって異なる
⑤天気・天候	発生時の天候が晴れ・雨・台風等によって異なる
⑥参加形式・性質	行事の主催が行政か保護者会か又は正規か任意か等
⑦個別の特殊事情	被害者の知能、障害の有無、当時の健康状態等

出典：鈴木秀洋『自治体職員のための行政救済実務ハンドブック』（2017年、第一法規）

2 過失と違法性に関する判例

では、過失および違法性に関する判例をいくつか見ていきましょう。

判例52-1Aは、公立学校で顧問教諭が立ち会っていない課外活動中に生徒同士がけんかして負傷したという事例ですが、教師の行為に過失および違法性が認定されるためには、けんかが起きることが**予見可能であったことが必要**で、予見可能であったのに、それでも立ち会っていなかったといえる場合に初めて違法になるとしています。

判例B〜Dは、表現は違いますが、いずれも公務員が加害行為を行ったその時に「本来やるべきこ

とをやっていたかどうかを問題にしています。

　国家賠償責任は、過失がある違法な権限行使を国が「行った」場合だけでなく、行うべき権限行使を国が「**行わなかった**」場合も生じ得ます。国の権限不行使がいかなる場合に違法になるかについて、判例は、その権限を定めた法の趣旨・目的等に照らし、その権限不行使が「**著しく合理性を欠く**」場合のみ違法になるとしており、権限不行使により被害が発生したら即違法になるとはしていません。

　権限不行使については、Eの判例が有名です。ある宅建業者が不適合業者（不良業者）であるにもかかわらず知事が宅建業免許の取消しや更新拒否を行っておらず、宅建業取引が可能な状態になっていました。そして、その業者と取引を行った者が損害を受け、知事の権限不行使に対して国家賠償を請求したという事例です。判例は、結論として知事の権限不行使が**著しく不合理とまでは言えない**として違法としませんでした。

　判例F〜Hは、やはり権限不行使についてのものです。判例の基準では、権限不行使に対して違法性が認められにくいのですが、GとHでは認めています。

　行政以外の立法権や司法権の活動が違法として国家賠償の対象となることは、かなり限られた場合ですが、全くないわけではありません。

　判例Iは、適用すべき法を適用しない判決を裁判官が行ったことによって裁判に負け、損害を被ったとして国家賠償を請求した事案ですが、判例は、裁判官の行う裁判は、「**特別な事情**」がない限り、国家賠償法上**違法にならない**としました。特別な事情とは、裁判官が自分の権限に反する行為を行うような場合で、判決に誤りがあった程度では違法になりません。

　判例JとKは、いずれも国会議員の行う立法行為に対して国家賠償請求できるかどうかが問題になりました。

　Jは、公職選挙法に規定されていた在宅投票制度が国会による法改正で廃止され、それによって選挙の投票が困難になった者が、法を改正した国会議員の立法行為は選挙権等の人権を侵害しており、違法として国家賠償請求したものです。判例は、「その立法の内容が違憲かどうか」と「その立法行為が違法として国家賠償の対象となるか」は別問題とした上で、後者については、**例外的な場合**（誰の目から見ても憲法の文言に違反しているような立法をあえて国会議員が行ったような場合）**しか違法にならない**としました。

　ところが、その後、最高裁は判例Kで上記の基準を緩めます。Kは、在外投票制を設ける法改正が可能であるにもかかわらず、国会がそれを行わなかったことによって、選挙の際に投票できなかった在外邦人が国家賠償を請求した事案ですが、立法の内容や立法不作為（立法を行わないこと）が**明白に人権侵害である場合**や**人権行使に不可欠な立法措置を国会が不当に怠るような場合**も違法として国家賠償請求できるとし、実際に賠償請求を認めました。

3　損害の発生と因果関係

　その他の国家賠償責任の成立要件としては、実際に**損害が発生**していることと、その損害と公務員の行為との間に**因果関係**があることも必要です。つまり、公務員の行為が原因になって損害は生じたと言えるだけの関連性がなければなりません。

　損害の有無については、財産的・身体的損害以外に**精神的損害**も国家賠償の対象になるかどうかが

問題になります。判例52-2は、水俣病患者としての認定が遅延したことによる精神的苦痛への国家賠償請求について、遅延が続き、行政側が**遅延回避努力**を尽くしていなかったような場合には、請求が可能としました。

練習問題52

次の問いに○×で答えよ。（解答は巻末にあります。）

1　現実に発生した損害の程度や内容に着目して国家賠償法上の違法性の有無を判断するのが最高裁の判例である。
2　税務署長が所得金額を過大に見積もる更正処分を行ったとしても、職務上尽くすべき注意義務を尽くすことなく、漫然と更正をしたと認められるような事情がない限り、当該更正は違法にならないとするのが最高裁の判例である。
3　宅建業法の免許制は、不適合業者との取引による被害を予防・救済する趣旨があるので、不適合業者に対して免許の取消し等を行わなかった県は、当該業者との取引によって損害を被った者に対して国家賠償責任を負う。
4　裁判官の裁判は、裁判官が違法・不当な目的をもって裁判をしたなど、その権限の趣旨に明らかに背いて行ったような、特別な事情がない限り、国賠法上違法にならないとするのが最高裁の判例である。
5　在外投票制を公職選挙法に創設していなかったという立法不作為は、憲法の一義的文言に違反しているにもかかわらず、あえて立法を行わなかったとまでは言えないので、国家賠償法上違法とならないとするのが最高裁の判例である。

国家賠償法④（営造物責任1）

レジュメ

53-1 営造物責任の意義

国賠法2条1項は、「道路、河川その他の**公の営造物**の設置又は管理に**瑕疵**があったために他人に損害を生じたときは、**国又は公共団体**は、これを賠償する責に任ずる」と定める。これを**営造物責任**または**2条責任**という。

53-2 過失の要否と求償権

営造物責任は、1条の公権力責任と違い、**無過失責任主義**をとっており、営造物の設置・管理に過失がなくても国・公共団体は賠償責任を負う（最判昭和45年8月20日：高知落石事件：判例53-1）。

また、他に損害の原因について**責に任ずべき者**（例：工事等を請け負った者）があるときは、国・公共団体は、この者に対して**求償権**を行使できる（国賠償2条2項）。

53-3 営造物責任の成立要件

(1)「(国・公共団体が) 設置・管理」する「公の営造物」であること

公の用に供せられる物的施設（公物）一般を指し、「道路、河川」のような不動産だけでなく、**動産も含み**、自然公物（河川・海浜・山）も含む。また、行政が事実上管理していれば足り、それが法律上の権限（所有権等）に基づくことは**必要ないが**、公の用に供されていないものは該当しない。

(2) 設置又は管理に「瑕疵」があること

営造物が**通常有すべき安全性を欠き**、他人に危害を及ぼす危険性のある状態をいい、その存否は諸般の事情を総合考慮して具体的・個別的に判断される。

但し、判例によると、被害の発生が被害者自身の通常の用法を逸脱した**異常な用法**によるものであったときは、国や公共団体の賠償責任が否定されることがある。

判例53-2　被害者による異常な用法の使用（最判平成5年3月30日）

〔事案〕町立中学校の校庭解放中に父親らと同校のテニスコートを利用していた幼児（5歳）が、テニスコートの審判台にその側部から登ろうとしたため、審判台が倒れ、その下敷きになって幼児は死亡し、遺族が町に対して国家賠償を請求した。

〔判旨〕本来の用法に従えば安全である営造物について、これを設置管理者の通常予測し得ない異常な方法で使用しないという注意義務は、利用者である一般市民の側が負うのが当然であり、幼児について、異常な行動に出ることがないようにさせる注意義務は、もとより、第一次的にその保護者にあるといわなければならない。

本件では、事故時の被害者児童の行動は極めて異常なもので、本件審判台の本来の用法と異なることはもちろん、設置管理者の通常予測し得ないものであったといわなければならず、町は国家賠償法2条1項所定の責任を負わない。

国賠法2条と民法717条（土地工作物責任）の比較

	国賠法2条	民法717条
対象	公の営造物（動産も含む）	土地の工作物
占有者免責条項	なし	あり
その他	※国賠法には、費用負担について独自の規定あり（3条）	

講義

1　営造物責任の意義・成立要件

公権力責任（国賠法1条）と並ぶもうひとつの国家賠償責任である**営造物責任（2条責任）**を見ていきます。50-1で説明したように、こちらは、国・公共団体が設置・管理する物の欠陥による被害に対する国家賠償です。

国賠法2条1項は、「道路、河川その他の公の営造物の設置又は管理に瑕疵があったために他人に損害を生じたときは、国又は公共団体は、これを賠償する責に任ずる」と定めています。例えば、国道（営造物）を走行中の車に落石が直撃し、被害が出た場合、国道は国が「設置・管理」する「営造物」であり、落石が起きるということは、その設置・管理に瑕疵（欠陥・不備）があったといえます。したがって、被害者は国に対して国家賠償が請求できます。

また、1条2項と同じく**求償権**の規定もあり（国賠法2条2項）、被害者に対して賠償金を支払った国・公共団体は、「他に損害の原因について責に任ずべき者」がいれば、その者に求償権を行使することができます。例えば、落石事故の原因が道路工事を請け負った土木建築会社の手抜き工事だった場合は、国・公共団体はその会社に対して求償権の行使ができます。

図表53-1　営造物責任

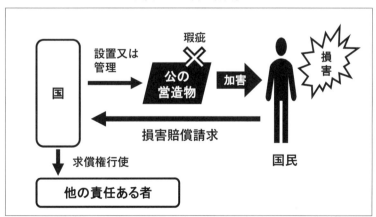

営造物責任の成立要件である「公の営造物」、「（設置又は管理の）瑕疵」の意味を見ていきます。

まず、「**公の営造物**」は、河川、海岸、道路、トンネル、庁舎の建物のような**不動産**であっても、公的機関の設備や自動車、警察官の拳銃、警察犬のような**動産**であっても該当します。また、当該営

造物を国が所有している場合だけでなく、国民の所有物を国が預かって管理しているような場合も該当します。ただし、その物が「公の用に供されていること」は必要で、公務員が業務上使用するとか、一般国民が利用する状態にある物でないと該当しません。

次に「設置又は管理」に「瑕疵」があるとは、「**通常有すべき安全性を欠き**、他人に危害を及ぼす危険性のある状態」を指します（判例）。

そして重要なポイントは、営造物責任は、公権力責任とは違い、**無過失責任**であり、設置又は管理の瑕疵が公務員の過失によって生じたかどうかを問題にしません。つまり、「瑕疵」さえあれば、営造物責任が成立し、それが公務員の故意・過失によるものかどうかは不問です。

一方、判例によると、公の営造物を利用した国民に被害が生じても、それが**被害者自身による通常とは異なる異常な方法**による利用が原因であった場合は、国・公共団体の賠償責任を認めません。

例えば、判例53-2は、幼児が公の営造物であるテニスコートの審判台に本来構造上想定されていない側面から登ろうとして起きた事故ですが、判例は、「設置管理者の通常予測し得ない異常な方法」による使用であると認めて、町の賠償責任を否定しました。

次のUnitでは、営造物責任で特に問題になる「道路の管理」と「河川の管理」を主に見ていきます。

練習問題53

次の問いに○×で答えよ。（解答は巻末にあります。）

1　国家賠償2条1項の賠償を行った国・公共団体は、他に損害の原因について責に任ずべき者があるときは、これに対して求償権を有する。

2　国家賠償2条1項の責任は、同法1条1項と同じく過失責任であり、それが成立するためには、設置・管理の瑕疵が過失に基づくものであることが必要であるとするのが最高裁の判例である。

3　国家賠償2条1項の公の営造物は、道路、河川のような不動産のみが該当し、動産は該当しない。

4　国家賠償2条1項の瑕疵とは、営造物が通常有すべき安全性を欠き、他人に危害を及ぼす危険性のある状態をいうとするのが最高裁の判例である。

5　公の営造物の利用者が通常予測し得ない異常な方法によって利用した場合であっても、当該営造物の設置管理者は、賠償責任を負うとするのが最高裁の判例である。

Unit 54 国家賠償法⑤(営造物責任2)

レジュメ

54-1 道路の設置管理について

判例は、道路の設置・管理の瑕疵については、河川に比べると**高度の**安全性を要求しており、不可抗力によるものであれば、国の免責を認めるが、予算不足による安全策の欠如を国の免責事由として認めない(**予算の抗弁を否定**)。

判例54-1 予算の抗弁の否定(最判昭和45年8月20日 高知落石事件)

〔判旨〕国道での落石事故に対して国家賠償請求がなされた事案について、「本件道路における防護柵を設置するとした場合、その費用の額が相当の多額にのぼり、県としてその予算措置に困却するであろうことは推察できるが、それにより直ちに道路の管理の瑕疵によって生じた損害に対する賠償責任を免れることはできないし、本件事故が不可抗力ないし回避可能性のない場合であると認めることはできない」として国家賠償責任を認めた。

また、道路の管理について、安全策を講じることが**時間的に不可能であった場合**には、瑕疵を認めないことがある。

判例54-2 安全策をとるための時間的余裕の有無①(最判昭和50年6月26日)

〔事案〕県道の工事箇所を示す赤色灯標柱が暴走車両により倒されたため、その直後に同所を車で走行したAが工事箇所に気づかず、これに突入して事故を起こし、その結果同乗者が死亡した。県に国家賠償が請求された。

〔判旨〕本件事故発生当時、県において設置した赤色灯標柱等が道路上に倒れたまま放置されていたのであるから、道路の安全性に欠如があったといわざるをえないが、それは夜間、しかも事故発生の直前に先行した他車によって惹起されたものであり、時間的に県において遅滞なくこれを原状に復し道路を安全良好な状態に保つことは不可能であったので、県の道路管理に瑕疵がなかったと認めるのが相当である。

判例54-3 安全策をとるための時間的余裕の有無②(最判昭和50年7月25日)

〔事案〕国道上に故障車が放置されたが、同道路の管理を委託された県は長時間それに気づかず、放置から87時間後に原付が放置車に追突事故を起こして運転者のBが死亡した。遺族が県に国家賠償を請求。

〔判旨〕道路管理事務を担当する県の土木出張所は、道路を常時巡視して応急の事態に対処しうる看視体制をとっていなかったために、本件事故が発生するまで故障車が道路上に長時間放置されていることすら知らず、道路の安全性を保持するために必要とされる措置を全く講じていなかったことは明らかであり、事故発生当時、出張所の道路管理に瑕疵があったというのほかなく、道

路の管理費用を負担すべき県は、国家賠償法2条及び3条の規定に基づき、賠償責任を負う。

54-2 河川の設置管理について（水害訴訟）

河川は自然公物であることから、判例は道路等とは異なった判断をし、「諸般の事情を総合考慮し、同種同規模の河川管理の一般水準や社会通念に照らし是認しうる安全性を備えているか」で判断する。また、未改修河川と改修済み河川では瑕疵の**認定基準**が異なる。

判例54-4　河川管理の瑕疵についての一般的基準（最判昭和59年1月26日　大東水害訴訟）

〔判旨〕河川は、本来自然発生的な公共用物であって、管理者による公用開始のための特別の行為を要することなく自然の状態において公共の用に供される物であるから、通常は当初から人工的に安全性を備えた物として設置され管理者の公用開始行為によって公共の用に供される道路その他の営造物とは性質を異にし、河川の通常備えるべき安全性の確保は、管理開始後において、予想される洪水等による災害に対処するための治水事業を行うことによって達成されていくことが当初から予定されている。

河川の管理についての瑕疵の有無は、過去に発生した水害の規模、発生の頻度、発生原因、被害の性質、降雨状況、流域の地形その他の自然的条件、土地の利用状況その他の社会的条件、改修を要する緊急性の有無及びその程度等諸般の事情を総合的に考慮し、諸制約のもとでの同種・同規模の河川の管理の一般水準及び社会通念に照らして是認しうる安全性を備えていると認められるかどうかを基準として判断すべきである。

判例54-4　**未改修河川**についての瑕疵の有無（最判昭和59年1月26日　大東水害訴訟）

〔事案〕水害被害が頻発する河川Aについて改修工事が進められていたが、改修工事が未完成の部分から溢水し、近隣住民が浸水による被害を受けた。被災者が国・地方公共団体に国家賠償を請求した。

〔判旨〕未改修河川又は改修の不十分な河川の安全性としては、諸制約のもとで一般に施行されてきた治水事業による河川の改修、整備の過程に対応するいわば過渡的な安全性をもって足り、未改修部分につき改修がいまだ行われていないとの一事をもって河川管理に瑕疵があるとすることはできない。

判例54-5　**改修済み**河川についての瑕疵の有無（最判平成2年12月13日　多摩川水害訴訟）

〔事案〕河川Bの改修工事完成区間（改修済み区間）の堤防が決壊し、近隣住民が浸水による被害を受けた。そこで被災者が河川を管理する国に国家賠償を請求した。

〔判旨〕工事実施基本計画が策定され、計画に準拠して改修、整備がされ（改修済み）、あるいは計画に準拠して新規の改修、整備の必要がないものとされた河川の改修、整備の段階に対応する安全性とは、同計画に定める規模の洪水における流水の通常の作用から予測される災害の発生を防止するに足りる安全性をいうものと解すべきである。改修、整備がされた河川は、その改修、整備がされた段階において想定された洪水から、当時の防災技術の水準に照らして通常予測し、かつ、回避し得る水害を未然に防止するに足りる安全性を備えるべきものであるというべきであり、水害が発生した場合においても、当該河川の改修、整備がされた段階において想定された規模の洪水から当該水害の発生の危険を通常予測することができなかった場合には、河川管理の瑕疵を問うことができないからである。

54-3 営造物責任についてその他の判例

判例54-6　空港の騒音被害（供用関連瑕疵）について（最大判昭和56年12月16日　大阪空港訴訟）

〔判旨〕大阪国際空港の騒音被害に対し、周辺住民が国家賠償法2条1項によって国に国家賠償を請求した事案について、「国家賠償法2条1項の営造物の設置又は管理の瑕疵にいう他人に危害を及ぼす危険性のある状態とは、ひとり当該営造物を構成する物的施設自体に存する物理的、外形的な欠陥ないし不備によって一般的にそのような危害を生ぜしめる危険性がある場合のみならず、その営造物が供用目的に沿って利用されることとの関連において危害を生ぜしめる危険性がある場合をも含み、また、その危害は、営造物の利用者に対してのみならず、利用者以外の第三者に対するそれをも含むものと解すべきである」として国家賠償責任を認めた。

判例54-7　安全設備の未設置（最判昭和61年3月25日）

〔判旨〕新たに開発された視力障害者用の安全設備を駅のホームに設置しなかったことをもって当該駅のホームが通常有すべき安全性を欠くか否かを判断するに当たっては、その安全設備が、視力障害者の事故防止に有効なものとして、その素材、形状及び敷設方法等において相当程度標準化されて全国的ないし当該地域における道路及び駅のホーム等に普及しているかどうか、当該駅のホームにおける構造又は視力障害者の利用度との関係から予測される視力障害者の事故の発生の危険性の程度、事故を未然に防止するため安全設備を設置する必要性の程度及び安全設備の設置の困難性の有無等の諸般の事情を総合考慮することを要するものと解する。

講　義

1　道路の設置管理についての判例

このUnitでは、営造物責任に関する重要な判例を見ていきます。

判例でよく問題になる営造物は、道路と河川ですが、道路と河川では求められる安全性のレベル、すなわち、**瑕疵の認定基準が異なる点に注意してください。**

判例は、道路について**高度の安全性**を求めているといえます。判例54-1では、国道での落石事故の被害者による国家賠償請求に対し、国や県は「予算不足により、落石防止のための安全策をとることができなかったので、不可抗力である」と主張しましたが（これを**予算の抗弁**と言います）、これを認めませんでした。道路は人工的に作られたものであり、最初から安全に作っておくべきだからです。

また、判例は、道路上で事故を起こしかねない危険な状態が発生し、それによって事故が起きた場合、危険な状態が発生してから事故が起きるまでに国が危険な状態を除去して**安全な状態に戻すことが時間的に可能であったかどうか**によって瑕疵の有無を判定することがあります。

判例54-2は、「工事箇所を示す赤色灯標柱が倒された」という危険な状態が国道上で生じ、直後に現場を通行した車が事故を起こしたという事案ですが、安全な状態に戻す時間的余裕がなかったことを理由に瑕疵を否定しました。

逆に、判例54-3では、国道上に故障車が87時間も放置された状態になっており、国道を管理する県が故障車を発見して撤去する時間的余裕があったとして、瑕疵を認めました。

2　河川の設置管理についての判例（水害訴訟）

洪水によって河川が氾濫し、水害被害を受けた被災者が営造物責任によって国などに国家賠償を請求することがあります（**水害訴訟**）。河川は、国・公共団体が管理する公の営造物だからです。

河川が道路と違う点は、河川は道路のような人工物ではなく、もともと**自然の状態で存在**していたものであり、洪水も自然現象ですから、人間の力で災害が起きないように安全性を維持するのは困難です。

国が河川を管理する際には、その河川で起こる洪水（流水が増大する現象）を調査・想定したうえで、それによって起きる災害を予測し、改修工事の必要があると判断されれば、改修計画に則って順次改修工事（堤防を築くなど）を行っていきます。しかし、未だ改修工事を行っていない河川や改修工事中の河川で水害が起きることはよくありますし、改修工事が完了した河川や国が改修の必要がないと判断した河川で水害が起きることも現実にはあります。

水害の被災者が国に営造物責任による国家賠償を求めた場合の瑕疵の有無について、判例54-4の基準を最高裁は示しました。「河川は、最初から人間が作った道路とは異なり、元々自然の状態では災害の危険があるもので、それに人間が手を加えることで、はじめて安全なものになる」と考え、「河川の管理には様々な制約があり、瑕疵があったかどうかは一概に決めることはできないので、同じような他の河川の管理状況と比較しながら、ケースバイケースの判断になる」としています。

また、同判決（大東水害訴訟）では、**未改修河川**（改修を行っていない河川や改修工事中の河川）の設置管理に関する瑕疵の判断について、改修工事が完了していないことが瑕疵とはいえず、未改修河川では**過渡的な安全性**があれば足りるとしました。「過渡的な安全性」は、改修の進捗状況に応じた不十分な安全性くらいの意味で、改修工事が進んでいない段階では安全性が低くても仕方がない、ということになります。

図表54-1　水害訴訟についての判例

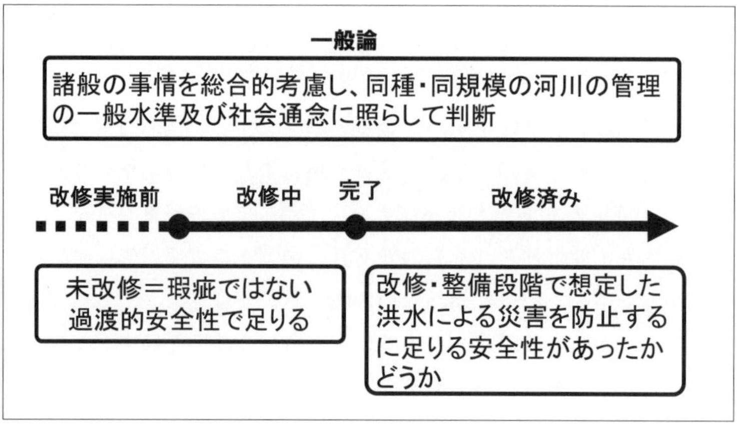

一般論
諸般の事情を総合的考慮し、同種・同規模の河川の管理の一般水準及び社会通念に照らして判断

改修実施前　改修中　完了　改修済み

未改修＝瑕疵ではない
過渡的安全性で足りる

改修・整備段階で想定した洪水による災害を防止するに足りる安全性があったかどうか

その後、最高裁は、**改修済み河川**で水害が起きた事案についての具体的な判断基準を示し、改修済み河川は、**改修が行われた段階で想定された洪水から予測・回避し得る水害を防止できる安全性**を備えているべきであるから、改修計画に定める規模の洪水から予測される災害の発生を防止するだけの安全性を備えていたかどうかで瑕疵の有無が決まるとしています（判例54-5：多摩川水害訴訟）。

これによると、改修を行う段階で予測できた水害については、それを防げるように工事されている

はずですから、それを防げなかったら瑕疵があったことになります。逆に、改修が行われた段階では予測できなかったような水害が発生してしまった場合は、それを防ぐことができなかったとしても国に責任はなく、瑕疵は認められないことになります。

3 その他営造物責任の重要判例

その他の営造物責任に関する判例として、重要なものを二つ紹介します。

まず、**大阪空港訴訟**（判例54-6）ですが、これは、民事訴訟による空港使用の差止めの可否が問題になった判例40-2と同じ判例です。裁判の中で、周辺住民は、騒音被害は国による空港の管理の瑕疵によるものであると主張して、国家賠償も請求しました。

問題は、空港という営造物自体の瑕疵ではなく、空港を本来の用途（飛行機の離発着）に使用した結果生じた被害でも国家賠償の対象になるのかという点と、空港利用者ではない周辺住民でも国家賠償の請求ができるのかと言う点です。これを**供用関連瑕疵**と言います。

判例は、どちらも国家賠償の対象に含まれ、賠償請求が可能としました。

判例54-7は、当時は開発されたばかりの最新設備であった点字ブロックが民営化前の国鉄（現在のＪＲ）のある駅には未だ設置されておらず、視力障害者がホームから転落して重傷を負ったという事案です。

判例は、「点字ブロックの未設置＝瑕疵」ではないとし、判旨のような**諸般の事情を総合考慮**してケースバイケースに瑕疵の有無を決するとしました。

練習問題54

次の問いに○×で答えよ。（解答は巻末にあります。）

1 道路の設置管理について瑕疵があった場合でも、それを防止するための安全策を講じることに多額の予算がかかり、実施困難であった場合は、国は免責されるとするのが最高裁の判例である。
2 国道上に故障車が長時間放置され、その後追突事故が発生して被害が生じた場合であっても、道路管理者が危険を発見・除去し、安全な状態に復することは困難であるので、国家賠償責任は認められないとするのが最高裁の判例である。
3 河川は道路と同様の安全性までが求められているわけではないが、未改修河川であっても水害が発生した以上、国・公共団体は被災者救済の観点から国家賠償責任を常に負うとするのが最高裁の判例である。
4 改修済み河川に求められる安全性とは、改修計画に定める規模の洪水における流水の通常の作用から予測される災害の発生を防止するに足りる安全性をいうとするのが最高裁の判例である。
5 国家賠償法2条1項の営造物の設置又は管理の瑕疵には、その営造物が供用目的に沿って利用されることとの関連において危害を生ぜしめる危険性がある場合をも含み、また、利用者以外の第三者に対する危害も含むとするのが最高裁の判例である。

国家賠償法⑥（その他の規定）

レジュメ

55-1 費用負担者の賠償責任（国賠法3条）

国・公共団体が損害を賠償する責に任ずる場合において、公務員の選任・監督者、公の営造物の設置・管理者とそれらの費用負担者とが異なるときは、**費用負担者も損害賠償をする責に任じられ、被害者はいずれにも請求することができる**。そして、損害賠償した者は、内部関係でその損害を賠償する責任ある者に対して**求償権**を有する。

	選任・監督・設置・管理者	費用負担者
1条責任	公務員の選任・監督に当る者	公務員の俸給・給与その他の費用を負担する者
2条責任	公の営造物の設置・管理に当る者	公の営造物の設置・管理の費用を負担する者

判例55-1 費用負担者の意義（最判昭和50年11月28日）

〔判旨〕国家賠償法3条1項所定の設置費用の負担者には、当該営造物の設置費用につき法律上負担義務を負う者のほか、この者と同等もしくはこれに近い設置費用を負担し、実質的にはこの者と当該営造物による事業を共同して執行していると認められる者であって、当該営造物の瑕疵による危険を効果的に防止しうる者も含まれると解すべきである。

55-2 民法、特別法との関係（国賠法4～5条）

国賠法に規定がなく、民法に規定がある場合は、**民法**が不法行為の一般法として適用される（国賠法4条）。国賠法以外に国・公共団体の賠償責任を定めている法律があれば、その**特別法**が優先され（国賠法5条）、特別法がなければ、国賠法が一般法として適用される。

判例55-2 失火責任法の適用（最判昭和53年7月17日）

〔判旨〕失火責任法は、失火者の責任条件について民法709条の特則を規定したものであるから、国家賠償法4条の「民法」に含まれると解するのが相当である。また、失火責任法の趣旨にかんがみても、公権力の行使にあたる公務員の失火による国・公共団体の損害賠償責任についてのみ同法の適用を排除すべき合理的理由も存しない。したがって、公権力の行使にあたる公務員の失火による国・公共団体の損害賠償責任については、国家賠償法4条により失火責任法が適用され、当該公務員に重大な過失のあることを必要とする

55-3 相互保証主義（国賠法6条）

外国人が被害者であるときには、**相互の保証**があるときのみ、賠償請求をなし得る。

講義

1　費用負担者の賠償責任

国家賠償法3条～6条には、公権力責任と営造物責任双方に関わる事項の規定がありますので、それらを見ていきます。

まず、3条ですが、国民が被害を受けた場合、公務員の不法行為による被害（1条の場合）ならば、その公務員を選任・監督する者に賠償請求を行います。例えば国家公務員が加害者であれば、国に賠償請求しますし、東京都の公務員でしたら、東京都に請求します。また、営造物の瑕疵による被害（2条の場合）でしたら、それを設置管理する者に請求することになります。

しかし被害者である国民が誰に請求すればよいのかわからない事例もあるので、その公務員の**給与を支払っている者**や営造物の**設置管理費用を支払っている者**が異なっている場合には、その者にも請求できるようにしています。

図表55-1　国賠法3条

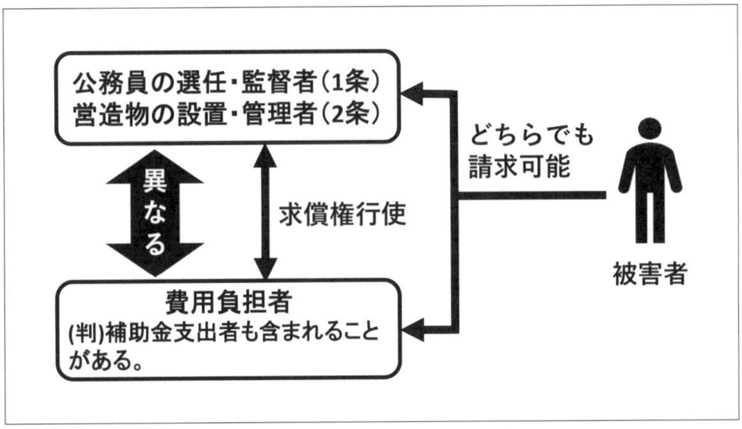

例えば、加害公務員はA市立の学校職員Bであるが、Bの給料は法の規定でC県が負担しているという場合は、A市だけでなく、C県にも国家賠償請求できます。また、A市が管理している営造物の瑕疵であったとしても、設置費用はB県が負担しているような場合は、B県にも請求できます。

判例55-1では、営造物の設置に補助金を出した者も費用負担者に該当するかどうかが問題になりました。県が国の補助金を受けて設置した国立公園内にある周回路の橋から転落し、重傷を負った者が、国、県などに対して国家賠償請求を行った事案ですが、「法律上負担義務を負う者と同等の費用を負担し、実質的には事業の共同執行者で、営造物の瑕疵による危険を効果的に防止しうる者」であれば、**補助金の支出者であっても該当**するとし、この事案では国への賠償請求を認めました。

なお、本来賠償責任がない者が国家賠償を請求され、支払った場合、損害を賠償する責任がある者に**求償権**を行使できます。

2　国家賠償法と民法、特別法の関係

国家賠償法4条と5条には、国賠法と他の法律の適用関係が規定されています。

まず、国賠法は、国家賠償についての一般法ですので、国家賠償について国賠法とは異なる規定

（例えば、ある分野について公務員の無過失責任を定めたり、逆に国の賠償責任を免責したりする）を置く**特別法**があれば、それが優先適用されますが、それがない限りは国賠法が適用されます。

また、国賠法に規定がない事項については、**民法が補充的に適用**されます。例えば、被害者の側にも過失があったときに、損害賠償の額を減額する過失相殺の規定（民法722条2項）は、国家賠償法に規定がありませんが、国家賠償の際にも適用されます。

判例55-2では、火災の通報を受けて現場に駆けつけた消防官が火の消し忘れをしてしまい、後に火が再燃して家屋が全焼したという事案について、国賠法4条により失火責任法が適用されるかどうかが問題になりました。

過失によって他人に損害を与えた場合には、損害賠償責任がありますが（民法709条）、失火ノ責任ニ関スル法律（**失火責任法**）は、民法709条の特別法として、失火によって他人に損害を与えた場合には、**重過失**の場合しか責任を負わなくてもよい（軽過失の場合は責任を負わない）としています。

判例は、国賠法4条の「民法」の文言には、民法典だけでなく、民法の特別法である失火責任法も含まれるので、消防官の火災の消し忘れによる損害賠償の場合にも失火責任法が適用され、国・公共団体は、消防官に重過失がない限り、賠償責任は負わないとしました。

3　被害者が外国人の場合（相互保証主義）

外国人が日本の公務員の不法行為や日本の公の営造物の瑕疵によって被害を受けた場合、国家賠償が請求できるかどうかという問題に関し、国賠法6条は、**相互保証主義**という考え方を採っています。

例えば、A国の外国人が日本の国・公共団体に国家賠償請求するケースでは、「A国で日本人が被害を受けた場合、A国から国家賠償を受けることができる制度になっている」という場合には、日本国もA国人に対して国家賠償請求を認めますが、そうでない場合には、日本国もA国人に対しては国家賠償を認めないということです。

練習問題55

次の問いに〇×で答えよ。（解答は巻末にあります。）
1　国・公共団体が損害を賠償する責に任ずる場合において、公務員の選任・監督又は公の営造物の設置・管理に当たる者と費用を負担する者とが異なるときは、費用を負担する者に国家賠償を請求することはできない。
2　国家賠償法3条1項の設置費用の負担者には、当該営造物の設置に際して補助金を支払った者が該当する余地はないとするのが、最高裁の判例である。
3　公務員の失火による損害についても、民法の特別法たる失火責任法が適用され、当該公務員に重大な過失があった場合のみ国・公共団体は責任を負うとするのが最高裁の判例である。
4　国家賠償法は、日本国民のみを対象としており、外国人が被害者である場合には、国家賠償請求は認められない。

行政上の損失補償

レジュメ

56-1 行政上の損失補償の意義と根拠規定

行政上の損失補償とは、**適法**な行政活動によって生じた国民の**財産上の損失**に対し、**憲法29条3項**に則って補填することをいう。一般法は存在しないが、個別の法に補償規定が置かれていることがある。

判例56-1　補償規定の欠如（最大判昭和43年11月27日　河川附近地制限令事件）

〔判旨〕法令に損失補償に関する規定がない場合でも、あらゆる場合について一切の損失補償を全く否定する趣旨とまでは解されず、別途、直接憲法29条3項を根拠にして、**補償請求をする余地が全くないわけではない**。

56-2 「公共のため用いる」の意義

「**公共のために用いる**」（憲法29条3項）とは、直接公共の用に用いる場合（**公用目的制限**）だけでなく、たとえ特定の私人が受益者になっても公共の利益の実現を目的になされる場合（**公益目的制限**）は「公共のため」といえる。

56-3 補償の要否

すべての財産権の制限に対して補償が必要なわけではない。どのような場合に補償が必要かについて、一般的には、「**特別な犠牲**」を課した場合には必要とされ、それに該当しない場合は必要ない。特別な犠牲の判定基準として、伝統的学説は、財産権の制限が**一般的なものか特定人へのものか**（形式的要件）、侵害行為が財産権の**本質的内容を侵害するほど強度か否か**（実質的要件）、によって判断する。

判例56-2　補償の要否（最大判昭和38年6月26日　奈良県ため池条例事件）

〔判旨〕ため池の堤とうの耕作等を禁止する県条例に違反したとして起訴された者が、堤とうの使用制限に対して補償金が払われていないことが違憲であると主張した事案について、本条例の制限は、災害を防止し公共の福祉を保持する上に社会生活上やむを得ないものであり、そのような制約は、ため池の堤とうを使用し得る財産権を有する者が**当然受忍しなければならない責務**というべきものであって、憲法29条3項の**損失補償はこれを必要としない**とした。

判例56-3　警察目的規制と補償（最判昭和58年2月18日）

〔判旨〕地方公共団体が地下歩道を設置した結果、石油会社所有のガソリンタンクが消防法違反の状態となった。そのため、同社はタンクの移設を余儀なくされ、道路法70条1項の補償規定（いわゆる「みぞ・かき補償」）を根拠に移転費用の補償を請求した事案について、「警察法規が一定の

危険物の保管場所等につき保安物件との間に一定の離隔距離を保持すべきことなどを内容とする技術上の基準を定めている場合において、道路工事の施行結果、警察法規違反の状態を生じ、危険物保有者が技術上の基準に適合するように工作物の移転等を余儀なくされ、これによって損失を被ったとしても、それは道路工事の施行によって警察規制に基づく損失がたまたま現実化するに至ったものにすぎず、このような損失は、<u>道路法70条1項の定める補償の対象には属しない</u>」とした。

判例56-4　文化的価値への補償の要否（最判昭和63年1月21日）

〔判旨〕土地収用法88条にいう「通常受ける損失」とは、客観的社会的にみて収用に基づき被収用者が当然に受けるであろうと考えられる経済的・財産的な損失をいうと解するのが相当であって、<u>経済的価値でない特殊な価値についてまで補償の対象とする趣旨ではない</u>というべきである。

判例56-5　戦争損害と損失補償（最大判昭和43年11月27日）

〔判旨〕戦時中カナダに居住しており、カナダ政府に財産を接収された者が、戦後日本がサンフランシスコ講和条約を締結したため、カナダ政府がその財産の処分権を取得し、返還請求ができなくなった。そこで、日本国に対して損失補償を請求したという事案につき、「これらの犠牲は、いずれも、戦争犠牲または戦争損害として、国民のひとしく受忍しなければならなかったところであり、在外資産の賠償への充当による損害のごときも、<u>一種の戦争損害として、これに対する補償は、憲法の全く予想しないところ</u>というべきである」として請求を棄却した。

56-4　正当な補償の内容・補償の時期

憲法29条3項にいう「正当な補償」の意味について、判例は、**農地改革**の事案については、**相当補償説**に立ち、**土地収用**の事案については**完全補償説**に立った。

相当補償説	合理的な算定基準に基づいて算出された**相当な額を補償**すれば足りる。
完全補償説	当該財産の市場価格を全額補償する必要がある。

判例56-6　農地改革と「正当な補償」（最大判昭和28年12月23日）

〔判旨〕農地改革時の<u>自作農創設特別措置法による農地買収</u>について、同法の定める対価の金額が裁判で争点となった事案につき、憲法29条3項にいうところの財産権を公共の用に供する場合の正当な補償とは、その当時の経済状態において成立することが考えられる価格に基づき、<u>合理的に算出された相当な額をいうのであって、必ずしも常にかかる価格と完全に一致することを要するものでない</u>」とした。

判例56-7　土地収用と「正当な補償」（最判昭和48年10月18日）

〔判旨〕<u>土地収用法による土地収用</u>について、損失補償金が裁判で争点になった事案について、「土地収用法における損失の補償は、特定の公益上必要な事業のために土地が収用される場合、その収用によって当該土地の所有者等が被る特別な犠牲の回復をはかることを目的とするものであるから、<u>完全な補償、すなわち、収用の前後を通じて被収用者の財産価値を等しくならしめるような補償をなすべきであり、金銭をもって補償する場合には、被収用者が近傍において被収用地と同等の代替地等を取得することをうるに足りる金額の補償を要するものというべきである</u>」とした。

> 判例56-8　補償の時期（最大判昭和24年7月13日）
>
> 〔判旨〕憲法は「正当な補償」と規定しているだけであって、補償の時期についてはすこしも言明していないのであるから、補償が財産の供与と交換的に同時に履行さるべきことについては、憲法の保障するところではないと言わなければならない。もっとも、補償が財産の供与より甚しく遅れた場合には、遅延による損害をも填補する問題を生ずるであろうが、だからといって、憲法は補償の同時履行までをも保障したものと解することはできない。

講義

1　行政上の損失補償の意義と規定

　行政救済法の最後の分野として、このUnitでは、行政上の損失補償を扱います。

　損失補償は、**正当な行政活動**による**財産上の損失**を補償するものです。例えば、土地収用では、国などが、公共事業のために土地が必要な場合に、特定の国民の所有する土地を国家権力によって取得しますが、公共事業を行い、そのために必要な土地を取得すること自体は違法な活動ではありません。しかし一方で、土地失った国民は、特別な犠牲を被ったことになりますので、その犠牲（損失）を国などが穴埋めしないと不公平です。そこで損失補償として金銭の支払いが必要になるのです。

　損失補償の請求については、財産権の制限を受けた国民に対して**憲法29条3項**が人権として保障しています。なお、個々の法律で損失補償を行う旨の規定が置かれていることがありますが、**損失補償の一般法は存在しません**。

　したがって、損失補償では、主に根本規定である憲法29条3項の解釈論が扱われます。ただ、憲法で学習する内容とかなり重複していますので、以下では、憲法でも学習する内容は簡単に説明し、憲法では出てこない事項を中心に説明します。

　財産権の制限を行う法令には、通常、補償規定が置かれます。しかし、法令の中には、財産権の制限を行うことを認めながら、補償規定を欠くものもあります。判例56-1は、**憲法を根拠にして直接国に請求する余地を認めており**、補償規定が置かれていなかったとしても、即違憲になるわけではないとしています。

2　制限目的と補償の要否

　憲法29条3項によると、財産権は、「**公共のために用ひる**」ことができるとしています。ここにいう「公共のため」とは、典型的には土地収用のように、財産を公共施設等に使うために制限を行う場合（**公用制限**）を指します。しかし、判例は、農地改革のように地主から取り上げた農地を小作人に分配し、特定の私人のみが利益を得るような財産権の制限であっても、**制限目的が公共の利益に適っていれば**、「公共のため」といえるとしています。

　では、どのような財産権の制限に補償が必要なのでしょうか。判例は、財産権の制限のすべてに必要とは解しておらず、奈良県ため池条例事件（判例56-2）では、災害防止のためのやむを得ない財産権の制限では**当然の受忍範囲**として不要としました。一方、伝統的学説は「**特別な犠牲**」を課したかどうかで補償の要否を判断します。具体的には、①財産権の制限が広く一般人に対するものか、それ

とも特定人に対するものか、②侵害行為が財産権の本質的内容を侵害するほど強度か否か、によって判断します。

保障の要否や対象について問題になった判例をいくつか紹介します。

判例56-3は、国道付近で石油会社がガソリンタンクを設置していましたが、国道に歩道が新設されたことで、消防法や政令の危険物規制（危険物貯蔵タンクを道路から10メートル以上離す）違反の状態になりました。そこで、自らの費用でタンクを移設し、その費用を道路法70条1項（道路の設置により溝や垣根などの工作物を移設したことへの補償規定）によって国に請求したという事案です。

判例は、道路法の補償規定は、消防法の規制のような**警察規制**（社会の秩序や安全保持のための取締りを行う規制）の場合の損失を補償する趣旨ではないとして、道路法による補償請求を認めませんでした。

土地収用の際には、収用された土地の対価以外にも収用によって「通常受ける損失」が補償されます。判例56-4は、その土地の経済的・財産的損失とは別の、土地の歴史的・文化的価値は「通常受ける損失」に含まれず、**補償の対象とならない**としました。

また、判例56-5は、戦争によって生じた財産上の損失について、その補償は、「**憲法の全く予想しないところ**」として補償請求を認めなかった事例です。

3　正当な補償と補償時期

財産権の制限を行った場合には、「正当な補償」（憲法29条3項）が行われなければなりませんが、その意味については、**相当補償説**と**完全補償説**という二つの見解があります。

相当補償説は、「**合理的に算出された相当な（それ相応の）額**」で足りるとする見解で、例えば土地を国が取得する場合に、土地を失った者に土地の客観的な市場価格全額を常に補償する必要はなく、それを下回っていても、「相当（相応な）額」であれば、正当な補償と考えます。**農地改革**時の地主への補償金が正当な補償かどうかが問題になった事案で、判例56-6はこの考え方を採りました。

一方、**土地収用**の際の補償金額が問題になった判例56-7では、土地収用の際に必要な被収用者への補償とは、「収用の前後を通じて被収用者の財産価値を等しくならしめるような補償」が必要としており、このような考え方を**完全補償説**と言います。

完全な補償があくまでも原則であるべきですが、農地改革は、社会の価値観の変化による大規模な社会改革であり、そのような例外的な場合だったから相当補償説を採ることが許されたと見るのが両判例に対する有力説の評価です。

国による財産権の制限とそれに対する補償金の支払いは、民法の双務契約のように同時履行（民法533条）で行われなければならないのでしょうか。判例は、憲法は**同時履行までも保障するものではない**として、これを否定しました。したがって、国が財産権の制限を行う際に、補償金支払いとの同時履行を主張することはできないことになります。

練習問題56

次の問いに○×で答えよ。（解答は巻末にあります。）

1　財産権の制限への正当な補償は、憲法が求めることころであり、財産権の制限を行う法令で、補償規定を欠くものは、すべて憲法違反となるとするのが最高裁の判例である。

2　県条例によって、ため池の堤とうの使用行為を防災のために制限したとしても、同制限は、社会生活上やむを得ないもので、当然の受忍義務があり、憲法29条3項の補償は要しないとするのが最高裁の判例である。

3　警察法規が危険物の保管場所等についての技術上の基準を定めている場合において、当該法規違反の状態を是正するために工作物の移転等を余儀なくされたとしても、道路法70条1項による補償は請求できないとするのが最高裁の判例である。

4　土地収用法における土地収用に対する損失の補償は、合理的に算出された相当な額をもって足りるとするのが最高裁の判例である。

5　憲法29条3項は、補償が財産の供与と交換的に同時に履行さるべきことについても保障していると解するのが最高裁の判例である。

国家補償の谷間の問題

レジュメ

57-1 国家補償の谷間とは

国家補償の2つの制度（国家賠償、損失補償）のいずれにも該当せず、救済が困難な事案が存在する。これを**国家補償の谷間**の問題という。例えば、公務員の行為が結果的に違法であり、国民に損害を与えたが、過失が認定できないような場合である。

57-2 判例の解決方法

判例では、**予防接種禍**による健康被害が主に問題になった。予防接種によって重篤な後遺症等が残った場合、過失の認定が困難であるから国家賠償責任を認めにくく、また財産的損失ではなく、適法でもない点で損失補償も認めにくいからである。

最高裁の判例は、国の過失を認めやすくすることによって、国家賠償による救済を図った。

判例57-1　予防接種禍と過失の認定（最判平成3年4月19日　小樽予防接種禍事件）

〔判旨〕予防接種によって重篤な後遺障害が発生する原因としては、被接種者が禁忌者に該当していたこと又は被接種者が後遺障害を発生しやすい個人的素因を有していたことが考えられるところ、禁忌者として掲げられた事由は一般通常人がなり得る病的状態、比較的多く見られる疾患又はアレルギー体質等であり、ある個人が禁忌者に該当する可能性は個人的素因を有する可能性よりもはるかに大きいものというべきであるから、予防接種によって後遺障害が発生した場合には、当該被接種者が禁忌者に該当していたことによって後遺障害が発生した高度の蓋然性があると考えられる。したがって、<u>予防接種によって後遺障害が発生した場合には、禁忌者を識別するために必要とされる予診が尽くされたが禁忌者に該当すると認められる事由を発見することができなかったこと、被接種者が個人的素因を有していたこと等の特段の事情が認められない限り、被接種者は禁忌者に該当していたと推定するのが相当である。</u>

講義

1　国家補償の谷間の問題

これまで、国家補償の二つの分野（国家賠償と損失補償）を勉強して来ましたが、国の活動によって損害・損失を受けたにもかかわらず、いずれによっても救済されない「**谷間**」が生じることが指摘されてきました。

国家賠償の公権力責任（国賠法1条）は、公務員の過失による違法な行為を対象とし、損失補償は、適法な活動による財産上の補償を対象とします。

図表57-1 国家補償の谷間

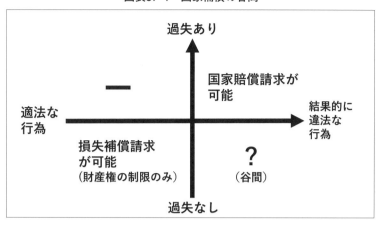

　そうなると、国が結果的に違法な損害を発生させたにもかかわらず、公務員に過失が認められない行為は、どちらも該当せず、補償や賠償を請求できないことになってしまいます。また、適法な国の行為ですが、財産権以外の損失が生じた場合もどちらにも該当しません。

　このような、谷間の問題が生じた場合、どのような理論構成で補償や賠償請求を認めるかが問題になります。判例には、前者の「結果的に違法だが過失がない」場合に対し、①**損失補償の範囲を拡大**し、財産権以外の損害にも適用して救済するという方向と②**国家賠償法の過失認定を緩め**、国家賠償で救済するという2つの方向を採るものがありますが、最高裁は後者②の方向を採っています。

2　予防接種禍

　国家補償の谷間の問題で最も有名なものは、**予防接種禍**ですので、ここではその判例を紹介します。

　国が行う各種の予防接種によって、重篤な後遺症等の健康被害を生じてしまうことがあります。その際、被害者が救済を受けようと国家賠償を請求しても、予め医師が診察等で予防接種によって健康被害が出るかどうかを判定するのは困難であり、過失がなかなか認定されません。そこで、後遺症が生じた場合は**禁忌者と推定**するという方法で救済の道を開いたのが判例57-1です。

　禁忌者とは、これに該当する場合には後遺症の危険があるとして予防接種が法令上禁止される者で、禁忌者であるにもかかわらず予防接種がなされたとすると、国の過失が認定されやすくなります。一方、禁忌者に該当するのではなく、「**個人的素因**（予防接種によって発病する特殊な体質）」を有していたことで後遺症を発症した場合、予診でそれを発見するのは困難であり、国の過失が認定されにくくなります。

　判例は、「予防接種によって後遺障害が発生した場合には、**特段の事情**が認められない限り、**禁忌者に該当していたと推定**」することで、国の過失をできるだけ認定しやすくするという方法を採りました。

練習問題57

次の問いに○×で答えよ。（解答は巻末にあります。）

1　違法な損害を発生させた国の行為にもかかわらず、過失が認定されない場合、最高裁は、損失補償規定を当該被害にも適用することで救済を図ってきた。

2　予防接種によって健康被害が生じた場合、特段の事情が認められない限り、被接種者は禁忌者に該当していたと推定するのが最高裁の判例である。

問題演習コーナー8

(解答は巻末にあります)

問題8-1

国家賠償に関するア〜エの記述のうち、判例に照らし、妥当なもののみを全て挙げているのはどれか。【国家専門職（2020年）】

ア　公権力の行使に当たる公務員の職務行為に基づく損害については、国又は公共団体が賠償責任を負うが、当該職務を執行した公務員に過失があった場合には、当該公務員も行政機関としての地位において賠償責任を負う。

イ　国又は公共団体の公務員による一連の職務上の行為の過程で他人に被害を生ぜしめた場合において、それが具体的にどの公務員のどのような違法行為によるものであるかを特定することができないときは、加害行為を特定することができない以上、国又は公共団体が国家賠償法第1条第1項の責任を負うことはない。

ウ　国家賠償法第2条第1項の国及び公共団体の賠償責任は無過失責任であるため、営造物の通常の用法に即しない行動の結果事故が生じた場合、その営造物として本来備えるべき安全性に欠けるところがなく、その行動が営造物の設置管理者において通常予測することのできないものであっても、同項に基づく賠償責任が生じる。

エ　国家賠償法第3条第1項の定める営造物の設置費用の負担者には、当該営造物の設置費用につき法律上負担義務を負う者のほか、この者と同等又はこれに近い設置費用を負担し、実質的にはこの者と当該営造物による事業を共同して執行していると認められる者であって、当該営造物の瑕疵による危険を効果的に防止し得る者も含まれる。

1　ア
2　エ
3　ア、イ
4　イ、ウ
5　ウ、エ

問題8-2

国家賠償法に関する次の記述のうち、妥当なものはどれか。【国家一般職大卒（2022年）】

1　国家賠償法第1条が適用されるのは、公務員が主観的に権限行使の意思をもって行った職務執行につき違法に他人に損害を加えた場合に限られるものであり、客観的に職務執行の外形を備える行為であっても、公務員が自己の利を図る意図をもって行った場合は、国又は公共団体は損害賠償の責任を負わないとするのが判例である。

2　公権力の行使に当たる公務員の職務行為に基づく損害については、国又は公共団体が賠償の責任を負い、職務の執行に当たった公務員は、故意又は重過失のあるときに限り、個人として、被害者に対し直接その責任を負うとするのが判例である。

3　保健所に対する国の嘱託に基づき、県の職員である保健所勤務の医師が国家公務員の定期健康診

断の一環としての検診を行った場合、当該医師の行った検診及びその結果の報告は、原則として国の公権力の行使に当たる公務員の職務上の行為と解すべきであり、当該医師の行った検診に過誤があったため受診者が損害を受けたときは、国は国家賠償法第1条第1項の規定による損害賠償責任を負うとするのが判例である。

4　国家賠償法第2条第1項にいう営造物の設置又は管理の瑕疵とは、営造物が有すべき安全性を欠いている状態をいうが、そこにいう安全性の欠如とは、当該営造物を構成する物的施設自体に存する物理的、外形的な欠陥ないし不備によって一般的に危害を生ぜしめる危険性がある場合のみならず、当該営造物が供用目的に沿って利用されることとの関連において危害を生ぜしめる危険性がある場合をも含み、また、その危害は、当該営造物の利用者に対してのみならず、利用者以外の第三者に対するそれをも含むとするのが判例である。

5　外国人が被害者である場合には、国家賠償法第1条については、相互の保証があるときに限り、国又は公共団体が損害の賠償責任を負うが、同法第2条については、相互の保証がないときであっても、国又は公共団体が損害の賠償責任を負う。

問題8-3

国家賠償法に関する記述として、妥当なものはどれか。【特別区Ⅰ類（2023年）】

1　国の公権力の行使に当たる公務員がその職務を行うにつき、過失により、違法に外国人に損害を加えたときには、国家賠償法で、相互の保証がないときにもこれを適用すると規定していることから、国が損害賠償責任を負う。

2　公共団体の公権力の行使に当たる公務員がその職務を行うにつき、故意により、違法に他人に損害を加えた場合において、当該公務員の選任・監督者と費用負担者が異なるときには、費用負担者に限り、損害賠償責任を負う。

3　最高裁判所の判例では、書留郵便物についての郵便業務従事者の故意又は重過失により損害が生じた場合の国の損害賠償責任の免除又は制限につき、行為の態様、侵害される法的利益の種類及び侵害の程度、免責又は責任制限の範囲及び程度等から、郵便法の規定の目的の正当性や目的達成の手段として免責又は責任制限を認めることの合理性、必要性を総合的に考慮し、合憲と判断した。

4　最高裁判所の判例では、裁判官がした争訟の裁判につき国家賠償法の規定にいう違法な行為があったものとして国の損害賠償責任が肯定されるためには、裁判官がその付与された権限の趣旨に明らかに背いてこれを行使したものと認めうるような特別の事情は必要とせず、上訴等の訴訟法上の救済方法により是正されるべき瑕疵が存在すれば足りるとした。

5　最高裁判所の判例では、厚生大臣が医薬品の副作用による被害の発生を防止するために薬事法上の権限を行使しなかったことが、副作用を含めた当該医薬品に関するその時点における医学的、薬学的知見の下、薬事法の目的及び厚生大臣に付与された権限の性質等に照らし、その許容される限度を逸脱して著しく合理性を欠くと認められるときは、国家賠償法の適用上、違法となるとした。

問題8-4

国家賠償法に関するア～オの記述のうち、判例に照らし、妥当なもののみを全て挙げているのはどれか。【国家専門職（2021年）】

ア　国会議員は、立法に関しては、国民全体に対する関係で政治的責任を負っており、また、立法行為を通して個別の国民の権利に対応した関係での法的義務も負っているから、国会議員の立法行為は、立法の内容が憲法の一義的な文言に違反している場合には、国家賠償法第1条第1項の規定の適用上、違法の評価を受ける。

イ　税務署長が行う所得税の更正は、課税要件事実を認定・判断する上において、必要な資料を収集せず、職務上通常尽くすべき注意義務を尽くすことなく漫然と更正をしたと認め得るような場合は当然のこと、所得金額を過大に認定し更正処分を行った場合においては、そのことを理由として直ちに国家賠償法第1条第1項にいう違法の評価を受ける。

ウ　宅地建物取引業法における免許制度は、宅地建物取引業者の不正な行為により個々の取引関係者が被る具体的な損害の防止等を直接的な目的とするものではなく、こうした損害の救済は一般の不法行為規範等に委ねられているというべきであるから、知事等による免許の付与ないし更新それ自体は、法所定の免許基準に適合しない場合であっても、当該業者の不正な行為により損害を被った取引関係者に対する関係において直ちに国家賠償法第1条第1項にいう違法な行為に当たるものではない。

エ　国又は公共団体の公務員による一連の職務上の行為の過程において他人に被害を生ぜしめた場合において、それが具体的にどの公務員のどのような違法行為によるものであるかを特定することができなくても、一連の行為のうちのいずれかに行為者の故意又は過失による違法行為が存在しなければ、被害が生じることはなかったであろうと認められ、かつ、それがどの行為であるにせよ、これによる被害につき行為者の属する国又は公共団体が法律上賠償の責任を負うべき関係が存在するときは、国又は公共団体は、加害行為の不特定を理由に国家賠償法上の損害賠償責任を免れることができない。

オ　およそ警察官は、異常な挙動その他周囲の事情から合理的に判断して何らかの犯罪を犯したと疑うに足りる相当な理由のある者を停止させて質問し、現行犯人を現認した場合には速やかにその検挙又は逮捕に当たる職責を負っていることから、警察官のパトカーによる追跡を受けて車両で逃走する者が惹起した事故により第三者が損害を被った場合において、当該追跡行為の違法性を判断するに当たっては、その目的が正当かつ合理的なものであるか否かについてのみ判断すれば足りる。

1　ア、オ
2　イ、ウ
3　ウ、エ
4　ア、エ、オ
5　イ、ウ、エ

問題8-5

国家賠償法に規定する公の営造物の設置又は管理の瑕疵に基づく損害賠償責任に関する記述として、判例、通説に照らして、妥当なものはどれか。【特別区Ⅰ類（2022年）】

1　公の営造物とは、道路、河川、港湾、水道、下水道、官公庁舎、学校の建物等、公の目的に供されている、動産以外の有体物を意味する。

2　公の営造物の管理の主体は国又は公共団体であり、その管理権は、法律上の根拠があることを要し、事実上管理する場合は含まれない。
3　営造物の設置又は管理の瑕疵とは、営造物が通常有すべき安全性を欠いていることをいい、これに基づく国及び公共団体の損害賠償責任については、その過失の存在を必要としない。
4　営造物の設置又は管理の瑕疵には、供用目的に沿って利用されることとの関連において危害を生ぜしめる危険性がある場合を含むが、その危害は、営造物の利用者に対してのみ認められる。
5　未改修である河川の管理についての瑕疵の有無は、通常予測される災害に対応する安全性を備えていると認められるかどうかを基準として判断しなければならない。

問題8-6

国家賠償法第2条に関する次の記述のうち、判例に照らし、最も妥当なのはどれか。
【国家一般職大卒（2023年）】

1　国家賠償法第2条第1項にいう公の営造物の設置又は管理の瑕疵とは、営造物が通常有すべき安全性を欠いていることをいい、これに基づく国及び公共団体の賠償責任が認められるためには、その過失により安全性を欠いていたことが必要である。
2　道路管理者は、道路を常時良好な状態に保つように維持し、修繕する義務を負うが、故障車が道路上に長時間放置されていたことにより事故が発生した場合には、放置に起因して発生した損害は専ら放置者の責任であって、道路管理者は、道路を常時巡視して応急の事態に対処し得る看視体制をとらずに何ら道路の安全性を保持する措置をとっていなかったとしても、責任を負わない。
3　未改修河川又は改修の不十分な河川の安全性としては、河川の管理に内在する諸制約の下で一般に施行されてきた治水事業による河川の改修、整備の過程に対応する過渡的な安全性をもって足り、河川管理についての瑕疵の有無は、諸制約の下での同種・同規模の河川の管理の一般水準及び社会通念に照らして是認し得る安全性を備えているかどうかを基準として判断すべきである。
4　点字ブロック等のように、新たに開発された視力障害者用の安全設備を旧国鉄の駅のホームに設置しなかったことをもって当該駅のホームが通常有すべき安全性を欠くか否かを判断するに当たっては、全国的ないし当該地域における道路及び駅のホーム等でのその安全設備の普及の程度等の事情にかかわらず、その安全設備自体の有効性・重要性を基に判断しなければならない。
5　町立中学校の校庭開放中に、幼児が、テニスの審判台に昇った後、本来の用法に反して審判台の後部から降りようとしたために審判台が倒れ、その下敷きとなって死亡した場合、当該審判台が本来の用法に従う限り危険はなかったとしても、幼児が異常な行動に出て死傷事故が発生する可能性があることは通常予測し得るところであるから、当該審判台の設置管理者は国家賠償法第2条第1項所定の損害賠償責任を負う。

問題8-7

損失補償に関するア〜エの記述のうち、判例に照らし、妥当なもののみを全て挙げているのはどれか。【国家専門職（2023年）】
ア　道路工事の施行の結果、警察法規に違反する状態が生じたため、ガソリンの地下貯蔵タンクの所有者が、当該警察法規の定める技術上の基準に適合するように当該地下貯蔵タンクの移転等を余儀

なくされ、これによって損失を被った場合、当該損失は、道路工事の施行を直接の原因として生じた損失であり、道路法の定める補償の対象となる。

イ　土地収用法に基づく収用の対象となった土地が経済的・財産的価値でない学術的・文化財的価値を有している場合には、当該価値が広く客観性を有するものであると認められるときに限り、土地収用法にいう通常受ける損失として補償の対象となる。

ウ　河川附近地制限令の定める制限は、河川管理上支障のある事態の発生を事前に防止するための一般的な制限であって、何人もこれを受忍すべきものであり、また、当該制限について損失補償に関する規定もない以上、その補償を請求することはできない。

エ　行政財産たる土地につき使用許可によって与えられた使用権は、それが期間の定めのない場合であれば、当該行政財産本来の用途又は目的上の必要を生じたときはその時点において原則として消滅すべきものであり、使用権者は、特別の事情がない限り、使用許可の取消しによる土地使用権喪失についての補償を請求することはできない。

1　ウ
2　エ
3　ア、イ
4　ア、エ
5　イ、ウ

問題8-8

行政法学上の損失補償に関する記述として、最高裁判所の判例に照らして、妥当なものはどれか。
【特別区Ⅰ類（2021年）】

1　倉吉都市計画街路事業の用に供するための土地収用では、土地収用法における損失の補償は、特定の公益上必要な事業のために土地が収用される場合、その収用によって当該土地の所有者等が被る特別な犠牲の回復を図ることを目的とするものではないから、収用の前後を通じて被収用者の財産価値を等しくならしめるような補償を要しないとした。

2　旧都市計画法に基づき決定された都市計画に係る計画道路の区域内の土地が、現に都市計画法に基づく建築物の建築の制限を受けているが、都道府県知事の許可を得て建築物を建築することは可能である事情の下で、その制限を超える建築物の建築をして上記土地を含む一団の土地を使用できないことによる損失について、その共有持分権者が直接憲法を根拠として補償を請求できるとした。

3　憲法は、財産権の不可侵を規定しており、国家が私人の財産を公共の用に供するには、これにより私人の被るべき損害を填補するに足るだけの相当な賠償をしなければならず、政府が食糧管理法に基づき個人の産米を買上げるには、供出と同時に代金を支払わなければならないとした。

4　戦争損害はやむを得ない犠牲なのであって、その補償は、憲法の全く予想しないところで、憲法の条項の適用の余地のない問題といわなければならず、平和条約の規定により在外資産を喪失した者は、国に対しその喪失による損害について補償を請求することはできないとした。

5　自作農創設特別措置法の農地買収対価が、憲法にいうところの正当な補償に当たるかどうかは、

その当時の経済状態において成立することを考えられる価格に基づき、合理的に算出された相当な額をいうのであって、常にかかる価格と完全に一致することを要するものであるとした。

第 6 部

行政組織

行政組織の一般理論

レジュメ

58-1 行政主体と行政機関

(1) 行政主体の意義

行政上の権利義務の帰属主体が**行政主体**であり、国・地方公共団体・その他（特殊法人・独立行政法人・地方公社等）が該当する。

(2) 行政機関の意義

行政主体が行政を行う際の**内部の単位**のことを**行政機関**といい、下記の区別がある。なお、このような行政庁との間での行政作用に着目した行政機関概念を「**作用法的行政機関概念**」という。

①行政庁	行政主体の法律上の**意思決定を行い、外部に表示**する権限を持つ機関。 一人の人物による**独任制**（各省大臣・自治体の長）と複数の委員による**合議制**（委員会など）がある。
②諮問機関	行政庁の諮問を受け、これに対し意見を述べる機関（行政庁に対し**拘束力はない**） 例：運輸審議会、行政不服審査会など多くの審議会等が該当
③参与機関	行政庁の意思決定に参与する機関（行政庁に対し**拘束力あり**）　例：電波監理審議会
④監査機関	行政機関の事務・会計を検査し、その**適否を監査**する機関 例：会計検査院、地方公共団体の監査委員
⑤執行機関	行政目的実現のため、私人に対して**実力行使**を行う機関 例：税金の徴収職員、消防吏員、警察官等
⑥補助機関	行政庁など行政機関の**職務を補佐**する機関　例：次官、局部長、その他一般職員等

58-2 上級行政機関と下級行政機関の関係

行政の組織はピラミッド状の組織を形成しており、その意思統一を図るために上級行政機関には下級行政機関に対して**指揮監督権**が認められている。指揮監督権には次のような権限が含まれ、明文の規定がなくてもこれらの権限が認められるとされている。

指揮権（訓令権）	上級行政機関が方針等を下級行政機関に命令し、訓令や通達を発する権限
監視権	上級行政機関が下級行政機関の事務を調査したり、報告を要求したりする権限
許認可権 （同意権）	下級行政機関の事務遂行に際し、事前に上級行政機関の許認可を受けることを要求する権限
取消権・停止権	下級行政機関の違法・不当な権限行使に対し、上級行政機関がこれを取消し又は停止する権限。

裁定権	対等の行政機関の間で権限に関する争いが起きた場合に、共通する上級行政機関がこれを裁定・処理する権限

なお、下級行政機関が権限を行使しない場合に上級行政機関がこれを代行する「代執行」は、上記指揮監督権に含まれず、明文の規定がない限りこれを行うことはできない。

講　義

1　行政主体と行政機関

ここまで行政作用法と行政救済法を勉強してきましたが、Unit 58と59では、行政組織法の一般的な理論を説明します。

すでに最初のUnit 2-1で行政主体と行政機関については説明済みですが、ここではやや詳しく説明します。

行政主体とは、国や地方公共団体（例：東京都、横浜市）、独立行政法人など、**行政上の権利義務の帰属主体**のことで、要は行政活動を行う団体ないし法人だと考えます。これに対して**行政機関**とは、行政主体を現実に動かしている様々な機関（原則として人のこと）だということでした。

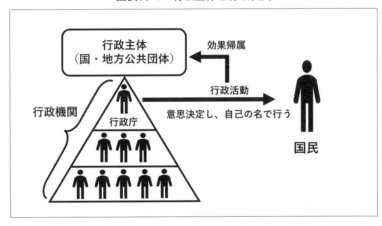

図表58-1　行政主体と行政機関

行政機関には、レジュメ58-1(2)の表のような様々な種類がありますが、最も重要なものは、これまで何度も出てきた「**行政庁**」で、行政主体の**意思決定を行い、自己の名で権限行使**することができる者です。国ならば、各省大臣や庁の長官、地方機関の長（税務署長など）にもこの地位があります。地方公共団体では、都道府県知事や市町村長だけでなく、教育委員会や人事委員会も行政庁です。

また、1人の人間が行政庁である場合を**独任制**といい、大臣や長官、都道府県知事、市町村長は独任制です。行政庁が委員など複数の人物で構成され、合議によって意思決定を行うものを**合議制**といいます。例としては、国家公安委員会や公正取引委員会、地方の教育委員会など、「委員会」とつくものは合議体です。

行政庁以外の行政機関としては、次のものがあります。

諮問機関は、行政庁の意思決定に際して意見・アドバイスを述べる機関で、「○○審議会」などの

名称になっているものが多く見られます。行政庁の諮問（意見をたずねること）に対して諮問機関が答申を述べますが、答申には行政庁の意思決定を**拘束する効力**はなく、参考意見として考慮されます。

なお、法令によって審議会の議決・答申に法的拘束力が与えられている機関がありますが、その場合は、特に**参与機関**と呼ぶ場合があります。例えば、電波監理審議会の行う議決の中には総務大臣を拘束するものがあります。

監査機関は、行政機関の事務や会計が適正に行われているかどうかをチェックする行政機関です。国では会計検査院がこれに該当しますし、地方では各地方公共団体の監査委員が該当します。

執行機関は、国民に**実力行使**を行う行政機関です。税務署などで税収を担当する職員は、納税義務を履行しない者に対して強制徴収（Unit 15）を行うことができます。警察官は逮捕・捜索押収などの権限がありますし、消防官も火事の現場で必要ならば建物等を破壊する権限があります。

なお、地方自治法では「執行機関」を上記とは異なる意味（長や委員会など行政活動を行う機関の意味）で使っていますので、学習の際に注意してください。

最後に、**補助機関**ですが、これは、**行政庁の仕事を補助する者**を指し、例えば、東京都ならば、東京都知事という行政庁の仕事を補佐する副知事、部局長から一般の職員まで、すべて補助機関ということになります。

2　上級行政機関と下級行政機関の関係

行政は国も地方もピラミッド型の組織になっており、統一的意思決定の下で活動できるように、**上下関係**が明確に決められています。では、上級の行政庁は、その下にある行政庁（下級庁）に対してどのような権限を有するでしょうか。

上級庁が下級庁に対して有する権限を**指揮監督権**と言います。つまり、上級庁は下級庁に対して様々な指示を与え、その業務を監視・監督する権限が本来的にあります。

図表58-2　上級庁の指揮監督権

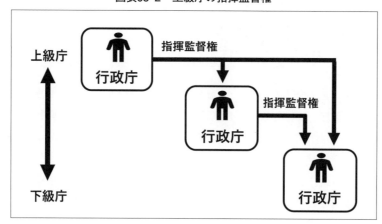

では、具体的に指揮監督権に基づいてどのようなことが下級庁にできるかというと、様々な命令を発したり（**指揮権・訓令権**）、きちんと仕事を行っているかどうか調査したり報告をさせたり（**監視権**）、下級庁が行う業務について許可や認可を与えたり（**許認可権**）、下級庁の行った処分等にあって

はならない違法・不当な点を見つけた場合は、これを取消し・停止したり（**取消権・停止権**）できます。また、下級庁同士が権限争いをしている場合は、これを裁定する権限（**裁定権**）もあります。

なお、上級庁の取消権については、「職権取消しは、処分庁だけでなく、その上級庁も可能である（Unit 11-2）」という話を思い出してください。

下級庁が行うべき権限行使をしない場合、上級庁は下級庁に対して指揮権によって「行え」と命令できますが、それでも下級庁が行わない場合、**代執行**（上級庁が下級庁に代わって行うこと）までできるかというと、さすがにここまでは指揮命令権に含まれず、**明文でそれを許す規定がない限りはできない**と学説では解釈されています。

ちなみに、上記の「代執行」は、Unit 15の「行政代執行」とは異なるものですので、注意してください。

練習問題58

次の問いに○×で答えよ。（解答は巻末にあります。）

1　行政庁は、行政主体の法律上の意思決定を行い、外部に表示する権限を持つ行政機関であり、効率的な意思決定を行うため、すべて独任制になっている。

2　行政庁の意思決定に際し、専門的見地などから意見を述べる機関を諮問機関といい、その答申には通常行政庁に対する拘束力はない。

3　上級行政機関は、下級行政機関に対して指揮命令を行うことができるが、その業務について許認可等を与えることはできない。

4　上級行政機関は、明文の規定がない限り、下級機関の権限を代執行することはできないと解するのが通説である。

Unit 59 権限の委任・代理と代決・専決

レジュメ

59-1 権限の委任、代理、代決・専決

法で定められたある行政機関の権限を他の機関に行わせる方法には次のものがある。

(1) 権限の委任

行政庁（委任機関）が権限の一部を他の行政機関（受任機関）に移譲し、受任機関の権限として行わせることを**権限の委任**という。受任機関に**権限が移る**ため、委任機関はその権限については無権限となり、受任機関は**自己の権限**としてこれを行使する。したがって、委任機関と受任機関に上級庁・下級庁の関係がない限り、委任機関は受任機関を**指揮監督**できない。また、法律の定めた権限に変更を加えるので**法の根拠が必要**である。

(2) 権限の代理

行政庁（被代理機関）の権限を他の機関（代理機関）が代わって行使し、代理機関の行為は被代理機関の行為としての法的効果が認められるものを**権限の代理**という。権限の代理には、被代理機関の授権行為によって代理権が発生する**授権代理**と法定要件の充足によって当然に代理権が発生する**法定代理**がある。授権代理の場合は**法の根拠は不要**だが、法定代理の場合は当然必要である。また、権限の代理では、相手方への**顕名が必要**とされている。

(3) 代決・専決

行政庁の権限を移譲・代理することなく、行政庁に代わって**補助機関が行政庁の名で権限を決裁・行使**する事務処理方法のことを**代決・専決**という。対外的には行政庁が行使していることになるので、**法の根拠は不要**。

59-2 三者の比較

		権限の移転	権限の行使	指揮監督	権限の範囲	法律の根拠	公示の要否
委任		する	受任機関が自己の権限として行使	不可 *1	一部のみ	必要	必要
代理	授権代理	しない	被代理機関の権限を代わって行使	可	一部のみ	不要	不要 *2
	法定代理			不可	全部可	必要	
代決・専決		しない	行政庁の名で行使	可	事務処理のみ	不要	不要

＊1：委任機関が受任機関の上級庁ならば可能　　＊2：顕名は必要

講義

1 権限の委任

各行政機関が持っている権限や行うべき業務（事務）は、法令で定められており、法令で定められた行政庁などの行政機関が権限を行使しなければなりません。

しかし、法令によって権限を与えられた行政機関が何らかの事情でその権限を行使できない場合もあります。そのような場合に、法令で定められたある行政機関の権限を**他の機関に行わせる方法**が「権限の委任」や「権限の代理」です。

まず、**権限の委任**ですが、これは、ある行政庁（委任機関）が、その持っている権限の一部を他の行政庁（受任機関）に**移転してしまう**ことです。つまり法令でA庁に与えられていた権限をそのままB庁に移してしまうのです。

権限をB庁にあげてしまったA庁は、委任によってその**権限を失い**、A庁から権限をもらったB庁は、その権限が自分のものになったわけですから、**自分の権限として自己の名で行使**します。権限を失ったA庁は、B庁が下級庁でもない限りは、B庁に対して指揮命令もできません。

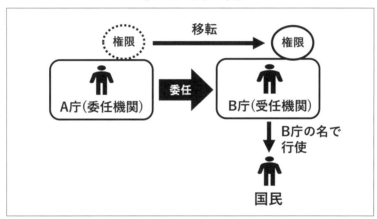

図表59-1　権限の委任

行政庁の権限の中には、他人が行うべきでないものもありますので、委任機関（A庁）が持つ全権限を受任機関（B庁）に委任することは許されず、**権限の一部のみ可能**とされています。

また、法律に「A庁の権限」と書いてあるものをB庁に変更し、法律の規定とは異なる状態に変更するわけですから、行政が勝手にやってもらっては困ります。そこで、権限の委任を行う場合には、それを認める法律の根拠がなくてはなりませんし、また、委任を行った旨を国民に公示して知らせる必要があると解されています。

2 権限の代理

権限の代理は、委任の場合のように**権限を移すのではなく**、権限を持つA庁（被代理機関）の代理権を持つB庁（代理機関）が、あくまでA庁の**「代理」として行使**するものです。

権限はA庁にあり、B庁はA庁の代理にすぎませんので、B庁がその権限を代理として行使する際には、「A庁代理B庁」と相手方の国民に代理であることを示す**顕名**（民法99条1項）をして行います。

そして、B庁が代理として行った行為は、A庁自身が行った場合と同様の効果が発生します。

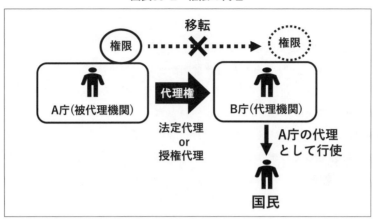

図表59-2　権限の代理

　また、権限の代理は、代理権の発生原因により、**授権代理**と**法定代理**に分けられます。
　授権代理は、被代理機関（A庁）が代理機関（B庁）に対して**代理権を与えた**ことによってA庁に代理権が発生した場合で、A庁の**権限の一部**についてのみ可能です。ただし、これが実際に行われることはまれです。
　一方、法定代理は、あるケースが発生した場合に、**法の規定**によってB庁に自動的に代理権が発生するもので、例えば、「普通地方公共団体の長に事故があるとき、又は長が欠けたときは、副知事又は副市町村長がその職務を代理する」という地方自治法152条1項のように、**全ての権限の代理**を認めるものもあります。
　授権代理では、権限が被代理庁（A庁）に残っていますので、A庁はB庁を指揮監督することができますし、法律の規定とは異なる状態に変更していませんので、**法律の根拠は不要**です。一方、法定代理は法の規定で代理権が発生するのですから、当然法律の根拠が必要です。

3　代決・専決

　最後に、**代決・専決**とは、行政庁に与えられた権限を行政庁の**補助機関が決裁したり、行使したり**する事務処理方法のことを言います。
　権限の委任や権限の代理は、別の行政機関に対して権限を移したり、代理行使させる地位を発生させたりするものでした。しかし、代決・専決はそうではなく、例えば「市長の権限とされているものをその部下である副市長や部課長が市長の名前で行っておく」という感じです。なお、**専決**は日常的に行われるもので、**代決**は専決者が不在時に直近下位者が行うものとされています。
　「上司の代わりに部下が事務処理している」だけで、権限を移したりするものではありませんので、**法律の根拠も公示も不要**です。
　レジュメ59-2に「権限の委任」「権限の代理」「代決・専決」の比較表を掲載しておきましたので、参考にしてください。

図表59-3 代決・専決

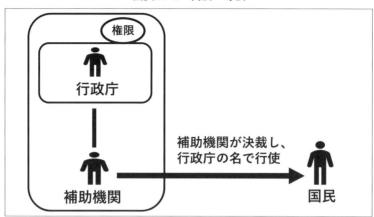

練習問題59

次の問いに○×で答えよ。(解答は巻末にあります。)

1　権限の委任が行われた場合、委任した行政機関の権限が他の行政機関に移譲され、移譲先機関の権限として行使されることになる。
2　権限の委任を行う際には、法律の根拠は不要である。
3　権限の代理とは、ある行政機関の権限を移すことなく、別の行政機関に代理行使させるもので、代理する行政機関は、自己の名で当該権限を行使できる。
4　法律の規定によって別の行政機関に代理権が発生する場合を法定代理というが、代理される行政機関の全ての権限について代理権が発生することはない。
5　行政庁に代わってその補助機関が権限を決裁・行使することを代決・専決というが、法律の根拠がないとこれを行うことは許されない。

権限の委任・代理と代決・専決

問題演習コーナー9

（解答は巻末にあります）

問題9-1

行政機関相互の関係に関する次の記述のうち、妥当なものはどれか。【国家一般職大卒（2014年）】

1 行政機関がその権限の一部を他の行政機関に委譲（移譲）し、これをその行政機関の権限として行わせる権限の委任について、権限の委譲（移譲）を受けた受任機関は、委任機関の行為として、当該権限を行使するとするのが判例である。

2 行政法上の委任は、民法上における委任と異なり、委任によって権限が委任機関から受任機関へ委譲（移譲）されるものの、なお委任機関は当該権限を喪失せず、引き続き当該権限を行使することができると一般に解されている。

3 法定代理は、法律によってあらかじめ他の行政機関が本来の行政庁の権限を代行することが定められていることから、法定代理によって権限を行使することになった代理機関は、被代理機関の代理として権限を行使することを明らかにする必要はないと一般に解されている。

4 補助機関が、法律により権限を与えられた行政機関の名において権限を行使することをいう専決は、法律が定めた処分権限を変更することになるため、法律による明文の根拠が必要であると一般に解されている。

5 上級行政機関が法律が定めた下級行政機関の権限を代執行（代替執行）する場合、実質的に法律が定めた処分権限を変更することになるため、法律による明文の根拠が必要であると一般に解されている。

問題9-2

行政機関相互の関係に関する次の記述のうち、最も妥当なのはどれか。ただし、争いのあるものは判例の見解による。【国家総合職（2024年）】

1 専決とは、補助機関が行政庁の名において最終的な判断権限を行使するものであり、代決とは、補助機関が臨時で行政庁の権限を行使し、事後に行政庁に報告をするものである。専決では最終的な判断権限を行使するのは補助機関であるから、補助機関が処分庁として扱われ、行政手続法の規定に基づく審査基準の作成義務も補助機関が負う。

2 権限の委任とは、行政機関の権限の一部を他の行政機関に移譲し、これをその行政機関の権限として行わせることであり、権限の委任を受けた行政機関は、その権限を自己の名と責任において行使する。法律上の権限の移動を伴うため、法律の根拠を必要とする。

3 専決・代決の法的性格については、これを授権代理の一種とする説と単なる補助執行にすぎないとする説があるが、いずれの説によっても、法律の根拠が必要であると一般に解されている。

4 専決・代決は行政内部の事実行為であり、仮に専決・代決による事務処理が違法に行われた場合、例えば地方公営企業の接待費の支出の違法を問う住民訴訟においては、当該支出を行う権限を法令上本来的に有する地方公営企業の管理者の責任が問われるのみであり、訓令に基づき専決権限を行使した補助職員が不法行為責任を負うことはない。

5 権限の委任がなされると、法律に別段の定めがない限り、受任機関が委任機関の下級機関であっ

ても、委任機関は受任機関に対して指揮監督権を行使することはできない。

練習問題の解答

練習問題1：1 ×　2 ×　3 ○

練習問題2：1 ×（行政主体と行政機関の説明が逆）　2 ○　3 ×（行政指導は非権力的）

練習問題3：1 ×　2 ○　3 ×　4 ×（比例原則は行政活動の原則）
　　　　　5 ×（主権者である国民に対して負う）

練習問題4：1 ×（ドイツの伝統的な法原理）　2 ○　3 ×　4 ○　5 ○

練習問題5：1 ×　2 ○　3 ○　4 ○　5 ×

練習問題6：1 ×　2 ○　3 ×　公有水面埋め立て免許は「特許」　4 ×　5 ○

練習問題7：1 ×　2 ○　3 ×　4 ○　5 ○

練習問題8：1 ×（これは「不可変更力」の説明）　2 ×（職権取消の可能性はある）
　　　　　3 ×（自力執行力は法の規定があるときのみ）　4 ○　5 ×（現実に了知することまでは必要ない）

練習問題9：1 ○　2 ×（重大かつ明白な場合に限られる）　3 ×（行政の調査義務違反は該当しない）　4 ×（そもそも出訴期間制限がない）　5 ×（例外的に無効とした）

練習問題10：1 ×　2 ×　3 ×（→先行の行政行為の瑕疵を理由に後行の行政行為の取消しを求めること）　4 ○　5 ○

練習問題11：1 ○　2 ×（上級庁はできない）　3 ×　4 ×（公益と国民の被る不利益を比較衡量する。法の根拠は不要）　5 ○

練習問題12：1 ×　2 ×（解除条件でなく、終期）　3 ○　4 ×　5 ○
　　　　　6 ×

練習問題13：1 ×　2 ○　3 ×　4 ○　5 ×（不服申立ては可能）
　　　　　6 ×（裁量の逸脱・濫用があれば可能）

練習問題14：1 ×　2 ×（記述は判断過程審査のこと）　3 ○　4 ○　5 ○

練習問題15：1　×　　2　×（営業禁止義務は不作為義務なので代執行不可）　　3　×（行政罰についての記述である。執行罰は行政罰とは異なる。）　　4　○　　5　×（即時強制は予め課した義務の履行確保ではなく、行政上の強制執行ではない）

練習問題16：1　○　　2　○　　3　×（科料→過料）　　4　○　　5　×（併科は可能）

練習問題17：1　×　　2　×（強制にわたるものは不可）　　3　○（例えば、国税の犯則調査）　　4　×（どちらも適用されない）　　5　×

練習問題18：1　○　　2　○　　3　×　　4　×（留保自体は違法としていない）　　5　×

練習問題19：1　×　　2　○　　3　×　　4　×　　5　○

練習問題20：1　×（拘束計画は必要）　　2　○　　3　×（これは変更前の旧判例）　　4　×　　5　○

練習問題21：1　×（各省でなく、各省の大臣。したがって、法務大臣）　　2　×（委任命令と執行命令の説明が逆）　　3　○　　4　○　　5　×

練習問題22：1　○　　2　×（告示には例外あり）　　3　×　　4　○　　5　○

練習問題23：1　○　　2　×（行政計画や行政調査の規定はない）　　3　○　　4　○　　5　×（処分は法令に基づくものならば適用される）

練習問題24：1　×（公表は例外あり）　　2　×（公表は義務）　　3　×　　4　○　　5　×

練習問題25：1　×（努力義務である）　　2　○　　3　×（その場合は、どちらも実施しない）　　4　×（正当な理由があれば可能）　　5　○

練習問題26：1　○　　2　×（このような指導を行うこと自体は可能）　　3　○　　4　○　　5　×（努力義務ではない）

練習問題27：1　○　　2　×　　3　×　　4　×（十分に考慮すれば足り、拘束はされない）

練習問題28：1　×（処分については、中止の求めはない）　　2　×（「申請」ではなく、「申し出」）

練習問題の解答

練習問題29：1　×　　2　×　　3　○　　4　○

練習問題30：1　×　　2　×　　3　×　　4　○　　5　×

練習問題31：1　×（任意である）　2　○　　3　×（開示まで少なくとも2週間をおく）
　　　　　　4　×　　5　×（拒むことは一切できない）

練習問題32：1　×　　2　×（一定範囲ならば目的の変更は可能）　　3　○
　　　　　　4　○　　5　○

練習問題33：1　×（不作為についでも不服申立てが可能）　2　×（直近上級庁→最上級庁、主
　　　　　　任の大臣→庁の長官自身）　3　×（その場合は自由選択）　4　○　5　×（法
　　　　　　の規定がある場合のみ可能）

練習問題34：1　○　　2　×　　3　×（6か月→3か月）　4　○　5　×（処分について
　　　　　　は、法律上の利益を有する者ならば、相手方に限定されない）

練習問題35：1　○　　2　○　　3　×（職権探知も可能）　4　×（地方公共団体の場合は
　　　　　　「地方公共団体に設置される機関」に諮問）　5　×（審査庁が処分庁の上級行政庁又
　　　　　　は処分庁のいずれでもない場合は、職権での執行停止は不可）

練習問題36：1　×（却下→棄却）　2　×（違法又は不当である旨を宣言する）　3　×（許認
　　　　　　可処分→（何らかの）処分）　4　○　5　×（裁決の趣旨に従い、改めて申請に
　　　　　　対する処分を行う）

練習問題37：1　○　　2　○　　3　×（必ず書面）　4　×（処分庁に提出できる）

練習問題38：1　×　　2　×（これは現憲法下の話）　3　×（裁決の取消訴訟では、原処分の
　　　　　　違法は主張できない：原処分主義）　4　×

練習問題39：1　×（3か月→6か月）　2　○　　3　○
　　　　　　4　×（原則として行政主体が被告）　5　×（山形地裁→仙台地裁　※山形は仙台
　　　　　　高裁の管轄）

練習問題40：1　○　　2　×　　3　×　　4　○　　5　×

練習問題41：1　×　　2　○　　3　×　　4　×　　5　×

練習問題42：1　×　　2　×　　3　○　　4　×（医療施設開設者のみ認める）　　5　×（公益の中に吸収されるので、個別的利益は保護していない）

練習問題43：1　×　　2　○　　3　×　　4　○　　5　×

練習問題44：1　×（処分時の法規等が基準）　　2　○　　3　×（職権でも可能）　　4　○　　5　×（職権探知は不可）

練習問題45：1　○　　2　×（「回復困難な」→「重大な」、職権は不可）　　3　○　　4　×（職権は不可）　　5　×（決定後も可能）

練習問題46：1　×　　2　×（事情判決では、違法であることを宣言する）　　3　×（判決によって直接効力が失われる）　　4　○　　5　×（申請への審査がやり直しになる）

練習問題47：1　×　　2　○　　3　×　　4　×　　5　×

練習問題48：1　×（重大な損害と補充性は非申請型義務付け訴訟の要件）　　2　○　　3　○　　4　×　　5　×（回復困難な→償うことができない）

練習問題49：1　×（これは実質的当事者訴訟）　　2　×（これは形式的当事者訴訟）　　3　○　　4　×（代執行訴訟は機関訴訟）　　5　×（住民監査請求の前置が必要）

練習問題50：1　○　　2　×　　3　×（公務員には請求不可）　　4　×（重大ではない過失の場合は求償不可）　　5　×（これは代位責任説の説明）

練習問題51：1　×（私経済作用等は該当しない）　　2　×　　3　○　　4　×　　5　○

練習問題52：1　×（公務員の行為に着目して違法性を判断）　　2　○　　3　×　　4　○　　5　×

練習問題53：1　○　　2　×（無過失責任である）　　3　×　　4　○　　5　×

練習問題54：1　×　　2　×　　3　×　　4　○　　5　○

練習問題55：1　×（費用負担者にも請求できる）　　2　×　　3　○　　4　×（相互の保証があれば可能）

練習問題56：1　×　　2　○　　3　○　　4　×（完全補償が必要）　　5　×

練習問題57：1　×　　2　○

練習問題58：1　×　　2　○　　3　×　　4　○

練習問題59：1　○　　2　×　　3　×（代理として行使する）　　4　×　　5　×

問題演習コーナーの解答

問題1-1

正解4　➡Unit4

1　×　法律による行政の原理の内容は、法律の優位、法律の留保及び「法律の法規創造力」の3つです。

2　×　これは法律の法規創造力の説明です。

3　×　社会留保説は、戦後に現憲法が社会権を規定したことによって唱えられたもので、明治憲法時代からの伝統的通説ではありません。

4　○

5　×　重要事項留保説は、近時有力になりつつある見解で、国民の自由と財産を権力的に制限ないし侵害する行為だけでなく、国民に重大な不利益を及ぼしうる行為一般や行政組織の基本的枠組み、基本的な政策や計画、重要な補助金等についても法律の根拠が必要とする学説です。

問題1-2

正解5　➡Unit5

ア　×　このような場合は、行政上の便宜を考慮する必要はなく、損害賠償請求権の消滅時効期間は、会計法30条所定の5年ではなく、民法（当時の規定）により10年になるとするのが判例です（最判昭和50年2月25日民集29巻2号143頁）。

イ　×　地方議会の議員の報酬請求権は、条例に譲渡禁止の規定がないかぎり、譲渡することができるとするのが判例です（最判昭和53年2月23日民集32巻1号11頁）。

ウ　○　最判昭和35年3月31日民集14巻4号663頁

エ　○　最判昭和37年4月10日民集16巻4号699頁

オ　○　最判平成19年2月6日民集61巻1号122頁

問題2-1

正解4　➡Unit6

1　×　納税の督促や代執行の戒告は、「通知」の例です。

2　×　これは「認可」の説明です。

3　×　これは「許可」の説明です。

4　○

5　×　これは「特許」の説明です。

問題2-2

正解5 　➡ Unit7、Unit8

1　×　これは「不可変更力」の説明です。
2　×　これは公定力の説明です。行政行為の「拘束力」（「規律力」と呼ぶ見解もある）とは、行政行為はその内容によって相手方、関係人、行政庁自身を拘束するという効力です。
3　×　これは「不可争力」の説明です。
4　×　公定力の根拠を取消訴訟の排他的管轄に求めるのが現在の通説です。
5　○

問題2-3

正解1 　➡ Unit9、Unit10

ア　×　最高裁の判例は、瑕疵が外形上一見して看取し得るものであれば、明白としており、行政庁の調査義務違反は明白性の判定に影響しないとしています。
イ　○
ウ　×　このような場合、瑕疵の治癒が認められることがあります。
エ　×　判例はこのような事案で違法性の承継を認めており、安全認定が取り消されていなくても、建築確認の取消訴訟において安全認定の違法を主張することできます。

問題2-4

正解1 　➡ Unit11

1　○
2　×　判例は、このような場合は明文の規定がなくても撤回可能としています。
3　×　行政行為の撤回は、原則として処分庁のみがことができ、上級行政庁は法律の特段の定めがない限り、これをすることはできません。
4　×　行政行為の撤回の効力は将来効であり、遡及しません。
5　×　これは行政行為の撤回ではなく、職権取消しの説明です。

問題2-5

正解5 　➡ Unit12

1　×　「発生確実な事実に」→○「発生不確実な事実に」
2　×　「発生不確実な事実に」→○「発生確実な事実に」
3　×　負担に違反した場合でも、本体たる行政行為の効力は当然には失われません。
4　×　行政行為に撤回権の留保が付されていたとしても、それ自体に法的な意味はなく、行政庁は、理由がなければ行政行為を撤回はできない。
5　○

問題2-6

正解1 　➡ Unit13、Unit14

ア	○	Unit42で出てくる小田急高架訴訟（最大判平成17年12月7日民集59巻10号2645頁）の本案判決はこのように述べています。（最判平成18年11月2日民集60巻9号3249頁）。
イ	○	最判昭和52年12月20日民集31巻7号1101頁
ウ	×	憲法の政教分離のところで学習する「エホバの証人剣道拒否事件」と呼ばれる判例です（最判平成8年3月8日民集50巻3号469頁）。この判例では、原級留置処分にも退学処分と同様の慎重な配慮・考慮が必要としています。
エ	×	判例は農地に関する賃借権の設定移転への承認について農地委員会の自由裁量を否定しました（最判昭和31年4月13日民集10巻4号397頁）。

問題3-1

正解1　➡Unit15

ア	×	行政代執行法の代執行ができるのは、代替的作為義務に限られ、不作為義務はできません（行政代執行法2条）。
イ	○	最大判昭33年4月30日民集12巻6号938頁
ウ	×	即時強制を行うには、法律の根拠が必要です。
エ	×	国税徴収法は、事実上、行政上の強制徴収に関する一般法のようになっていますが、一般法そのものではないので、国税債権以外の行政上の金銭債権の徴収に当たって、国税徴収法の定める徴収手続を適用する場合には、個別の法律において国税徴収法の規定を準用する必要があります。

問題3-2

正解2　➡Unit15、Unit16

ア	○	
イ	×	これは直接強制の説明ではなく、即時強制の説明です。
ウ	×	行政代執行法は、執行罰には適用されません。また、執行罰を認める個別法は、現行法では砂防法の1件しかありません。
エ	×	執行罰は、一般に非代替的作為義務や不作為義務の不履行に用いられ、代替的作為義務の不履行には、通常代執行の手段が用いられます。
オ	○	

問題3-3

正解3　➡Unit16

1	×	行政刑罰は、刑法に刑名のある刑罰を科すもので、拘禁刑も科すことができます。
2	×	これは刑事罰についての説明です。行政罰（行政刑罰）は、行政上の義務違反に対して制裁として科されるものです。
3	○	これを両罰規定と言います。
4	×	これは行政上の秩序罰ではなく、行政刑罰の説明です。
5	×	これは行政上の秩序罰ではなく、執行罰（行政上の強制執行）の説明です。

問題3-4

正解 3 　➡ Unit19

1　×　行政契約は「公権力の行使」（行訴法3条1項）ではないので、原則として抗告訴訟は提起できません。
2　×　行政契約で罰則や強制力を伴う立入検査権を定めることは認められません。
3　○
4　×　近い将来に予見される事情（水不足）を考慮して給水契約締結を拒否することも許されます（最判平成11年1月21日民集53巻1号13頁）。
5　×　このような協定を締結しても、知事の許可権限を制約することにはならず、法に何ら抵触はしません（最判平成21年7月10日判時2058号53頁）。

問題3-5

正解 5 　➡ Unit20

ア　×　私人の行為を規制するような外部効果を有する計画（拘束計画）の策定には法律の根拠が必要です。
イ　×　行政手続法には、行政計画の策定に関する手続規定は存在しません。
ウ　○　最判昭和57年4月22日民集36巻4号705頁
エ　○　最判昭和56年1月27日民集35巻1号35頁

問題3-6

正解 4 　➡ Unit21

1　×　判例は、法律の委任の範囲を逸脱していないとしています（最判平成2年2月1日）。
2　×　判例は、法律の委任の範囲を逸脱しており、無効と判断しています（最判平成14年1月31日）。
3　×　判例は、公務員の職務上通常尽くすべき注意義務に違反し、違法であり、担当者に過失が認められるとしています（最判平成19年11月1日民集61巻8号2733頁）。
4　○　最大判平成21年11月18日民集63巻9号2033頁
5　×　判例は、この様な事案について、郵便販売等を一律に禁止することとなる限度で、薬事法の委任の範囲を逸脱した違法なものであり、無効としました（最判平成25年1月11日民集67巻1号1頁）。

問題3-7

正解 4 　➡ Unit21、Unit22

ア　○
イ　×　執行命令は、権利・義務の内容を新たに定立するものでないので、具体的な法律の根拠は不要です。
ウ　○　最判平成2年2月1日民集44巻2号369頁
エ　×　通達の中には、学習指導要領のように法規としての性質を有するものがあります（最判平成2年1月18日民集44巻1号1頁）。

オ ○ 最判昭和33年3月28日民集12巻4号624頁

問題4−1
正解4　➡Unit23〜25、Unit27
ア × 「国民の行政の意思決定への参加を促進」については、規定していません（行政手続法1条）。
イ ○
ウ ○ 行政手続法13条1項1号イ
エ × 行政手続法は、命令等を制定する場合の意見公募手続も39条以下に規定しています。

問題4−2
正解3　➡Unit24
ア × 標準処理期間は、「定めるよう努める」と規定されており、設定は努力義務です（行政手続法6条）。
イ ○ 行政手続法5条3項
ウ ○ 行政手続法8条1項
エ × このような場合、行政庁は「申請の受理を拒否」するのではなく、相当の期間を定めて補正を求めるか、申請により求められた許認可等を拒否するかのいずれかをしなければなりません（行政手続法7条）。
オ × 公聴会の実施は努力義務です（行政手続法10条）。

問題4−3
正解5　Unit25
ア × 申請に対する拒否処分は、「不利益処分」に含まれません（行政手続法2条4号ロ）。
イ × 処分基準は、設定・公表ともに努力義務です（行政手続法12条1項）。
ウ × 名宛人の資格を直接に剥奪する不利益処分をしようとするときも聴聞が必要です（行政手続法13条1項1号ロ）。
エ ○ 行政手続法29条
オ ○ 行政手続法14条1項

問題4−4
正解3　➡Unit18、Unit26
ア × 規制的行政指導であっても、法律の根拠は不要です。
イ ○ 最判昭和60年7月16日民集39巻5号989頁
ウ ○ 行政手続法35条3項
エ × 行政指導への不服従を理由に不利益取扱いをすることは許されません（行政手続法32条2項）。
オ × 行政指導の求め（行政手続法36条の3第1項）は、当該行政指導の根拠となる規定が法律に置かれているもののみが対象になります。

問題5-1

正解5　➡Unit29、Unit30

1　×　決裁、供覧の手続をとっていない文書も行政文書であり、公開の対象となります。
2　×　外国に居住する外国人も開示請求可能です（情報公開法3条）。
3　×　「請求の目的」は不問ですので、開示請求する際に開示請求書に記載する必要はありません（情報公開法4条1項）。
4　×　開示請求に係る行政文書に不開示情報が記録されている場合でも、公益上特に必要があると認めるときは、行政機関の長は開示が可能です（裁量開示：情報公開法7条）。
5　○　情報公開法8条

問題5-2

正解1　➡Unit29、Unit30

1　○　情報公開法7条
2　×　いわゆるグローマー拒否（情報公開法8条）をする場合であっても、申請に対する拒否処分になりますので、行政手続法8条の「理由の提示」は必要です。
3　×　開示・不開示の決定を延長した場合であっても、開示請求に係る行政文書が著しく大量であり、開示請求があった日から60日以内にそのすべてについて開示決定等をすることにより事務の遂行に著しい支障が生ずるおそれがある場合は、開示請求に係る行政文書のうちの相当の部分につき当該期間内に開示決定等をし、残りの行政文書については相当の期間内に開示決定等をすれば足ります（情報公開法11条）。
4　×　行政文書の開示を請求する者、行政文書の開示を受ける者の双方から手数料を徴収することになっています（情報公開法16条1項）。
5　×　地方公共団体の情報公開条例の制定は努力義務（情報公開法25条）であり、制定を義務付けているわけではありません。

問題5-3

正解1　➡Unit29、Unit30、Unit31

ア　○　情報公開法2条1項
イ　○　情報公開法3条
ウ　×　決裁や供覧等の事案処理手続を経ていない文書も公開対象です。
エ　×　裁決で当該審査請求の全部を認容し、当該審査請求に係る行政文書の全部を開示することとするときは、情報公開・個人情報保護審査会への諮問は不要です（情報公開法19条1項2号）。
オ　×　開示決定等は、審査請求前置主義ではなく、自由選択主義になっており、審査請求を行うことなく、直ちに訴訟を提起することもできます。

問題6-1

正解4　➡Unit33、Unit35、Unit37

ア　×　補正命令に応じて審査請求書が是正されたときは、当初（×是正された時点）から、適法な

不服申立てがあったこととされます。
イ ×　審査請求を既に行ったときは、再調査の請求をすることができません（行審法5条1項但書）。
ウ ○　行審法82条1項
エ ×　審査請求は、処分の効力、処分の執行又は手続の続行を妨げません（25条1項：執行不停止の原則）。
オ ○　行審法16条

問題6-2

正解2　➡ Unit34、Unit35、Unit36、Unit37
ア ×　行審法は概括主義を採っていますが、不服申立ての対象は、処分と不作為だけであり、行政作用全般ではありません。
イ ×　処分があった日の翌日から起算して1年を経過した場合であっても、正当な理由があれば、審査請求が可能です（行審法18条2項）。
ウ ○　行審法22条1項
エ ×　審査請求に理由があると認められる場合でも、事情裁決（行審法45条3項）がなされることがあるので、「例外なく認容」とされ、取消しや変更が行われるとはいえません。
オ ○　行審法25条1項、2項

問題6-3

正解5　➡ Unit33、Unit35
ア ×　行審法で審査請求の対象とされているのは、処分と不作為のみであり、行政立法や行政指導等については対象外ですし、広く行政作用全般について審査請求を認めているわけではありません。
イ ×　審理員は、審査庁に所属する職員から指名されます（行審法9条1項）。
ウ ×　標準審理期間の設定は努力義務です（行審法16条）。
エ ○　行審法19条1項、31条1項、31条5項
オ ○　行審法67条1項、69条1項

問題6-4

正解3　➡ Unit33、Unit35、Unit36
ア ×　行政不服審査法による審査請求をすることができない処分については、別に法令で当該処分の性質に応じた不服申立ての制度を設けることを「妨げない」としています（行審法8条）。
イ ○　行審法3条。なお、不作為については再調査の請求はできません。
ウ ×　再審査請求は、個別の法律に再審査請求をすることができる旨の定めがないとできません（行審法6条）。
エ ×　審査請求の取下げは、特別の委任を受ければ、代理人がすることも可能です（行審法12条）。
オ ○　行審法46条1項

問題6-5

正解 4　　➡Unit34、Unit35

ア　×　審査請求の審理に公開審理制度というものはありません。

イ　×　補正命令に応じて審査請求書が補正されたときは、「当初から」適法な審査請求がされたものとみなされます。

ウ　○　行審法18条1項、2項

エ　○　行審法5条1項

オ　×　判例は、行政不服審査法の不服申立適格（行審法2条）と行政事件訴訟法の取消訴訟の原告適格（行訴法9条1項）を同範囲と解しています。

問題7-1

正解 3　　➡Unit39、Unit40、Unit43

ア　×　訴訟要件を満たしていない訴えは、「却下」されます。

イ　○　行訴法14条1項、2項

ウ　×　「間接に」国民の権利義務を形成し又はその範囲を確定するものは処分ではありません。

エ　○　行訴法9条1項

オ　×　審査請求を行うことなく取消訴訟を提起できる「自由選択主義」が原則です（行訴法8条1項）。

問題7-2

正解 4　　➡Unit40

ア　○　最判昭和39年10月29日民集18巻8号1809頁

イ　×　判例は、医療法の病院開設中止勧告に処分性を認めています（最判平成17年7月15日民集59巻6号1661頁）。

ウ　×　判例は、告示により一括指定の方法でされたみなし道路の指定について、処分性を認めています（最判平成14年1月17日民集56巻1号1頁）。

エ　○　最判平成21年11月26日民集63巻9号2124頁

オ　○　最判平成15年9月4日判時1841号89頁

問題7-3

正解 2　　➡Unit40、Unit20

ア　○　最判平成11年1月21日民集53巻1号13頁

イ　×　判例は、検疫所長による食品衛生法に違反する旨の通知について、処分性を認めています（最判平成16年4月26日民集58巻4号989頁）。

ウ　×　判例は、土地区画整理事業の事業計画の決定について、従来の判例を変更し、処分性を認めました（最大判平成20年9月10日民集62巻8号2029頁）。

エ　○　最判昭和53年12月8日民集32巻9号1617頁

問題7-4

正解1　➡ Unit42

ア　○　最判昭和57年9月9日民集36巻9号1679頁

イ　○　最判平成1年6月20日判時1334号201頁

ウ　×　判例は、場外車券販売施設の設置、運営に伴い著しい業務上の支障が生ずるおそれがある区域に「医療施設を開設する者」については、設置許可の取消訴訟の原告適格を認めした（最判平成21年10月15日民集63巻8号1711頁）。

エ　×　判例は、原子炉等の規制法は、専ら公衆の生命、身体の安全、環境上の利益を一般的公益として保護するだけでなく原子炉の近隣地域に居住する住民の個別的利益としても保護しているとし、近隣住民の原告適格を認めました（最判平成4年9月22日民集46巻6号571頁）。

問題7-5

正解2　➡ Unit43、Unit47

ア　○　最判昭和57年9月9日民集36巻9号1679頁

イ　×　判例は、この様な場合でも訴えの利益は消滅しないとしています（最判平成4年1月24日民集46巻1号54頁）。

ウ　×　判例は、原子炉の建設・運転の差止めを求める民事訴訟は、「現在の法律関係に関する訴え」に該当せず、また、無効確認訴訟と比較して、原子炉設置許可に起因する紛争を解決する争訟形態として直截的で適切なものとはいえないとして、無効確認訴訟の提起を認めました（最判平成4年9月22日民集46巻6号571頁）。

エ　×　判例は、訴えの利益を否定し、当該処分の記載のある免許証を所持することで被る被処分者の不利益は「事実上の効果」に過ぎないとしました（最判昭和55年11月25日民集36巻4号781頁）。

オ　○　最判昭和59年10月26日民集38巻10号1169頁

問題7-6

正解1　➡ Unit39、Unit44

1　○　行訴法12条1項、4項

2　×　処分又は裁決があった日から1年（客観的出訴期間）を経過したときでも、正当な理由があれば取消訴訟の提起が可能です（行訴法14条1項、2項）。

3　×　裁判所が職権で証拠調べをする際は、当事者の意見を聞く必要があります（行訴法24条）。

4　×　第三者の訴訟参加は、当事者・第三者の申立てだけでなく、裁判所の職権でも可能です（行訴法22条1項）。

5　×　処分又は裁決をした行政庁が国又は公共団体に所属する場合には、処分の取消訴訟も裁決の取消訴訟も当該処分又は裁決をした行政庁の所属する国又は公共団体を被告として提起します（行訴法11条1項）。

問題 7-7

正解 2　➡ Unit45

1　×　執行停止には、「処分の効力の停止」「処分の執行の停止」「手続の続行の停止」の3つがありますが、「処分の執行の停止」「手続の続行の停止」によって目的を達することができない場合であれば、「処分の効力の停止」も可能です（行訴法25条2項）。

2　○　行訴法26条1項

3　×　執行停止の決定は、口頭弁論を経ないですることができますが、あらかじめ当事者の意見をきく必要があります（行訴法25条6項）。

4　×　内閣総理大臣が執行停止の申立てに対して異議を述べる場合には、必ず理由を付し、その理由の中で、処分を存続・執行しなければ公共の福祉に重大な影響を及ぼすおそれのある事情を示す必要があります（行訴法27条2項、3項）。

5　×　執行停止の申立てがあった場合でも、執行停止の決定があった後でも、どちらであっても内閣総理大臣は異議を述べることができます（行訴法27条1項）。

問題 7-8

正解 5　➡ Unit47〜49

ア　×　行政事件訴訟法は、無名抗告訴訟も許容する趣旨と解されています。

イ　×　差止め訴訟には自由選択主義の規定（行訴法8条1項）は準用されていません（行訴法38条1項）。

ウ　×　現行法は原処分主義を採用しており（行訴法10条2項）、この様な場合は、裁決の取消しの訴えにおいて、処分の違法を理由として取消しを求めることはできず、裁決固有の瑕疵しか争えません。

エ　○　行訴法3条6項、37条の3第1項2号および第3項2号

オ　○　行訴法4条

問題 7-9

正解 4　➡ Unit47〜49

1　×　抗告訴訟と「当事者訴訟」が主観訴訟、民衆訴訟と「機関訴訟」が客観訴訟です。

2　×　行政事件訴訟法は、無名抗告訴訟も許容する趣旨と解されています。

3　×　これは義務付けの訴えではなく、「不作為の違法確認の訴え」です（行訴法3条5項）。

4　○　行訴法5条

5　×　これは、「形式的当事者訴訟」の説明です（行訴法4条）。

問題 8-1

正解 2　➡ Unit50〜51、Unit53、Unit55

ア　×　当該職務を執行した公務員は、行政機関としての地位においても公務員個人としても被害者に賠償責任は負いません（最判昭和30年4月19日民集9巻5号534頁）。

イ　×　判例によれば、加害公務員や加害行為が特定できない場合でも、一定の場合は国又は公共団

体が賠償責任を負います（最判昭和57年4月1日民集36巻4号519頁）。
ウ × 判例は、この様な場合、国又は公共団体の賠償責任を否定します（例：最判平成5年3月30日民集47巻4号3226頁）。
エ ○ 最判昭和50年11月28日民集29巻10号1754頁

問題8-2

正解4　➡Unit50～51、Unit54～55

1 × 判例は外形標準説を採用しており、公務員の内心の意図は問題にしません（最判昭和31年11月30日民集10巻11号1502頁）。
2 × 当該職務の執行に当たった公務員は、行政機関としての地位においても公務員個人としても被害者に賠償責任は負いません（最判昭和30年4月19日民集9巻5号534頁）。ただし、当該公務員に故意又は重過失のあるときに限り、損害賠償を行った国又は公共団体は、当該公務員に求償権の行使ができます（国賠法1条1項）。
3 × 判例は、特段の事情がない限り、県の職員である保健所勤務の医師が国家公務員の定期健康診断の一環としての行った検診は、「公権力の行使」（国賠法1条1項）に当たらないとしています（最判昭和57年4月1日民集36巻4号519頁）。
4 ○ 最大判昭和56年12月16日民集35巻10号1369頁
5 × 国賠法1条責任も2条責任も、どちらも相互保証主義（国賠法6条）です。

問題8-3

正解5　➡Unit52、Unit55

1 × 被害者が外国人の場合、相互の保証があるときのみ、国は損害賠償責任を負います（国賠法6条）。
2 × 加害公務員の選任・監督者と費用負担者が異なるときには、選任・監督者と費用負担者の双方が賠償責任を負います（国賠法3条）。
3 × 判例は、書留郵便物についての郵便業務従事者の故意又は重過失により損害が生じた場合の国の損害賠償責任の免除又は制限につき、目的達成の手段として免責又は責任制限を認めることの合理性、必要性を否定し、違憲と判断しました（最大判平成14年9月11日民集56巻7号1439頁）。
4 × 判例は、上訴等の訴訟法上の救済方法により是正されるべき瑕疵が存在しても、裁判官がした争訟の裁判が当然に国賠法上違法になるわけではなく、裁判官がその付与された権限の趣旨に明らかに背いてこれを行使したものと認めうるような特別の事情が必要としています（最判昭和57年3月12日民集36巻3号329頁）。
5 ○ 最判平成7年6月23日民集49巻6号1600頁

問題8-4

正解3　➡Unit51、Unit52

ア × 判例は、国会議員は、立法に関しては、国民全体に対する関係で政治的責任を負うにとどま

り、立法行為を通して個別の国民の権利に対応した関係での法的義務を「負うものではない」としています（最判昭和60年11月21日民集39巻7号1512頁）。

イ × 判例は、税務署長が行う所得税の更正は、所得金額を過大に認定し更正処分を行ったとしても、直ちに違法の評価を受けるものではなく、課税要件事実を認定・判断する上において、必要な資料を収集せず、職務上通常尽くすべき注意義務を尽くすことなく漫然と更正をしたと認め得るような事情がある場合にのみ違法になるとしています（最判平成5年3月11日民集47巻4号2863頁）。

ウ ○ 最判平成1年11月24日民集43巻10号1169頁

エ．○ 最判昭和57年4月1日民集36巻4号519頁

オ × 判例は、追跡行為が国賠法上違法と評価されるためには、追跡が当該職務目的を遂行する上で不必要であるか、又は逃走車両の逃走の態様及び道路交通状況等から予測される被害発生の具体的危険性の有無及び内容に照らし、追跡の開始・継続若しくは追跡の方法が不相当であることを要するとしています（最判昭和61年2月27日民集40巻1号124頁）。

問題8-5

正解3 ➡ Unit53、Unit54

1 × 公の営造物は、不動産だけでなく、動産も該当します。

2 × 国又は公共団体が事実上管理していれば公の営造物に該当し、管理権に法律上の根拠がなくても構いません。

3 ○ 最判昭和45年8月20日民集24巻9号1268頁

4 × 危害が当該営造物の利用者に対してのみならず、利用者以外の第三者に対して生じる場合も含むとするのが判例です（最大判昭和56年12月16日民集35巻10号1369頁）。

5 × 判例は、未改修河川の管理について、特段の事情がない限り、改修がいまだ行われていないことの一事をもって河川管理に瑕疵があるとはいえないとし、過渡的な安全性をもって足りるとしています（最判昭和59年1月26日民集38巻2号53頁）。

問題8-6

正解3 ➡ Unit53、Unit54

1 × 営造物責任（国賠法2条1項）は、無過失責任とするのが判例（最判昭和45年8月20日民集24巻9号1268頁）です。

2 × 判例は、道路管理者は、道路を常時巡視して応急の事態に対処し得る看視体制をとることで、道路の安全性を保持すべきであり、故障車が道路上に長時間放置されていたことにより事故が発生した場合には、道路管理の瑕疵が認められるとしました（最判昭和50年7月25日民集29巻6号1136頁）。

3 ○ 最判昭和59年1月26日民集38巻2号53頁

4 × この様な事案について判例は、全国的ないし当該地域における道路及び駅のホーム等でのその安全設備の普及の程度等の事情も含め、諸般の事情を総合考慮して安全性の有無を判断するとしました（最判昭和61年3月25日民集40巻2号472頁）。

5　×　このような事案について判例は、当該施設の設置管理者の通常予測し得るところではないとし、その責任を否定しました（最判平成5年3月30日民集47巻4号3226頁）。

問題8-7
正解2　➡Unit56

ア　×　判例は、当該損失は、道路工事の施行によって警察規制に基づく損失がたまたま現実化するに至ったものにすぎず、道路法の定める補償の対象とならないとしています（最判昭和58年2月18日民集37巻1号59頁）。

イ　×　判例は、経済的・財産的価値でない学術的・文化財的価値は、土地収用法に基づく補償の対象にならないとしています（最判昭和63年1月21日判タ663号79頁）。

ウ　×　判例は、河川附近地制限令の定める制限は、一般的な制限を超えて特別な犠牲を課したと見る余地があり、当該制限について損失補償に関する規定がなくても、直接憲法29条3項を根拠にして補償請求する余地がないわけではないとしています（最大判昭和43年11月27日刑集22巻12号1402頁）。

エ　○　最判昭和49年2月5日民集28巻1号1頁

問題8-8
正解4　➡Unit56

1　×　判例は、土地収用法による土地収用の損失補償について、収用の前後を通じて被収用者の財産価値を等しくならしめるような補償（完全補償）を要するとしています（最判昭和48年10月18日民集27巻9号1210頁）。

2　×　判例は、この様な事案について、特別な犠牲を課したとはいえないとし、当該損失に補償は要しないとしています（最判平成17年11月1日判時1928号25頁）。

3　×　判例は、補償が財産の供与と交換的に同時に履行されるべきことについては、憲法の保障するところではないとしています（最大判昭和24年7月13日刑集3巻8号1286頁）。

4　○　最大判昭和43年11月27日刑集22巻12号1402頁

5　×　判例は、農地改革時の農地買収対価が正当な補償と言えるかどうかについて、その当時の経済状態において成立することを考えられる価格に基づき、合理的に算出された相当な額をいうのであって、常にかかる価格と完全に一致することを「要するものではない」（相当補償説）としました（最大判昭和28年12月23日民集7巻13号1523頁）。

問題9-1
正解5　➡Unit58〜59

1　×　権限の委譲を受けた受任機関は、受任機関自身の行為として、当該権限を行使します（最判昭和54年7月20日判タ399号115頁）。

2　×　権限の委任が行われた場合、委任機関は当該権限を喪失し、引き続き当該権限を行使することができなくなります。

3　×　法定代理であっても、代理機関は、被代理機関の代理として権限を行使することを明らかに

する（顕名）必要はあります。
4　×　専決は、法律が定めた処分権限を変更することにはならず、法律による明文の根拠は不要です。
5　○

問題9-2

正解2　➡Unit58〜59

1　×　専決では、権限行使は行政庁の名で行われるので、処分庁として扱われるのは行政庁です。また、審査基準の作成義務も行政庁が負います。
2　○
3　×　どちらの説に立っても、法律の根拠は不要です。
4　×　判例は、地方公営企業の違法な接待費支出が問題となった住民訴訟において、専決権限を行使した補助職員が不法行為責任を負いうると同時に、当該企業の管理者もそれに対する指揮監督責任を負う場合があるとしています（最判平成3年12月20日民集45巻9号1455頁）。
5　×　権限の委任がなされると、委任機関は当該権限を失い、受任機関に対して指揮監督権を行使することはできませんが、受任機関が委任機関の下級機関である場合は、元々委任機関に上級機関としての指揮監督権があります。

憲法
その他の
基本的法律

憲法その他基本的法律

◎　日本国憲法

 目次
  第一章　天皇（第一条－第八条）
  第二章　戦争の放棄（第九条）
  第三章　国民の権利及び義務（第十条－第四十条）
  第四章　国会（第四十一条－第六十四条）
  第五章　内閣（第六十五条－第七十五条）
  第六章　司法（第七十六条－第八十二条）
  第七章　財政（第八十三条－第九十一条）
  第八章　地方自治（第九十二条－第九十五条）
  第九章　改正（第九十六条）
  第十章　最高法規（第九十七条－第九十九条）
  第十一章　補則（第百条－第百三条）

 日本国憲法

　日本国民は、正当に選挙された国会における代表者を通じて行動し、われらとわれらの子孫のために、諸国民との協和による成果と、わが国全土にわたつて自由のもたらす恵沢を確保し、政府の行為によつて再び戦争の惨禍が起ることのないやうにすることを決意し、ここに主権が国民に存することを宣言し、この憲法を確定する。そもそも国政は、国民の厳粛な信託によるものであつて、その権威は国民に由来し、その権力は国民の代表者がこれを行使し、その福利は国民がこれを享受する。これは人類普遍の原理であり、この憲法は、かかる原理に基くものである。われらは、これに反する一切の憲法、法令及び詔勅を排除する。
　日本国民は、恒久の平和を念願し、人間相互の関係を支配する崇高な理想を深く自覚するのであつて、平和を愛する諸国民の公正と信義に信頼して、われらの安全と生存を保持しようと決意した。われらは、平和を維持し、専制と隷従、圧迫と偏狭を地上から永遠に除去しようと努めてゐる国際社会において、名誉ある地位を占めたいと思ふ。われらは、全世界の国民が、ひとしく恐怖と欠乏から免かれ、平和のうちに生存する権利を有することを確認する。
　われらは、いづれの国家も、自国のことのみに専念して他国を無視してはならないのであつて、政治道徳の法則は、普遍的なものであり、この法則に従ふことは、自国の主権を維持し、他国と対等関係に立たうとする各国の責務であると信ずる。
　日本国民は、国家の名誉にかけ、全力をあげてこの崇高な理想と目的を達成することを誓ふ。

  第一章　天皇

〔天皇の地位と主権在民〕
第一条　天皇は、日本国の象徴であり日本国民統合の象徴であつて、この地位は、主権の存する日本国民の総意に基く。
〔皇位の世襲〕
第二条　皇位は、世襲のものであつて、国会の議決した皇室典範の定めるところにより、これを継承する。
〔内閣の助言と承認及び責任〕
第三条　天皇の国事に関するすべての行為には、内閣の助言と承認を必要とし、内閣が、その責任を負ふ。
〔天皇の権能と権能行使の委任〕
第四条　天皇は、この憲法の定める国事に関する行為のみを行ひ、国政に関する権能を有しない。
2　天皇は、法律の定めるところにより、その国事に関する行為を委任することができる。
〔摂政〕
第五条　皇室典範の定めるところにより摂政を置くときは、摂政は、天皇の名でその国事に関する行為を行ふ。この場合には、前条第一項の規定を準用する。
〔天皇の任命行為〕
第六条　天皇は、国会の指名に基いて、内閣総理大臣を任命する。

2　天皇は、内閣の指名に基いて、最高裁判所の長たる裁判官を任命する。
〔天皇の国事行為〕
第七条　天皇は、内閣の助言と承認により、国民のために、左の国事に関する行為を行ふ。
一　憲法改正、法律、政令及び条約を公布すること。
二　国会を召集すること。
三　衆議院を解散すること。
四　国会議員の総選挙の施行を公示すること。
五　国務大臣及び法律の定めるその他の官吏の任免並びに全権委任状及び大使及び公使の信任状を認証すること。
六　大赦、特赦、減刑、刑の執行の免除及び復権を認証すること。
七　栄典を授与すること。
八　批准書及び法律の定めるその他の外交文書を認証すること。
九　外国の大使及び公使を接受すること。
十　儀式を行ふこと。
〔財産授受の制限〕
第八条　皇室に財産を譲り渡し、又は皇室が、財産を譲り受け、若しくは賜与することは、国会の議決に基かなければならない。

第二章　戦争の放棄

〔戦争の放棄と戦力及び交戦権の否認〕
第九条　日本国民は、正義と秩序を基調とする国際平和を誠実に希求し、国権の発動たる戦争と、武力による威嚇又は武力の行使は、国際紛争を解決する手段としては、永久にこれを放棄する。
2　前項の目的を達するため、陸海空軍その他の戦力は、これを保持しない。国の交戦権は、これを認めない。

第三章　国民の権利及び義務

〔国民たる要件〕
第十条　日本国民たる要件は、法律でこれを定める。
〔基本的人権〕
第十一条　国民は、すべての基本的人権の享有を妨げられない。この憲法が国民に保障する基本的人権は、侵すことのできない永久の権利として、現在及び将来の国民に与へられる。
〔自由及び権利の保持義務と公共福祉性〕
第十二条　この憲法が国民に保障する自由及び権利は、国民の不断の努力によつて、これを保持しなければならない。又、国民は、これを濫用してはならないのであつて、常に公共の福祉のためにこれを利用する責任を負ふ。
〔個人の尊重と公共の福祉〕
第十三条　すべて国民は、個人として尊重される。生命、自由及び幸福追求に対する国民の権利については、公共の福祉に反しない限り、立法その他の国政の上で、最大の尊重を必要とする。
〔平等原則、貴族制度の否認及び栄典の限界〕
第十四条　すべて国民は、法の下に平等であつて、人種、信条、性別、社会的身分又は門地により、政治的、経済的又は社会的関係において、差別されない。
2　華族その他の貴族の制度は、これを認めない。
3　栄誉、勲章その他の栄典の授与は、いかなる特権も伴はない。栄典の授与は、現にこれを有し、又は将来これを受ける者の一代に限り、その効力を有する。
〔公務員の選定罷免権、公務員の本質、普通選挙の保障及び投票秘密の保障〕
第十五条　公務員を選定し、及びこれを罷免することは、国民固有の権利である。
2　すべて公務員は、全体の奉仕者であつて、一部の奉仕者ではない。
3　公務員の選挙については、成年者による普通選挙を保障する。
4　すべて選挙における投票の秘密は、これを侵してはならない。選挙人は、その選択に関し公的にも私的にも責任を問はれない。
〔請願権〕
第十六条　何人も、損害の救済、公務員の罷免、法律、命令又は規則の制定、廃止又は改正その他の事項に関し、平穏に請願する権利を有し、何人も、かかる請願をしたためにいかなる差別待遇も受けない。

〔公務員の不法行為による損害の賠償〕
第十七条　何人も、公務員の不法行為により、損害を受けたときは、法律の定めるところにより、国又は公共団体に、その賠償を求めることができる。
〔奴隷的拘束及び苦役の禁止〕
第十八条　何人も、いかなる奴隷的拘束も受けない。又、犯罪に因る処罰の場合を除いては、その意に反する苦役に服させられない。
〔思想及び良心の自由〕
第十九条　思想及び良心の自由は、これを侵してはならない。
〔信教の自由〕
第二十条　信教の自由は、何人に対してもこれを保障する。いかなる宗教団体も、国から特権を受け、又は政治上の権力を行使してはならない。
2　何人も、宗教上の行為、祝典、儀式又は行事に参加することを強制されない。
3　国及びその機関は、宗教教育その他いかなる宗教的活動もしてはならない。
〔集会、結社及び表現の自由と通信秘密の保護〕
第二十一条　集会、結社及び言論、出版その他一切の表現の自由は、これを保障する。
2　検閲は、これをしてはならない。通信の秘密は、これを侵してはならない。
〔居住、移転、職業選択、外国移住及び国籍離脱の自由〕
第二十二条　何人も、公共の福祉に反しない限り、居住、移転及び職業選択の自由を有する。
2　何人も、外国に移住し、又は国籍を離脱する自由を侵されない。
〔学問の自由〕
第二十三条　学問の自由は、これを保障する。
〔家族関係における個人の尊厳と両性の平等〕
第二十四条　婚姻は、両性の合意のみに基いて成立し、夫婦が同等の権利を有することを基本として、相互の協力により、維持されなければならない。
2　配偶者の選択、財産権、相続、住居の選定、離婚並びに婚姻及び家族に関するその他の事項に関しては、法律は、個人の尊厳と両性の本質的平等に立脚して、制定されなければならない。
〔生存権及び国民生活の社会的進歩向上に努める国の義務〕
第二十五条　すべて国民は、健康で文化的な最低限度の生活を営む権利を有する。
2　国は、すべての生活部面について、社会福祉、社会保障及び公衆衛生の向上及び増進に努めなければならない。
〔教育を受ける権利と受けさせる義務〕
第二十六条　すべて国民は、法律の定めるところにより、その能力に応じて、ひとしく教育を受ける権利を有する。
2　すべて国民は、法律の定めるところにより、その保護する子女に普通教育を受けさせる義務を負ふ。義務教育は、これを無償とする。
〔勤労の権利と義務、勤労条件の基準及び児童酷使の禁止〕
第二十七条　すべて国民は、勤労の権利を有し、義務を負ふ。
2　賃金、就業時間、休息その他の勤労条件に関する基準は、法律でこれを定める。
3　児童は、これを酷使してはならない。
〔勤労者の団結権及び団体行動権〕
第二十八条　勤労者の団結する権利及び団体交渉その他の団体行動をする権利は、これを保障する。
〔財産権〕
第二十九条　財産権は、これを侵してはならない。
2　財産権の内容は、公共の福祉に適合するやうに、法律でこれを定める。
3　私有財産は、正当な補償の下に、これを公共のために用ひることができる。
〔納税の義務〕
第三十条　国民は、法律の定めるところにより、納税の義務を負ふ。
〔生命及び自由の保障と科刑の制約〕
第三十一条　何人も、法律の定める手続によらなければ、その生命若しくは自由を奪はれ、又はその他の刑罰を科せられない。
〔裁判を受ける権利〕
第三十二条　何人も、裁判所において裁判を受ける権利を奪はれない。
〔逮捕の制約〕
第三十三条　何人も、現行犯として逮捕される場合を除いては、権限を有する司法官憲が発し、且つ理由となつてゐる

犯罪を明示する令状によらなければ、逮捕されない。

〔抑留及び拘禁の制約〕

第三十四条　何人も、理由を直ちに告げられ、且つ、直ちに弁護人に依頼する権利を与へられなければ、抑留又は拘禁されない。又、何人も、正当な理由がなければ、拘禁されず、要求があれば、その理由は、直ちに本人及びその弁護人の出席する公開の法廷で示されなければならない。

〔侵入、捜索及び押収の制約〕

第三十五条　何人も、その住居、書類及び所持品について、侵入、捜索及び押収を受けることのない権利は、第三十三条の場合を除いては、正当な理由に基いて発せられ、且つ捜索する場所及び押収する物を明示する令状がなければ、侵されない。

2　捜索又は押収は、権限を有する司法官憲が発する各別の令状により、これを行ふ。

〔拷問及び残虐な刑罰の禁止〕

第三十六条　公務員による拷問及び残虐な刑罰は、絶対にこれを禁ずる。

〔刑事被告人の権利〕

第三十七条　すべて刑事事件においては、被告人は、公平な裁判所の迅速な公開裁判を受ける権利を有する。

2　刑事被告人は、すべての証人に対して審問する機会を充分に与へられ、又、公費で自己のために強制的手続により証人を求める権利を有する。

3　刑事被告人は、いかなる場合にも、資格を有する弁護人を依頼することができる。被告人が自らこれを依頼することができないときは、国でこれを附する。

〔自白強要の禁止と自白の証拠能力の限界〕

第三十八条　何人も、自己に不利益な供述を強要されない。

2　強制、拷問若しくは脅迫による自白又は不当に長く抑留若しくは拘禁された後の自白は、これを証拠とすることができない。

3　何人も、自己に不利益な唯一の証拠が本人の自白である場合には、有罪とされ、又は刑罰を科せられない。

〔遡及処罰、二重処罰等の禁止〕

第三十九条　何人も、実行の時に適法であつた行為又は既に無罪とされた行為については、刑事上の責任を問はれない。又、同一の犯罪について、重ねて刑事上の責任を問はれない。

〔刑事補償〕

第四十条　何人も、抑留又は拘禁された後、無罪の裁判を受けたときは、法律の定めるところにより、国にその補償を求めることができる。

　　　第四章　国会

〔国会の地位〕

第四十一条　国会は、国権の最高機関であつて、国の唯一の立法機関である。

〔二院制〕

第四十二条　国会は、衆議院及び参議院の両議院でこれを構成する。

〔両議院の組織〕

第四十三条　両議院は、全国民を代表する選挙された議員でこれを組織する。

2　両議院の議員の定数は、法律でこれを定める。

〔議員及び選挙人の資格〕

第四十四条　両議院の議員及びその選挙人の資格は、法律でこれを定める。但し、人種、信条、性別、社会的身分、門地、教育、財産又は収入によつて差別してはならない。

〔衆議院議員の任期〕

第四十五条　衆議院議員の任期は、四年とする。但し、衆議院解散の場合には、その期間満了前に終了する。

〔参議院議員の任期〕

第四十六条　参議院議員の任期は、六年とし、三年ごとに議員の半数を改選する。

〔議員の選挙〕

第四十七条　選挙区、投票の方法その他両議院の議員の選挙に関する事項は、法律でこれを定める。

〔両議院議員相互兼職の禁止〕

第四十八条　何人も、同時に両議院の議員たることはできない。

〔議員の歳費〕

第四十九条　両議院の議員は、法律の定めるところにより、国庫から相当額の歳費を受ける。

〔議員の不逮捕特権〕
第五十条　両議院の議員は、法律の定める場合を除いては、国会の会期中逮捕されず、会期前に逮捕された議員は、その議院の要求があれば、会期中これを釈放しなければならない。
〔議員の発言表決の無答責〕
第五十一条　両議院の議員は、議院で行つた演説、討論又は表決について、院外で責任を問はれない。
〔常会〕
第五十二条　国会の常会は、毎年一回これを召集する。
〔臨時会〕
第五十三条　内閣は、国会の臨時会の召集を決定することができる。いづれかの議院の総議員の四分の一以上の要求があれば、内閣は、その召集を決定しなければならない。
〔総選挙、特別会及び緊急集会〕
第五十四条　衆議院が解散されたときは、解散の日から四十日以内に、衆議院議員の総選挙を行ひ、その選挙の日から三十日以内に、国会を召集しなければならない。
2　衆議院が解散されたときは、参議院は、同時に閉会となる。但し、内閣は、国に緊急の必要があるときは、参議院の緊急集会を求めることができる。
3　前項但書の緊急集会において採られた措置は、臨時のものであつて、次の国会開会の後十日以内に、衆議院の同意がない場合には、その効力を失ふ。
〔資格争訟〕
第五十五条　両議院は、各々その議員の資格に関する争訟を裁判する。但し、議員の議席を失はせるには、出席議員の三分の二以上の多数による議決を必要とする。
〔議事の定足数と過半数議決〕
第五十六条　両議院は、各々その総議員の三分の一以上の出席がなければ、議事を開き議決することができない。
2　両議院の議事は、この憲法に特別の定のある場合を除いては、出席議員の過半数でこれを決し、可否同数のときは、議長の決するところによる。
〔会議の公開と会議録〕
第五十七条　両議院の会議は、公開とする。但し、出席議員の三分の二以上の多数で議決したときは、秘密会を開くことができる。
2　両議院は、各々その会議の記録を保存し、秘密会の記録の中で特に秘密を要すると認められるもの以外は、これを公表し、且つ一般に頒布しなければならない。
3　出席議員の五分の一以上の要求があれば、各議員の表決は、これを会議録に記載しなければならない。
〔役員の選任及び議院の自律権〕
第五十八条　両議院は、各々その議長その他の役員を選任する。
2　両議院は、各々その会議その他の手続及び内部の規律に関する規則を定め、又、院内の秩序をみだした議員を懲罰することができる。但し、議員を除名するには、出席議員の三分の二以上の多数による議決を必要とする。
〔法律の成立〕
第五十九条　法律案は、この憲法に特別の定のある場合を除いては、両議院で可決したとき法律となる。
2　衆議院で可決し、参議院でこれと異なつた議決をした法律案は、衆議院で出席議員の三分の二以上の多数で再び可決したときは、法律となる。
3　前項の規定は、法律の定めるところにより、衆議院が、両議院の協議会を開くことを求めることを妨げない。
4　参議院が、衆議院の可決した法律案を受け取つた後、国会休会中の期間を除いて六十日以内に、議決しないときは、衆議院は、参議院がその法律案を否決したものとみなすことができる。
〔衆議院の予算先議権及び予算の議決〕
第六十条　予算は、さきに衆議院に提出しなければならない。
2　予算について、参議院で衆議院と異なつた議決をした場合に、法律の定めるところにより、両議院の協議会を開いても意見が一致しないとき、又は参議院が、衆議院の可決した予算を受け取つた後、国会休会中の期間を除いて三十日以内に、議決しないときは、衆議院の議決を国会の議決とする。
〔条約締結の承認〕
第六十一条　条約の締結に必要な国会の承認については、前条第二項の規定を準用する。
〔議院の国政調査権〕
第六十二条　両議院は、各々国政に関する調査を行ひ、これに関して、証人の出頭及び証言並びに記録の提出を要求することができる。
〔国務大臣の出席〕

第六十三条　内閣総理大臣その他の国務大臣は、両議院の一に議席を有すると有しないとにかかはらず、何時でも議案について発言するため議院に出席することができる。又、答弁又は説明のため出席を求められたときは、出席しなければならない。
〔弾劾裁判所〕
第六十四条　国会は、罷免の訴追を受けた裁判官を裁判するため、両議院の議員で組織する弾劾裁判所を設ける。
2　弾劾に関する事項は、法律でこれを定める。

第五章　内閣

〔行政権の帰属〕
第六十五条　行政権は、内閣に属する。
〔内閣の組織と責任〕
第六十六条　内閣は、法律の定めるところにより、その首長たる内閣総理大臣及びその他の国務大臣でこれを組織する。
2　内閣総理大臣その他の国務大臣は、文民でなければならない。
3　内閣は、行政権の行使について、国会に対し連帯して責任を負ふ。
〔内閣総理大臣の指名〕
第六十七条　内閣総理大臣は、国会議員の中から国会の議決で、これを指名する。この指名は、他のすべての案件に先だつて、これを行ふ。
2　衆議院と参議院とが異なつた指名の議決をした場合に、法律の定めるところにより、両議院の協議会を開いても意見が一致しないとき、又は衆議院が指名の議決をした後、国会休会中の期間を除いて十日以内に、参議院が、指名の議決をしないときは、衆議院の議決を国会の議決とする。
〔国務大臣の任免〕
第六十八条　内閣総理大臣は、国務大臣を任命する。但し、その過半数は、国会議員の中から選ばれなければならない。
2　内閣総理大臣は、任意に国務大臣を罷免することができる。
〔不信任決議と解散又は総辞職〕
第六十九条　内閣は、衆議院で不信任の決議案を可決し、又は信任の決議案を否決したときは、十日以内に衆議院が解散されない限り、総辞職をしなければならない。
〔内閣総理大臣の欠缺又は総選挙施行による総辞職〕
第七十条　内閣総理大臣が欠けたとき、又は衆議院議員総選挙の後に初めて国会の召集があつたときは、内閣は、総辞職をしなければならない。
〔総辞職後の職務続行〕
第七十一条　前二条の場合には、内閣は、あらたに内閣総理大臣が任命されるまで引き続きその職務を行ふ。
〔内閣総理大臣の職務権限〕
第七十二条　内閣総理大臣は、内閣を代表して議案を国会に提出し、一般国務及び外交関係について国会に報告し、並びに行政各部を指揮監督する。
〔内閣の職務権限〕
第七十三条　内閣は、他の一般行政事務の外、左の事務を行ふ。
　一　法律を誠実に執行し、国務を総理すること。
　二　外交関係を処理すること。
　三　条約を締結すること。但し、事前に、時宜によつては事後に、国会の承認を経ることを必要とする。
　四　法律の定める基準に従ひ、官吏に関する事務を掌理すること。
　五　予算を作成して国会に提出すること。
　六　この憲法及び法律の規定を実施するために、政令を制定すること。但し、政令には、特にその法律の委任がある場合を除いては、罰則を設けることができない。
　七　大赦、特赦、減刑、刑の執行の免除及び復権を決定すること。
〔法律及び政令への署名と連署〕
第七十四条　法律及び政令には、すべて主任の国務大臣が署名し、内閣総理大臣が連署することを必要とする。
〔国務大臣訴追の制約〕
第七十五条　国務大臣は、その在任中、内閣総理大臣の同意がなければ、訴追されない。但し、これがため、訴追の権利は、害されない。

第六章　司法

〔司法権の機関と裁判官の職務上の独立〕
第七十六条　すべて司法権は、最高裁判所及び法律の定めるところにより設置する下級裁判所に属する。
2　特別裁判所は、これを設置することができない。行政機関は、終審として裁判を行ふことができない。
3　すべて裁判官は、その良心に従ひ独立してその職権を行ひ、この憲法及び法律にのみ拘束される。
〔最高裁判所の規則制定権〕
第七十七条　最高裁判所は、訴訟に関する手続、弁護士、裁判所の内部規律及び司法事務処理に関する事項について、規則を定める権限を有する。
2　検察官は、最高裁判所の定める規則に従はなければならない。
3　最高裁判所は、下級裁判所に関する規則を定める権限を、下級裁判所に委任することができる。
〔裁判官の身分の保障〕
第七十八条　裁判官は、裁判により、心身の故障のために職務を執ることができないと決定された場合を除いては、公の弾劾によらなければ罷免されない。裁判官の懲戒処分は、行政機関がこれを行ふことはできない。
〔最高裁判所の構成及び裁判官任命の国民審査〕
第七十九条　最高裁判所は、その長たる裁判官及び法律の定める員数のその他の裁判官でこれを構成し、その長たる裁判官以外の裁判官は、内閣でこれを任命する。
2　最高裁判所の裁判官の任命は、その任命後初めて行はれる衆議院議員総選挙の際国民の審査に付し、その後十年を経過した後初めて行はれる衆議院議員総選挙の際更に審査に付し、その後も同様とする。
3　前項の場合において、投票者の多数が裁判官の罷免を可とするときは、その裁判官は、罷免される。
4　審査に関する事項は、法律でこれを定める。
5　最高裁判所の裁判官は、法律の定める年齢に達した時に退官する。
6　最高裁判所の裁判官は、すべて定期に相当額の報酬を受ける。この報酬は、在任中、これを減額することができない。
〔下級裁判所の裁判官〕
第八十条　下級裁判所の裁判官は、最高裁判所の指名した者の名簿によつて、内閣でこれを任命する。その裁判官は、任期を十年とし、再任されることができる。但し、法律の定める年齢に達した時には退官する。
2　下級裁判所の裁判官は、すべて定期に相当額の報酬を受ける。この報酬は、在任中、これを減額することができない。
〔最高裁判所の法令審査権〕
第八十一条　最高裁判所は、一切の法律、命令、規則又は処分が憲法に適合するかしないかを決定する権限を有する終審裁判所である。
〔対審及び判決の公開〕
第八十二条　裁判の対審及び判決は、公開法廷でこれを行ふ。
2　裁判所が、裁判官の全員一致で、公の秩序又は善良の風俗を害する虞があると決した場合には、対審は、公開しないでこれを行ふことができる。但し、政治犯罪、出版に関する犯罪又はこの憲法第三章で保障する国民の権利が問題となつてゐる事件の対審は、常にこれを公開しなければならない。

第七章　財政

〔財政処理の要件〕
第八十三条　国の財政を処理する権限は、国会の議決に基いて、これを行使しなければならない。
〔課税の要件〕
第八十四条　あらたに租税を課し、又は現行の租税を変更するには、法律又は法律の定める条件によることを必要とする。
〔国費支出及び債務負担の要件〕
第八十五条　国費を支出し、又は国が債務を負担するには、国会の議決に基くことを必要とする。
〔予算の作成〕
第八十六条　内閣は、毎会計年度の予算を作成し、国会に提出して、その審議を受け議決を経なければならない。
〔予備費〕
第八十七条　予見し難い予算の不足に充てるため、国会の議決に基いて予備費を設け、内閣の責任でこれを支出することができる。
2　すべて予備費の支出については、内閣は、事後に国会の承諾を得なければならない。
〔皇室財産及び皇室費用〕

第八十八条　すべて皇室財産は、国に属する。すべて皇室の費用は、予算に計上して国会の議決を経なければならない。
〔公の財産の用途制限〕
第八十九条　公金その他の公の財産は、宗教上の組織若しくは団体の使用、便益若しくは維持のため、又は公の支配に属しない慈善、教育若しくは博愛の事業に対し、これを支出し、又はその利用に供してはならない。
〔会計検査〕
第九十条　国の収入支出の決算は、すべて毎年会計検査院がこれを検査し、内閣は、次の年度に、その検査報告とともに、これを国会に提出しなければならない。
2　会計検査院の組織及び権限は、法律でこれを定める。
〔財政状況の報告〕
第九十一条　内閣は、国会及び国民に対し、定期に、少くとも毎年一回、国の財政状況について報告しなければならない。

　　　第八章　地方自治

〔地方自治の本旨の確保〕
第九十二条　地方公共団体の組織及び運営に関する事項は、地方自治の本旨に基いて、法律でこれを定める。
〔地方公共団体の機関〕
第九十三条　地方公共団体には、法律の定めるところにより、その議事機関として議会を設置する。
2　地方公共団体の長、その議会の議員及び法律の定めるその他の吏員は、その地方公共団体の住民が、直接これを選挙する。
〔地方公共団体の権能〕
第九十四条　地方公共団体は、その財産を管理し、事務を処理し、及び行政を執行する権能を有し、法律の範囲内で条例を制定することができる。
〔一の地方公共団体のみに適用される特別法〕
第九十五条　一の地方公共団体のみに適用される特別法は、法律の定めるところにより、その地方公共団体の住民の投票においてその過半数の同意を得なければ、国会は、これを制定することができない。

　　　第九章　改正

〔憲法改正の発議、国民投票及び公布〕
第九十六条　この憲法の改正は、各議院の総議員の三分の二以上の賛成で、国会が、これを発議し、国民に提案してその承認を経なければならない。この承認には、特別の国民投票又は国会の定める選挙の際行はれる投票において、その過半数の賛成を必要とする。
2　憲法改正について前項の承認を経たときは、天皇は、国民の名で、この憲法と一体を成すものとして、直ちにこれを公布する。

　　　第十章　最高法規

〔基本的人権の由来特質〕
第九十七条　この憲法が日本国民に保障する基本的人権は、人類の多年にわたる自由獲得の努力の成果であつて、これらの権利は、過去幾多の試錬に堪へ、現在及び将来の国民に対し、侵すことのできない永久の権利として信託されたものである。
〔憲法の最高性と条約及び国際法規の遵守〕
第九十八条　この憲法は、国の最高法規であつて、その条規に反する法律、命令、詔勅及び国務に関するその他の行為の全部又は一部は、その効力を有しない。
2　日本国が締結した条約及び確立された国際法規は、これを誠実に遵守することを必要とする。
〔憲法尊重擁護の義務〕
第九十九条　天皇又は摂政及び国務大臣、国会議員、裁判官その他の公務員は、この憲法を尊重し擁護する義務を負ふ。

◎ **行政手続法**（Unit 23～28）

目次
　第一章　総則（第一条－第四条）
　第二章　申請に対する処分（第五条－第十一条）
　第三章　不利益処分
　　第一節　通則（第十二条－第十四条）
　　第二節　聴聞（第十五条－第二十八条）
　　第三節　弁明の機会の付与（第二十九条－第三十一条）
　第四章　行政指導（第三十二条－第三十六条の二）
　第四章の二　処分等の求め（第三十六条の三）
　第五章　届出（第三十七条）
　第六章　意見公募手続等（第三十八条－第四十五条）
　第七章　補則（第四十六条）

　　第一章　総則
（目的等）
第一条　この法律は、処分、行政指導及び届出に関する手続並びに命令等を定める手続に関し、共通する事項を定めることによって、行政運営における公正の確保と透明性（行政上の意思決定について、その内容及び過程が国民にとって明らかであることをいう。第四十六条において同じ。）の向上を図り、もって国民の権利利益の保護に資することを目的とする。
2　処分、行政指導及び届出に関する手続並びに命令等を定める手続に関しこの法律に規定する事項について、他の法律に特別の定めがある場合は、その定めるところによる。
（定義）
第二条　この法律において、次の各号に掲げる用語の意義は、当該各号に定めるところによる。
　一　法令　法律、法律に基づく命令（告示を含む。）、条例及び地方公共団体の執行機関の規則（規程を含む。以下「規則」という。）をいう。
　二　処分　行政庁の処分その他公権力の行使に当たる行為をいう。
　三　申請　法令に基づき、行政庁の許可、認可、免許その他の自己に対し何らかの利益を付与する処分（以下「許認可等」という。）を求める行為であって、当該行為に対して行政庁が諾否の応答をすべきこととされているものをいう。
　四　不利益処分　行政庁が、法令に基づき、特定の者を名あて人として、直接に、これに義務を課し、又はその権利を制限する処分をいう。ただし、次のいずれかに該当するものを除く。
　　イ　事実上の行為及び事実上の行為をするに当たりその範囲、時期等を明らかにするために法令上必要とされている手続としての処分
　　ロ　申請により求められた許認可等を拒否する処分その他申請に基づき当該申請をした者を名あて人としてされる処分
　　ハ　名あて人となるべき者の同意の下にすることとされている処分
　　ニ　許認可等の効力を失わせる処分であって、当該許認可等の基礎となった事実が消滅した旨の届出があったことを理由としてされるもの
　五　行政機関　次に掲げる機関をいう。
　　イ　法律の規定に基づき内閣に置かれる機関若しくは内閣の所轄の下に置かれる機関、宮内庁、内閣府設置法（平成十一年法律第八十九号）第四十九条第一項若しくは第二項に規定する機関、国家行政組織法（昭和二十三年法律第百二十号）第三条第二項に規定する機関、会計検査院若しくはこれらに置かれる機関又はこれらの機関の職員であって法律上独立に権限を行使することを認められた職員
　　ロ　地方公共団体の機関（議会を除く。）
　六　行政指導　行政機関がその任務又は所掌事務の範囲内において一定の行政目的を実現するため特定の者に一定の作為又は不作為を求める指導、勧告、助言その他の行為であって処分に該当しないものをいう。
　七　届出　行政庁に対し一定の事項の通知をする行為（申請に該当するものを除く。）であって、法令により直接に当該通知が義務付けられているもの（自己の期待する一定の法律上の効果を発生させるためには当該通知をすべきこととされているものを含む。）をいう。
　八　命令等　内閣又は行政機関が定める次に掲げるものをいう。
　　イ　法律に基づく命令（処分の要件を定める告示を含む。次条第二項において単に「命令」という。）又は規則

ロ　審査基準（申請により求められた許認可等をするかどうかをその法令の定めに従って判断するために必要とされる基準をいう。以下同じ。）
　　ハ　処分基準（不利益処分をするかどうか又はどのような不利益処分とするかについてその法令の定めに従って判断するために必要とされる基準をいう。以下同じ。）
　　ニ　行政指導指針（同一の行政目的を実現するため一定の条件に該当する複数の者に対し行政指導をしようとするときにこれらの行政指導に共通してその内容となるべき事項をいう。以下同じ。）
　（適用除外）
第三条　次に掲げる処分及び行政指導については、次章から第四章の二までの規定は、適用しない。
　一　国会の両院若しくは一院又は議会の議決によってされる処分
　二　裁判所若しくは裁判官の裁判により、又は裁判の執行としてされる処分
　三　国会の両院若しくは一院若しくは議会の議決を経て、又はこれらの同意若しくは承認を得た上でされるべきものとされている処分
　四　検査官会議で決すべきものとされている処分及び会計検査の際にされる行政指導
　五　刑事事件に関する法令に基づいて検察官、検察事務官又は司法警察職員がする処分及び行政指導
　六　国税又は地方税の犯則事件に関する法令（他の法令において準用する場合を含む。）に基づいて国税庁長官、国税局長、税務署長、国税庁、国税局若しくは税務署の当該職員、税関長、税関職員又は徴税吏員（他の法令の規定に基づいてこれらの職員の職務を行う者を含む。）がする処分及び行政指導並びに金融商品取引の犯則事件に関する法令（他の法令において準用する場合を含む。）に基づいて証券取引等監視委員会、その職員（当該法令においてその職員とみなされる者を含む。）、財務局長又は財務支局長がする処分及び行政指導
　七　学校、講習所、訓練所又は研修所において、教育、講習、訓練又は研修の目的を達成するために、学生、生徒、児童若しくは幼児若しくはこれらの保護者、講習生、訓練生又は研修生に対してされる処分及び行政指導
　八　刑務所、少年刑務所、拘置所、留置施設、海上保安留置施設、少年院、少年鑑別所又は婦人補導院において、収容の目的を達成するためにされる処分及び行政指導
　九　公務員（国家公務員法（昭和二十二年法律第百二十号）第二条第一項に規定する国家公務員及び地方公務員法（昭和二十五年法律第二百六十一号）第三条第一項に規定する地方公務員をいう。以下同じ。）又は公務員であった者に対してその職務又は身分に関してされる処分及び行政指導
　十　外国人の出入国、難民の認定又は帰化に関する処分及び行政指導
　十一　専ら人の学識技能に関する試験又は検定の結果についての処分
　十二　相反する利害を有する者の間の利害の調整を目的として法令の規定に基づいてされる裁定その他の処分（その双方を名宛人とするものに限る。）及び行政指導
　十三　公衆衛生、環境保全、防疫、保安その他の公益に関わる事象が発生し又は発生する可能性のある現場において警察官若しくは海上保安官又はこれらの公益を確保するために行使すべき権限を法律上直接に与えられたその他の職員によってされる処分及び行政指導
　十四　報告又は物件の提出を命ずる処分その他その職務の遂行上必要な情報の収集を直接の目的としてされる処分及び行政指導
　十五　審査請求、再調査の請求その他の不服申立てに対する行政庁の裁決、決定その他の処分
　十六　前号に規定する処分の手続又は第三章に規定する聴聞若しくは弁明の機会の付与の手続その他の意見陳述のための手続において法令に基づいてされる処分及び行政指導
２　次に掲げる命令等を定める行為については、第六章の規定は、適用しない。
　一　法律の施行期日について定める政令
　二　恩赦に関する命令
　三　命令又は規則を定める行為が処分に該当する場合における当該命令又は規則
　四　法律の規定に基づき施設、区間、地域その他これらに類するものを指定する命令又は規則
　五　公務員の給与、勤務時間その他の勤務条件について定める命令等
　六　審査基準、処分基準又は行政指導指針であって、法令の規定により若しくは慣行として、又は命令等を定める機関の判断により公にされるもの以外のもの
３　第一項各号及び前項各号に掲げるもののほか、地方公共団体の機関がする処分（その根拠となる規定が条例又は規則に置かれているものに限る。）及び行政指導、地方公共団体の機関に対する届出（前条第七号の通知の根拠となる規定が条例又は規則に置かれているものに限る。）並びに地方公共団体の機関が命令等を定める行為については、次章から第六章までの規定は、適用しない。
　（国の機関等に対する処分等の適用除外）
第四条　国の機関又は地方公共団体若しくはその機関に対する処分（これらの機関又は団体がその固有の資格において

当該処分の名あて人となるものに限る。）及び行政指導並びにこれらの機関又は団体がする届出（これらの機関又は団体がその固有の資格においてすべきこととされているものに限る。）については、この法律の規定は、適用しない。
2 　次の各号のいずれかに該当する法人に対する処分であって、当該法人の監督に関する法律の特別の規定に基づいてされるもの（当該法人の解散を命じ、若しくは設立に関する認可を取り消す処　分又は当該法人の役員若しくは当該法人の業務に従事する者の解任を命ずる処分を除く。）については、次章及び第三章の規定は、適用しない。
　一　法律により直接に設立された法人又は特別の法律により特別の設立行為をもって設立された法人
　二　特別の法律により設立され、かつ、その設立に関し行政庁の認可を要する法人のうち、その行う業務が国又は地方公共団体の行政運営と密接な関連を有するものとして政令で定める法人
3 　行政庁が法律の規定に基づく試験、検査、検定、登録その他の行政上の事務について当該法律に基づきその全部又は一部を行わせる者を指定した場合において、その指定を受けた者（その者が法人である場合にあっては、その役員）又は職員その他の者が当該事務に従事することに関し公務に従事する職員とみなされるときは、その指定を受けた者に対し当該法律に基づいて当該事務に関し監督上される処分（当該指定を取り消す処分、その指定を受けた者が法人である場合におけるその役員の解任を命ずる処分又はその指定を受けた者の当該事務に従事する者の解任を命ずる処分を除く。）については、次章及び第三章の規定は、適用しない。
4 　次に掲げる命令等を定める行為については、第六章の規定は、適用しない。
　一　国又は地方公共団体の機関の設置、所掌事務の範囲その他の組織について定める命令等
　二　皇室典範（昭和二十二年法律第三号）第二十六条の皇統譜について定める命令等
　三　公務員の礼式、服制、研修、教育訓練、表彰及び報償並びに公務員の間における競争試験について定める命令等
　四　国又は地方公共団体の予算、決算及び会計について定める命令等（入札の参加者の資格、入札保証金その他の国又は地方公共団体の契約の相手方又は相手方になろうとする者に係る事項を定める命令等を除く。）並びに国又は地方公共団体の財産及び物品の管理について定める命令等（国又は地方公共団体が財産及び物品を貸し付け、交換し、売り払い、譲与し、信託し、若しくは出資の目的とし、又はこれらに私権を設定することについて定める命令等であって、これらの行為の相手方又は相手方になろうとする者に係る事項を定めるものを除く。）
　五　会計検査について定める命令等
　六　国の機関相互間の関係について定める命令等並びに地方自治法（昭和二十二年法律第六十七号）第二編第十一章に規定する国と普通地方公共団体との関係及び普通地方公共団体相互間の関係その他の国と地方公共団体との関係及び地方公共団体相互間の関係について定める命令等（第一項の規定によりこの法律の規定を適用しないこととされる処分に係る命令等を含む。）
　七　第二項各号に規定する法人の役員及び職員、業務の範囲、財務及び会計その他の組織、運営及び管理について定める命令等（これらの法人に対する処分であって、これらの法人の解散を命じ、若しくは設立に関する認可を取り消す処分又はこれらの法人の役員若しくはこれらの法人の業務に従事する者の解任を命ずる処分に係る命令等を除く。）

　　　第二章　申請に対する処分
　（審査基準）
第五条　行政庁は、審査基準を定めるものとする。
2 　行政庁は、審査基準を定めるに当たっては、許認可等の性質に照らしてできる限り具体的なものとしなければならない。
3 　行政庁は、行政上特別の支障があるときを除き、法令により申請の提出先とされている機関の事務所における備付けその他の適当な方法により審査基準を公にしておかなければならない。
　（標準処理期間）
第六条　行政庁は、申請がその事務所に到達してから当該申請に対する処分をするまでに通常要すべき標準的な期間（法令により当該行政庁と異なる機関が当該申請の提出先とされている場合は、併せて、当該申請が当該提出先とされている機関の事務所に到達してから当該行政庁の事務所に到達するまでに通常要すべき標準的な期間）を定めるよう努めるとともに、これを定めたときは、これらの当該申請の提出先とされている機関の事務所における備付けその他の適当な方法により公にしておかなければならない。
　（申請に対する審査、応答）
第七条　行政庁は、申請がその事務所に到達したときは遅滞なく当該申請の審査を開始しなければならず、かつ、申請書の記載事項に不備がないこと、申請書に必要な書類が添付されていること、申請をすることができる期間内にされたものであることその他の法令に定められた申請の形式上の要件に適合しない申請については、速やかに、申請をした者（以下「申請者」という。）に対し相当の期間を定めて当該申請の補正を求め、又は当該申請により求められた許認可等を拒否しなければならない。

（理由の提示）
第八条　行政庁は、申請により求められた許認可等を拒否する処分をする場合は、申請者に対し、同時に、当該処分の理由を示さなければならない。ただし、法令に定められた許認可等の要件又は公にされた審査基準が数量的指標その他の客観的指標により明確に定められている場合であって、当該申請がこれらに適合しないことが申請書の記載又は添付書類その他の申請の内容から明らかであるときは、申請者の求めがあったときにこれを示せば足りる。
2　前項本文に規定する処分を書面でするときは、同項の理由は、書面により示さなければならない。
（情報の提供）
第九条　行政庁は、申請者の求めに応じ、当該申請に係る審査の進行状況及び当該申請に対する処分の時期の見通しを示すよう努めなければならない。
2　行政庁は、申請をしようとする者又は申請者の求めに応じ、申請書の記載及び添付書類に関する事項その他の申請に必要な情報の提供に努めなければならない。
（公聴会の開催等）
第十条　行政庁は、申請に対する処分であって、申請者以外の者の利害を考慮すべきことが当該法令において許認可等の要件とされているものを行う場合には、必要に応じ、公聴会の開催その他の適当な方法により当該申請者以外の者の意見を聴く機会を設けるよう努めなければならない。
（複数の行政庁が関与する処分）
第十一条　行政庁は、申請の処理をするに当たり、他の行政庁において同一の申請者からされた関連する申請が審査中であることをもって自らすべき許認可等をするかどうかについての審査又は判断を殊更に遅延させるようなことをしてはならない。
2　一の申請又は同一の申請者からされた相互に関連する複数の申請に対する処分について複数の行政庁が関与する場合においては、当該複数の行政庁は、必要に応じ、相互に連絡をとり、当該申請者からの説明の聴取を共同して行う等により審査の促進に努めるものとする。

　　　第三章　不利益処分
　　　　第一節　通則
（処分の基準）
第十二条　行政庁は、処分基準を定め、かつ、これを公にしておくよう努めなければならない。
2　行政庁は、処分基準を定めるに当たっては、不利益処分の性質に照らしてできる限り具体的なものとしなければならない。
（不利益処分をしようとする場合の手続）
第十三条　行政庁は、不利益処分をしようとする場合には、次の各号の区分に従い、この章の定めるところにより、当該不利益処分の名あて人となるべき者について、当該各号に定める意見陳述のための手続を執らなければならない。
　一　次のいずれかに該当するとき聴聞
　　イ　許認可等を取り消す不利益処分をしようとするとき。
　　ロ　イに規定するもののほか、名あて人の資格又は地位を直接にはく奪する不利益処分をしようとするとき。
　　ハ　名あて人が法人である場合におけるその役員の解任を命ずる不利益処分、名あて人の業務に従事する者の解任を命ずる不利益処分又は名あて人の会員である者の除名を命ずる不利益処分をしようとするとき。
　　ニ　イからハまでに掲げる場合以外の場合であって行政庁が相当と認めるとき。
　二　前号イからニまでのいずれにも該当しないとき弁明の機会の付与
2　次の各号のいずれかに該当するときは、前項の規定は、適用しない。
　一　公益上、緊急に不利益処分をする必要があるため、前項に規定する意見陳述のための手続を執ることができないとき。
　二　法令上必要とされる資格がなかったこと又は失われるに至ったことが判明した場合に必ずすることとされている不利益処分であって、その資格の不存在又は喪失の事実が裁判所の判決書又は決定書、一定の職に就いたことを証する当該任命権者の書類その他の客観的な資料により直接証明されたものをしようとするとき。
　三　施設若しくは設備の設置、維持若しくは管理又は物の製造、販売その他の取扱いについて遵守すべき事項が法令において技術的な基準をもって明確にされている場合において、専ら当該基準が充足されていないことを理由として当該基準に従うべきことを命ずる不利益処分であってその不充足の事実が計測、実験その他客観的な認定方法によって確認されたものをしようとするとき。
　四　納付すべき金銭の額を確定し、一定の額の金銭の納付を命じ、又は金銭の給付決定の取消しその他の金銭の給付を制限する不利益処分をしようとするとき。
　五　当該不利益処分の性質上、それによって課される義務の内容が著しく軽微なものであるため名あて人となるべき

者の意見をあらかじめ聴くことを要しないものとして政令で定める処分をしようとするとき。
（不利益処分の理由の提示）
第十四条　行政庁は、不利益処分をする場合には、その名あて人に対し、同時に、当該不利益処分の理由を示さなければならない。ただし、当該理由を示さないで処分をすべき差し迫った必要がある場合は、この限りでない。
2　行政庁は、前項ただし書の場合においては、当該名あて人の所在が判明しなくなったときその他処分後において理由を示すことが困難な事情があるときを除き、処分後相当の期間内に、同項の理由を示さなければならない。
3　不利益処分を書面でするときは、前二項の理由は、書面により示さなければならない。
　　　　第二節　聴聞
（聴聞の通知の方式）
第十五条　行政庁は、聴聞を行うに当たっては、聴聞を行うべき期日までに相当な期間をおいて、不利益処分の名あて人となるべき者に対し、次に掲げる事項を書面により通知しなければならない。
　一　予定される不利益処分の内容及び根拠となる法令の条項
　二　不利益処分の原因となる事実
　三　聴聞の期日及び場所
　四　聴聞に関する事務を所掌する組織の名称及び所在地
2　前項の書面においては、次に掲げる事項を教示しなければならない。
　一　聴聞の期日に出頭して意見を述べ、及び証拠書類又は証拠物（以下「証拠書類等」という。）を提出し、又は聴聞の期日への出頭に代えて陳述書及び証拠書類等を提出することができること。
　二　聴聞が終結する時までの間、当該不利益処分の原因となる事実を証する資料の閲覧を求めることができること。
3　行政庁は、不利益処分の名あて人となるべき者の所在が判明しない場合においては、第一項の規定による通知を、その者の氏名、同項第三号及び第四号に掲げる事項並びに当該行政庁が同項各号に掲げる事項を記載した書面をいつでもその者に交付する旨を当該行政庁の事務所の掲示場に掲示することによって行うことができる。この場合においては、掲示を始めた日から二週間を経過したときに、当該通知がその者に到達したものとみなす。
（代理人）
第十六条　前条第一項の通知を受けた者（同条第三項後段の規定により当該通知が到達したものとみなされる者を含む。以下「当事者」という。）は、代理人を選任することができる。
2　代理人は、各自、当事者のために、聴聞に関する一切の行為をすることができる。
3　代理人の資格は、書面で証明しなければならない。
4　代理人がその資格を失ったときは、当該代理人を選任した当事者は、書面でその旨を行政庁に届け出なければならない。
（参加人）
第十七条　第十九条の規定により聴聞を主宰する者（以下「主宰者」という。）は、必要があると認めるときは、当事者以外の者であって当該不利益処分の根拠となる法令に照らし当該不利益処分につき利害関係を有するものと認められる者（同条第二項第六号において「関係人」という。）に対し、当該聴聞に関する手続に参加することを求め、又は当該聴聞に関する手続に参加することを許可することができる。
2　前項の規定により当該聴聞に関する手続に参加する者（以下「参加人」という。）は、代理人を選任することができる。
3　前条第二項から第四項までの規定は、前項の代理人について準用する。この場合において、同条第二項及び第四項中「当事者」とあるのは、「参加人」と読み替えるものとする。
（文書等の閲覧）
第十八条　当事者及び当該不利益処分がされた場合に自己の利益を害されることとなる参加人（以下この条及び第二十四条第三項において「当事者等」という。）は、聴聞の通知があった時から聴聞が終結する時までの間、行政庁に対し、当該事案についてした調査の結果に係る調書その他の当該不利益処分の原因となる事実を証する資料の閲覧を求めることができる。この場合において、行政庁は、第三者の利益を害するおそれがあるときその他正当な理由があるときでなければ、その閲覧を拒むことができない。
2　前項の規定は、当事者等が聴聞の期日における審理の進行に応じて必要となった資料の閲覧を更に求めることを妨げない。
3　行政庁は、前二項の閲覧について日時及び場所を指定することができる。
（聴聞の主宰）
第十九条　聴聞は、行政庁が指名する職員その他政令で定める者が主宰する。
2　次の各号のいずれかに該当する者は、聴聞を主宰することができない。
　一　当該聴聞の当事者又は参加人
　二　前号に規定する者の配偶者、四親等内の親族又は同居の親族

三　第一号に規定する者の代理人又は次条第三項に規定する補佐人
四　前三号に規定する者であった者
五　第一号に規定する者の後見人、後見監督人、保佐人、保佐監督人、補助人又は補助監督人
六　参加人以外の関係人
（聴聞の期日における審理の方式）
第二十条　主宰者は、最初の聴聞の期日の冒頭において、行政庁の職員に、予定される不利益処分の内容及び根拠となる法令の条項並びにその原因となる事実を聴聞の期日に出頭した者に対し説明させなければならない。
2　当事者又は参加人は、聴聞の期日に出頭して、意見を述べ、及び証拠書類等を提出し、並びに主宰者の許可を得て行政庁の職員に対し質問を発することができる。
3　前項の場合において、当事者又は参加人は、主宰者の許可を得て、補佐人とともに出頭することができる。
4　主宰者は、聴聞の期日において必要があると認めるときは、当事者若しくは参加人に対し質問を発し、意見の陳述若しくは証拠書類等の提出を促し、又は行政庁の職員に対し説明を求めることができる。
5　主宰者は、当事者又は参加人の一部が出頭しないときであっても、聴聞の期日における審理を行うことができる。
6　聴聞の期日における審理は、行政庁が公開することを相当と認めるときを除き、公開しない。
（陳述書等の提出）
第二十一条　当事者又は参加人は、聴聞の期日への出頭に代えて、主宰者に対し、聴聞の期日までに陳述書及び証拠書類等を提出することができる。
2　主宰者は、聴聞の期日に出頭した者に対し、その求めに応じて、前項の陳述書及び証拠書類等を示すことができる。
（続行期日の指定）
第二十二条　主宰者は、聴聞の期日における審理の結果、なお聴聞を続行する必要があると認めるときは、さらに新たな期日を定めることができる。
2　前項の場合においては、当事者及び参加人に対し、あらかじめ、次回の聴聞の期日及び場所を書面により通知しなければならない。ただし、聴聞の期日に出頭した当事者及び参加人に対しては、当該聴聞の期日においてこれを告知すれば足りる。
3　第十五条第三項の規定は、前項本文の場合において、当事者又は参加人の所在が判明しないときにおける通知の方法について準用する。この場合において、同条第三項中「不利益処分の名あて人となるべき者」とあるのは「当事者又は参加人」と、「掲示を始めた日から二週間を経過したとき」とあるのは「掲示を始めた日から二週間を経過したとき（同一の当事者又は参加人に対する二回目以降の通知にあっては、掲示を始めた日の翌日）」と読み替えるものとする。
（当事者の不出頭等の場合における聴聞の終結）
第二十三条　主宰者は、当事者の全部若しくは一部が正当な理由なく聴聞の期日に出頭せず、かつ、第二十一条第一項に規定する陳述書若しくは証拠書類等を提出しない場合、又は参加人の全部若しくは一部が聴聞の期日に出頭しない場合には、これらの者に対し改めて意見を述べ、及び証拠書類等を提出する機会を与えることなく、聴聞を終結することができる。
2　主宰者は、前項に規定する場合のほか、当事者の全部又は一部が聴聞の期日に出頭せず、かつ、第二十一条第一項に規定する陳述書又は証拠書類等を提出しない場合において、これらの者の聴聞の期日への出頭が相当期間引き続き見込めないときは、これらの者に対し、期限を定めて陳述書及び証拠書類等の提出を求め、当該期限が到来したときに聴聞を終結することとすることができる。
（聴聞調書及び報告書）
第二十四条　主宰者は、聴聞の審理の経過を記載した調書を作成し、当該調書において、不利益処分の原因となる事実に対する当事者及び参加人の陳述の要旨を明らかにしておかなければならない。
2　前項の調書は、聴聞の期日における審理が行われた場合には各期日ごとに、当該審理が行われなかった場合には聴聞の終結後速やかに作成しなければならない。
3　主宰者は、聴聞の終結後速やかに、不利益処分の原因となる事実に対する当事者等の主張に理由があるかどうかについての意見を記載した報告書を作成し、第一項の調書とともに行政庁に提出しなければならない。
4　当事者又は参加人は、第一項の調書及び前項の報告書の閲覧を求めることができる。
（聴聞の再開）
第二十五条　行政庁は、聴聞の終結後に生じた事情にかんがみ必要があると認めるときは、主宰者に対し、前条第三項の規定により提出された報告書を返戻して聴聞の再開を命ずることができる。第二十二条第二項本文及び第三項の規定は、この場合について準用する。
（聴聞を経てされる不利益処分の決定）
第二十六条　行政庁は、不利益処分の決定をするときは、第二十四条第一項の調書の内容及び同条第三項の報告書に記

載された主宰者の意見を十分に参酌してこれをしなければならない。
（審査請求の制限）
第二十七条　この節の規定に基づく処分又はその不作為については、審査請求をすることができない。
（役員等の解任等を命ずる不利益処分をしようとする場合の聴聞等の特例）
第二十八条　第十三条第一項第一号ハに該当する不利益処分に係る聴聞において第十五条第一項の通知があった場合におけるこの節の規定の適用については、名あて人である法人の役員、名あて人の業務に従事する者又は名あて人の会員である者（当該処分において解任し又は除名すべきこととされている者に限る。）は、同項の通知を受けた者とみなす。
2　前項の不利益処分のうち名あて人である法人の役員又は名あて人の業務に従事する者（以下この項において「役員等」という。）の解任を命ずるものに係る聴聞が行われた場合においては、当該処分にその名あて人が従わないことを理由として法令の規定によりされる当該役員等を解任する不利益処分については、第十三条第一項の規定にかかわらず、行政庁は、当該役員等について聴聞を行うことを要しない。

第三節　弁明の機会の付与

（弁明の機会の付与の方式）
第二十九条　弁明は、行政庁が口頭ですることを認めたときを除き、弁明を記載した書面（以下「弁明書」という。）を提出してするものとする。
2　弁明をするときは、証拠書類等を提出することができる。
（弁明の機会の付与の通知の方式）
第三十条　行政庁は、弁明書の提出期限（口頭による弁明の機会の付与を行う場合には、その日時）までに相当の期間をおいて、不利益処分の名あて人となるべき者に対し、次に掲げる事項を書面により通知しなければならない。
一　予定される不利益処分の内容及び根拠となる法令の条項
二　不利益処分の原因となる事実
三　弁明書の提出先及び提出期限（口頭による弁明の機会の付与を行う場合には、その旨並びに出頭すべき日時及び場所）
（聴聞に関する手続の準用）
第三十一条　第十五条第三項及び第十六条の規定は、弁明の機会の付与について準用する。この場合において、第十五条第三項中「第一項」とあるのは「第三十条」と、「同項第三号及び第四号」とあるのは「同条第三号」と、第十六条第一項中「前条第一項」とあるのは「第三十条」と、「同条第三項後段」とあるのは「第三十一条において準用する第十五条第三項後段」と読み替えるものとする。

第四章　行政指導

（行政指導の一般原則）
第三十二条　行政指導にあっては、行政指導に携わる者は、いやしくも当該行政機関の任務又は所掌事務の範囲を逸脱してはならないこと及び行政指導の内容があくまでも相手方の任意の協力によってのみ実現されるものであることに留意しなければならない。
2　行政指導に携わる者は、その相手方が行政指導に従わなかったことを理由として、不利益な取扱いをしてはならない。
（申請に関連する行政指導）
第三十三条　申請の取下げ又は内容の変更を求める行政指導にあっては、行政指導に携わる者は、申請者が当該行政指導に従う意思がない旨を表明したにもかかわらず当該行政指導を継続すること等により当該申請者の権利の行使を妨げるようなことをしてはならない。
（許認可等の権限に関連する行政指導）
第三十四条　許認可等をする権限又は許認可等に基づく処分をする権限を有する行政機関が、当該権限を行使することができない場合又は行使する意思がない場合においてする行政指導にあっては、行政指導に携わる者は、当該権限を行使し得る旨を殊更に示すことにより相手方に当該行政指導に従うことを余儀なくさせるようなことをしてはならない。
（行政指導の方式）
第三十五条　行政指導に携わる者は、その相手方に対して、当該行政指導の趣旨及び内容並びに責任者を明確に示さなければならない。
2　行政指導に携わる者は、当該行政指導をする際に、行政機関が許認可等をする権限又は許認可等に基づく処分をする権限を行使し得る旨を示すときは、その相手方に対して、次に掲げる事項を示さなければならない。
一　当該権限を行使し得る根拠となる法令の条項

二　前号の条項に規定する要件
三　当該権限の行使が前号の要件に適合する理由
3　行政指導が口頭でされた場合において、その相手方から前二項に規定する事項を記載した書面の交付を求められたときは、当該行政指導に携わる者は、行政上特別の支障がない限り、これを交付しなければならない。
4　前項の規定は、次に掲げる行政指導については、適用しない。
一　相手方に対しその場において完了する行為を求めるもの
二　既に文書（前項の書面を含む。）又は電磁的記録（電子的方式、磁気的方式その他人の知覚によっては認識することができない方式で作られる記録であって、電子計算機による情報処理の用に供されるものをいう。）によりその相手方に通知されている事項と同一の内容を求めるもの

（複数の者を対象とする行政指導）
第三十六条　同一の行政目的を実現するため一定の条件に該当する複数の者に対し行政指導をしようとするときは、行政機関は、あらかじめ、事案に応じ、行政指導指針を定め、かつ、行政上特別の支障がない限り、これを公表しなければならない。

（行政指導の中止等の求め）
第三十六条の二　法令に違反する行為の是正を求める行政指導（その根拠となる規定が法律に置かれているものに限る。）の相手方は、当該行政指導が当該法律に規定する要件に適合しないと思料するときは、当該行政指導をした行政機関に対し、その旨を申し出て、当該行政指導の中止その他必要な措置をとることを求めることができる。ただし、当該行政指導がその相手方について弁明その他意見陳述のための手続を経てされたものであるときは、この限りでない。
2　前項の申出は、次に掲げる事項を記載した申出書を提出してしなければならない。
一　申出をする者の氏名又は名称及び住所又は居所
二　当該行政指導の内容
三　当該行政指導がその根拠とする法律の条項
四　前号の条項に規定する要件
五　当該行政指導が前号の要件に適合しないと思料する理由
六　その他参考となる事項
3　当該行政機関は、第一項の規定による申出があったときは、必要な調査を行い、当該行政指導が当該法律に規定する要件に適合しないと認めるときは、当該行政指導の中止その他必要な措置をとらなければならない。

　　　第四章の二　処分等の求め
第三十六条の三　何人も、法令に違反する事実がある場合において、その是正のためにされるべき処分又は行政指導（その根拠となる規定が法律に置かれているものに限る。）がされていないと思料するときは、当該処分をする権限を有する行政庁又は当該行政指導をする権限を有する行政機関に対し、その旨を申し出て、当該処分又は行政指導をすることを求めることができる。
2　前項の申出は、次に掲げる事項を記載した申出書を提出してしなければならない。
一　申出をする者の氏名又は名称及び住所又は居所
二　法令に違反する事実の内容
三　当該処分又は行政指導の内容
四　当該処分又は行政指導の根拠となる法令の条項
五　当該処分又は行政指導がされるべきであると思料する理由
六　その他参考となる事項
3　当該行政庁又は行政機関は、第一項の規定による申出があったときは、必要な調査を行い、その結果に基づき必要があると認めるときは、当該処分又は行政指導をしなければならない。

　　　第五章　届出
（届出）
第三十七条　届出が届出書の記載事項に不備がないこと、届出書に必要な書類が添付されていることその他の法令に定められた届出の形式上の要件に適合している場合は、当該届出が法令により当該届出の提出先とされている機関の事務所に到達したときに、当該届出をすべき手続上の義務が履行されたものとする。

　　　第六章　意見公募手続等
（命令等を定める場合の一般原則）

第三十八条　命令等を定める機関（閣議の決定により命令等が定められる場合にあっては、当該命令等の立案をする各大臣。以下「命令等制定機関」という。）は、命令等を定めるに当たっては、当該命令等がこれを定める根拠となる法令の趣旨に適合するものとなるようにしなければならない。
2　命令等制定機関は、命令等を定めた後においても、当該命令等の規定の実施状況、社会経済情勢の変化等を勘案し、必要に応じ、当該命令等の内容について検討を加え、その適正を確保するよう努めなければならない。
（意見公募手続）
第三十九条　命令等制定機関は、命令等を定めようとする場合には、当該命令等の案（命令等で定めようとする内容を示すものをいう。以下同じ。）及びこれに関連する資料をあらかじめ公示し、意見（情報を含む。以下同じ。）の提出先及び意見の提出のための期間（以下「意見提出期間」という。）を定めて広く一般の意見を求めなければならない。
2　前項の規定により公示する命令等の案は、具体的かつ明確な内容のものであって、かつ、当該命令等の題名及び当該命令等を定める根拠となる法令の条項が明示されたものでなければならない。
3　第一項の規定により定める意見提出期間は、同項の公示の日から起算して三十日以上でなければならない。
4　次の各号のいずれかに該当するときは、第一項の規定は、適用しない。
　一　公益上、緊急に命令等を定める必要があるため、第一項の規定による手続（以下「意見公募手続」という。）を実施することが困難であるとき。
　二　納付すべき金銭について定める法律の制定又は改正により必要となる当該金銭の額の算定の基礎となるべき金額及び率並びに算定方法についての命令等その他当該法律の施行に関し必要な事項を定める命令等を定めようとするとき。
　三　予算の定めるところにより金銭の給付決定を行うために必要となる当該金銭の額の算定の基礎となるべき金額及び率並びに算定方法その他の事項を定める命令等を定めようとするとき。
　四　法律の規定により、内閣府設置法第四十九条第一項若しくは第二項若しくは国家行政組織法第三条第二項に規定する委員会又は内閣府設置法第三十七条若しくは第五十四条若しくは国家行政組織法第八条に規定する機関（以下「委員会等」という。）の議を経て定めることとされている命令等であって、相反する利害を有する者の間の利害の調整を目的として、法律又は政令の規定により、これらの者及び公益をそれぞれ代表する委員をもって組織される委員会等において審議を行うこととされているものとして政令で定める命令等を定めようとするとき。
　五　他の行政機関が意見公募手続を実施して定めた命令等と実質的に同一の命令等を定めようとするとき。
　六　法律の規定に基づき法令の規定の適用又は準用について必要な技術的読替えを定める命令等を定めようとするとき。
　七　命令等を定める根拠となる法令の規定の削除に伴い当然必要とされる当該命令等の廃止をしようとするとき。
　八　他の法令の制定又は改廃に伴い当然必要とされる規定の整理その他の意見公募手続を実施することを要しない軽微な変更として政令で定めるものを内容とする命令等を定めようとするとき。
（意見公募手続の特例）
第四十条　命令等制定機関は、命令等を定めようとする場合において、三十日以上の意見提出期間を定めることができないやむを得ない理由があるときは、前条第三項の規定にかかわらず、三十日を下回る意見提出期間を定めることができる。この場合においては、当該命令等の案の公示の際その理由を明らかにしなければならない。
2　命令等制定機関は、委員会等の議を経て命令等を定めようとする場合（前条第四項第四号に該当する場合を除く。）において、当該委員会等が意見公募手続に準じた手続を実施したときは、同条第一項の規定にかかわらず、自ら意見公募手続を実施することを要しない。
（意見公募手続の周知等）
第四十一条　命令等制定機関は、意見公募手続を実施して命令等を定めるに当たっては、必要に応じ、当該意見公募手続の実施について周知するよう努めるとともに、当該意見公募手続の実施に関連する情報の提供に努めるものとする。
（提出意見の考慮）
第四十二条　命令等制定機関は、意見公募手続を実施して命令等を定める場合には、意見提出期間内に当該命令等制定機関に対し提出された当該命令等の案についての意見（以下「提出意見」という。）を十分に考慮しなければならない。
（結果の公示等）
第四十三条　命令等制定機関は、意見公募手続を実施して命令等を定めた場合には、当該命令等の公布（公布をしないものにあっては、公にする行為。第五項において同じ。）と同時期に、次に掲げる事項を公示しなければならない。
　一　命令等の題名
　二　命令等の案の公示の日
　三　提出意見（提出意見がなかった場合にあっては、その旨）
　四　提出意見を考慮した結果（意見公募手続を実施した命令等の案と定めた命令等との差異を含む。）及びその理由
2　命令等制定機関は、前項の規定にかかわらず、必要に応じ、同項第三号の提出意見に代えて、当該提出意見を整理

又は要約したものを公示することができる。この場合においては、当該公示の後遅滞なく、当該提出意見を当該命令等制定機関の事務所における備付けその他の適当な方法により公にしなければならない。

3　命令等制定機関は、前二項の規定により提出意見を公示し又は公にすることにより第三者の利益を害するおそれがあるとき、その他正当な理由があるときは、当該提出意見の全部又は一部を除くことができる。

4　命令等制定機関は、意見公募手続を実施したにもかかわらず命令等を定めないこととした場合には、その旨（別の命令等の案について改めて意見公募手続を実施しようとする場合にあっては、その旨を含む。）並びに第一項第一号及び第二号に掲げる事項を速やかに公示しなければならない。

5　命令等制定機関は、第三十九条第四項各号のいずれかに該当することにより意見公募手続を実施しないで命令等を定めた場合には、当該命令等の公布と同時期に、次に掲げる事項を公示しなければならない。ただし、第一号に掲げる事項のうち命令等の趣旨については、同項第一号から第四号までのいずれかに該当することにより意見公募手続を実施しなかった場合において、当該命令等自体から明らかでないときに限る。
　一　命令等の題名及び趣旨
　二　意見公募手続を実施しなかった旨及びその理由

（準用）

第四十四条　第四十二条の規定は第四十条第二項に該当することにより命令等制定機関が自ら意見公募手続を実施しないで命令等を定める場合について、前条第一項から第三項までの規定は第四十条第二項に該当することにより命令等制定機関が自ら意見公募手続を実施しないで命令等を定めた場合について、前条第四項の規定は第四十条第二項に該当することにより命令等制定機関が自ら意見公募手続を実施しないで命令等を定めないこととした場合について準用する。この場合において、第四十二条中「当該命令等制定機関」とあるのは「委員会等」と、前条第一項第二号中「命令等の案の公示の日」とあるのは「委員会等が命令等の案について公示に準じた手続を実施した日」と、同項第四号中「意見公募手続を実施した」とあるのは「委員会等が意見公募手続に準じた手続を実施した」と読み替えるものとする。

（公示の方法）

第四十五条　第三十九条第一項並びに第四十三条第一項（前条において読み替えて準用する場合を含む。）、第四項（前条において準用する場合を含む。）及び第五項の規定による公示は、電子情報処理組織を使用する方法その他の情報通信の技術を利用する方法により行うものとする。

2　前項の公示に関し必要な事項は、総務大臣が定める。

　　　　第七章　補則

（地方公共団体の措置）

第四十六条　地方公共団体は、第三条第三項において第二章から前章までの規定を適用しないこととされた処分、行政指導及び届出並びに命令等を定める行為に関する手続について、この法律の規定の趣旨にのっとり、行政運営における公正の確保と透明性の向上を図るため必要な措置を講ずるよう努めなければならない。

◎ **行政機関の保有する情報の公開に関する法律**（Unit 29～31）

目次
　第一章　総則（第一条・第二条）
　第二章　行政文書の開示（第三条－第十七条）
　第三章　審査請求等（第十八条－第二十一条）
　第四章　補則（第二十二条－第二十六条）

　　第一章　総則
（目的）
第一条　この法律は、国民主権の理念にのっとり、行政文書の開示を請求する権利につき定めること等により、行政機関の保有する情報の一層の公開を図り、もって政府の有するその諸活動を国民に説明する責務が全うされるようにするとともに、国民の的確な理解と批判の下にある公正で民主的な行政の推進に資することを目的とする。
（定義）
第二条　この法律において「行政機関」とは、次に掲げる機関をいう。
　一　法律の規定に基づき内閣に置かれる機関（内閣府を除く。）及び内閣の所轄の下に置かれる機関
　二　内閣府、宮内庁並びに内閣府設置法（平成十一年法律第八十九号）第四十九条第一項及び第二項に規定する機関（これらの機関のうち第四号の政令で定める機関が置かれる機関にあっては、当該政令で定める機関を除く。）
　三　国家行政組織法（昭和二十三年法律第百二十号）第三条第二項に規定する機関（第五号の政令で定める機関が置かれる機関にあっては、当該政令で定める機関を除く。）
　四　内閣府設置法第三十九条及び第五十五条並びに宮内庁法（昭和二十二年法律第七十号）第十六条第二項の機関並びに内閣府設置法第四十条及び第五十六条（宮内庁法第十八条第一項において準用する場合を含む。）の特別の機関で、政令で定めるもの
　五　国家行政組織法第八条の二の施設等機関及び同法第八条の三の特別の機関で、政令で定めるもの
　六　会計検査院
2　この法律において「行政文書」とは、行政機関の職員が職務上作成し、又は取得した文書、図画及び電磁的記録（電子的方式、磁気的方式その他人の知覚によっては認識することができない方式で作られた記録をいう。以下同じ。）であって、当該行政機関の職員が組織的に用いるものとして、当該行政機関が保有しているものをいう。ただし、次に掲げるものを除く。
　一　官報、白書、新聞、雑誌、書籍その他不特定多数の者に販売することを目的として発行されるもの
　二　公文書等の管理に関する法律（平成二十一年法律第六十六号）第二条第七項に規定する特定歴史公文書等
　三　政令で定める研究所その他の施設において、政令で定めるところにより、歴史的若しくは文化的な資料又は学術研究用の資料として特別の管理がされているもの（前号に掲げるものを除く。）

　　第二章　行政文書の開示
（開示請求権）
第三条　何人も、この法律の定めるところにより、行政機関の長（前条第一項第四号及び第五号の政令で定める機関にあっては、その機関ごとに政令で定める者をいう。以下同じ。）に対し、当該行政機関の保有する行政文書の開示を請求することができる。
（開示請求の手続）
第四条　前条の規定による開示の請求（以下「開示請求」という。）は、次に掲げる事項を記載した書面（以下「開示請求書」という。）を行政機関の長に提出してしなければならない。
　一　開示請求をする者の氏名又は名称及び住所又は居所並びに法人その他の団体にあっては代表者の氏名
　二　行政文書の名称その他の開示請求に係る行政文書を特定するに足りる事項
2　行政機関の長は、開示請求書に形式上の不備があると認めるときは、開示請求をした者（以下「開示請求者」という。）に対し、相当の期間を定めて、その補正を求めることができる。この場合において、行政機関の長は、開示請求者に対し、補正の参考となる情報を提供するよう努めなければならない。
（行政文書の開示義務）
第五条　行政機関の長は、開示請求があったときは、開示請求に係る行政文書に次の各号に掲げる情報（以下「不開示情報」という。）のいずれかが記録されている場合を除き、開示請求者に対し、当該行政文書を開示しなければならない。
　一　個人に関する情報（事業を営む個人の当該事業に関する情報を除く。）であって、当該情報に含まれる氏名、生年月日その他の記述等（文書、図画若しくは電磁的記録に記載され、若しくは記録され、又は音声、動作その他の

方法を用いて表された一切の事項をいう。次条第二項において同じ。）により特定の個人を識別することができるもの（他の情報と照合することにより、特定の個人を識別することができることとなるものを含む。）又は特定の個人を識別することはできないが、公にすることにより、なお個人の権利利益を害するおそれがあるもの。ただし、次に掲げる情報を除く。

　　イ　法令の規定により又は慣行として公にされ、又は公にすることが予定されている情報
　　ロ　人の生命、健康、生活又は財産を保護するため、公にすることが必要であると認められる情報
　　ハ　当該個人が公務員等（国家公務員法（昭和二十二年法律第百二十号）第二条第一項に規定する国家公務員（独立行政法人通則法（平成十一年法律第百三号）第二条第四項に規定する行政執行法人の役員及び職員を除く。）、独立行政法人等（独立行政法人等の保有する情報の公開に関する法律（平成十三年法律第百四十号。以下「独立行政法人等情報公開法」という。）第二条第一項に規定する独立行政法人等をいう。以下同じ。）の役員及び職員、地方公務員法（昭和二十五年法律第二百六十一号）第二条に規定する地方公務員並びに地方独立行政法人（地方独立行政法人法（平成十五年法律第百十八号）第二条第一項に規定する地方独立行政法人をいう。以下同じ。）の役員及び職員をいう。）である場合において、当該情報がその職務の遂行に係る情報であるときは、当該情報のうち、当該公務員等の職及び当該職務遂行の内容に係る部分

　一の二　個人情報の保護に関する法律（平成十五年法律第五十七号）第六十条第三項に規定する行政機関等匿名加工情報（同条第四項に規定する行政機関等匿名加工情報ファイルを構成するものに限る。以下この号において「行政機関等匿名加工情報」という。）又は行政機関等匿名加工情報の作成に用いた同条第一項に規定する保有個人情報から削除した同法第二条第一項第一号に規定する記述等若しくは同条第二項に規定する個人識別符号
　二　法人その他の団体（国、独立行政法人等、地方公共団体及び地方独立行政法人を除く。以下「法人等」という。）に関する情報又は事業を営む個人の当該事業に関する情報であって、次に掲げるもの。ただし、人の生命、健康、生活又は財産を保護するため、公にすることが必要であると認められる情報を除く。
　　イ　公にすることにより、当該法人等又は当該個人の権利、競争上の地位その他正当な利益を害するおそれがあるもの
　　ロ　行政機関の要請を受けて、公にしないとの条件で任意に提供されたものであって、法人等又は個人における通例として公にしないこととされているものその他の当該条件を付することが当該情報の性質、当時の状況等に照らして合理的であると認められるもの
　三　公にすることにより、国の安全が害されるおそれ、他国若しくは国際機関との信頼関係が損なわれるおそれ又は他国若しくは国際機関との交渉上不利益を被るおそれがあると行政機関の長が認めることにつき相当の理由がある情報
　四　公にすることにより、犯罪の予防、鎮圧又は捜査、公訴の維持、刑の執行その他の公共の安全と秩序の維持に支障を及ぼすおそれがあると行政機関の長が認めることにつき相当の理由がある情報
　五　国の機関、独立行政法人等、地方公共団体及び地方独立行政法人の内部又は相互間における審議、検討又は協議に関する情報であって、公にすることにより、率直な意見の交換若しくは意思決定の中立性が不当に損なわれるおそれ、不当に国民の間に混乱を生じさせるおそれ又は特定の者に不当に利益を与え若しくは不利益を及ぼすおそれがあるもの
　六　国の機関、独立行政法人等、地方公共団体又は地方独立行政法人が行う事務又は事業に関する情報であって、公にすることにより、次に掲げるおそれその他当該事務又は事業の性質上、当該事務又は事業の適正な遂行に支障を及ぼすおそれがあるもの
　　イ　監査、検査、取締り、試験又は租税の賦課若しくは徴収に係る事務に関し、正確な事実の把握を困難にするおそれ又は違法若しくは不当な行為を容易にし、若しくはその発見を困難にするおそれ
　　ロ　契約、交渉又は争訟に係る事務に関し、国、独立行政法人等、地方公共団体又は地方独立行政法人の財産上の利益又は当事者としての地位を不当に害するおそれ
　　ハ　調査研究に係る事務に関し、その公正かつ能率的な遂行を不当に阻害するおそれ
　　ニ　人事管理に係る事務に関し、公正かつ円滑な人事の確保に支障を及ぼすおそれ
　　ホ　独立行政法人等、地方公共団体が経営する企業又は地方独立行政法人に係る事業に関し、その企業経営上の正当な利益を害するおそれ

（部分開示）
第六条　行政機関の長は、開示請求に係る行政文書の一部に不開示情報が記録されている場合において、不開示情報が記録されている部分を容易に区分して除くことができるときは、開示請求者に対し、当該部分を除いた部分につき開示しなければならない。ただし、当該部分を除いた部分に有意の情報が記録されていないと認められるときは、この限りでない。
２　開示請求に係る行政文書に前条第一号の情報（特定の個人を識別することができるものに限る。）が記録されてい

る場合において、当該情報のうち、氏名、生年月日その他の特定の個人を識別することができることとなる記述等の部分を除くことにより、公にしても、個人の権利利益が害されるおそれがないと認められるときは、当該部分を除いた部分は、同号の情報に含まれないものとみなして、前項の規定を適用する。
(公益上の理由による裁量的開示)
第七条　行政機関の長は、開示請求に係る行政文書に不開示情報(第五条第一号の二に掲げる情報を除く。)が記録されている場合であっても、公益上特に必要があると認めるときは、開示請求者に対し、当該行政文書を開示することができる。
(行政文書の存否に関する情報)
第八条　開示請求に対し、当該開示請求に係る行政文書が存在しているか否かを答えるだけで、不開示情報を開示することとなるときは、行政機関の長は、当該行政文書の存否を明らかにしないで、当該開示請求を拒否することができる。
(開示請求に対する措置)
第九条　行政機関の長は、開示請求に係る行政文書の全部又は一部を開示するときは、その旨の決定をし、開示請求者に対し、その旨及び開示の実施に関し政令で定める事項を書面により通知しなければならない。
2　行政機関の長は、開示請求に係る行政文書の全部を開示しないとき(前条の規定により開示請求を拒否するとき及び開示請求に係る行政文書を保有していないときを含む。)は、開示をしない旨の決定をし、開示請求者に対し、その旨を書面により通知しなければならない。
(開示決定等の期限)
第十条　前条各項の決定(以下「開示決定等」という。)は、開示請求があった日から三十日以内にしなければならない。ただし、第四条第二項の規定により補正を求めた場合にあっては、当該補正に要した日数は、当該期間に算入しない。
2　前項の規定にかかわらず、行政機関の長は、事務処理上の困難その他正当な理由があるときは、同項に規定する期間を三十日以内に限り延長することができる。この場合において、行政機関の長は、開示請求者に対し、遅滞なく、延長後の期間及び延長の理由を書面により通知しなければならない。
(開示決定等の期限の特例)
第十一条　開示請求に係る行政文書が著しく大量であるため、開示請求があった日から六十日以内にそのすべてについて開示決定等をすることにより事務の遂行に著しい支障が生ずるおそれがある場合には、前条の規定にかかわらず、行政機関の長は、開示請求に係る行政文書のうちの相当の部分につき当該期間内に開示決定等をし、残りの行政文書については相当の期間内に開示決定等をすれば足りる。この場合において、行政機関の長は、同条第一項に規定する期間内に、開示請求者に対し、次に掲げる事項を書面により通知しなければならない。
一　本条を適用する旨及びその理由
二　残りの行政文書について開示決定等をする期限
(事案の移送)
第十二条　行政機関の長は、開示請求に係る行政文書が他の行政機関により作成されたものであるときその他他の行政機関の長において開示決定等をすることにつき正当な理由があるときは、当該他の行政機関の長と協議の上、当該他の行政機関の長に対し、事案を移送することができる。この場合においては、移送をした行政機関の長は、開示請求者に対し、事案を移送した旨を書面により通知しなければならない。
2　前項の規定により事案が移送されたときは、移送を受けた行政機関の長において、当該開示請求についての開示決定等をしなければならない。この場合において、移送をした行政機関の長が移送前にした行為は、移送を受けた行政機関の長がしたものとみなす。
3　前項の場合において、移送を受けた行政機関の長が第九条第一項の決定(以下「開示決定」という。)をしたときは、当該行政機関の長は、開示の実施をしなければならない。この場合において、移送をした行政機関の長は、当該開示の実施に必要な協力をしなければならない。
(独立行政法人等への事案の移送)
第十二条の二　行政機関の長は、開示請求に係る行政文書が独立行政法人等により作成されたものであるときその他独立行政法人等において独立行政法人等情報公開法第十条第一項に規定する開示決定等をすることにつき正当な理由があるときは、当該独立行政法人等と協議の上、当該独立行政法人等に対し、事案を移送することができる。この場合においては、移送をした行政機関の長は、開示請求者に対し、事案を移送した旨を書面により通知しなければならない。
2　前項の規定により事案が移送されたときは、当該事案については、行政文書を移送を受けた独立行政法人等が保有する独立行政法人等情報公開法第二条第二項に規定する法人文書と、開示請求を移送を受けた独立行政法人等に対する独立行政法人等情報公開法第四条第一項に規定する開示請求とみなして、独立行政法人等情報公開法の規定を適用する。この場合において、独立行政法人等情報公開法第十条第一項中「第四条第二項」とあるのは「行政機関の保有する情報の公開に関する法律(平成十一年法律第四十二号)第四条第二項」と、独立行政法人等情報公開法第十七条第一項中「開示請求をする者又は法人文書」とあるのは「法人文書」と、「により、それぞれ」とあるのは「により」

と、「開示請求に係る手数料又は開示」とあるのは「開示」とする。
3　第一項の規定により事案が移送された場合において、移送を受けた独立行政法人等が開示の実施をするときは、移送をした行政機関の長は、当該開示の実施に必要な協力をしなければならない。
（第三者に対する意見書提出の機会の付与等）
第十三条　開示請求に係る行政文書に国、独立行政法人等、地方公共団体、地方独立行政法人及び開示請求者以外の者（以下この条、第十九条第二項及び第二十条第一項において「第三者」という。）に関する情報が記録されているときは、行政機関の長は、開示決定等をするに当たって、当該情報に係る第三者に対し、開示請求に係る行政文書の表示その他政令で定める事項を通知して、意見書を提出する機会を与えることができる。
2　行政機関の長は、次の各号のいずれかに該当するときは、開示決定に先立ち、当該第三者に対し、開示請求に係る行政文書の表示その他政令で定める事項を書面により通知して、意見書を提出する機会を与えなければならない。ただし、当該第三者の所在が判明しない場合は、この限りでない。
一　第三者に関する情報が記録されている行政文書を開示しようとする場合であって、当該情報が第五条第一号ロ又は同条第二号ただし書に規定する情報に該当すると認められるとき。
二　第三者に関する情報が記録されている行政文書を第七条の規定により開示しようとするとき。
3　行政機関の長は、前二項の規定により意見書の提出の機会を与えられた第三者が当該行政文書の開示に反対の意思を表示した意見書を提出した場合において、開示決定をするときは、開示決定の日と開示を実施する日との間に少なくとも二週間を置かなければならない。この場合において、行政機関の長は、開示決定後直ちに、当該意見書（第十九条において「反対意見書」という。）を提出した第三者に対し、開示決定をした旨及びその理由並びに開示を実施する日を書面により通知しなければならない。
（開示の実施）
第十四条　行政文書の開示は、文書又は図画については閲覧又は写しの交付により、電磁的記録についてはその種別、情報化の進展状況等を勘案して政令で定める方法により行う。ただし、閲覧の方法による行政文書の開示にあっては、行政機関の長は、当該行政文書の保存に支障を生ずるおそれがあると認めるときその他正当な理由があるときは、その写しにより、これを行うことができる。
2　開示決定に基づき行政文書の開示を受ける者は、政令で定めるところにより、当該開示決定をした行政機関の長に対し、その求める開示の実施の方法その他の政令で定める事項を申し出なければならない。
3　前項の規定による申出は、第九条第一項に規定する通知があった日から三十日以内にしなければならない。ただし、当該期間内に当該申出をすることができないことにつき正当な理由があるときは、この限りでない。
4　開示決定に基づき行政文書の開示を受けた者は、最初に開示を受けた日から三十日以内に限り、行政機関の長に対し、更に開示を受ける旨を申し出ることができる。この場合においては、前項ただし書の規定を準用する。
（他の法令による開示の実施との調整）
第十五条　行政機関の長は、他の法令の規定により、何人にも開示請求に係る行政文書が前条第一項本文に規定する方法と同一の方法で開示することとされている場合（開示の期間が定められている場合にあっては、当該期間内に限る。）には、同項本文の規定にかかわらず、当該行政文書については、当該同一の方法による開示を行わない。ただし、当該他の法令の規定に一定の場合には開示をしない旨の定めがあるときは、この限りでない。
2　他の法令の規定に定める開示の方法が縦覧であるときは、当該縦覧を前条第一項本文の閲覧とみなして、前項の規定を適用する。
（手数料）
第十六条　開示請求をする者又は行政文書の開示を受ける者は、政令で定めるところにより、それぞれ、実費の範囲内において政令で定める額の開示請求に係る手数料又は開示の実施に係る手数料を納めなければならない。
2　前項の手数料の額を定めるに当たっては、できる限り利用しやすい額とするよう配慮しなければならない。
3　行政機関の長は、経済的困難その他特別の理由があると認めるときは、政令で定めるところにより、第一項の手数料を減額し、又は免除することができる。
（権限又は事務の委任）
第十七条　行政機関の長は、政令（内閣の所轄の下に置かれる機関及び会計検査院にあっては、当該機関の命令）で定めるところにより、この章に定める権限又は事務を当該行政機関の職員に委任することができる。

　　　第三章　審査請求等
（審理員による審査手続に関する規定の適用除外等）
第十八条　開示決定等又は開示請求に係る不作為に係る審査請求については、行政不服審査法（平成二十六年法律第六十八号）第九条、第十七条、第二十四条、第二章第三節及び第四節並びに第五十条第二項の規定は、適用しない。
2　開示決定等又は開示請求に係る不作為に係る審査請求についての行政不服審査法第二章の規定の適用については、

同法第十一条第二項中「第九条第一項の規定により指名された者（以下「審理員」という。）」とあるのは「第四条（行政機関の保有する情報の公開に関する法律（平成十一年法律第四十二号）第二十条第二項の規定に基づく政令を含む。）の規定により審査請求がされた行政庁（第十四条の規定により引継ぎを受けた行政庁を含む。以下「審査庁」という。）」と、同法第十三条第一項及び第二項中「審理員」とあるのは「審査庁」と、同法第二十五条第七項中「あったとき、又は審理員から第四十条に規定する執行停止をすべき旨の意見書が提出されたとき」とあるのは「あったとき」と、同法第四十四条中「行政不服審査会等」とあるのは「情報公開・個人情報保護審査会（審査庁が会計検査院の長である場合にあっては、別に法律で定める審査会。第五十条第一項第四号において同じ。）」と、「受けたとき（前条第一項の規定による諮問を要しない場合（同項第二号又は第三号に該当する場合を除く。）にあっては審理員意見書が提出されたとき、同項第二号又は第三号に該当する場合にあっては同項第二号又は第三号に規定する議を経たとき）」とあるのは「受けたとき」と、同法第五十条第一項第四号中「審理員意見書又は行政不服審査会等若しくは審議会等」とあるのは「情報公開・個人情報保護審査会」とする。

（審査会への諮問）

第十九条　開示決定等又は開示請求に係る不作為について審査請求があったときは、当該審査請求に対する裁決をすべき行政機関の長は、次の各号のいずれかに該当する場合を除き、情報公開・個人情報保護審査会（審査請求に対する裁決をすべき行政機関の長が会計検査院の長である場合にあっては、別に法律で定める審査会）に諮問しなければならない。
　一　審査請求が不適法であり、却下する場合
　二　裁決で、審査請求の全部を認容し、当該審査請求に係る行政文書の全部を開示することとする場合（当該行政文書の開示について反対意見書が提出されている場合を除く。）
２　前項の規定により諮問をした行政機関の長は、次に掲げる者に対し、諮問をした旨を通知しなければならない。
　一　審査請求人及び参加人（行政不服審査法第十三条第四項に規定する参加人をいう。以下この項及び次条第一項第二号において同じ。）
　二　開示請求者（開示請求者が審査請求人又は参加人である場合を除く。）
　三　当該審査請求に係る行政文書の開示について反対意見書を提出した第三者（当該第三者が審査請求人又は参加人である場合を除く。）

（第三者からの審査請求を棄却する場合等における手続等）

第二十条　第十三条第三項の規定は、次の各号のいずれかに該当する裁決をする場合について準用する。
　一　開示決定に対する第三者からの審査請求を却下し、又は棄却する裁決
　二　審査請求に係る開示決定等（開示請求に係る行政文書の全部を開示する旨の決定を除く。）を変更し、当該審査請求に係る行政文書を開示する旨の裁決（第三者である参加人が当該行政文書の開示に反対の意思を表示している場合に限る。）
２　開示決定等又は開示請求に係る不作為についての審査請求については、政令で定めるところにより、行政不服審査法第四条の規定の特例を設けることができる。

（訴訟の移送の特例）

第二十一条　行政事件訴訟法（昭和三十七年法律第百三十九号）第十二条第四項の規定により同項に規定する特定管轄裁判所に開示決定等の取消しを求める訴訟又は開示決定等若しくは開示請求に係る不作為に係る審査請求に対する裁決の取消しを求める訴訟（次項及び附則第二項において「情報公開訴訟」という。）が提起された場合においては、同法第十二条第五項の規定にかかわらず、他の裁判所に同一又は同種若しくは類似の行政文書に係る開示決定等又は開示決定等若しくは開示請求に係る不作為に係る審査請求に対する裁決に係る抗告訴訟（同法第三条第一項に規定する抗告訴訟をいう。次項において同じ。）が係属しているときは、当該特定管轄裁判所は、当事者の住所又は所在地、尋問を受けるべき証人の住所、争点又は証拠の共通性その他の事情を考慮して、相当と認めるときは、申立てにより又は職権で、訴訟の全部又は一部について、当該他の裁判所又は同法第十二条第一項から第三項までに定める裁判所に移送することができる。
２　前項の規定は、行政事件訴訟法第十二条第四項の規定により同項に規定する特定管轄裁判所に開示決定等又は開示決定等若しくは開示請求に係る不作為に係る審査請求に対する裁決に係る抗告訴訟で情報公開訴訟以外のものが提起された場合について準用する。

　　　第四章　補則

（開示請求をしようとする者に対する情報の提供等）

第二十二条　行政機関の長は、開示請求をしようとする者が容易かつ的確に開示請求をすることができるよう、公文書等の管理に関する法律第七条第二項に規定するもののほか、当該行政機関が保有する行政文書の特定に資する情報の提供その他開示請求をしようとする者の利便を考慮した適切な措置を講ずるものとする。

2　総務大臣は、この法律の円滑な運用を確保するため、開示請求に関する総合的な案内所を整備するものとする。
　（施行の状況の公表）
第二十三条　総務大臣は、行政機関の長に対し、この法律の施行の状況について報告を求めることができる。
2　総務大臣は、毎年度、前項の報告を取りまとめ、その概要を公表するものとする。
　（行政機関の保有する情報の提供に関する施策の充実）
第二十四条　政府は、その保有する情報の公開の総合的な推進を図るため、行政機関の保有する情報が適時に、かつ、適切な方法で国民に明らかにされるよう、行政機関の保有する情報の提供に関する施策の充実に努めるものとする。
　（地方公共団体の情報公開）
第二十五条　地方公共団体は、この法律の趣旨にのっとり、その保有する情報の公開に関し必要な施策を策定し、及びこれを実施するよう努めなければならない。
　（政令への委任）
第二十六条　この法律に定めるもののほか、この法律の実施のため必要な事項は、政令で定める。

◎ **個人情報の保護に関する法律（抄）（Unit 32）**

目次
 第一章　総則（第一条－第三条）
 第二章　国及び地方公共団体の責務等（第四条－第六条）
 第三章　個人情報の保護に関する施策等
  第一節　個人情報の保護に関する基本方針（第七条）
  第二節　国の施策（第八条－第十一条）
  第三節　地方公共団体の施策（第十二条－第十四条）
  第四節　国及び地方公共団体の協力（第十五条）
 第四章　個人情報取扱事業者等の義務等
  第一節　総則（第十六条）
  第二節　個人情報取扱事業者及び個人関連情報取扱事業者の義務（第十七条－第四十条）
  第三節　仮名加工情報取扱事業者等の義務（第四十一条・第四十二条）
  第四節　匿名加工情報取扱事業者等の義務（第四十三条－第四十六条）
  第五節　民間団体による個人情報の保護の推進（第四十七条－第五十六条）
  第六節　雑則（第五十七条－第五十九条）
 第五章　行政機関等の義務等
  第一節　総則（第六十条）
  第二節　行政機関等における個人情報等の取扱い（第六十一条－第七十三条）
  第三節　個人情報ファイル（第七十四条・第七十五条）
  第四節　開示、訂正及び利用停止
   第一款　開示（第七十六条－第八十九条）
   第二款　訂正（第九十条－第九十七条）
   第三款　利用停止（第九十八条－第百三条）
   第四款　審査請求（第百四条－第百七条）
   第五款　条例との関係（第百八条）
  第五節　行政機関等匿名加工情報の提供等（第百九条－第百二十三条）
  第六節　雑則（第百二十四条－第百二十九条）
 第六章　個人情報保護委員会
  第一節　設置等（第百三十条－第百四十五条）
  第二節　監督及び監視
   第一款　個人情報取扱事業者等の監督（第百四十六条－第百五十二条）
   第二款　認定個人情報保護団体の監督（第百五十三条－第百五十五条）
   第三款　行政機関等の監視（第百五十六条－第百六十条）
  第三節　送達（第百六十一条－第百六十四条）
  第四節　雑則（第百六十五条－第百七十条）
 第七章　雑則（第百七十一条－第百七十五条）
 第八章　罰則（第百七十六条－第百八十五条）
 附則

　　　第五章　行政機関等の義務等
　　　　第一節　総則
（定義）
第六十条　この章及び第八章において「保有個人情報」とは、行政機関等の職員（独立行政法人等及び地方独立行政法人にあっては、その役員を含む。以下この章及び第八章において同じ。）が職務上作成し、又は取得した個人情報であって、当該行政機関等の職員が組織的に利用するものとして、当該行政機関等が保有しているものをいう。ただし、行政文書（行政機関の保有する情報の公開に関する法律（平成十一年法律第四十二号。以下この章において「行政機関情報公開法」という。）第二条第二項に規定する行政文書をいう。）、法人文書（独立行政法人等の保有する情報の公開に関する法律（平成十三年法律第百四十号。以下この章において「独立行政法人等情報公開法」という。）第二条第二項に規定する法人文書（同項第四号に掲げるものを含む。）をいう。）又は地方公共団体等行政文書（地方公共団体の機関又は地方独立行政法人の職員が職務上作成し、又は取得した文書、図画及び電磁的記録であって、当該地方

公共団体の機関又は地方独立行政法人の職員が組織的に用いるものとして、当該地方公共団体の機関又は地方独立行政法人が保有しているもの（行政機関情報公開法第二条第二項各号に掲げるものに相当するものとして政令で定めるものを除く。）をいう。）（以下この章において「行政文書等」という。）に記録されているものに限る。

2　この章及び第八章において「個人情報ファイル」とは、保有個人情報を含む情報の集合物であって、次に掲げるものをいう。
　一　一定の事務の目的を達成するために特定の保有個人情報を電子計算機を用いて検索することができるように体系的に構成したもの
　二　前号に掲げるもののほか、一定の事務の目的を達成するために氏名、生年月日、その他の記述等により特定の保有個人情報を容易に検索することができるように体系的に構成したもの

3　この章において「行政機関等匿名加工情報」とは、次の各号のいずれにも該当する個人情報ファイルを構成する保有個人情報の全部又は一部（これらの一部に行政機関情報公開法第五条に規定する不開示情報（同条第一号に掲げる情報を除き、同条第二号ただし書に規定する情報を含む。以下この項において同じ。）、独立行政法人等情報公開法第五条に規定する不開示情報（同条第一号に掲げる情報を除き、同条第二号ただし書に規定する情報を含む。）又は地方公共団体の情報公開条例（地方公共団体の機関又は地方独立行政法人の保有する情報の公開を請求する住民等の権利について定める地方公共団体の条例をいう。以下この章において同じ。）に規定する不開示情報（行政機関情報公開法第五条に規定する不開示情報に相当するものをいう。）が含まれているときは、これらの不開示情報に該当する部分を除く。）を加工して得られる匿名加工情報をいう。
　一　第七十五条第二項各号のいずれかに該当するもの又は同条第三項の規定により同条第一項に規定する個人情報ファイル簿に掲載しないこととされるものでないこと。
　二　行政機関情報公開法第三条に規定する行政機関の長、独立行政法人等情報公開法第二条第一項に規定する独立行政法人等、地方公共団体の機関又は地方独立行政法人に対し、当該個人情報ファイルを構成する保有個人情報が記録されている行政文書等の開示の請求（行政機関情報公開法第三条、独立行政法人等情報公開法第三条又は情報公開条例の規定による開示の請求をいう。）があったとしたならば、これらの者が次のいずれかを行うこととなるものであること。
　　イ　当該行政文書等に記録されている保有個人情報の全部又は一部を開示する旨の決定をすること。
　　ロ　行政機関情報公開法第十三条第一項若しくは第二項、独立行政法人等情報公開法第十四条第一項若しくは第二項又は情報公開条例（行政機関情報公開法第十三条第一項又は第二項の規定に相当する規定を設けているものに限る。）の規定により意見書の提出の機会を与えること。
　三　行政機関等の事務及び事業の適正かつ円滑な運営に支障のない範囲内で、第百十六条第一項の基準に従い、当該個人情報ファイルを構成する保有個人情報を加工して匿名加工情報を作成することができるものであること。

4　この章において「行政機関等匿名加工情報ファイル」とは、行政機関等匿名加工情報を含む情報の集合物であって、次に掲げるものをいう。
　一　特定の行政機関等匿名加工情報を電子計算機を用いて検索することができるように体系的に構成したもの
　二　前号に掲げるもののほか、特定の行政機関等匿名加工情報を容易に検索することができるように体系的に構成したものとして政令で定めるもの

5　この章において「条例要配慮個人情報」とは、地方公共団体の機関又は地方独立行政法人が保有する個人情報（要配慮個人情報を除く。）のうち、地域の特性その他の事情に応じて、本人に対する不当な差別、偏見その他の不利益が生じないようにその取扱いに特に配慮を要するものとして地方公共団体が条例で定める記述等が含まれる個人情報をいう。

　　　　第二節　行政機関等における個人情報等の取扱い

（個人情報の保有の制限等）
第六十一条　行政機関等は、個人情報を保有するに当たっては、法令（条例を含む。第六十六条第二項第三号及び第四号、第六十九条第二項第二号及び第三号並びに第四節において同じ。）の定める所掌事務又は業務を遂行するため必要な場合に限り、かつ、その利用目的をできる限り特定しなければならない。
2　行政機関等は、前項の規定により特定された利用目的の達成に必要な範囲を超えて、個人情報を保有してはならない。
3　行政機関等は、利用目的を変更する場合には、変更前の利用目的と相当の関連性を有すると合理的に認められる範囲を超えて行ってはならない。

（利用目的の明示）
第六十二条　行政機関等は、本人から直接書面（電磁的記録を含む。）に記録された当該本人の個人情報を取得するときは、次に掲げる場合を除き、あらかじめ、本人に対し、その利用目的を明示しなければならない。
　一　人の生命、身体又は財産の保護のために緊急に必要があるとき。

二 利用目的を本人に明示することにより、本人又は第三者の生命、身体、財産その他の権利利益を害するおそれがあるとき。
三 利用目的を本人に明示することにより、国の機関、独立行政法人等、地方公共団体又は地方独立行政法人が行う事務又は事業の適正な遂行に支障を及ぼすおそれがあるとき。
四 取得の状況からみて利用目的が明らかであると認められるとき。
（不適正な利用の禁止）
第六十三条　行政機関の長（第二条第八項第四号及び第五号の政令で定める機関にあっては、その機関ごとに政令で定める者をいう。以下この章及び第七十四条において同じ。）、地方公共団体の機関、独立行政法人等及び地方独立行政法人（以下この章及び次章において「行政機関の長等」という。）は、違法又は不当な行為を助長し、又は誘発するおそれがある方法により個人情報を利用してはならない。
（適正な取得）
第六十四条　行政機関の長等は、偽りその他不正の手段により個人情報を取得してはならない。
（正確性の確保）
第六十五条　行政機関の長等は、利用目的の達成に必要な範囲内で、保有個人情報が過去又は現在の事実と合致するよう努めなければならない。
（安全管理措置）
第六十六条　行政機関の長等は、保有個人情報の漏えい、滅失又は毀損の防止その他の保有個人情報の安全管理のために必要かつ適切な措置を講じなければならない。
2　前項の規定は、次の各号に掲げる者が当該各号に定める業務を行う場合における個人情報の取扱いについて準用する。
一 行政機関等から個人情報の取扱いの委託を受けた者　当該委託を受けた業務
二 指定管理者（地方自治法（昭和二十二年法律第六十七号）第二百四十四条の二第三項に規定する指定管理者をいう。）　公の施設（同法第二百四十四条第一項に規定する公の施設をいう。）の管理の業務
三 第五十八条第一項各号に掲げる者　法令に基づき行う業務であって政令で定めるもの
四 第五十八条第二項各号に掲げる者　同項各号に定める業務のうち法令に基づき行う業務であって政令で定めるもの
五 前各号に掲げる者から当該各号に定める業務の委託（二以上の段階にわたる委託を含む。）を受けた者　当該委託を受けた業務
（従事者の義務）
第六十七条　個人情報の取扱いに従事する行政機関等の職員若しくは職員であった者、前条第二項各号に定める業務に従事している者若しくは従事していた者又は行政機関等において個人情報の取扱いに従事している派遣労働者（労働者派遣事業の適正な運営の確保及び派遣労働者の保護等に関する法律（昭和六十年法律第八十八号）第二条第二号に規定する派遣労働者をいう。以下この章及び第百七十六条において同じ。）若しくは従事していた派遣労働者は、その業務に関して知り得た個人情報の内容をみだりに他人に知らせ、又は不当な目的に利用してはならない。
（漏えい等の報告等）
第六十八条　行政機関の長等は、保有個人情報の漏えい、滅失、毀損その他の保有個人情報の安全の確保に係る事態であって個人の権利利益を害するおそれが大きいものとして個人情報保護委員会規則で定めるものが生じたときは、個人情報保護委員会規則で定めるところにより、当該事態が生じた旨を個人情報保護委員会に報告しなければならない。
2　前項に規定する場合には、行政機関の長等は、本人に対し、個人情報保護委員会規則で定めるところにより、当該事態が生じた旨を通知しなければならない。ただし、次の各号のいずれかに該当するときは、この限りでない。
一 本人への通知が困難な場合であって、本人の権利利益を保護するため必要なこれに代わるべき措置をとるとき。
二 当該保有個人情報に第七十八条第一項各号に掲げる情報のいずれかが含まれるとき。
（利用及び提供の制限）
第六十九条　行政機関の長等は、法令に基づく場合を除き、利用目的以外の目的のために保有個人情報を自ら利用し、又は提供してはならない。
2　前項の規定にかかわらず、行政機関の長等は、次の各号のいずれかに該当すると認めるときは、利用目的以外の目的のために保有個人情報を自ら利用し、又は提供することができる。ただし、保有個人情報を利用目的以外の目的のために自ら利用し、又は提供することによって、本人又は第三者の権利利益を不当に侵害するおそれがあると認められるときは、この限りでない。
一 本人の同意があるとき、又は本人に提供するとき。
二 行政機関等が法令の定める所掌事務又は業務の遂行に必要な限度で保有個人情報を内部で利用する場合であって、当該保有個人情報を利用することについて相当の理由があるとき。
三 他の行政機関、独立行政法人等、地方公共団体の機関又は地方独立行政法人に保有個人情報を提供する場合にお

いて、保有個人情報の提供を受ける者が、法令の定める事務又は業務の遂行に必要な限度で提供に係る個人情報を利用し、かつ、当該個人情報を利用することについて相当の理由があるとき。
　　四　前三号に掲げる場合のほか、専ら統計の作成又は学術研究の目的のために保有個人情報を提供するとき、本人以外の者に提供することが明らかに本人の利益になるとき、その他保有個人情報を提供することについて特別の理由があるとき。
３　前項の規定は、保有個人情報の利用又は提供を制限する他の法令の規定の適用を妨げるものではない。
４　行政機関の長等は、個人の権利利益を保護するため特に必要があると認めるときは、保有個人情報の利用目的以外の目的のための行政機関等の内部における利用を特定の部局若しくは機関又は職員に限るものとする。
（保有個人情報の提供を受ける者に対する措置要求）
第七十条　行政機関の長等は、利用目的のために又は前条第二項第三号若しくは第四号の規定に基づき、保有個人情報を提供する場合において、必要があると認めるときは、保有個人情報の提供を受ける者に対し、提供に係る個人情報について、その利用の目的若しくは方法の制限その他必要な制限を付し、又はその漏えいの防止その他の個人情報の適切な管理のために必要な措置を講ずることを求めるものとする。
（外国にある第三者への提供の制限）
第七十一条　行政機関の長等は、外国（本邦の域外にある国又は地域をいう。以下この条において同じ。）（個人の権利利益を保護する上で我が国と同等の水準にあると認められる個人情報の保護に関する制度を有している外国として個人情報保護委員会規則で定めるものを除く。以下この条において同じ。）にある第三者（第十六条第三項に規定する個人データの取扱いについて前章第二節の規定により同条第二項に規定する個人情報取扱事業者が講ずべきこととされている措置に相当する措置（第三項において「相当措置」という。）を継続的に講ずるために必要なものとして個人情報保護委員会規則で定める基準に適合する体制を整備している者を除く。以下この項及び次項において同じ。）に利用目的以外の目的のために保有個人情報を提供する場合には、法令に基づく場合及び第六十九条第二項第四号に掲げる場合を除くほか、あらかじめ外国にある第三者への提供を認める旨の本人の同意を得なければならない。
２　行政機関の長等は、前項の規定により本人の同意を得ようとする場合には、個人情報保護委員会規則で定めるところにより、あらかじめ、当該外国における個人情報の保護に関する制度、当該第三者が講ずる個人情報の保護のための措置その他当該本人に参考となるべき情報を当該本人に提供しなければならない。
３　行政機関の長等は、保有個人情報を外国にある第三者（第一項に規定する体制を整備している者に限る。）に利用目的以外の目的のために提供した場合には、法令に基づく場合及び第六十九条第二項第四号に掲げる場合を除くほか、個人情報保護委員会規則で定めるところにより、当該第三者による相当措置の継続的な実施を確保するために必要な措置を講ずるとともに、本人の求めに応じて当該必要な措置に関する情報を当該本人に提供しなければならない。
（個人関連情報の提供を受ける者に対する措置要求）
第七十二条　行政機関の長等は、第三者に個人関連情報を提供する場合（当該第三者が当該個人関連情報を個人情報として取得することが想定される場合に限る。）において、必要があると認めるときは、当該第三者に対し、提供に係る個人関連情報について、その利用の目的若しくは方法の制限その他必要な制限を付し、又はその漏えいの防止その他の個人関連情報の適切な管理のために必要な措置を講ずることを求めるものとする。
（仮名加工情報の取扱いに係る義務）
第七十三条　行政機関の長等は、法令に基づく場合を除くほか、仮名加工情報（個人情報であるものを除く。以下この条及び第百二十八条において同じ。）を第三者（当該仮名加工情報の取扱いの委託を受けた者を除く。）に提供してはならない。
２　行政機関の長等は、その取り扱う仮名加工情報の漏えいの防止その他仮名加工情報の安全管理のために必要かつ適切な措置を講じなければならない。
３　行政機関の長等は、仮名加工情報を取り扱うに当たっては、法令に基づく場合を除き、当該仮名加工情報の作成に用いられた個人情報に係る本人を識別するために、削除情報等（仮名加工情報の作成に用いられた個人情報から削除された記述等及び個人識別符号並びに第四十一条第一項の規定により行われた加工の方法に関する情報をいう。）を取得し、又は当該仮名加工情報を他の情報と照合してはならない。
４　行政機関の長等は、仮名加工情報を取り扱うに当たっては、法令に基づく場合を除き、電話をかけ、郵便若しくは民間事業者による信書の送達に関する法律第二条第六項に規定する一般信書便事業者若しくは同条第九項に規定する特定信書便事業者による同条第二項に規定する信書便により送付し、電報を送達し、ファクシミリ装置若しくは電磁的方法（電子情報処理組織を使用する方法その他の情報通信の技術を利用する方法であって個人情報保護委員会規則で定めるものをいう。）を用いて送信し、又は住居を訪問するために、当該仮名加工情報に含まれる連絡先その他の情報を利用してはならない。
５　前各項の規定は、行政機関の長等から仮名加工情報の取扱いの委託（二以上の段階にわたる委託を含む。）を受けた者が受託した業務を行う場合について準用する。

第三節　個人情報ファイル

（個人情報ファイルの保有等に関する事前通知）

第七十四条　行政機関（会計検査院を除く。以下この条において同じ。）が個人情報ファイルを保有しようとするときは、当該行政機関の長は、あらかじめ、個人情報保護委員会に対し、次に掲げる事項を通知しなければならない。通知した事項を変更しようとするときも、同様とする。
一　個人情報ファイルの名称
二　当該機関の名称及び個人情報ファイルが利用に供される事務をつかさどる組織の名称
三　個人情報ファイルの利用目的
四　個人情報ファイルに記録される項目（以下この節において「記録項目」という。）及び本人（他の個人の氏名、生年月日その他の記述等によらないで検索し得る者に限る。次項第九号において同じ。）として個人情報ファイルに記録される個人の範囲（以下この節において「記録範囲」という。）
五　個人情報ファイルに記録される個人情報（以下この節において「記録情報」という。）の収集方法
六　記録情報に要配慮個人情報が含まれるときは、その旨
七　記録情報を当該機関以外の者に経常的に提供する場合には、その提供先
八　次条第三項の規定に基づき、記録項目の一部若しくは第五号若しくは前号に掲げる事項を次条第一項に規定する個人情報ファイル簿に記載しないこととするとき、又は個人情報ファイルを同項に規定する個人情報ファイル簿に掲載しないこととするときは、その旨
九　第七十六条第一項、第九十条第一項又は第九十八条第一項の規定による請求を受理する組織の名称及び所在地
十　第九十条第一項ただし書又は第九十八条第一項ただし書に該当するときは、その旨
十一　その他政令で定める事項

2　前項の規定は、次に掲げる個人情報ファイルについては、適用しない。
一　国の安全、外交上の秘密その他の国の重大な利益に関する事項を記録する個人情報ファイル
二　犯罪の捜査、租税に関する法律の規定に基づく犯則事件の調査又は公訴の提起若しくは維持のために作成し、又は取得する個人情報ファイル
三　当該機関の職員又は職員であった者に係る個人情報ファイルであって、専らその人事、給与若しくは福利厚生に関する事項又はこれらに準ずる事項を記録するもの（当該機関が行う職員の採用試験に関する個人情報ファイルを含む。）
四　専ら試験的な電子計算機処理の用に供するための個人情報ファイル
五　前項の規定による通知に係る個人情報ファイルに記録されている記録情報の全部又は一部を記録した個人情報ファイルであって、その利用目的、記録項目及び記録範囲が当該通知に係るこれらの事項の範囲内のもの
六　一年以内に消去することとなる記録情報のみを記録する個人情報ファイル
七　資料その他の物品若しくは金銭の送付又は業務上必要な連絡のために利用する記録情報を記録した個人情報ファイルであって、送付又は連絡の相手方の氏名、住所その他の送付又は連絡に必要な事項のみを記録するもの
八　職員が学術研究の用に供するためその発意に基づき作成し、又は取得する個人情報ファイルであって、記録情報を専ら当該学術研究の目的のために利用するもの
九　本人の数が政令で定める数に満たない個人情報ファイル
十　第三号から前号までに掲げる個人情報ファイルに準ずるものとして政令で定める個人情報ファイル
十一　第六十条第二項第二号に係る個人情報ファイル

3　行政機関の長は、第一項に規定する事項を通知した個人情報ファイルについて、当該行政機関がその保有をやめたとき、又はその個人情報ファイルが前項第九号に該当するに至ったときは、遅滞なく、個人情報保護委員会に対しその旨を通知しなければならない。

（個人情報ファイル簿の作成及び公表）

第七十五条　行政機関の長等は、政令で定めるところにより、当該行政機関の長等の属する行政機関等が保有している個人情報ファイルについて、それぞれ前条第一項第一号から第七号まで、第九号及び第十号に掲げる事項その他政令で定める事項を記載した帳簿（以下この章において「個人情報ファイル簿」という。）を作成し、公表しなければならない。

2　前項の規定は、次に掲げる個人情報ファイルについては、適用しない。
一　前条第二項第一号から第十号までに掲げる個人情報ファイル
二　前項の規定による公表に係る個人情報ファイルに記録されている記録情報の全部又は一部を記録した個人情報ファイルであって、その利用目的、記録項目及び記録範囲が当該公表に係るこれらの事項の範囲内のもの
三　前号に掲げる個人情報ファイルに準ずるものとして政令で定める個人情報ファイル

3　第一項の規定にかかわらず、行政機関の長等は、記録項目の一部若しくは前条第一項第五号若しくは第七号に掲げ

る事項を個人情報ファイル簿に記載し、又は個人情報ファイルを個人情報ファイル簿に掲載することにより、利用目的に係る事務又は事業の性質上、当該事務又は事業の適正な遂行に著しい支障を及ぼすおそれがあると認めるときは、その記録項目の一部若しくは事項を記載せず、又はその個人情報ファイルを個人情報ファイル簿に掲載しないことができる。
4　地方公共団体の機関又は地方独立行政法人についての第一項の規定の適用については、同項中「定める事項」とあるのは、「定める事項並びに記録情報に条例要配慮個人情報が含まれているときは、その旨」とする。
5　前各項の規定は、地方公共団体の機関又は地方独立行政法人が、条例で定めるところにより、個人情報ファイル簿とは別の個人情報の保有の状況に関する事項を記載した帳簿を作成し、公表することを妨げるものではない。

第四節　開示、訂正及び利用停止
第一款　開示

（開示請求権）
第七十六条　何人も、この法律の定めるところにより、行政機関の長等に対し、当該行政機関の長等の属する行政機関等の保有する自己を本人とする保有個人情報の開示を請求することができる。
2　未成年者若しくは成年被後見人の法定代理人又は本人の委任による代理人（以下この節において「代理人」と総称する。）は、本人に代わって前項の規定による開示の請求（以下この節及び第百二十七条において「開示請求」という。）をすることができる。

（開示請求の手続）
第七十七条　開示請求は、次に掲げる事項を記載した書面（第三項において「開示請求書」という。）を行政機関の長等に提出してしなければならない。
　一　開示請求をする者の氏名及び住所又は居所
　二　開示請求に係る保有個人情報が記録されている行政文書等の名称その他の開示請求に係る保有個人情報を特定するに足りる事項
2　前項の場合において、開示請求をする者は、政令で定めるところにより、開示請求に係る保有個人情報の本人であること（前条第二項の規定による開示請求にあっては、開示請求に係る保有個人情報の本人の代理人であること）を示す書類を提示し、又は提出しなければならない。
3　行政機関の長等は、開示請求書に形式上の不備があると認めるときは、開示請求をした者（以下この節において「開示請求者」という。）に対し、相当の期間を定めて、その補正を求めることができる。この場合において、行政機関の長等は、開示請求者に対し、補正の参考となる情報を提供するよう努めなければならない。

（保有個人情報の開示義務）
第七十八条　行政機関の長等は、開示請求があったときは、開示請求に係る保有個人情報に次の各号に掲げる情報（以下この節において「不開示情報」という。）のいずれかが含まれている場合を除き、開示請求者に対し、当該保有個人情報を開示しなければならない。
　一　開示請求者（第七十六条第二項の規定により代理人が本人に代わって開示請求をする場合にあっては、当該本人をいう。次号及び第三号、次条第二項並びに第八十六条第一項において同じ。）の生命、健康、生活又は財産を害するおそれがある情報
　二　開示請求者以外の個人に関する情報（事業を営む個人の当該事業に関する情報を除く。）であって、当該情報に含まれる氏名、生年月日その他の記述等により開示請求者以外の特定の個人を識別することができるもの（他の情報と照合することにより、開示請求者以外の特定の個人を識別することができることとなるものを含む。）若しくは個人識別符号が含まれるもの又は開示請求者以外の特定の個人を識別することはできないが、開示することにより、なお開示請求者以外の個人の権利利益を害するおそれがあるもの。ただし、次に掲げる情報を除く。
　　イ　法令の規定により又は慣行として開示請求者が知ることができ、又は知ることが予定されている情報
　　ロ　人の生命、健康、生活又は財産を保護するため、開示することが必要であると認められる情報
　　ハ　当該個人が公務員等（国家公務員法（昭和二十二年法律第百二十号）第二条第一項に規定する国家公務員（独立行政法人通則法第二条第四項に規定する行政執行法人の職員を除く。）、独立行政法人等の職員、地方公務員法（昭和二十五年法律第二百六十一号）第二条に規定する地方公務員及び地方独立行政法人の職員をいう。）である場合において、当該情報がその職務の遂行に係る情報であるときは、当該情報のうち、当該公務員等の職及び当該職務遂行の内容に係る部分
　三　法人その他の団体（国、独立行政法人等、地方公共団体及び地方独立行政法人を除く。以下この号において「法人等」という。）に関する情報又は開示請求者以外の事業を営む個人の当該事業に関する情報であって、次に掲げるもの。ただし、人の生命、健康、生活又は財産を保護するため、開示することが必要であると認められる情報を除く。
　　イ　開示することにより、当該法人等又は当該個人の権利、競争上の地位その他正当な利益を害するおそれがあるもの

ロ　行政機関等の要請を受けて、開示しないとの条件で任意に提供されたものであって、法人等又は個人における通例として開示しないこととされているものその他の当該条件を付することが当該情報の性質、当時の状況等に照らして合理的であると認められるもの
　四　行政機関の長が第八十二条各項の決定（以下この節において「開示決定等」という。）をする場合において、開示することにより、国の安全が害されるおそれ、他国若しくは国際機関との信頼関係が損なわれるおそれ又は他国若しくは国際機関との交渉上不利益を被るおそれがあると当該行政機関の長が認めることにつき相当の理由がある情報
　五　行政機関の長又は地方公共団体の機関（都道府県の機関に限る。）が開示決定等をする場合において、開示することにより、犯罪の予防、鎮圧又は捜査、公訴の維持、刑の執行その他の公共の安全と秩序の維持に支障を及ぼすおそれがあると当該行政機関の長又は地方公共団体の機関が認めることにつき相当の理由がある情報
　六　国の機関、独立行政法人等、地方公共団体及び地方独立行政法人の内部又は相互間における審議、検討又は協議に関する情報であって、開示することにより、率直な意見の交換若しくは意思決定の中立性が不当に損なわれるおそれ、不当に国民の間に混乱を生じさせるおそれ又は特定の者に不当に利益を与え若しくは不利益を及ぼすおそれがあるもの
　七　国の機関、独立行政法人等、地方公共団体又は地方独立行政法人が行う事務又は事業に関する情報であって、開示することにより、次に掲げるおそれその他当該事務又は事業の性質上、当該事務又は事業の適正な遂行に支障を及ぼすおそれがあるもの
　　　イ　独立行政法人等、地方公共団体の機関又は地方独立行政法人が開示決定等をする場合において、国の安全が害されるおそれ、他国若しくは国際機関との信頼関係が損なわれるおそれ又は他国若しくは国際機関との交渉上不利益を被るおそれ
　　　ロ　独立行政法人等、地方公共団体の機関（都道府県の機関を除く。）又は地方独立行政法人が開示決定等をする場合において、犯罪の予防、鎮圧又は捜査その他の公共の安全と秩序の維持に支障を及ぼすおそれ
　　　ハ　監査、検査、取締り、試験又は租税の賦課若しくは徴収に係る事務に関し、正確な事実の把握を困難にするおそれ又は違法若しくは不当な行為を容易にし、若しくはその発見を困難にするおそれ
　　　ニ　契約、交渉又は争訟に係る事務に関し、国、独立行政法人等、地方公共団体又は地方独立行政法人の財産上の利益又は当事者としての地位を不当に害するおそれ
　　　ホ　調査研究に係る事務に関し、その公正かつ能率的な遂行を不当に阻害するおそれ
　　　ヘ　人事管理に係る事務に関し、公正かつ円滑な人事の確保に支障を及ぼすおそれ
　　　ト　独立行政法人等、地方公共団体が経営する企業又は地方独立行政法人に係る事業に関し、その企業経営上の正当な利益を害するおそれ
2　地方公共団体の機関又は地方独立行政法人についての前項の規定の適用については、同項中「掲げる情報（」とあるのは、「掲げる情報（情報公開条例の規定により開示することとされている情報として条例で定めるものを除く。）又は行政機関情報公開法第五条に規定する不開示情報に準ずる情報であって情報公開条例において開示しないこととされているもののうち当該情報公開条例との整合性を確保するために不開示とする必要があるものとして条例で定めるもの（」とする。
　（部分開示）
第七十九条　行政機関の長等は、開示請求に係る保有個人情報に不開示情報が含まれている場合において、不開示情報に該当する部分を容易に区分して除くことができるときは、開示請求者に対し、当該部分を除いた部分につき開示しなければならない。
2　開示請求に係る保有個人情報に前条第一項第二号の情報（開示請求者以外の特定の個人を識別することができるものに限る。）が含まれている場合において、当該情報のうち、氏名、生年月日その他の開示請求者以外の特定の個人を識別することができることとなる記述等及び個人識別符号の部分を除くことにより、開示しても、開示請求者以外の個人の権利利益が害されるおそれがないと認められるときは、当該部分を除いた部分は、同号の情報に含まれないものとみなして、前項の規定を適用する。
　（裁量的開示）
第八十条　行政機関の長等は、開示請求に係る保有個人情報に不開示情報が含まれている場合であっても、個人の権利利益を保護するため特に必要があると認めるときは、開示請求者に対し、当該保有個人情報を開示することができる。
　（保有個人情報の存否に関する情報）
第八十一条　開示請求に対し、当該開示請求に係る保有個人情報が存在しているか否かを答えるだけで、不開示情報を開示することとなるときは、行政機関の長等は、当該保有個人情報の存否を明らかにしないで、当該開示請求を拒否することができる。
　（開示請求に対する措置）

第八十二条　行政機関の長等は、開示請求に係る保有個人情報の全部又は一部を開示するときは、その旨の決定をし、開示請求者に対し、その旨、開示する保有個人情報の利用目的及び開示の実施に関し政令で定める事項を書面により通知しなければならない。ただし、第六十二条第二号又は第三号に該当する場合における当該利用目的については、この限りでない。

2　行政機関の長等は、開示請求に係る保有個人情報の全部を開示しないとき（前条の規定により開示請求を拒否するとき、及び開示請求に係る保有個人情報を保有していないときを含む。）は、開示をしない旨の決定をし、開示請求者に対し、その旨を書面により通知しなければならない。

（開示決定等の期限）

第八十三条　開示決定等は、開示請求があった日から三十日以内にしなければならない。ただし、第七十七条第三項の規定により補正を求めた場合にあっては、当該補正に要した日数は、当該期間に算入しない。

2　前項の規定にかかわらず、行政機関の長等は、事務処理上の困難その他正当な理由があるときは、同項に規定する期間を三十日以内に限り延長することができる。この場合において、行政機関の長等は、開示請求者に対し、遅滞なく、延長後の期間及び延長の理由を書面により通知しなければならない。

（開示決定等の期限の特例）

第八十四条　開示請求に係る保有個人情報が著しく大量であるため、開示請求があった日から六十日以内にその全てについて開示決定等をすることにより事務の遂行に著しい支障が生ずるおそれがある場合には、前条の規定にかかわらず、行政機関の長等は、開示請求に係る保有個人情報のうちの相当の部分につき当該期間内に開示決定等をし、残りの保有個人情報については相当の期間内に開示決定等をすれば足りる。この場合において、行政機関の長等は、同条第一項に規定する期間内に、開示請求者に対し、次に掲げる事項を書面により通知しなければならない。

一　この条の規定を適用する旨及びその理由
二　残りの保有個人情報について開示決定等をする期限

（事案の移送）

第八十五条　行政機関の長等は、開示請求に係る保有個人情報が当該行政機関の長等が属する行政機関等以外の行政機関等から提供されたものであるとき、その他他の行政機関の長等において開示決定等をすることにつき正当な理由があるときは、当該他の行政機関の長等と協議の上、当該他の行政機関の長等に対し、事案を移送することができる。この場合においては、移送をした行政機関の長等は、開示請求者に対し、事案を移送した旨を書面により通知しなければならない。

2　前項の規定により事案が移送されたときは、移送を受けた行政機関の長等において、当該開示請求についての開示決定等をしなければならない。この場合において、移送をした行政機関の長等が移送前にした行為は、移送を受けた行政機関の長等がしたものとみなす。

3　前項の場合において、移送を受けた行政機関の長等が第八十二条第一項の決定（以下この節において「開示決定」という。）をしたときは、当該行政機関の長等は、開示の実施をしなければならない。この場合において、移送をした行政機関の長等は、当該開示の実施に必要な協力をしなければならない。

（第三者に対する意見書提出の機会の付与等）

第八十六条　開示請求に係る保有個人情報に国、独立行政法人等、地方公共団体、地方独立行政法人及び開示請求者以外の者（以下この条、第百五条第二項第三号及び第百七条第一項において「第三者」という。）に関する情報が含まれているときは、行政機関の長等は、開示決定等をするに当たって、当該情報に係る第三者に対し、政令で定めるところにより、当該第三者に関する情報の内容その他政令で定める事項を通知して、意見書を提出する機会を与えることができる。

2　行政機関の長等は、次の各号のいずれかに該当するときは、開示決定に先立ち、当該第三者に対し、政令で定めるところにより、開示請求に係る当該第三者に関する情報の内容その他政令で定める事項を書面により通知して、意見書を提出する機会を与えなければならない。ただし、当該第三者の所在が判明しない場合は、この限りでない。

一　第三者に関する情報が含まれている保有個人情報を開示しようとする場合であって、当該第三者に関する情報が第七十八条第一項第二号ロ又は同項第三号ただし書に規定する情報に該当すると認められるとき。
二　第三者に関する情報が含まれている保有個人情報を第八十条の規定により開示しようとするとき。

3　行政機関の長等は、前二項の規定により意見書の提出の機会を与えられた第三者が当該第三者に関する情報の開示に反対の意思を表示した意見書を提出した場合において、開示決定をするときは、開示決定の日と開示を実施する日との間に少なくとも二週間を置かなければならない。この場合において、行政機関の長等は、開示決定後直ちに、当該意見書（第百五条において「反対意見書」という。）を提出した第三者に対し、開示決定をした旨及びその理由並びに開示を実施する日を書面により通知しなければならない。

（開示の実施）

第八十七条　保有個人情報の開示は、当該保有個人情報が、文書又は図画に記録されているときは閲覧又は写しの交付

により、電磁的記録に記録されているときはその種別、情報化の進展状況等を勘案して行政機関等が定める方法により行う。ただし、閲覧の方法による保有個人情報の開示にあっては、行政機関の長等は、当該保有個人情報が記録されている文書又は図画の保存に支障を生ずるおそれがあると認めるとき、その他正当な理由があるときは、その写しにより、これを行うことができる。
2　行政機関等は、前項の規定に基づく電磁的記録についての開示の方法に関する定めを一般の閲覧に供しなければならない。
3　開示決定に基づき保有個人情報の開示を受ける者は、政令で定めるところにより、当該開示決定をした行政機関の長等に対し、その求める開示の実施の方法その他の政令で定める事項を申し出なければならない。
4　前項の規定による申出は、第八十二条第一項に規定する通知があった日から三十日以内にしなければならない。ただし、当該期間内に当該申出をすることができないことにつき正当な理由があるときは、この限りでない。
　（他の法令による開示の実施との調整）
第八十八条　行政機関の長等は、他の法令の規定により、開示請求者に対し開示請求に係る保有個人情報が前条第一項本文に規定する方法と同一の方法で開示することとされている場合（開示の期間が定められている場合にあっては、当該期間内に限る。）には、同項本文の規定にかかわらず、当該保有個人情報については、当該同一の方法による開示を行わない。ただし、当該他の法令の規定に一定の場合には開示をしない旨の定めがあるときは、この限りでない。
2　他の法令の規定に定める開示の方法が縦覧であるときは、当該縦覧を前条第一項本文の閲覧とみなして、前項の規定を適用する。
　（手数料）
第八十九条　行政機関の長に対し開示請求をする者は、政令で定めるところにより、実費の範囲内において政令で定める額の手数料を納めなければならない。
2　地方公共団体の機関に対し開示請求をする者は、条例で定めるところにより、実費の範囲内において条例で定める額の手数料を納めなければならない。
3　前二項の手数料の額を定めるに当たっては、できる限り利用しやすい額とするよう配慮しなければならない。
4　独立行政法人等に対し開示請求をする者は、独立行政法人等の定めるところにより、手数料を納めなければならない。
5　前項の手数料の額は、実費の範囲内において、かつ、第一項の手数料の額を参酌して、独立行政法人等が定める。
6　独立行政法人等は、前二項の規定による定めを一般の閲覧に供しなければならない。
7　地方独立行政法人に対し開示請求をする者は、地方独立行政法人の定めるところにより、手数料を納めなければならない。
8　前項の手数料の額は、実費の範囲内において、かつ、第二項の条例で定める手数料の額を参酌して、地方独立行政法人が定める。
9　地方独立行政法人は、前二項の規定による定めを一般の閲覧に供しなければならない。
　　　　第二款　訂正
　（訂正請求権）
第九十条　何人も、自己を本人とする保有個人情報（次に掲げるものに限る。第九十八条第一項において同じ。）の内容が事実でないと思料するときは、この法律の定めるところにより、当該保有個人情報を保有する行政機関の長等に対し、当該保有個人情報の訂正（追加又は削除を含む。以下この節において同じ。）を請求することができる。ただし、当該保有個人情報の訂正に関して他の法令の規定により特別の手続が定められているときは、この限りでない。
　一　開示決定に基づき開示を受けた保有個人情報
　二　開示決定に係る保有個人情報であって、第八十八条第一項の他の法令の規定により開示を受けたもの
2　代理人は、本人に代わって前項の規定による訂正の請求（以下この節及び第百二十七条において「訂正請求」という。）をすることができる。
3　訂正請求は、保有個人情報の開示を受けた日から九十日以内にしなければならない。
　（訂正請求の手続）
第九十一条　訂正請求は、次に掲げる事項を記載した書面（第三項において「訂正請求書」という。）を行政機関の長等に提出してしなければならない。
　一　訂正請求をする者の氏名及び住所又は居所
　二　訂正請求に係る保有個人情報の開示を受けた日その他当該保有個人情報を特定するに足りる事項
　三　訂正請求の趣旨及び理由
2　前項の場合において、訂正請求をする者は、政令で定めるところにより、訂正請求に係る保有個人情報の本人であること（前条第二項の規定による訂正請求にあっては、訂正請求に係る保有個人情報の本人の代理人であること）を示す書類を提示し、又は提出しなければならない。

3　行政機関の長等は、訂正請求書に形式上の不備があると認めるときは、訂正請求をした者（以下この節において「訂正請求者」という。）に対し、相当の期間を定めて、その補正を求めることができる。
（保有個人情報の訂正義務）
第九十二条　行政機関の長等は、訂正請求があった場合において、当該訂正請求に理由があると認めるときは、当該訂正請求に係る保有個人情報の利用目的の達成に必要な範囲内で、当該保有個人情報の訂正をしなければならない。
（訂正請求に対する措置）
第九十三条　行政機関の長等は、訂正請求に係る保有個人情報の訂正をするときは、その旨の決定をし、訂正請求者に対し、その旨を書面により通知しなければならない。
2　行政機関の長等は、訂正請求に係る保有個人情報の訂正をしないときは、その旨の決定をし、訂正請求者に対し、その旨を書面により通知しなければならない。
（訂正決定等の期限）
第九十四条　前条各項の決定（以下この節において「訂正決定等」という。）は、訂正請求があった日から三十日以内にしなければならない。ただし、第九十一条第三項の規定により補正を求めた場合にあっては、当該補正に要した日数は、当該期間に算入しない。
2　前項の規定にかかわらず、行政機関の長等は、事務処理上の困難その他正当な理由があるときは、同項に規定する期間を三十日以内に限り延長することができる。この場合において、行政機関の長等は、訂正請求者に対し、遅滞なく、延長後の期間及び延長の理由を書面により通知しなければならない。
（訂正決定等の期限の特例）
第九十五条　行政機関の長等は、訂正決定等に特に長期間を要すると認めるときは、前条の規定にかかわらず、相当の期間内に訂正決定等をすれば足りる。この場合において、行政機関の長等は、同条第一項に規定する期間内に、訂正請求者に対し、次に掲げる事項を書面により通知しなければならない。
　一　この条の規定を適用する旨及びその理由
　二　訂正決定等をする期限
（事案の移送）
第九十六条　行政機関の長等は、訂正請求に係る保有個人情報が第八十五条第三項の規定に基づく開示に係るものであるとき、その他他の行政機関の長等において訂正決定等をすることにつき正当な理由があるときは、当該他の行政機関の長等と協議の上、当該他の行政機関の長等に対し、事案を移送することができる。この場合においては、移送をした行政機関の長等は、訂正請求者に対し、事案を移送した旨を書面により通知しなければならない。
2　前項の規定により事案が移送されたときは、移送を受けた行政機関の長等において、当該訂正請求についての訂正決定等をしなければならない。この場合において、移送をした行政機関の長等が移送前にした行為は、移送を受けた行政機関の長等がしたものとみなす。
3　前項の場合において、移送を受けた行政機関の長等が第九十三条第一項の決定（以下この項及び次条において「訂正決定」という。）をしたときは、移送をした行政機関の長等は、当該訂正決定に基づき訂正の実施をしなければならない。
（保有個人情報の提供先への通知）
第九十七条　行政機関の長等は、訂正決定に基づく保有個人情報の訂正の実施をした場合において、必要があると認めるときは、当該保有個人情報の提供先に対し、遅滞なく、その旨を書面により通知するものとする。
　　　　第三款　利用停止
（利用停止請求権）
第九十八条　何人も、自己を本人とする保有個人情報が次の各号のいずれかに該当すると思料するときは、この法律の定めるところにより、当該保有個人情報を保有する行政機関の長等に対し、当該各号に定める措置を請求することができる。ただし、当該保有個人情報の利用の停止、消去又は提供の停止（以下この節において「利用停止」という。）に関して他の法令の規定により特別の手続が定められているときは、この限りでない。
　一　第六十一条第二項の規定に違反して保有されているとき、第六十三条の規定に違反して取り扱われているとき、第六十四条の規定に違反して取得されたものであるとき、又は第六十九条第一項及び第二項の規定に違反して利用されているとき　当該保有個人情報の利用の停止又は消去
　二　第六十九条第一項及び第二項又は第七十一条第一項の規定に違反して提供されているとき　当該保有個人情報の提供の停止
2　代理人は、本人に代わって前項の規定による利用停止の請求（以下この節及び第百二十七条において「利用停止請求」という。）をすることができる。
3　利用停止請求は、保有個人情報の開示を受けた日から九十日以内にしなければならない。
（利用停止請求の手続）

第九十九条　利用停止請求は、次に掲げる事項を記載した書面（第三項において「利用停止請求書」という。）を行政機関の長等に提出してしなければならない。
　一　利用停止請求をする者の氏名及び住所又は居所
　二　利用停止請求に係る保有個人情報の開示を受けた日その他当該保有個人情報を特定するに足りる事項
　三　利用停止請求の趣旨及び理由
2　前項の場合において、利用停止請求をする者は、政令で定めるところにより、利用停止請求に係る保有個人情報の本人であること（前条第二項の規定による利用停止請求にあっては、利用停止請求に係る保有個人情報の本人の代理人であること）を示す書類を提示し、又は提出しなければならない。
3　行政機関の長等は、利用停止請求書に形式上の不備があると認めるときは、利用停止請求をした者（以下この節において「利用停止請求者」という。）に対し、相当の期間を定めて、その補正を求めることができる。
　（保有個人情報の利用停止義務）
第百条　行政機関の長等は、利用停止請求があった場合において、当該利用停止請求に理由があると認めるときは、当該行政機関の長等の属する行政機関等における個人情報の適正な取扱いを確保するために必要な限度で、当該利用停止請求に係る保有個人情報の利用停止をしなければならない。ただし、当該保有個人情報の利用停止をすることにより、当該保有個人情報の利用目的に係る事務又は事業の性質上、当該事務又は事業の適正な遂行に著しい支障を及ぼすおそれがあると認められるときは、この限りでない。
　（利用停止請求に対する措置）
第百一条　行政機関の長等は、利用停止請求に係る保有個人情報の利用停止をするときは、その旨の決定をし、利用停止請求者に対し、その旨を書面により通知しなければならない。
2　行政機関の長等は、利用停止請求に係る保有個人情報の利用停止をしないときは、その旨の決定をし、利用停止請求者に対し、その旨を書面により通知しなければならない。
　（利用停止決定等の期限）
第百二条　前条各項の決定（以下この節において「利用停止決定等」という。）は、利用停止請求があった日から三十日以内にしなければならない。ただし、第九十九条第三項の規定により補正を求めた場合にあっては、当該補正に要した日数は、当該期間に算入しない。
2　前項の規定にかかわらず、行政機関の長等は、事務処理上の困難その他正当な理由があるときは、同項に規定する期間を三十日以内に限り延長することができる。この場合において、行政機関の長等は、利用停止請求者に対し、遅滞なく、延長後の期間及び延長の理由を書面により通知しなければならない。
　（利用停止決定等の期限の特例）
第百三条　行政機関の長等は、利用停止決定等に特に長期間を要すると認めるときは、前条の規定にかかわらず、相当の期間内に利用停止決定等をすれば足りる。この場合において、行政機関の長等は、同条第一項に規定する期間内に、利用停止請求者に対し、次に掲げる事項を書面により通知しなければならない。
　一　この条の規定を適用する旨及びその理由
　二　利用停止決定等をする期限
　　　　　第四款　審査請求
　（審理員による審理手続に関する規定の適用除外等）
第百四条　行政機関の長等（地方公共団体の機関又は地方独立行政法人を除く。次項及び次条において同じ。）に対する開示決定等、訂正決定等、利用停止決定等又は開示請求、訂正請求若しくは利用停止請求に係る不作為に係る審査請求については、行政不服審査法（平成二十六年法律第六十八号）第九条、第十七条、第二十四条、第二章第三節及び第四節並びに第五十条第二項の規定は、適用しない。
2　行政機関の長等に対する開示決定等、訂正決定等、利用停止決定等又は開示請求、訂正請求若しくは利用停止請求に係る不作為に係る審査請求についての行政不服審査法第二章の規定の適用については、同法第十一条第二項中「第九条第一項の規定により指名された者（以下「審理員」という。）」とあるのは「第四条（個人情報の保護に関する法律（平成十五年法律第五十七号）第百七条第二項の規定に基づく政令を含む。）の規定により審査請求がされた行政庁（第十四条の規定により引継ぎを受けた行政庁を含む。以下「審査庁」という。）」と、同法第十三条第一項及び第二項中「審理員」とあるのは「審査庁」と、同法第二十五条第七項中「あったとき、又は審理員から第四十条に規定する執行停止をすべき旨の意見書が提出されたとき」とあるのは「あったとき」と、同法第四十四条中「行政不服審査会等」とあるのは「情報公開・個人情報保護審査会（審査庁が会計検査院長である場合にあっては、別に法律で定める審査会。第五十条第一項第四号において同じ。）」と、「受けたとき（前条第一項の規定による諮問を要しない場合（同項第二号又は第三号に該当する場合を除く。）にあっては審理意見書が提出されたとき、同項第二号又は第三号に該当する場合にあっては同項第二号又は第三号に規定する議を経たとき）」とあるのは「受けたとき」と、同法第五十条第一項第四号中「審理員意見書又は行政不服審査会等若しくは審議会等」とあるのは「情報公開・個人情

報保護審査会」とする。
（審査会への諮問）
第百五条　開示決定等、訂正決定等、利用停止決定等又は開示請求、訂正請求若しくは利用停止請求に係る不作為について審査請求があったときは、当該審査請求に対する裁決をすべき行政機関の長等は、次の各号のいずれかに該当する場合を除き、情報公開・個人情報保護審査会（審査請求に対する裁決をすべき行政機関の長等が会計検査院長である場合にあっては、別に法律で定める審査会）に諮問しなければならない。
　一　審査請求が不適法であり、却下する場合
　二　裁決で、審査請求の全部を認容し、当該審査請求に係る保有個人情報の全部を開示することとする場合（当該保有個人情報の開示について反対意見書が提出されている場合を除く。）
　三　裁決で、審査請求の全部を認容し、当該審査請求に係る保有個人情報の訂正をすることとする場合
　四　裁決で、審査請求の全部を認容し、当該審査請求に係る保有個人情報の利用停止をすることとする場合
２　前項の規定により諮問をした行政機関の長等は、次に掲げる者に対し、諮問をした旨を通知しなければならない。
　一　審査請求人及び参加人（行政不服審査法第十三条第四項に規定する参加人をいう。以下この項及び第百七条第一項第二号において同じ。）
　二　開示請求者、訂正請求者又は利用停止請求者（これらの者が審査請求人又は参加人である場合を除く。）
　三　当該審査請求に係る保有個人情報の開示について反対意見書を提出した第三者（当該第三者が審査請求人又は参加人である場合を除く。）
３　前二項の規定は、地方公共団体の機関又は地方独立行政法人について準用する。この場合において、第一項中「情報公開・個人情報保護審査会（審査請求に対する裁決をすべき行政機関の長等が会計検査院長である場合にあっては、別に法律で定める審査会）」とあるのは、「行政不服審査法第八十一条第一項又は第二項の機関」と読み替えるものとする。
（地方公共団体の機関等における審理員による審理手続に関する規定の適用除外等）
第百六条　地方公共団体の機関又は地方独立行政法人に対する開示決定等、訂正決定等、利用停止決定等又は開示請求、訂正請求若しくは利用停止請求に係る不作為に係る審査請求については、行政不服審査法第九条第一項から第三項まで、第十七条、第四十条、第四十二条、第二章第四節及び第五十条第二項の規定は、適用しない。
２　地方公共団体の機関又は地方独立行政法人に対する開示決定等、訂正決定等、利用停止決定等又は開示請求、訂正請求若しくは利用停止請求に係る不作為に係る審査請求についての次の表の上欄に掲げる行政不服審査法の規定の適用については、これらの規定中同表の中欄に掲げる字句は、それぞれ同表の下欄に掲げる字句とするほか、必要な技術的読替えは、政令で定める。

第九条第四項	前項に規定する場合において、審査庁	第四条又は個人情報の保護に関する法律（平成十五年法律第五十七号）第百七条第二項の規定に基づく条例の規定により審査請求がされた行政庁（第十四条の規定により引継ぎを受けた行政庁を含む。以下「審査庁」という。）
	前項において読み替えて適用する第三十一条第一項	同法第百六条第二項において読み替えて適用する第三十一条第一項
	前項において読み替えて適用する第三十四条	同法第百六条第二項において読み替えて適用する第三十四条
	前項において読み替えて適用する第三十六条	同法第百六条第二項において読み替えて適用する第三十六条
第十一条第二項	第九条第一項の規定により指名された者（以下「審理員」という。）	審査庁
第十三条第一項及び第二項、第二十八条、第三十条、第三十一条、第三十二条第三項、第三十三条から第三十七条まで、第三十八条第一項から第三項まで及び第五項、第三十九条並びに第四十一条第一項及び第二項	審理員	審査庁

第二十五条第七項	執行停止の申立てがあったとき、又は審理員から第四十条に規定する執行停止をすべき旨の意見書が提出されたとき	執行停止の申立てがあったとき
第二十九条第一項	審理員は、審査庁から指名されたときは、直ちに	審査庁は、審査請求がされたときは、第二十四条の規定により当該審査請求を却下する場合を除き、速やかに
第二十九条第二項	審理員は	審査庁は、審査庁が処分庁等以外である場合にあっては
	提出を求める	提出を求め、審査庁が処分庁等である場合にあっては、相当の期間内に、弁明書を作成する
第二十九条第五項	審理員は	審査庁は、第二項の規定により
	提出があったとき	提出があったとき、又は弁明書を作成したとき
第三十条第三項	参加人及び処分庁等	参加人及び処分庁等（処分庁等が審査庁である場合にあっては、参加人）
	審査請求人及び処分庁等	審査請求人及び処分庁等（処分庁等が審査庁である場合にあっては、審査請求人）
第三十一条第二項	審理関係人	審理関係人（処分庁等が審査庁である場合にあっては、審査請求人及び参加人。以下この節及び第五十条第一項第三号において同じ。）
第四十一条第三項	審理員が	審査庁が
	終結した旨並びに次条第一項に規定する審理員意見書及び事件記録（審査請求書、弁明書その他審査請求に係る事件に関する書類その他の物件のうち政令で定めるものをいう。同条第二項及び第四十三条第二項において同じ。）を審査庁に提出する予定時期を通知するものとする。当該予定時期を変更したときも、同様とする	終結した旨を通知するものとする
第四十四条	行政不服審査会等	第八十一条第一項又は第二項の機関
	受けたとき（前条第一項の規定による諮問を要しない場合（同項第二号又は第三号に該当する場合を除く。）にあっては審理員意見書が提出されたとき、同項第二号又は第三号に該当する場合にあっては同項第二号又は第三号に規定する議を経たとき）	受けたとき
第五十条第一項第四号	審理員意見書又は行政不服審査会等若しくは審議会等	第八十一条第一項又は第二項の機関
第八十一条第三項において準用する第七十四条	第四十三条第一項の規定により審査会に諮問をした審査庁	審査庁

（第三者からの審査請求を棄却する場合等における手続等）
第百七条　第八十六条第三項の規定は、次の各号のいずれかに該当する裁決をする場合について準用する。
　一　開示決定に対する第三者からの審査請求を却下し、又は棄却する裁決
　二　審査請求に係る開示決定等（開示請求に係る保有個人情報の全部を開示する旨の決定を除く。）を変更し、当該審査請求に係る保有個人情報を開示する旨の裁決（第三者である参加人が当該第三者に関する情報の開示に反対の

意思を表示している場合に限る。）
2　開示決定等、訂正決定等、利用停止決定等又は開示請求、訂正請求若しくは利用停止請求に係る不作為についての審査請求については、政令（地方公共団体の機関又は地方独立行政法人にあっては、条例）で定めるところにより、行政不服審査法第四条の規定の特例を設けることができる。

　　　　第五款　条例との関係
第百八条　この節の規定は、地方公共団体が、保有個人情報の開示、訂正及び利用停止の手続並びに審査請求の手続に関する事項について、この節の規定に反しない限り、条例で必要な規定を定めることを妨げるものではない。

　　　第五節　行政機関等匿名加工情報の提供等
（行政機関等匿名加工情報の作成及び提供等）
第百九条　行政機関の長等は、この節の規定に従い、行政機関等匿名加工情報（行政機関等匿名加工情報ファイルを構成するものに限る。以下この節において同じ。）を作成することができる。
2　行政機関の長等は、次の各号のいずれかに該当する場合を除き、行政機関等匿名加工情報を提供してはならない。
　一　法令に基づく場合（この節の規定に従う場合を含む。）
　二　保有個人情報を利用目的のために第三者に提供することができる場合において、当該保有個人情報を加工して作成した行政機関等匿名加工情報を当該第三者に提供するとき。
3　第六十九条の規定にかかわらず、行政機関の長等は、法令に基づく場合を除き、利用目的以外の目的のために削除情報（保有個人情報に該当するものに限る。）を自ら利用し、又は提供してはならない。
4　前項の「削除情報」とは、行政機関等匿名加工情報の作成に用いた保有個人情報から削除した記述等及び個人識別符号をいう。

（提案の募集に関する事項の個人情報ファイル簿への記載）
第百十条　行政機関の長等は、当該行政機関の長等の属する行政機関等が保有している個人情報ファイルが第六十条第三項各号のいずれにも該当すると認めるときは、当該個人情報ファイルについては、個人情報ファイル簿に次に掲げる事項を記載しなければならない。この場合における当該個人情報ファイルについての第七十五条第一項の規定の適用については、同項中「第十号」とあるのは、「第十号並びに第百十条各号」とする。
　一　第百十二条第一項の提案の募集をする個人情報ファイルである旨
　二　第百十二条第一項の提案を受ける組織の名称及び所在地

（提案の募集）
第百十一条　行政機関の長等は、個人情報保護委員会規則で定めるところにより、定期的に、当該行政機関の長等の属する行政機関等が保有している個人情報ファイル（個人情報ファイル簿に前条第一号に掲げる事項の記載があるものに限る。以下この節において同じ。）について、次条第一項の提案を募集するものとする。

（行政機関等匿名加工情報をその用に供して行う事業に関する提案）
第百十二条　前条の規定による募集に応じて個人情報ファイルを構成する保有個人情報を加工して作成する行政機関等匿名加工情報をその事業の用に供しようとする者は、行政機関の長等に対し、当該事業に関する提案をすることができる。
2　前項の提案は、個人情報保護委員会規則で定めるところにより、次に掲げる事項を記載した書面を行政機関の長等に提出してしなければならない。
　一　提案をする者の氏名又は名称及び住所又は居所並びに法人その他の団体にあっては、その代表者の氏名
　二　提案に係る個人情報ファイルの名称
　三　提案に係る行政機関等匿名加工情報の本人の数
　四　前号に掲げるもののほか、提案に係る行政機関等匿名加工情報の作成に用いる第百十六条第一項の規定による加工の方法を特定するに足りる事項
　五　提案に係る行政機関等匿名加工情報の利用の目的及び方法その他当該行政機関等匿名加工情報がその用に供される事業の内容
　六　提案に係る行政機関等匿名加工情報を前号の事業の用に供しようとする期間
　七　提案に係る行政機関等匿名加工情報の漏えいの防止その他当該行政機関等匿名加工情報の適切な管理のために講ずる措置
　八　前各号に掲げるもののほか、個人情報保護委員会規則で定める事項
3　前項の書面には、次に掲げる書面その他個人情報保護委員会規則で定める書類を添付しなければならない。
　一　第一項の提案をする者が次条各号のいずれにも該当しないことを誓約する書面
　二　前項第五号の事業が新たな産業の創出又は活力ある経済社会若しくは豊かな国民生活の実現に資するものであることを明らかにする書面

（欠格事由）

個人情報の保護に関する法律（抄）

第百十三条　次の各号のいずれかに該当する者は、前条第一項の提案をすることができない。
　一　未成年者
　二　心身の故障により前条第一項の提案に係る行政機関等匿名加工情報をその用に供して行う事業を適正に行うことができない者として個人情報保護委員会規則で定めるもの
　三　破産手続開始の決定を受けて復権を得ない者
　四　禁錮以上の刑に処せられ、又はこの法律の規定により刑に処せられ、その執行を終わり、又は執行を受けることがなくなった日から起算して二年を経過しない者
　五　第百二十条の規定により行政機関等匿名加工情報の利用に関する契約を解除され、その解除の日から起算して二年を経過しない者
　六　法人その他の団体であって、その役員のうちに前各号のいずれかに該当する者があるもの
　（提案の審査等）
第百十四条　行政機関の長等は、第百十二条第一項の提案があったときは、当該提案が次に掲げる基準に適合するかどうかを審査しなければならない。
　一　第百十二条第一項の提案をした者が前条各号のいずれにも該当しないこと。
　二　第百十二条第二項第三号の提案に係る行政機関等匿名加工情報の本人の数が、行政機関等匿名加工情報の効果的な活用の観点からみて個人情報保護委員会規則で定める数以上であり、かつ、提案に係る個人情報ファイルを構成する保有個人情報の本人の数以下であること。
　三　第百十二条第二項第三号及び第四号に掲げる事項により特定される加工の方法が第百十六条第一項の基準に適合するものであること。
　四　第百十二条第二項第五号の事業が新たな産業の創出又は活力ある経済社会若しくは豊かな国民生活の実現に資するものであること。
　五　第百十二条第二項第六号の期間が行政機関等匿名加工情報の効果的な活用の観点からみて個人情報保護委員会規則で定める期間を超えないものであること。
　六　第百十二条第二項第五号の提案に係る行政機関等匿名加工情報の利用の目的及び方法並びに同項第七号の措置が当該行政機関等匿名加工情報の本人の権利利益を保護するために適切なものであること。
　七　前各号に掲げるもののほか、個人情報保護委員会規則で定める基準に適合するものであること。
２　行政機関の長等は、前項の規定により審査した結果、第百十二条第一項の提案が前項各号に掲げる基準のいずれにも適合すると認めるときは、個人情報保護委員会規則で定めるところにより、当該提案をした者に対し、次に掲げる事項を通知するものとする。
　一　次条の規定により行政機関の長等との間で行政機関等匿名加工情報の利用に関する契約を締結することができる旨
　二　前号に掲げるもののほか、個人情報保護委員会規則で定める事項
３　行政機関の長等は、第一項の規定により審査した結果、第百十二条第一項の提案が第一項各号に掲げる基準のいずれかに適合しないと認めるときは、個人情報保護委員会規則で定めるところにより、当該提案をした者に対し、理由を付して、その旨を通知するものとする。
　（行政機関等匿名加工情報の利用に関する契約の締結）
第百十五条　前条第二項の規定による通知を受けた者は、個人情報保護委員会規則で定めるところにより、行政機関の長等との間で、行政機関等匿名加工情報の利用に関する契約を締結することができる。
　（行政機関等匿名加工情報の作成等）
第百十六条　行政機関の長等は、行政機関等匿名加工情報を作成するときは、特定の個人を識別することができないように及びその作成に用いる保有個人情報を復元することができないようにするために必要なものとして個人情報保護委員会規則で定める基準に従い、当該保有個人情報を加工しなければならない。
２　前項の規定は、行政機関等から行政機関等匿名加工情報の作成の委託（二以上の段階にわたる委託を含む。）を受けた者が受託した業務を行う場合について準用する。
　（行政機関等匿名加工情報に関する事項の個人情報ファイル簿への記載）
第百十七条　行政機関の長等は、行政機関等匿名加工情報を作成したときは、当該行政機関等匿名加工情報の作成に用いた保有個人情報を含む個人情報ファイルについては、個人情報ファイル簿に次に掲げる事項を記載しなければならない。この場合における当該個人情報ファイルについての第百十条の規定により読み替えて適用する第七十五条第一項の規定の適用については、同項中「並びに第百十条各号」とあるのは、「、第百十条各号並びに第百十七条各号」とする。
　一　行政機関等匿名加工情報の概要として個人情報保護委員会規則で定める事項
　二　次条第一項の提案を受ける組織の名称及び所在地

三　次条第一項の提案をすることができる期間
（作成された行政機関等匿名加工情報をその用に供して行う事業に関する提案等）
第百十八条　前条の規定により個人情報ファイル簿に同条第一号に掲げる事項が記載された行政機関等匿名加工情報をその事業の用に供しようとする者は、行政機関の長等に対し、当該事業に関する提案をすることができる。当該行政機関等匿名加工情報について第百十五条の規定により行政機関等匿名加工情報の利用に関する契約を締結した者が、当該行政機関等匿名加工情報をその用に供する事業を変更しようとするときも、同様とする。

2　第百十二条第二項及び第三項並びに第百十三条から第百十五条までの規定は、前項の提案について準用する。この場合において、第百十二条第二項中「次に」とあるのは「第一号及び第四号から第八号までに」と、同項第四号中「前号に掲げるもののほか、提案」とあるのは「提案」と、「の作成に用いる第百十六条第一項の規定による加工の方法を特定する」とあるのは「を特定する」と、同項第八号中「前各号」とあるのは「第一号及び第四号から前号まで」と、第百十四条第一項中「次に」とあるのは「第一号及び第四号から第七号までに」と、同項第七号中「前各号」とあるのは「第一号及び前三号」と、同条第二項中「前項各号」とあるのは「前項第一号及び第四号から第七号まで」と、同条第三項中「第一項各号」とあるのは「第一項第一号及び第四号から第七号まで」と読み替えるものとする。
（手数料）
第百十九条　第百十五条の規定により行政機関等匿名加工情報の利用に関する契約を行政機関の長と締結する者は、政令で定めるところにより、実費を勘案して政令で定める額の手数料を納めなければならない。

2　前条第二項において準用する第百十五条の規定により行政機関等匿名加工情報の利用に関する契約を行政機関の長と締結する者は、政令で定めるところにより、前項の政令で定める額を参酌して政令で定める額の手数料を納めなければならない。

3　第百十五条の規定により行政機関等匿名加工情報の利用に関する契約を地方公共団体の機関と締結する者は、条例で定めるところにより、実費を勘案して政令で定める額を標準として条例で定める額の手数料を納めなければならない。

4　前条第二項において準用する第百十五条の規定により行政機関等匿名加工情報の利用に関する契約を地方公共団体の機関と締結する者は、条例で定めるところにより、前項の政令で定める額を参酌して政令で定める額を標準として条例で定める額の手数料を納めなければならない。

5　第百十五条の規定（前条第二項において準用する場合を含む。第八項及び次条において同じ。）により行政機関等匿名加工情報の利用に関する契約を独立行政法人等と締結する者は、独立行政法人等の定めるところにより、利用料を納めなければならない。

6　前項の利用料の額は、実費を勘案して合理的であると認められる範囲内において、独立行政法人等が定める。

7　独立行政法人等は、前二項の規定による定めを一般の閲覧に供しなければならない。

8　第百十五条の規定により行政機関等匿名加工情報の利用に関する契約を地方独立行政法人と締結する者は、地方独立行政法人の定めるところにより、手数料を納めなければならない。

9　前項の手数料の額は、実費を勘案し、かつ、第三項又は第四項の条例で定める手数料の額を参酌して、地方独立行政法人が定める。

10　地方独立行政法人は、前二項の規定による定めを一般の閲覧に供しなければならない。
（行政機関等匿名加工情報の利用に関する契約の解除）
第百二十条　行政機関の長等は、第百十五条の規定により行政機関等匿名加工情報の利用に関する契約を締結した者が次の各号のいずれかに該当するときは、当該契約を解除することができる。
一　偽りその他不正の手段により当該契約を締結したとき。
二　第百十三条各号（第百十八条第二項において準用する場合を含む。）のいずれかに該当することとなったとき。
三　当該契約において定められた事項について重大な違反があったとき。
（識別行為の禁止等）
第百二十一条　行政機関の長等は、行政機関等匿名加工情報を取り扱うに当たっては、法令に基づく場合を除き、当該行政機関等匿名加工情報の作成に用いられた個人情報に係る本人を識別するために、当該行政機関等匿名加工情報を他の情報と照合してはならない。

2　行政機関の長等は、行政機関等匿名加工情報、第百九条第四項に規定する削除情報及び第百十六条第一項の規定により行った加工の方法に関する情報（以下この条及び次条において「行政機関等匿名加工情報等」という。）の漏えいを防止するために必要なものとして個人情報保護委員会規則で定める基準に従い、行政機関等匿名加工情報等の適切な管理のために必要な措置を講じなければならない。

3　前二項の規定は、行政機関等から行政機関等匿名加工情報等の取扱いの委託（二以上の段階にわたる委託を含む。）を受けた者が受託した業務を行う場合について準用する。
（従事者の義務）

個人情報の保護に関する法律（抄）

第百二十二条　行政機関等匿名加工情報等の取扱いに従事する行政機関等の職員若しくは職員であった者、前条第三項の委託を受けた業務に従事している者若しくは従事していた者又は行政機関等において行政機関等匿名加工情報等の取扱いに従事している派遣労働者若しくは従事していた派遣労働者は、その業務に関して知り得た行政機関等匿名加工情報等の内容をみだりに他人に知らせ、又は不当な目的に利用してはならない。
（匿名加工情報の取扱いに係る義務）
第百二十三条　行政機関等は、匿名加工情報（行政機関等匿名加工情報を除く。以下この条において同じ。）を第三者に提供するときは、法令に基づく場合を除き、個人情報保護委員会規則で定めるところにより、あらかじめ、第三者に提供される匿名加工情報に含まれる個人に関する情報の項目及びその提供の方法について公表するとともに、当該第三者に対して、当該提供に係る情報が匿名加工情報である旨を明示しなければならない。
2　行政機関等は、匿名加工情報を取り扱うに当たっては、法令に基づく場合を除き、当該匿名加工情報の作成に用いられた個人情報に係る本人を識別するために、当該個人情報から削除された記述等若しくは個人識別符号若しくは第四十三条第一項の規定により行われた加工の方法に関する情報を取得し、又は当該匿名加工情報を他の情報と照合してはならない。
3　行政機関等は、匿名加工情報の漏えいを防止するために必要なものとして個人情報保護委員会規則で定める基準に従い、匿名加工情報の適切な管理のために必要な措置を講じなければならない。
4　前二項の規定は、行政機関等から匿名加工情報の取扱いの委託（二以上の段階にわたる委託を含む。）を受けた者が受託した業務を行う場合について準用する。
　　　第六節　雑則
（適用除外等）
第百二十四条　第四節の規定は、刑事事件若しくは少年の保護事件に係る裁判、検察官、検察事務官若しくは司法警察職員が行う処分、刑若しくは保護処分の執行、更生緊急保護又は恩赦に係る保有個人情報（当該裁判、処分若しくは執行を受けた者、更生緊急保護の申出をした者又は恩赦の上申があった者に係るものに限る。）については、適用しない。
2　保有個人情報（行政機関情報公開法第五条、独立行政法人等情報公開法第五条又は情報公開条例に規定する不開示情報を専ら記録する行政文書等に記録されているものに限る。）のうち、まだ分類その他の整理が行われていないもので、同一の利用目的に係るものが著しく大量にあるためその中から特定の保有個人情報を検索することが著しく困難であるものは、第四節（第四款を除く。）の規定の適用については、行政機関等に保有されていないものとみなす。
（適用の特例）
第百二十五条　第五十八条第二項各号に掲げる者が行う当該各号に定める業務における個人情報、仮名加工情報又は個人関連情報の取扱いについては、この章（第一節、第六十六条第二項（第四号及び第五号（同項第四号に係る部分に限る。）に係る部分に限る。）において準用する同条第一項、第七十五条、前二節、前条第二項及び第百二十七条を除く。）の規定、第百七十六条及び第百八十条の規定（これらの規定のうち第六十六条第二項第四号及び第五号（同項第四号に係る部分に限る。）に定める業務に係る部分を除く。）並びに第百八十一条の規定は、適用しない。
2　第五十八条第一項各号に掲げる者による個人情報又は匿名加工情報の取扱いについては、同項第一号に掲げる者を独立行政法人等と、同項第二号に掲げる者を地方独立行政法人と、それぞれみなして、第一節、第七十五条、前二節、前条第二項、第百二十七条及び次章から第八章まで（第百七十六条、第百八十条及び第百八十一条を除く。）の規定を適用する。
3　第五十八条第一項各号及び第二項各号に掲げる者（同項各号に定める業務を行う場合に限る。）についての第九十八条の規定の適用については、同条第一項第一号中「第六十一条第二項の規定に違反して保有されているとき、第六十三条の規定に違反して取り扱われているとき、第六十四条の規定に違反して取得されたものであるとき、又は第六十九条第一項及び第二項の規定に違反して利用されているとき」とあるのは「第十八条若しくは第十九条の規定に違反して取り扱われているとき、又は第二十条の規定に違反して取得されたものであるとき」と、同項第二号中「第六十九条第一項及び第二項又は第七十一条第一項」とあるのは「第二十七条第一項又は第二十八条」とする。
（権限又は事務の委任）
第百二十六条　行政機関の長は、政令（内閣の所轄の下に置かれる機関及び会計検査院にあっては、当該機関の命令）で定めるところにより、第二節から前節まで（第七十四条及び第四節第四款を除く。）に定める権限又は事務を当該行政機関の職員に委任することができる。
（開示請求等をしようとする者に対する情報の提供等）
第百二十七条　行政機関の長等は、開示請求、訂正請求若しくは利用停止請求又は第百十二条第一項若しくは第百十八条第一項の提案（以下この条において「開示請求等」という。）をしようとする者がそれぞれ容易かつ的確に開示請求等をすることができるよう、当該行政機関の長等の属する行政機関等が保有する保有個人情報の特定又は当該提案に資する情報の提供その他開示請求等をしようとする者の利便を考慮した適切な措置を講ずるものとする。

（行政機関等における個人情報等の取扱いに関する苦情処理）
第百二十八条　行政機関の長等は、行政機関等における個人情報、仮名加工情報又は匿名加工情報の取扱いに関する苦情の適切かつ迅速な処理に努めなければならない。
（地方公共団体に置く審議会等への諮問）
第百二十九条　地方公共団体の機関は、条例で定めるところにより、第三章第三節の施策を講ずる場合その他の場合において、個人情報の適正な取扱いを確保するため専門的な知見に基づく意見を聴くことが特に必要であると認めるときは、審議会その他の合議制の機関に諮問することができる。

◎ 行政不服審査法（Unit 33〜37）

目次
　第一章　総則（第一条—第八条）
　第二章　審査請求
　　第一節　審査庁及び審理関係人（第九条—第十七条）
　　第二節　審査請求の手続（第十八条—第二十七条）
　　第三節　審理手続（第二十八条—第四十二条）
　　第四節　行政不服審査会等への諮問（第四十三条）
　　第五節　裁決（第四十四条—第五十三条）
　第三章　再調査の請求（第五十四条—第六十一条）
　第四章　再審査請求（第六十二条—第六十六条）
　第五章　行政不服審査会等
　　第一節　行政不服審査会
　　　第一款　設置及び組織（第六十七条—第七十三条）
　　　第二款　審査会の調査審議の手続（第七十四条—第七十九条）
　　　第三款　雑則（第八十条）
　　第二節　地方公共団体に置かれる機関（第八十一条）
　第六章　補則（第八十二条—第八十七条）

　　第一章　総則
（目的等）
第一条　この法律は、行政庁の違法又は不当な処分その他公権力の行使に当たる行為に関し、国民が簡易迅速かつ公正な手続の下で広く行政庁に対する不服申立てをすることができるための制度を定めることにより、国民の権利利益の救済を図るとともに、行政の適正な運営を確保することを目的とする。
2　行政庁の処分その他公権力の行使に当たる行為（以下単に「処分」という。）に関する不服申立てについては、他の法律に特別の定めがある場合を除くほか、この法律の定めるところによる。
（処分についての審査請求）
第二条　行政庁の処分に不服がある者は、第四条及び第五条第二項の定めるところにより、審査請求をすることができる。
（不作為についての審査請求）
第三条　法令に基づき行政庁に対して処分についての申請をした者は、当該申請から相当の期間が経過したにもかかわらず、行政庁の不作為（法令に基づく申請に対して何らの処分をもしないことをいう。以下同じ。）がある場合には、次条の定めるところにより、当該不作為についての審査請求をすることができる。
（審査請求をすべき行政庁）
第四条　審査請求は、法律（条例に基づく処分については、条例）に特別の定めがある場合を除くほか、次の各号に掲げる場合の区分に応じ、当該各号に定める行政庁に対してするものとする。
　一　処分庁等（処分をした行政庁（以下「処分庁」という。）又は不作為に係る行政庁（以下「不作為庁」という。）をいう。以下同じ。）に上級行政庁がない場合又は処分庁等が主任の大臣若しくは宮内庁長官若しくは内閣府設置法（平成十一年法律第八十九号）第四十九条第一項若しくは第二項若しくは国家行政組織法（昭和二十三年法律第百二十号）第三条第二項に規定する庁の長である場合当該処分庁等
　二　宮内庁長官又は内閣府設置法第四十九条第一項若しくは第二項若しくは国家行政組織法第三条第二項に規定する庁の長が処分庁等の上級行政庁である場合宮内庁長官又は当該庁の長
　三　主任の大臣が処分庁等の上級行政庁である場合（前二号に掲げる場合を除く。）当該主任の大臣
　四　前三号に掲げる場合以外の場合当該処分庁等の最上級行政庁
（再調査の請求）
第五条　行政庁の処分につき処分庁以外の行政庁に対して審査請求をすることができる場合において、法律に再調査の請求をすることができる旨の定めがあるときは、当該処分に不服がある者は、処分庁に対して再調査の請求をすることができる。ただし、当該処分について第二条の規定により審査請求をしたときは、この限りでない。
2　前項本文の規定により再調査の請求をしたときは、当該再調査の請求についての決定を経た後でなければ、審査請求をすることができない。ただし、次の各号のいずれかに該当する場合は、この限りでない。

一　当該処分につき再調査の請求をした日（第六十一条において読み替えて準用する第二十三条の規定により不備を補正すべきことを命じられた場合にあっては、当該不備を補正した日）の翌日から起算して三月を経過しても、処分庁が当該再調査の請求につき決定をしない場合
二　その他再調査の請求についての決定を経ないことにつき正当な理由がある場合
（再審査請求）
第六条　行政庁の処分につき法律に再審査請求をすることができる旨の定めがある場合には、当該処分についての審査請求の裁決に不服がある者は、再審査請求をすることができる。
2　再審査請求は、原裁決（再審査請求をすることができる処分についての審査請求の裁決をいう。以下同じ。）又は当該処分（以下「原裁決等」という。）を対象として、前項の法律に定める行政庁に対してするものとする。
（適用除外）
第七条　次に掲げる処分及びその不作為については、第二条及び第三条の規定は、適用しない。
一　国会の両院若しくは一院又は議会の議決によってされる処分
二　裁判所若しくは裁判官の裁判により、又は裁判の執行としてされる処分
三　国会の両院若しくは一院若しくは議会の議決を経て、又はこれらの同意若しくは承認を得た上でされるべきものとされている処分
四　検査官会議で決すべきものとされている処分
五　当事者間の法律関係を確認し、又は形成する処分で、法令の規定により当該処分に関する訴えにおいてその法律関係の当事者の一方を被告とすべきものと定められているもの
六　刑事事件に関する法令に基づいて検察官、検察事務官又は司法警察職員がする処分
七　国税又は地方税の犯則事件に関する法令（他の法令において準用する場合を含む。）に基づいて国税庁長官、国税局長、税務署長、国税庁、国税局若しくは税務署の当該職員、税関長、税関職員又は徴税吏員（他の法令の規定に基づいてこれらの職員の職務を行う者を含む。）がする処分及び金融商品取引の犯則事件に関する法令（他の法令において準用する場合を含む。）に基づいて証券取引等監視委員会、その職員（当該法令においてその職員とみなされる者を含む。）、財務局長又は財務支局長がする処分
八　学校、講習所、訓練所又は研修所において、教育、講習、訓練又は研修の目的を達成するために、学生、生徒、児童若しくは幼児若しくはこれらの保護者、講習生、訓練生又は研修生に対してされる処分
九　刑務所、少年刑務所、拘置所、留置施設、海上保安留置施設、少年院又は少年鑑別所において、収容の目的を達成するためにされる処分
十　外国人の出入国又は帰化に関する処分
十一　専ら人の学識技能に関する試験又は検定の結果についての処分
十二　この法律に基づく処分（第五章第一節第一款の規定に基づく処分を除く。）
2　国の機関又は地方公共団体その他の公共団体若しくはその機関に対する処分で、これらの機関又は団体がその固有の資格において当該処分の相手方となるもの及びその不作為については、この法律の規定は、適用しない。
（特別の不服申立ての制度）
第八条　前条の規定は、同条の規定により審査請求をすることができない処分又は不作為につき、別に法令で当該処分又は不作為の性質に応じた不服申立ての制度を設けることを妨げない。

　　第二章　審査請求
　　　第一節　審査庁及び審理関係人
（審理員）
第九条　第四条又は他の法律若しくは条例の規定により審査請求がされた行政庁（第十四条の規定により引継ぎを受けた行政庁を含む。以下「審査庁」という。）は、審査庁に所属する職員（第十七条に規定する名簿を作成した場合にあっては、当該名簿に記載されている者）のうちから第三節に規定する審理手続（この節に規定する手続を含む。）を行う者を指名するとともに、その旨を審査請求人及び処分庁等（審査庁以外の処分庁等に限る。）に通知しなければならない。ただし、次の各号のいずれかに掲げる機関が審査庁である場合若しくは条例に基づく処分について条例に特別の定めがある場合又は第二十四条の規定により当該審査請求を却下する場合は、この限りでない。
一　内閣府設置法第四十九条第一項若しくは第二項又は国家行政組織法第三条第二項に規定する委員会
二　内閣府設置法第三十七条若しくは第五十四条又は国家行政組織法第八条に規定する機関
三　地方自治法（昭和二十二年法律第六十七号）第百三十八条の四第一項に規定する委員会若しくは委員又は同条第三項に規定する機関
2　審査庁が前項の規定により指名する者は、次に掲げる者以外の者でなければならない。
一　審査請求に係る処分若しくは当該処分に係る再調査の請求についての決定に関与した者又は審査請求に係る不作

為に係る処分に関与し、若しくは関与することとなる者
　二　審査請求人
　三　審査請求人の配偶者、四親等内の親族又は同居の親族
　四　審査請求人の代理人
　五　前二号に掲げる者であった者
　六　審査請求人の後見人、後見監督人、保佐人、保佐監督人、補助人又は補助監督人
　七　第十三条第一項に規定する利害関係人
3　審査庁が第一項各号に掲げる機関である場合又は同項ただし書の特別の定めがある場合においては、別表第一の上欄に掲げる規定の適用については、これらの規定中同表の中欄に掲げる字句は、それぞれ同表の下欄に掲げる字句に読み替えるものとし、第十七条、第四十条、第四十二条及び第五十条第二項の規定は、適用しない。
4　前項に規定する場合において、審査庁は、必要があると認めるときは、その職員（第二項各号（第一項各号に掲げる機関の構成員にあっては、第一号を除く。）に掲げる者以外の者に限る。）に、前項において読み替えて適用する第三十一条第一項の規定による審査請求人若しくは第十三条第四項に規定する参加人の意見の陳述を聴かせ、前項において読み替えて適用する第三十四条の規定による参考人の陳述を聴かせ、同項において読み替えて適用する第三十五条第一項の規定による検証をさせ、前項において読み替えて適用する第三十六条の規定による第二十八条に規定する審理関係人に対する質問をさせ、又は同項において読み替えて適用する第三十七条第一項若しくは第二項の規定による意見の聴取を行わせることができる。
　（法人でない社団又は財団の審査請求）
第十条　法人でない社団又は財団で代表者又は管理人の定めがあるものは、その名で審査請求をすることができる。
　（総代）
第十一条　多数人が共同して審査請求をしようとするときは、三人を超えない総代を互選することができる。
2　共同審査請求人が総代を互選しない場合において、必要があると認めるときは、第九条第一項の規定により指名された者（以下「審理員」という。）は、総代の互選を命ずることができる。
3　総代は、各自、他の共同審査請求人のために、審査請求の取下げを除き、当該審査請求に関する一切の行為をすることができる。
4　総代が選任されたときは、共同審査請求人は、総代を通じてのみ、前項の行為をすることができる。
5　共同審査請求人に対する行政庁の通知その他の行為は、二人以上の総代が選任されている場合においても、一人の総代に対してすれば足りる。
6　共同審査請求人は、必要があると認める場合には、総代を解任することができる。
　（代理人による審査請求）
第十二条　審査請求は、代理人によってすることができる。
2　前項の代理人は、各自、審査請求人のために、当該審査請求に関する一切の行為をすることができる。ただし、審査請求の取下げは、特別の委任を受けた場合に限り、することができる。
　（参加人）
第十三条　利害関係人（審査請求人以外の者であって審査請求に係る処分又は不作為に係る処分の根拠となる法令に照らし当該処分につき利害関係を有するものと認められる者をいう。以下同じ。）は、審理員の許可を得て、当該審査請求に参加することができる。
2　審理員は、必要があると認める場合には、利害関係人に対し、当該審査請求に参加することを求めることができる。
3　審査請求への参加は、代理人によってすることができる。
4　前項の代理人は、各自、第一項又は第二項の規定により当該審査請求に参加する者（以下「参加人」という。）のために、当該審査請求への参加に関する一切の行為をすることができる。ただし、審査請求への参加の取下げは、特別の委任を受けた場合に限り、することができる。
　（行政庁が裁決をする権限を有しなくなった場合の措置）
第十四条　行政庁が審査請求がされた後法令の改廃により当該審査請求につき裁決をする権限を有しなくなったときは、当該行政庁は、第十九条に規定する審査請求書又は第二十一条第二項に規定する審査請求録取書及び関係書類その他の物件を新たに当該審査請求につき裁決をする権限を有することとなった行政庁に引き継がなければならない。この場合において、その引継ぎを受けた行政庁は、速やかに、その旨を審査請求人及び参加人に通知しなければならない。
　（審理手続の承継）
第十五条　審査請求人が死亡したときは、相続人その他法令により審査請求の目的である処分に係る権利を承継した者は、審査請求人の地位を承継する。
2　審査請求人について合併又は分割（審査請求の目的である処分に係る権利を承継させるものに限る。）があったと

きは、合併後存続する法人その他の社団若しくは財団若しくは合併により設立された法人その他の社団若しくは財団又は分割により当該権利を承継した法人は、審査請求人の地位を承継する。
3　前二項の場合には、審査請求人の地位を承継した相続人その他の者又は法人その他の社団若しくは財団は、書面でその旨を審査庁に届け出なければならない。この場合には、届出書には、死亡若しくは分割による権利の承継又は合併の事実を証する書面を添付しなければならない。
4　第一項又は第二項の場合において、前項の規定による届出がされるまでの間において、死亡者又は合併前の法人その他の社団若しくは財団若しくは分割をした法人に宛ててされた通知が審査請求人の地位を承継した相続人その他の者又は合併後の法人その他の社団若しくは財団若しくは分割により審査請求人の地位を承継した法人に到達したときは、当該通知は、これらの者に対する通知としての効力を有する。
5　第一項の場合において、審査請求人の地位を承継した相続人その他の者が二人以上あるときは、その一人に対する通知その他の行為は、全員に対してされたものとみなす。
6　審査請求の目的である処分に係る権利を譲り受けた者は、審査庁の許可を得て、審査請求人の地位を承継することができる。

（標準審理期間）
第十六条　第四条又は他の法律若しくは条例の規定により審査庁となるべき行政庁（以下「審査庁となるべき行政庁」という。）は、審査請求がその事務所に到達してから当該審査請求に対する裁決をするまでに通常要すべき標準的な期間を定めるよう努めるとともに、これを定めたときは、当該審査庁となるべき行政庁及び関係処分庁（当該審査請求の対象となるべき処分の権限を有する行政庁であって当該審査庁となるべき行政庁以外のものをいう。次条において同じ。）の事務所における備付けその他の適当な方法により公にしておかなければならない。

（審理員となるべき者の名簿）
第十七条　審査庁となるべき行政庁は、審理員となるべき者の名簿を作成するよう努めるとともに、これを作成したときは、当該審査庁となるべき行政庁及び関係処分庁の事務所における備付けその他の適当な方法により公にしておかなければならない。

　　　第二節　審査請求の手続

（審査請求期間）
第十八条　処分についての審査請求は、処分があったことを知った日の翌日から起算して三月（当該処分について再調査の請求をしたときは、当該再調査の請求についての決定があったことを知った日の翌日から起算して一月）を経過したときは、することができない。ただし、正当な理由があるときは、この限りでない。
2　処分についての審査請求は、処分（当該処分について再調査の請求をしたときは、当該再調査の請求についての決定）があった日の翌日から起算して一年を経過したときは、することができない。ただし、正当な理由があるときは、この限りでない。
3　次条に規定する審査請求書を郵便又は民間事業者による信書の送達に関する法律（平成十四年法律第九十九号）第二条第六項に規定する一般信書便事業者若しくは同条第九項に規定する特定信書便事業者による同条第二項に規定する信書便で提出した場合における前二項に規定する期間（以下「審査請求期間」という。）の計算については、送付に要した日数は、算入しない。

（審査請求書の提出）
第十九条　審査請求は、他の法律（条例に基づく処分については、条例）に口頭ですることができる旨の定めがある場合を除き、政令で定めるところにより、審査請求書を提出してしなければならない。
2　処分についての審査請求書には、次に掲げる事項を記載しなければならない。
　一　審査請求人の氏名又は名称及び住所又は居所
　二　審査請求に係る処分の内容
　三　審査請求に係る処分（当該処分について再調査の請求についての決定を経たときは、当該決定）があったことを知った年月日
　四　審査請求の趣旨及び理由
　五　処分庁の教示の有無及びその内容
　六　審査請求の年月日
3　不作為についての審査請求書には、次に掲げる事項を記載しなければならない。
　一　審査請求人の氏名又は名称及び住所又は居所
　二　当該不作為に係る処分についての申請の内容及び年月日
　三　審査請求の年月日
4　審査請求人が、法人その他の社団若しくは財団である場合、総代を互選した場合又は代理人によって審査請求をする場合には、審査請求書には、第二項各号又は前項各号に掲げる事項のほか、その代表者若しくは管理人、総代又は

代理人の氏名及び住所又は居所を記載しなければならない。
5　処分についての審査請求書には、第二項及び前項に規定する事項のほか、次の各号に掲げる場合においては、当該各号に定める事項を記載しなければならない。
　一　第五条第二項第一号の規定により再調査の請求についての決定を経ないで審査請求をする場合再調査の請求をした年月日
　二　第五条第二項第二号の規定により再調査の請求についての決定を経ないで審査請求をする場合その決定を経ないことについての正当な理由
　三　審査請求期間の経過後において審査請求をする場合前条第一項ただし書又は第二項ただし書に規定する正当な理由
　　（口頭による審査請求）
第二十条　口頭で審査請求をする場合には、前条第二項から第五項までに規定する事項を陳述しなければならない。この場合において、陳述を受けた行政庁は、その陳述の内容を録取し、これを陳述人に読み聞かせて誤りのないことを確認しなければならない。
　　（処分庁等を経由する審査請求）
第二十一条　審査請求をすべき行政庁が処分庁等と異なる場合における審査請求は、処分庁等を経由してすることができる。この場合において、審査請求人は、処分庁等に審査請求書を提出し、又は処分庁等に対し第十九条第二項から第五項までに規定する事項を陳述するものとする。
2　前項の場合には、処分庁等は、直ちに、審査請求書又は審査請求録取書（前条後段の規定により陳述の内容を録取した書面をいう。第二十九条第一項及び第五十五条において同じ。）を審査庁となるべき行政庁に送付しなければならない。
3　第一項の場合における審査請求期間の計算については、処分庁に審査請求書を提出し、又は処分庁に対し当該事項を陳述した時に、処分についての審査請求があったものとみなす。
　　（誤った教示をした場合の救済）
第二十二条　審査請求をすることができる処分につき、処分庁が誤って審査請求をすべき行政庁でない行政庁を審査請求をすべき行政庁として教示した場合において、その教示された行政庁に書面で審査請求がされたときは、当該行政庁は、速やかに、審査請求書を処分庁又は審査庁となるべき行政庁に送付し、かつ、その旨を審査請求人に通知しなければならない。
2　前項の規定により処分庁に審査請求書が送付されたときは、処分庁は、速やかに、これを審査庁となるべき行政庁に送付し、かつ、その旨を審査請求人に通知しなければならない。
3　第一項の処分のうち、再調査の請求をすることができない処分につき、処分庁が誤って再調査の請求をすることができる旨を教示した場合において、当該処分庁に再調査の請求がされたときは、処分庁は、速やかに、再調査の請求書（第六十一条において読み替えて準用する第十九条に規定する再調査の請求書をいう。以下この条において同じ。）又は再調査の請求録取書（第六十一条において準用する第二十条後段の規定により陳述の内容を録取した書面をいう。以下この条において同じ。）を審査庁となるべき行政庁に送付し、かつ、その旨を再調査の請求人に通知しなければならない。
4　再調査の請求をすることができる処分につき、処分庁が誤って審査請求をすることができる旨を教示しなかった場合において、当該処分庁に再調査の請求がされた場合であって、再調査の請求人から申立てがあったときは、処分庁は、速やかに、再調査の請求書又は再調査の請求録取書及び関係書類その他の物件を審査庁となるべき行政庁に送付しなければならない。この場合において、その送付を受けた行政庁は、速やかに、その旨を再調査の請求人及び第六十一条において読み替えて準用する第十三条第一項又は第二項の規定により当該再調査の請求に参加する者に通知しなければならない。
5　前各項の規定により審査請求書又は再調査の請求書若しくは再調査の請求録取書が審査庁となるべき行政庁に送付されたときは、初めから審査庁となるべき行政庁に審査請求がされたものとみなす。
　　（審査請求書の補正）
第二十三条　審査請求書が第十九条の規定に違反する場合には、審査庁は、相当の期間を定め、その期間内に不備を補正すべきことを命じなければならない。
　　（審理手続を経ないでする却下裁決）
第二十四条　前条の場合において、審査請求人が同条の期間内に不備を補正しないときは、審査庁は、次節に規定する審理手続を経ないで、第四十五条第一項又は第四十九条第一項の規定に基づき、裁決で、当該審査請求を却下することができる。
2　審査請求が不適法であって補正することができないことが明らかなときも、前項と同様とする。
　　（執行停止）

第二十五条　審査請求は、処分の効力、処分の執行又は手続の続行を妨げない。
2　処分庁の上級行政庁又は処分庁である審査庁は、必要があると認める場合には、審査請求人の申立てにより又は職権で、処分の効力、処分の執行又は手続の続行の全部又は一部の停止その他の措置（以下「執行停止」という。）をとることができる。
3　処分庁の上級行政庁又は処分庁のいずれでもない審査庁は、必要があると認める場合には、審査請求人の申立てにより、処分庁の意見を聴取した上、執行停止をすることができる。ただし、処分の効力、処分の執行又は手続の続行の全部又は一部の停止以外の措置をとることはできない。
4　前二項の規定による審査請求人の申立てがあった場合において、処分、処分の執行又は手続の続行により生ずる重大な損害を避けるために緊急の必要があると認めるときは、審査庁は、執行停止をしなければならない。ただし、公共の福祉に重大な影響を及ぼすおそれがあるとき、又は本案について理由がないとみえるときは、この限りでない。
5　審査庁は、前項に規定する重大な損害を生ずるか否かを判断するに当たっては、損害の回復の困難の程度を考慮するものとし、損害の性質及び程度並びに処分の内容及び性質をも勘案するものとする。
6　第二項から第四項までの場合において、処分の効力の停止は、処分の効力の停止以外の措置によって目的を達することができるときは、することができない。
7　執行停止の申立てがあったとき、又は審理員から第四十条に規定する執行停止をすべき旨の意見書が提出されたときは、審査庁は、速やかに、執行停止をするかどうかを決定しなければならない。
　（執行停止の取消し）
第二十六条　執行停止をした後において、執行停止が公共の福祉に重大な影響を及ぼすことが明らかとなったとき、その他事情が変更したときは、審査庁は、その執行停止を取り消すことができる。
　（審査請求の取下げ）
第二十七条　審査請求人は、裁決があるまでは、いつでも審査請求を取り下げることができる。
2　審査請求の取下げは、書面でしなければならない。
　　　第三節　審理手続
　（審理手続の計画的進行）
第二十八条　審査請求人、参加人及び処分庁等（以下「審理関係人」という。）並びに審理員は、簡易迅速かつ公正な審理の実現のため、審理において、相互に協力するとともに、審理手続の計画的な進行を図らなければならない。
　（弁明書の提出）
第二十九条　審理員は、審査庁から指名されたときは、直ちに、審査請求書又は審査請求録取書の写しを処分庁等に送付しなければならない。ただし、処分庁等が審査庁である場合には、この限りでない。
2　審理員は、相当の期間を定めて、処分庁等に対し、弁明書の提出を求めるものとする。
3　処分庁等は、前項の弁明書に、次の各号の区分に応じ、当該各号に定める事項を記載しなければならない。
　一　処分についての審査請求に対する弁明書処分の内容及び理由
　二　不作為についての審査請求に対する弁明書処分をしていない理由並びに予定される処分の時期、内容及び理由
4　処分庁が次に掲げる書面を保有する場合には、前項第一号に掲げる弁明書にこれを添付するものとする。
　一　行政手続法（平成五年法律第八十八号）第二十四条第一項の調書及び同条第三項の報告書
　二　行政手続法第二十九条第一項に規定する弁明書
5　審理員は、処分庁等から弁明書の提出があったときは、これを審査請求人及び参加人に送付しなければならない。
　（反論書等の提出）
第三十条　審査請求人は、前条第五項の規定により送付された弁明書に記載された事項に対する反論を記載した書面（以下「反論書」という。）を提出することができる。この場合において、審理員が、反論書を提出すべき相当の期間を定めたときは、その期間内にこれを提出しなければならない。
2　参加人は、審査請求に係る事件に関する意見を記載した書面（第四十条及び第四十二条第一項を除き、以下「意見書」という。）を提出することができる。この場合において、審理員が、意見書を提出すべき相当の期間を定めたときは、その期間内にこれを提出しなければならない。
3　審理員は、審査請求人から反論書の提出があったときはこれを参加人及び処分庁等に、参加人から意見書の提出があったときはこれを審査請求人及び処分庁等に、それぞれ送付しなければならない。
　（口頭意見陳述）
第三十一条　審査請求人又は参加人の申立てがあった場合には、審理員は、当該申立てをした者（以下この条及び第四十一条第二項第二号において「申立人」という。）に口頭で審査請求に係る事件に関する意見を述べる機会を与えなければならない。ただし、当該申立人の所在その他の事情により当該意見を述べる機会を与えることが困難であると認められる場合には、この限りでない。
2　前項本文の規定による意見の陳述（以下「口頭意見陳述」という。）は、審理員が期日及び場所を指定し、全ての

審理関係人を招集してさせるものとする。
3　口頭意見陳述において、申立人は、審理員の許可を得て、補佐人とともに出頭することができる。
4　口頭意見陳述において、審理員は、申立人のする陳述が事件に関係のない事項にわたる場合その他相当でない場合には、これを制限することができる。
5　口頭意見陳述に際し、申立人は、審理員の許可を得て、審査請求に係る事件に関し、処分庁等に対して、質問を発することができる。
　（証拠書類等の提出）
第三十二条　審査請求人又は参加人は、証拠書類又は証拠物を提出することができる。
2　処分庁等は、当該処分の理由となる事実を証する書類その他の物件を提出することができる。
3　前二項の場合において、審理員が、証拠書類若しくは証拠物又は書類その他の物件を提出すべき相当の期間を定めたときは、その期間内にこれを提出しなければならない。
　（物件の提出要求）
第三十三条　審理員は、審査請求人若しくは参加人の申立てにより又は職権で、書類その他の物件の所持人に対し、相当の期間を定めて、その物件の提出を求めることができる。この場合において、審理員は、その提出された物件を留め置くことができる。
　（参考人の陳述及び鑑定の要求）
第三十四条　審理員は、審査請求人若しくは参加人の申立てにより又は職権で、適当と認める者に、参考人としてその知っている事実の陳述を求め、又は鑑定を求めることができる。
　（検証）
第三十五条　審理員は、審査請求人若しくは参加人の申立てにより又は職権で、必要な場所につき、検証をすることができる。
2　審理員は、審査請求人又は参加人の申立てにより前項の検証をしようとするときは、あらかじめ、その日時及び場所を当該申立てをした者に通知し、これに立ち会う機会を与えなければならない。
　（審理関係人への質問）
第三十六条　審理員は、審査請求人若しくは参加人の申立てにより又は職権で、審査請求に係る事件に関し、審理関係人に質問することができる。
　（審理手続の計画的遂行）
第三十七条　審理員は、審査請求に係る事件について、審理すべき事項が多数であり又は錯綜そうしているなど事件が複雑であることその他の事情により、迅速かつ公正な審理を行うため、第三十一条から前条までに定める審理手続を計画的に遂行する必要があると認める場合には、期日及び場所を指定して、審理関係人を招集し、あらかじめ、これらの審理手続の申立てに関する意見の聴取を行うことができる。
2　審理員は、審理関係人が遠隔の地に居住している場合その他相当と認める場合には、政令で定めるところにより、審理員及び審理関係人が音声の送受信により通話をすることができる方法によって、前項に規定する意見の聴取を行うことができる。
3　審理員は、前二項の規定による意見の聴取を行ったときは、遅滞なく、第三十一条から前条までに定める審理手続の期日及び場所並びに第四十一条第一項の規定による審理手続の終結の予定時期を決定し、これらを審理関係人に通知するものとする。当該予定時期を変更したときも、同様とする。
　（審査請求人等による提出書類等の閲覧等）
第三十八条　審査請求人又は参加人は、第四十一条第一項又は第二項の規定により審理手続が終結するまでの間、審理員に対し、提出書類等（第二十九条第四項各号に掲げる書面又は第三十二条第一項若しくは第二項若しくは第三十三条の規定により提出された書類その他の物件をいう。次項において同じ。）の閲覧（電磁的記録（電子的方式、磁気的方式その他人の知覚によっては認識することができない方式で作られる記録であって、電子計算機による情報処理の用に供されるものをいう。以下同じ。）にあっては、記録された事項を審査庁が定める方法により表示したものの閲覧）又は当該書面若しくは当該書類の写し若しくは当該電磁的記録に記録された事項を記載した書面の交付を求めることができる。この場合において、審理員は、第三者の利益を害するおそれがあると認めるとき、その他正当な理由があるときでなければ、その閲覧又は交付を拒むことができない。
2　審理員は、前項の規定による閲覧をさせ、又は同項の規定による交付をしようとするときは、当該閲覧又は交付に係る提出書類等の提出人の意見を聴かなければならない。ただし、審理員が、その必要がないと認めるときは、この限りでない。
3　審理員は、第一項の規定による閲覧について、日時及び場所を指定することができる。
4　第一項の規定による交付を受ける審査請求人又は参加人は、政令で定めるところにより、実費の範囲内において政令で定める額の手数料を納めなければならない。

5 　審理員は、経済的困難その他特別の理由があると認めるときは、政令で定めるところにより、前項の手数料を減額し、又は免除することができる。
6 　地方公共団体（都道府県、市町村及び特別区並びに地方公共団体の組合に限る。以下同じ。）に所属する行政庁が審査庁である場合における前二項の規定の適用については、これらの規定中「政令」とあるのは、「条例」とし、国又は地方公共団体に所属しない行政庁が審査庁である場合におけるこれらの規定の適用については、これらの規定中「政令で」とあるのは、「審査庁が」とする。
　（審理手続の併合又は分離）
第三十九条　審理員は、必要があると認める場合には、数個の審査請求に係る審理手続を併合し、又は併合された数個の審査請求に係る審理手続を分離することができる。
　（審理員による執行停止の意見書の提出）
第四十条　審理員は、必要があると認める場合には、審査庁に対し、執行停止をすべき旨の意見書を提出することができる。
　（審理手続の終結）
第四十一条　審理員は、必要な審理を終えたと認めるときは、審理手続を終結するものとする。
2 　前項に定めるもののほか、審理員は、次の各号のいずれかに該当するときは、審理手続を終結することができる。
　一　次のイからホまでに掲げる規定の相当の期間内に、当該イからホまでに定める物件が提出されない場合において、更に一定の期間を示して、当該物件の提出を求めたにもかかわらず、当該提出期間内に当該物件が提出されなかったとき。
　　イ　第二十九条第二項弁明書
　　ロ　第三十条第一項後段反論書
　　ハ　第三十条第二項後段意見書
　　ニ　第三十二条第三項証拠書類若しくは証拠物又は書類その他の物件
　　ホ　第三十三条前段書類その他の物件
　二　申立人が、正当な理由なく、口頭意見陳述に出頭しないとき。
3 　審理員が前二項の規定により審理手続を終結したときは、速やかに、審理関係人に対し、審理手続を終結した旨並びに次条第一項に規定する審理員意見書及び事件記録（審査請求書、弁明書その他審査請求に係る事件に関する書類その他の物件のうち政令で定めるものをいう。同条第二項及び第四十三条第二項において同じ。）を審査庁に提出する予定時期を通知するものとする。当該予定時期を変更したときも、同様とする。
　（審理員意見書）
第四十二条　審理員は、審理手続を終結したときは、遅滞なく、審査庁がすべき裁決に関する意見書（以下「審理員意見書」という。）を作成しなければならない。
2 　審理員は、審理員意見書を作成したときは、速やかに、これを事件記録とともに、審査庁に提出しなければならない。
　　　　第四節　行政不服審査会等への諮問
第四十三条　審査庁は、審理員意見書の提出を受けたときは、次の各号のいずれかに該当する場合を除き、審査庁が主任の大臣又は宮内庁長官若しくは内閣府設置法第四十九条第一項若しくは第二項若しくは国家行政組織法第三条第二項に規定する庁の長である場合にあっては行政不服審査会に、審査庁が地方公共団体の長（地方公共団体の組合にあっては、長、管理者又は理事会）である場合にあっては第八十一条第一項又は第二項の機関に、それぞれ諮問しなければならない。
　一　審査請求に係る処分をしようとするときに他の法律又は政令（条例に基づく処分については、条例）に第九条第一項各号に掲げる機関若しくは地方公共団体の議会又はこれらの機関に類するものとして政令で定めるもの（以下「審議会等」という。）の議を経るべき旨又は経ることができる旨の定めがあり、かつ、当該議を経て当該処分がされた場合
　二　裁決をしようとするときに他の法律又は政令（条例に基づく処分については、条例）に第九条第一項各号に掲げる機関若しくは地方公共団体の議会又はこれらの機関に類するものとして政令で定めるものの議を経るべき旨又は経ることができる旨の定めがあり、かつ、当該議を経て裁決をしようとする場合
　三　第四十六条第三項又は第四十九条第四項の規定により審議会等の議を経て裁決をしようとする場合
　四　審査請求人から、行政不服審査会又は第八十一条第一項若しくは第二項の機関（以下「行政不服審査会等」という。）への諮問を希望しない旨の申出がされている場合（参加人から、行政不服審査会等に諮問しないことについて反対する旨の申出がされている場合を除く。）
　五　審査請求が、行政不服審査会等によって、国民の権利利益及び行政の運営に対する影響の程度その他当該事件の性質を勘案して、諮問を要しないものと認められたものである場合
　六　審査請求が不適法であり、却下する場合

七　第四十六条第一項の規定により審査請求に係る処分（法令に基づく申請を却下し、又は棄却する処分及び事実上の行為を除く。）の全部を取り消し、又は第四十七条第一号若しくは第二号の規定により審査請求に係る事実上の行為の全部を撤廃すべき旨を命じ、若しくは撤廃することとする場合（当該処分の全部を取り消すこと又は当該事実上の行為の全部を撤廃すべき旨を命じ、若しくは撤廃することについて反対する旨の意見書が提出されている場合及び口頭意見陳述においてその旨の意見が述べられている場合を除く。）
　八　第四十六条第二項各号又は第四十九条第三項各号に定める措置（法令に基づく申請の全部を認容すべき旨を命じ、又は認容するものに限る。）をとることとする場合（当該申請の全部を認容することについて反対する旨の意見書が提出されている場合及び口頭意見陳述においてその旨の意見が述べられている場合を除く。）
2　前項の規定による諮問は、審理員意見書及び事件記録の写しを添えてしなければならない。
3　第一項の規定により諮問をした審査庁は、審理関係人（処分庁等が審査庁である場合にあっては、審査請求人及び参加人）に対し、当該諮問をした旨を通知するとともに、審理員意見書の写しを送付しなければならない。
　　　　第五節　裁決
（裁決の時期）
第四十四条　審査庁は、行政不服審査会等から諮問に対する答申を受けたとき（前条第一項の規定による諮問を要しない場合（同項第二号又は第三号に該当する場合を除く。）にあっては審理員意見書が提出されたとき、同項第二号又は第三号に該当する場合にあっては同項第二号又は第三号に規定する議を経たとき）は、遅滞なく、裁決をしなければならない。
（処分についての審査請求の却下又は棄却）
第四十五条　処分についての審査請求が法定の期間経過後にされたものである場合その他不適法である場合には、審査庁は、裁決で、当該審査請求を却下する。
2　処分についての審査請求が理由がない場合には、審査庁は、裁決で、当該審査請求を棄却する。
3　審査請求に係る処分が違法又は不当ではあるが、これを取り消し、又は撤廃することにより公の利益に著しい障害を生ずる場合において、審査請求人の受ける損害の程度、その損害の賠償又は防止の程度及び方法その他一切の事情を考慮した上、処分を取り消し、又は撤廃することが公共の福祉に適合しないと認めるときは、審査庁は、裁決で、当該審査請求を棄却することができる。この場合には、審査庁は、裁決の主文で、当該処分が違法又は不当であることを宣言しなければならない。
（処分についての審査請求の認容）
第四十六条　処分（事実上の行為を除く。以下この条及び第四十八条において同じ。）についての審査請求が理由がある場合（前条第三項の規定の適用がある場合を除く。）には、審査庁は、裁決で、当該処分の全部若しくは一部を取り消し、又はこれを変更する。ただし、審査庁が処分庁の上級行政庁又は処分庁のいずれでもない場合には、当該処分を変更することはできない。
2　前項の規定により法令に基づく申請を却下し、又は棄却する処分の全部又は一部を取り消す場合において、次の各号に掲げる審査庁は、当該申請に対して一定の処分をすべきものと認めるときは、当該各号に定める措置をとる。
　一　処分庁の上級行政庁である審査庁　当該処分庁に対し、当該処分をすべき旨を命ずること。
　二　処分庁である審査庁　当該処分をすること。
3　前項に規定する一定の処分に関し、第四十三条第一項第一号に規定する議を経るべき旨の定めがある場合において、審査庁が前項各号に定める措置をとるために必要があると認めるときは、審査庁は、当該定めに係る審議会等の議を経ることができる。
4　前項に規定する定めがある場合のほか、第二項に規定する一定の処分に関し、他の法令に関係行政機関との協議の実施その他の手続をとるべき旨の定めがある場合において、審査庁が同項各号に定める措置をとるために必要があると認めるときは、審査庁は、当該手続をとることができる。
第四十七条　事実上の行為についての審査請求が理由がある場合（第四十五条第三項の規定の適用がある場合を除く。）には、審査庁は、裁決で、当該事実上の行為が違法又は不当である旨を宣言するとともに、次の各号に掲げる審査庁の区分に応じ、当該各号に定める措置をとる。ただし、審査庁が処分庁の上級行政庁以外の審査庁である場合には、当該事実上の行為を変更すべき旨を命ずることはできない。
　一　処分庁以外の審査庁　当該処分庁に対し、当該事実上の行為の全部若しくは一部を撤廃し、又はこれを変更すべき旨を命ずること。
　二　処分庁である審査庁　当該事実上の行為の全部若しくは一部を撤廃し、又はこれを変更すること。
（不利益変更の禁止）
第四十八条　第四十六条第一項本文又は前条の場合において、審査庁は、審査請求人の不利益に当該処分を変更し、又は当該事実上の行為を変更すべき旨を命じ、若しくはこれを変更することはできない。
（不作為についての審査請求の裁決）

第四十九条　不作為についての審査請求が当該不作為に係る処分についての申請から相当の期間が経過しないでされたものである場合その他不適法である場合には、審査庁は、裁決で、当該審査請求を却下する。
2　不作為についての審査請求が理由がない場合には、審査庁は、裁決で、当該審査請求を棄却する。
3　不作為についての審査請求が理由がある場合には、審査庁は、裁決で、当該不作為が違法又は不当である旨を宣言する。この場合において、次の各号に掲げる審査庁は、当該申請に対して一定の処分をすべきものと認めるときは、当該各号に定める措置をとる。
　一　不作為庁の上級行政庁である審査庁　当該不作為庁に対し、当該処分をすべき旨を命ずること。
　二　不作為庁である審査庁　当該処分をすること。
4　審査請求に係る不作為に係る処分に関し、第四十三条第一項第一号に規定する議を経るべき旨の定めがある場合において、審査庁が前項各号に定める措置をとるために必要があると認めるときは、審査庁は、当該定めに係る審議会等の議を経ることができる。
5　前項に規定する定めがある場合のほか、審査請求に係る不作為に係る処分に関し、他の法令に関係行政機関との協議の実施その他の手続をとるべき旨の定めがある場合において、審査庁が第三項各号に定める措置をとるために必要があると認めるときは、審査庁は、当該手続をとることができる。
　（裁決の方式）
第五十条　裁決は、次に掲げる事項を記載し、審査庁が記名押印した裁決書によりしなければならない。
　一　主文
　二　事案の概要
　三　審理関係人の主張の要旨
　四　理由（第一号の主文が審理員意見書又は行政不服審査会等若しくは審議会等の答申書と異なる内容である場合には、異なることとなった理由を含む。）
2　第四十三条第一項の規定による行政不服審査会等への諮問を要しない場合には、前項の裁決書には、審理員意見書を添付しなければならない。
3　審査庁は、再審査請求をすることができる裁決をする場合には、裁決書に再審査請求をすることができる旨並びに再審査請求をすべき行政庁及び再審査請求期間（第六十二条に規定する期間をいう。）を記載して、これらを教示しなければならない。
　（裁決の効力発生）
第五十一条　裁決は、審査請求人（当該審査請求が処分の相手方以外の者のしたものである場合における第四十六条第一項及び第四十七条の規定による裁決にあっては、審査請求人及び処分の相手方）に送達された時に、その効力を生ずる。
2　裁決の送達は、送達を受けるべき者に裁決書の謄本を送付することによってする。ただし、送達を受けるべき者の所在が知れない場合その他裁決書の謄本を送付することができない場合には、公示の方法によってすることができる。
3　公示の方法による送達は、審査庁が裁決書の謄本を保管し、いつでもその送達を受けるべき者に交付する旨を当該審査庁の掲示場に掲示し、かつ、その旨を官報その他の公報又は新聞紙に少なくとも一回掲載してするものとする。この場合において、その掲示を始めた日の翌日から起算して二週間を経過した時に裁決書の謄本の送付があったものとみなす。
4　審査庁は、裁決書の謄本を参加人及び処分庁等（審査庁以外の処分庁等に限る。）に送付しなければならない。
　（裁決の拘束力）
第五十二条　裁決は、関係行政庁を拘束する。
2　申請に基づいてした処分が手続の違法若しくは不当を理由として裁決で取り消され、又は申請を却下し、若しくは棄却した処分が裁決で取り消された場合には、処分庁は、裁決の趣旨に従い、改めて申請に対する処分をしなければならない。
3　法令の規定により公示された処分が裁決で取り消され、又は変更された場合には、処分庁は、当該処分が取り消され、又は変更された旨を公示しなければならない。
4　法令の規定により処分の相手方以外の利害関係人に通知された処分が裁決で取り消され、又は変更された場合には、処分庁は、その通知を受けた者（審査請求人及び参加人を除く。）に、当該処分が取り消され、又は変更された旨を通知しなければならない。
　（証拠書類等の返還）
第五十三条　審査庁は、裁決をしたときは、速やかに、第三十二条第一項又は第二項の規定により提出された証拠書類若しくは証拠物又は書類その他の物件及び第三十三条の規定による提出要求に応じて提出された書類その他の物件をその提出人に返還しなければならない。

第三章　再調査の請求

（再調査の請求期間）
第五十四条　再調査の請求は、処分があったことを知った日の翌日から起算して三月を経過したときは、することができない。ただし、正当な理由があるときは、この限りでない。
2　再調査の請求は、処分があった日の翌日から起算して一年を経過したときは、することができない。ただし、正当な理由があるときは、この限りでない。

（誤った教示をした場合の救済）
第五十五条　再調査の請求をすることができる処分につき、処分庁が誤って再調査の請求をすることができる旨を教示しなかった場合において、審査請求がされた場合であって、審査請求人から申立てがあったときは、審査庁は、速やかに、審査請求書又は審査請求録取書を処分庁に送付しなければならない。ただし、審査請求人に対し弁明書が送付された後においては、この限りでない。
2　前項本文の規定により審査請求書又は審査請求録取書の送付を受けた処分庁は、速やかに、その旨を審査請求人及び参加人に通知しなければならない。
3　第一項本文の規定により審査請求書又は審査請求録取書が処分庁に送付されたときは、初めから処分庁に再調査の請求がされたものとみなす。

（再調査の請求についての決定を経ずに審査請求がされた場合）
第五十六条　第五条第二項ただし書の規定により審査請求がされたときは、同項の再調査の請求は、取り下げられたものとみなす。ただし、処分庁において当該審査請求がされた日以前に再調査の請求に係る処分（事実上の行為を除く。）を取り消す旨の第六十条第一項の決定書の謄本を発している場合又は再調査の請求に係る事実上の行為を撤廃している場合は、当該審査請求（処分（事実上の行為を除く。）の一部を取り消す旨の第五十九条第一項の決定がされている場合又は事実上の行為の一部が撤廃されている場合にあっては、その部分に限る。）が取り下げられたものとみなす。

（三月後の教示）
第五十七条　処分庁は、再調査の請求がされた日（第六十一条において読み替えて準用する第二十三条の規定により不備を補正すべきことを命じた場合にあっては、当該不備が補正された日）の翌日から起算して三月を経過しても当該再調査の請求が係属しているときは、遅滞なく、当該処分について直ちに審査請求をすることができる旨を書面でその再調査の請求人に教示しなければならない。

（再調査の請求の却下又は棄却の決定）
第五十八条　再調査の請求が法定の期間経過後にされたものである場合その他不適法である場合には、処分庁は、決定で、当該再調査の請求を却下する。
2　再調査の請求が理由がない場合には、処分庁は、決定で、当該再調査の請求を棄却する。

（再調査の請求の認容の決定）
第五十九条　処分（事実上の行為を除く。）についての再調査の請求が理由がある場合には、処分庁は、決定で、当該処分の全部若しくは一部を取り消し、又はこれを変更する。
2　事実上の行為についての再調査の請求が理由がある場合には、処分庁は、決定で、当該事実上の行為が違法又は不当である旨を宣言するとともに、当該事実上の行為の全部若しくは一部を撤廃し、又はこれを変更する。
3　処分庁は、前二項の場合において、再調査の請求人の不利益に当該処分又は当該事実上の行為を変更することはできない。

（決定の方式）
第六十条　前二条の決定は、主文及び理由を記載し、処分庁が記名押印した決定書によりしなければならない。
2　処分庁は、前項の決定書（再調査の請求に係る処分の全部を取り消し、又は撤廃する決定に係るものを除く。）に、再調査の請求に係る処分につき審査請求をすることができる旨（却下の決定である場合にあっては、当該却下の決定が違法な場合に限り審査請求をすることができる旨）並びに審査請求をすべき行政庁及び審査請求期間を記載して、これらを教示しなければならない。

（審査請求に関する規定の準用）
第六十一条　第九条第四項、第十条から第十六条まで、第十八条第三項、第十九条（第三項並びに第五項第一号及び第二号を除く。）、第二十条、第二十三条、第二十四条、第二十五条（第三項を除く。）、第二十六条、第二十七条、第三十一条（第五項を除く。）、第三十二条（第二項を除く。）、第三十九条、第五十一条及び第五十三条の規定は、再調査の請求について準用する。この場合において、別表第二の上欄に掲げる規定中同表の中欄に掲げる字句は、それぞれ同表の下欄に掲げる字句に読み替えるものとする。

第四章　再審査請求

（再審査請求期間）

第六十二条　再審査請求は、原裁決があったことを知った日の翌日から起算して一月を経過したときは、することができない。ただし、正当な理由があるときは、この限りでない。
2　再審査請求は、原裁決があった日の翌日から起算して一年を経過したときは、することができない。ただし、正当な理由があるときは、この限りでない。
（裁決書の送付）
第六十三条　第六十六条第一項において読み替えて準用する第十一条第二項に規定する審理員又は第六十六条第一項において準用する第九条第一項各号に掲げる機関である再審査庁（他の法律の規定により再審査請求がされた行政庁（第六十六条第一項において読み替えて準用する第十四条の規定により引継ぎを受けた行政庁を含む。）をいう。以下同じ。）は、原裁決をした行政庁に対し、原裁決に係る裁決書の送付を求めるものとする。
（再審査請求の却下又は棄却の裁決）
第六十四条　再審査請求が法定の期間経過後にされたものである場合その他不適法である場合には、再審査庁は、裁決で、当該再審査請求を却下する。
2　再審査請求が理由がない場合には、再審査庁は、裁決で、当該再審査請求を棄却する。
3　再審査請求に係る原裁決（審査請求を却下し、又は棄却したものに限る。）が違法又は不当である場合において、当該審査請求に係る処分が違法又は不当のいずれでもないときは、再審査庁は、裁決で、当該再審査請求を棄却する。
4　前項に規定する場合のほか、再審査請求に係る原裁決等が違法又は不当ではあるが、これを取り消し、又は撤廃することにより公の利益に著しい障害を生ずる場合において、再審査請求人の受ける損害の程度、その損害の賠償又は防止の程度及び方法その他一切の事情を考慮した上、原裁決等を取り消し、又は撤廃することが公共の福祉に適合しないと認めるときは、再審査庁は、裁決で、当該再審査請求を棄却することができる。この場合には、再審査庁は、裁決の主文で、当該原裁決等が違法又は不当であることを宣言しなければならない。
（再審査請求の認容の裁決）
第六十五条　原裁決等（事実上の行為を除く。）についての再審査請求が理由がある場合（前条第三項に規定する場合及び同条第四項の規定の適用がある場合を除く。）には、再審査庁は、裁決で、当該原裁決等の全部又は一部を取り消す。
2　事実上の行為についての再審査請求が理由がある場合（前条第四項の規定の適用がある場合を除く。）には、裁決で、当該事実上の行為が違法又は不当である旨を宣言するとともに、処分庁に対し、当該事実上の行為の全部又は一部を撤廃すべき旨を命ずる。
（審査請求に関する規定の準用）
第六十六条　第二章（第九条第三項、第十八条（第三項を除く。）、第十九条第三項並びに第五項第一号及び第二号、第二十二条、第二十五条第二項、第二十九条（第一項を除く。）、第三十条第一項、第四十一条第二項第一号イ及びロ、第四節、第四十五条から第四十九条まで並びに第五十条第三項を除く。）の規定は、再審査請求について準用する。この場合において、別表第三の上欄に掲げる規定中同表の中欄に掲げる字句は、それぞれ同表の下欄に掲げる字句に読み替えるものとする。
2　再審査庁が前項において準用する第九条第一項各号に掲げる機関である場合には、前項において準用する第十七条、第四十条、第四十二条及び第五十条第二項の規定は、適用しない。

　　　第五章　行政不服審査会等
　　　　第一節　行政不服審査会
　　　　　第一款　設置及び組織
（設置）
第六十七条　総務省に、行政不服審査会（以下「審査会」という。）を置く。
2　審査会は、この法律の規定によりその権限に属させられた事項を処理する。
（組織）
第六十八条　審査会は、委員九人をもって組織する。
2　委員は、非常勤とする。ただし、そのうち三人以内は、常勤とすることができる。
（委員）
第六十九条　委員は、審査会の権限に属する事項に関し公正な判断をすることができ、かつ、法律又は行政に関して優れた識見を有する者のうちから、両議院の同意を得て、総務大臣が任命する。
2　委員の任期が満了し、又は欠員を生じた場合において、国会の閉会又は衆議院の解散のために両議院の同意を得ることができないときは、総務大臣は、前項の規定にかかわらず、同項に定める資格を有する者のうちから、委員を任命することができる。
3　前項の場合においては、任命後最初の国会で両議院の事後の承認を得なければならない。この場合において、両議

院の事後の承認が得られないときは、総務大臣は、直ちにその委員を罷免しなければならない。
4　委員の任期は、三年とする。ただし、補欠の委員の任期は、前任者の残任期間とする。
5　委員は、再任されることができる。
6　委員の任期が満了したときは、当該委員は、後任者が任命されるまで引き続きその職務を行うものとする。
7　総務大臣は、委員が心身の故障のために職務の執行ができないと認める場合又は委員に職務上の義務違反その他委員たるに適しない非行があると認める場合には、両議院の同意を得て、その委員を罷免することができる。
8　委員は、職務上知ることができた秘密を漏らしてはならない。その職を退いた後も同様とする。
9　委員は、在任中、政党その他の政治的団体の役員となり、又は積極的に政治運動をしてはならない。
10　常勤の委員は、在任中、総務大臣の許可がある場合を除き、報酬を得て他の職務に従事し、又は営利事業を営み、その他金銭上の利益を目的とする業務を行ってはならない。
11　委員の給与は、別に法律で定める。
　（会長）
第七十条　審査会に、会長を置き、委員の互選により選任する。
2　会長は、会務を総理し、審査会を代表する。
3　会長に事故があるときは、あらかじめその指名する委員が、その職務を代理する。
　（専門委員）
第七十一条　審査会に、専門の事項を調査させるため、専門委員を置くことができる。
2　専門委員は、学識経験のある者のうちから、総務大臣が任命する。
3　専門委員は、その者の任命に係る当該専門の事項に関する調査が終了したときは、解任されるものとする。
4　専門委員は、非常勤とする。
　（合議体）
第七十二条　審査会は、委員のうちから、審査会が指名する者三人をもって構成する合議体で、審査請求に係る事件について調査審議する。
2　前項の規定にかかわらず、審査会が定める場合においては、委員の全員をもって構成する合議体で、審査請求に係る事件について調査審議する。
　（事務局）
第七十三条　審査会の事務を処理させるため、審査会に事務局を置く。
2　事務局に、事務局長のほか、所要の職員を置く。
3　事務局長は、会長の命を受けて、局務を掌理する。
　　　　第二款　審査会の調査審議の手続
　（審査会の調査権限）
第七十四条　審査会は、必要があると認める場合には、審査請求に係る事件に関し、審査請求人、参加人又は第四十三条第一項の規定により審査会に諮問をした審査庁（以下この款において「審査関係人」という。）にその主張を記載した書面（以下この款において「主張書面」という。）又は資料の提出を求めること、適当と認める者にその知っている事実の陳述又は鑑定を求めることその他必要な調査をすることができる。
　（意見の陳述）
第七十五条　審査会は、審査関係人の申立てがあった場合には、当該審査関係人に口頭で意見を述べる機会を与えなければならない。ただし、審査会が、その必要がないと認める場合には、この限りでない。
2　前項本文の場合において、審査請求人又は参加人は、審査会の許可を得て、補佐人とともに出頭することができる。
　（主張書面等の提出）
第七十六条　審査関係人は、審査会に対し、主張書面又は資料を提出することができる。この場合において、審査会が、主張書面又は資料を提出すべき相当の期間を定めたときは、その期間内にこれを提出しなければならない。
　（委員による調査手続）
第七十七条　審査会は、必要があると認める場合には、その指名する委員に、第七十四条の規定による調査をさせ、又は第七十五条第一項本文の規定による審査関係人の意見の陳述を聴かせることができる。
　（提出資料の閲覧等）
第七十八条　審査関係人は、審査会に対し、審査会に提出された主張書面若しくは資料の閲覧（電磁的記録にあっては、記録された事項を審査会が定める方法により表示したものの閲覧）又は当該主張書面若しくは当該資料の写し若しくは当該電磁的記録に記録された事項を記載した書面の交付を求めることができる。この場合において、審査会は、第三者の利益を害するおそれがあると認めるとき、その他正当な理由があるときでなければ、その閲覧又は交付を拒むことができない。
2　審査会は、前項の規定による閲覧をさせ、又は同項の規定による交付をしようとするときは、当該閲覧又は交付に

係る主張書面又は資料の提出人の意見を聴かなければならない。ただし、審査会が、その必要がないと認めるときは、この限りでない。
3　審査会は、第一項の規定による閲覧について、日時及び場所を指定することができる。
4　第一項の規定による交付を受ける審査請求人又は参加人は、政令で定めるところにより、実費の範囲内において政令で定める額の手数料を納めなければならない。
5　審査会は、経済的困難その他特別の理由があると認めるときは、政令で定めるところにより、前項の手数料を減額し、又は免除することができる。
　（答申書の送付等）
第七十九条　審査会は、諮問に対する答申をしたときは、答申書の写しを審査請求人及び参加人に送付するとともに、答申の内容を公表するものとする。
　　　　　第三款　雑則
（政令への委任）
第八十条　この法律に定めるもののほか、審査会に関し必要な事項は、政令で定める。
　　　第二節　地方公共団体に置かれる機関
第八十一条　地方公共団体に、執行機関の附属機関として、この法律の規定によりその権限に属させられた事項を処理するための機関を置く。
2　前項の規定にかかわらず、地方公共団体は、当該地方公共団体における不服申立ての状況等に鑑み同項の機関を置くことが不適当又は困難であるときは、条例で定めるところにより、事件ごとに、執行機関の附属機関として、この法律の規定によりその権限に属させられた事項を処理するための機関を置くこととすることができる。
3　前節第二款の規定は、前二項の機関について準用する。この場合において、第七十八条第四項及び第五項中「政令」とあるのは、「条例」と読み替えるものとする。
4　前三項に定めるもののほか、第一項又は第二項の機関の組織及び運営に関し必要な事項は、当該機関を置く地方公共団体の条例（地方自治法第二百五十二条の七第一項の規定により共同設置する機関にあっては、同項の規約）で定める。

　　　第六章　補則
（不服申立てをすべき行政庁等の教示）
第八十二条　行政庁は、審査請求若しくは再調査の請求又は他の法令に基づく不服申立て（以下この条において「不服申立て」と総称する。）をすることができる処分をする場合には、処分の相手方に対し、当該処分につき不服申立てをすることができる旨並びに不服申立てをすべき行政庁及び不服申立てをすることができる期間を書面で教示しなければならない。ただし、当該処分を口頭でする場合は、この限りでない。
2　行政庁は、利害関係人から、当該処分が不服申立てをすることができる処分であるかどうか並びに当該処分が不服申立てをすることができるものである場合における不服申立てをすべき行政庁及び不服申立てをすることができる期間につき教示を求められたときは、当該事項を教示しなければならない。
3　前項の場合において、教示を求めた者が書面による教示を求めたときは、当該教示は、書面でしなければならない。
　（教示をしなかった場合の不服申立て）
第八十三条　行政庁が前条の規定による教示をしなかった場合には、当該処分について不服がある者は、当該処分庁に不服申立書を提出することができる。
2　第十九条（第五項第一号及び第二号を除く。）の規定は、前項の不服申立書について準用する。
3　第一項の規定により不服申立書の提出があった場合において、当該処分が処分庁以外の行政庁に対し審査請求をすることができる処分であるときは、処分庁は、速やかに、当該不服申立書を当該行政庁に送付しなければならない。当該処分が他の法令に基づき、処分庁以外の行政庁に不服申立てをすることができる処分であるときも、同様とする。
4　前項の規定により不服申立書が送付されたときは、初めから当該行政庁に審査請求又は当該法令に基づく不服申立てがされたものとみなす。
5　第三項の場合を除くほか、第一項の規定により不服申立書が提出されたときは、初めから当該処分庁に審査請求又は当該法令に基づく不服申立てがされたものとみなす。
　（情報の提供）
第八十四条　審査請求、再調査の請求若しくは再審査請求又は他の法令に基づく不服申立て（以下この条及び次条において「不服申立て」と総称する。）につき裁決、決定その他の処分（同条において「裁決等」という。）をする権限を有する行政庁は、不服申立てをしようとする者又は不服申立てをした者の求めに応じ、不服申立書の記載に関する事項その他の不服申立てに必要な情報の提供に努めなければならない。
　（公表）

行政不服審査法

第八十五条　不服申立てにつき裁決等をする権限を有する行政庁は、当該行政庁がした裁決等の内容その他当該行政庁における不服申立ての処理状況について公表するよう努めなければならない。
　（政令への委任）
第八十六条　この法律に定めるもののほか、この法律の実施のために必要な事項は、政令で定める。
　（罰則）
第八十七条　第六十九条第八項の規定に違反して秘密を漏らした者は、一年以下の懲役又は五十万円以下の罰金に処する。

◎ 行政事件訴訟法（Unit 38～49）

　　目次
　　　第一章　総則（第一条－第七条）
　　　第二章　抗告訴訟
　　　　第一節　取消訴訟（第八条－第三十五条）
　　　　第二節　その他の抗告訴訟（第三十六条－第三十八条）
　　　第三章　当事者訴訟（第三十九条－第四十一条）
　　　第四章　民衆訴訟及び機関訴訟（第四十二条・第四十三条）
　　　第五章　補則（第四十四条－第四十六条）

　　　第一章　総則
　（この法律の趣旨）
第一条　行政事件訴訟については、他の法律に特別の定めがある場合を除くほか、この法律の定めるところによる。
　（行政事件訴訟）
第二条　この法律において「行政事件訴訟」とは、抗告訴訟、当事者訴訟、民衆訴訟及び機関訴訟をいう。
　（抗告訴訟）
第三条　この法律において「抗告訴訟」とは、行政庁の公権力の行使に関する不服の訴訟をいう。
2　この法律において「処分の取消しの訴え」とは、行政庁の処分その他公権力の行使に当たる行為（次項に規定する裁決、決定その他の行為を除く。以下単に「処分」という。）の取消しを求める訴訟をいう。
3　この法律において「裁決の取消しの訴え」とは、審査請求その他の不服申立て（以下単に「審査請求」という。）に対する行政庁の裁決、決定その他の行為（以下単に「裁決」という。）の取消しを求める訴訟をいう。
4　この法律において「無効等確認の訴え」とは、処分若しくは裁決の存否又はその効力の有無の確認を求める訴訟をいう。
5　この法律において「不作為の違法確認の訴え」とは、行政庁が法令に基づく申請に対し、相当の期間内に何らかの処分又は裁決をすべきであるにかかわらず、これをしないことについての違法の確認を求める訴訟をいう。
6　この法律において「義務付けの訴え」とは、次に掲げる場合において、行政庁がその処分又は裁決をすべき旨を命ずることを求める訴訟をいう。
　一　行政庁が一定の処分をすべきであるにかかわらずこれがされないとき（次号に掲げる場合を除く。）。
　二　行政庁に対し一定の処分又は裁決を求める旨の法令に基づく申請又は審査請求がされた場合において、当該行政庁がその処分又は裁決をすべきであるにかかわらずこれがされないとき。
7　この法律において「差止めの訴え」とは、行政庁が一定の処分又は裁決をすべきでないにかかわらずこれがされようとしている場合において、行政庁がその処分又は裁決をしてはならない旨を命ずることを求める訴訟をいう。
　（当事者訴訟）
第四条　この法律において「当事者訴訟」とは、当事者間の法律関係を確認し又は形成する処分又は裁決に関する訴訟で法令の規定によりその法律関係の当事者の一方を被告とするもの及び公法上の法律関係に関する確認の訴えその他の公法上の法律関係に関する訴訟をいう。
　（民衆訴訟）
第五条　この法律において「民衆訴訟」とは、国又は公共団体の機関の法規に適合しない行為の是正を求める訴訟で、選挙人たる資格その他自己の法律上の利益にかかわらない資格で提起するものをいう。
　（機関訴訟）
第六条　この法律において「機関訴訟」とは、国又は公共団体の機関相互間における権限の存否又はその行使に関する紛争についての訴訟をいう。
　（この法律に定めがない事項）
第七条　行政事件訴訟に関し、この法律に定めがない事項については、民事訴訟の例による。

　　　第二章　抗告訴訟
　　　　第一節　取消訴訟
　（処分の取消しの訴えと審査請求との関係）
第八条　処分の取消しの訴えは、当該処分につき法令の規定により審査請求をすることができる場合においても、直ちに提起することを妨げない。ただし、法律に当該処分についての審査請求に対する裁決を経た後でなければ処分の取消しの訴えを提起することができない旨の定めがあるときは、この限りでない。

2　前項ただし書の場合においても、次の各号の一に該当するときは、裁決を経ないで、処分の取消しの訴えを提起することができる。
　一　審査請求があつた日から三箇月を経過しても裁決がないとき。
　二　処分、処分の執行又は手続の続行により生ずる著しい損害を避けるため緊急の必要があるとき。
　三　その他裁決を経ないことにつき正当な理由があるとき。
3　第一項本文の場合において、当該処分につき審査請求がされているときは、裁判所は、その審査請求に対する裁決があるまで（審査請求があつた日から三箇月を経過しても裁決がないときは、その期間を経過するまで）、訴訟手続を中止することができる。
　（原告適格）
第九条　処分の取消しの訴え及び裁決の取消しの訴え（以下「取消訴訟」という。）は、当該処分又は裁決の取消しを求めるにつき法律上の利益を有する者（処分又は裁決の効果が期間の経過その他の理由によりなくなつた後においてもなお処分又は裁決の取消しによって回復すべき法律上の利益を有する者を含む。）に限り、提起することができる。
2　裁判所は、処分又は裁決の相手方以外の者について前項に規定する法律上の利益の有無を判断するに当たつては、当該処分又は裁決の根拠となる法令の規定の文言のみによることなく、当該法令の趣旨及び目的並びに当該処分において考慮されるべき利益の内容及び性質を考慮するものとする。この場合において、当該法令の趣旨及び目的を考慮するに当たつては、当該法令と目的を共通にする関係法令があるときはその趣旨及び目的をも参酌するものとし、当該利益の内容及び性質を考慮するに当たつては、当該処分又は裁決がその根拠となる法令に違反してされた場合に害されることとなる利益の内容及び性質並びにこれが害される態様及び程度をも勘案するものとする。
　（取消しの理由の制限）
第十条　取消訴訟においては、自己の法律上の利益に関係のない違法を理由として取消しを求めることができない。
2　処分の取消しの訴えとその処分についての審査請求を棄却した裁決の取消しの訴えとを提起することができる場合には、裁決の取消しの訴えにおいては、処分の違法を理由として取消しを求めることができない。
　（被告適格等）
第十一条　処分又は裁決をした行政庁（処分又は裁決があつた後に当該行政庁の権限が他の行政庁に承継されたときは、当該他の行政庁。以下同じ。）が国又は公共団体に所属する場合には、取消訴訟は、次の各号に掲げる訴えの区分に応じてそれぞれ当該各号に定める者を被告として提起しなければならない。
　一　処分の取消しの訴え　当該処分をした行政庁の所属する国又は公共団体
　二　裁決の取消しの訴え　当該裁決をした行政庁の所属する国又は公共団体
2　処分又は裁決をした行政庁が国又は公共団体に所属しない場合には、取消訴訟は、当該行政庁を被告として提起しなければならない。
3　前二項の規定により被告とすべき国若しくは公共団体又は行政庁がない場合には、取消訴訟は、当該処分又は裁決に係る事務の帰属する国又は公共団体を被告として提起しなければならない。
4　第一項又は前項の規定により国又は公共団体を被告として取消訴訟を提起する場合には、訴状には、民事訴訟の例により記載すべき事項のほか、次の各号に掲げる訴えの区分に応じてそれぞれ当該各号に定める行政庁を記載するものとする。
　一　処分の取消しの訴え　当該処分をした行政庁
　二　裁決の取消しの訴え　当該裁決をした行政庁
5　第一項又は第三項の規定により国又は公共団体を被告として取消訴訟が提起された場合には、被告は、遅滞なく、裁判所に対し、前項各号に掲げる訴えの区分に応じてそれぞれ当該各号に定める行政庁を明らかにしなければならない。
6　処分又は裁決をした行政庁は、当該処分又は裁決に係る第一項の規定による国又は公共団体を被告とする訴訟について、裁判上の一切の行為をする権限を有する。
　（管轄）
第十二条　取消訴訟は、被告の普通裁判籍の所在地を管轄する裁判所又は処分若しくは裁決をした行政庁の所在地を管轄する裁判所の管轄に属する。
2　土地の収用、鉱業権の設定その他不動産又は特定の場所に係る処分又は裁決についての取消訴訟は、その不動産又は場所の所在地の裁判所にも、提起することができる。
3　取消訴訟は、当該処分又は裁決に関し事案の処理に当たつた下級行政機関の所在地の裁判所にも、提起することができる。
4　国又は独立行政法人通則法（平成十一年法律第百三号）第二条第一項に規定する独立行政法人若しくは別表に掲げる法人を被告とする取消訴訟は、原告の普通裁判籍の所在地を管轄する高等裁判所の所在地を管轄する地方裁判所（次項において「特定管轄裁判所」という。）にも、提起することができる。

5 　前項の規定により特定管轄裁判所に同項の取消訴訟が提起された場合であつて、他の裁判所に事実上及び法律上同一の原因に基づいてされた処分又は裁決に係る抗告訴訟が係属している場合においては、当該特定管轄裁判所は、当事者の住所又は所在地、尋問を受けるべき証人の住所、争点又は証拠の共通性その他の事情を考慮して、相当と認めるときは、申立てにより又は職権で、訴訟の全部又は一部について、当該他の裁判所又は第一項から第三項までに定める裁判所に移送することができる。
（関連請求に係る訴訟の移送）
第十三条　取消訴訟と次の各号の一に該当する請求（以下「関連請求」という。）に係る訴訟とが各別の裁判所に係属する場合において、相当と認めるときは、関連請求に係る訴訟の係属する裁判所は、申立てにより又は職権で、その訴訟を取消訴訟の係属する裁判所に移送することができる。ただし、取消訴訟又は関連請求に係る訴訟の係属する裁判所が高等裁判所であるときは、この限りでない。
一　当該処分又は裁決に関連する原状回復又は損害賠償の請求
二　当該処分とともに一個の手続を構成する他の処分の取消しの請求
三　当該処分に係る裁決の取消しの請求
四　当該裁決に係る処分の取消しの請求
五　当該処分又は裁決の取消しを求める他の請求
六　その他当該処分又は裁決の取消しの請求と関連する請求
（出訴期間）
第十四条　取消訴訟は、処分又は裁決があつたことを知つた日から六箇月を経過したときは、提起することができない。ただし、正当な理由があるときは、この限りでない。
2 　取消訴訟は、処分又は裁決の日から一年を経過したときは、提起することができない。ただし、正当な理由があるときは、この限りでない。
3 　処分又は裁決につき審査請求をすることができる場合又は行政庁が誤つて審査請求をすることができる旨を教示した場合において、審査請求があつたときは、処分又は裁決に係る取消訴訟は、その審査請求をした者については、前二項の規定にかかわらず、これに対する裁決があつたことを知つた日から六箇月を経過したとき又は当該裁決の日から一年を経過したときは、提起することができない。ただし、正当な理由があるときは、この限りでない。
（被告を誤つた訴えの救済）
第十五条　取消訴訟において、原告が故意又は重大な過失によらないで被告とすべき者を誤つたときは、裁判所は、原告の申立てにより、決定をもつて、被告を変更することを許すことができる。
2 　前項の決定は、書面でするものとし、その正本を新たな被告に送達しなければならない。
3 　第一項の決定があつたときは、出訴期間の遵守については、新たな被告に対する訴えは、最初に訴えを提起した時に提起されたものとみなす。
4 　第一項の決定があつたときは、従前の被告に対しては、訴えの取下げがあつたものとみなす。
5 　第一項の決定に対しては、不服を申し立てることができない。
6 　第一項の申立てを却下する決定に対しては、即時抗告をすることができる。
7 　上訴審において第一項の決定をしたときは、裁判所は、その訴訟を管轄裁判所に移送しなければならない。
（請求の客観的併合）
第十六条　取消訴訟には、関連請求に係る訴えを併合することができる。
2 　前項の規定により訴えを併合する場合において、取消訴訟の第一審裁判所が高等裁判所であるときは、関連請求に係る訴えの被告の同意を得なければならない。被告が異議を述べないで、本案について弁論をし、又は弁論準備手続において申述をしたときは、同意したものとみなす。
（共同訴訟）
第十七条　数人は、その数人の請求又はその数人に対する請求が処分又は裁決の取消しの請求と関連請求とである場合に限り、共同訴訟人として訴え、又は訴えられることができる。
2 　前項の場合には、前条第二項の規定を準用する。
（第三者による請求の追加的併合）
第十八条　第三者は、取消訴訟の口頭弁論の終結に至るまで、その訴訟の当事者の一方を被告として、関連請求に係る訴えをこれに併合して提起することができる。この場合において、当該取消訴訟が高等裁判所に係属しているときは、第十六条第二項の規定を準用する。
（原告による請求の追加的併合）
第十九条　原告は、取消訴訟の口頭弁論の終結に至るまで、関連請求に係る訴えをこれに併合して提起することができる。この場合において、当該取消訴訟が高等裁判所に係属しているときは、第十六条第二項の規定を準用する。
2 　前項の規定は、取消訴訟について民事訴訟法（平成八年法律第百九号）第百四十三条の規定の例によることを妨げ

ない。
第二十条　前条第一項前段の規定により、処分の取消しの訴えをその処分についての審査請求を棄却した裁決の取消しの訴えに併合して提起する場合には、同項後段において準用する第十六条第二項の規定にかかわらず、処分の取消しの訴えの被告の同意を得ることを要せず、また、その提起があつたときは、出訴期間の遵守については、処分の取消しの訴えは、裁決の取消しの訴えを提起した時に提起されたものとみなす。
（国又は公共団体に対する請求への訴えの変更）
第二十一条　裁判所は、取消訴訟の目的たる請求を当該処分又は裁決に係る事務の帰属する国又は公共団体に対する損害賠償その他の請求に変更することが相当であると認めるときは、請求の基礎に変更がない限り、口頭弁論の終結に至るまで、原告の申立てにより、決定をもつて、訴えの変更を許すことができる。
2　前項の決定には、第十五条第二項の規定を準用する。
3　裁判所は、第一項の規定により訴えの変更を許す決定をするには、あらかじめ、当事者及び損害賠償その他の請求に係る訴えの被告の意見をきかなければならない。
4　訴えの変更を許す決定に対しては、即時抗告をすることができる。
5　訴えの変更を許さない決定に対しては、不服を申し立てることができない。
（第三者の訴訟参加）
第二十二条　裁判所は、訴訟の結果により権利を害される第三者があるときは、当事者若しくはその第三者の申立てにより又は職権で、決定をもつて、その第三者を訴訟に参加させることができる。
2　裁判所は、前項の決定をするには、あらかじめ、当事者及び第三者の意見をきかなければならない。
3　第一項の申立てをした第三者は、その申立てを却下する決定に対して即時抗告をすることができる。
4　第一項の規定により訴訟に参加した第三者については、民事訴訟法第四十条第一項から第三項までの規定を準用する。
5　第一項の規定により第三者が参加の申立てをした場合には、民事訴訟法第四十五条第三項及び第四項の規定を準用する。
（行政庁の訴訟参加）
第二十三条　裁判所は、処分又は裁決をした行政庁以外の行政庁を訴訟に参加させることが必要であると認めるときは、当事者若しくはその行政庁の申立てにより又は職権で、決定をもつて、その行政庁を訴訟に参加させることができる。
2　裁判所は、前項の決定をするには、あらかじめ、当事者及び当該行政庁の意見をきかなければならない。
3　第一項の規定により訴訟に参加した行政庁については、民事訴訟法第四十五条第一項及び第二項の規定を準用する。
（釈明処分の特則）
第二十三条の二　裁判所は、訴訟関係を明瞭にするため、必要があると認めるときは、次に掲げる処分をすることができる。
　一　被告である国若しくは公共団体に所属する行政庁又は被告である行政庁に対し、処分又は裁決の内容、処分又は裁決の根拠となる法令の条項、処分又は裁決の原因となる事実その他処分又は裁決の理由を明らかにする資料（次項に規定する審査請求に係る事件の記録を除く。）であつて当該行政庁が保有するものの全部又は一部の提出を求めること。
　二　前号に規定する行政庁以外の行政庁に対し、同号に規定する資料であつて当該行政庁が保有するものの全部又は一部の送付を嘱託すること。
2　裁判所は、処分についての審査請求に対する裁決を経た後に取消訴訟の提起があつたときは、次に掲げる処分をすることができる。
　一　被告である国若しくは公共団体に所属する行政庁又は被告である行政庁に対し、当該審査請求に係る事件の記録であつて当該行政庁が保有するものの全部又は一部の提出を求めること。
　二　前号に規定する行政庁以外の行政庁に対し、同号に規定する事件の記録であつて当該行政庁が保有するものの全部又は一部の送付を嘱託すること。
（職権証拠調べ）
第二十四条　裁判所は、必要があると認めるときは、職権で、証拠調べをすることができる。ただし、その証拠調べの結果について、当事者の意見をきかなければならない。
（執行停止）
第二十五条　処分の取消しの訴えの提起は、処分の効力、処分の執行又は手続の続行を妨げない。
2　処分の取消しの訴えの提起があつた場合において、処分、処分の執行又は手続の続行により生ずる重大な損害を避けるため緊急の必要があるときは、裁判所は、申立てにより、決定をもつて、処分の効力、処分の執行又は手続の続行の全部又は一部の停止（以下「執行停止」という。）をすることができる。ただし、処分の効力の停止は、処分の執行又は手続の続行の停止によつて目的を達することができる場合には、することができない。

3　裁判所は、前項に規定する重大な損害を生ずるか否かを判断するに当たつては、損害の回復の困難の程度を考慮するものとし、損害の性質及び程度並びに処分の内容及び性質をも勘案するものとする。
4　執行停止は、公共の福祉に重大な影響を及ぼすおそれがあるとき、又は本案について理由がないとみえるときは、することができない。
5　第二項の決定は、疎明に基づいてする。
6　第二項の決定は、口頭弁論を経ないですることができる。ただし、あらかじめ、当事者の意見をきかなければならない。
7　第二項の申立てに対する決定に対しては、即時抗告をすることができる。
8　第二項の決定に対する即時抗告は、その決定の執行を停止する効力を有しない。
（事情変更による執行停止の取消し）
第二十六条　執行停止の決定が確定した後に、その理由が消滅し、その他事情が変更したときは、裁判所は、相手方の申立てにより、決定をもつて、執行停止の決定を取り消すことができる。
2　前項の申立てに対する決定及びこれに対する不服については、前条第五項から第八項までの規定を準用する。
（内閣総理大臣の異議）
第二十七条　第二十五条第二項の申立てがあつた場合には、内閣総理大臣は、裁判所に対し、異議を述べることができる。執行停止の決定があつた後においても、同様とする。
2　前項の異議には、理由を附さなければならない。
3　前項の異議の理由においては、内閣総理大臣は、処分の効力を存続し、処分を執行し、又は手続を続行しなければ、公共の福祉に重大な影響を及ぼすおそれのある事情を示すものとする。
4　第一項の異議があつたときは、裁判所は、執行停止をすることができず、また、すでに執行停止の決定をしているときは、これを取り消さなければならない。
5　第一項後段の異議は、執行停止の決定をした裁判所に対して述べなければならない。ただし、その決定に対する抗告が抗告裁判所に係属しているときは、抗告裁判所に対して述べなければならない。
6　内閣総理大臣は、やむをえない場合でなければ、第一項の異議を述べてはならず、また、異議を述べたときは、次の常会において国会にこれを報告しなければならない。
（執行停止等の管轄裁判所）
第二十八条　執行停止又はその決定の取消しの申立ての管轄裁判所は、本案の係属する裁判所とする。
（執行停止に関する規定の準用）
第二十九条　前四条の規定は、裁決の取消しの訴えの提起があつた場合における執行停止に関する事項について準用する。
（裁量処分の取消し）
第三十条　行政庁の裁量処分については、裁量権の範囲をこえ又はその濫用があつた場合に限り、裁判所は、その処分を取り消すことができる。
（特別の事情による請求の棄却）
第三十一条　取消訴訟については、処分又は裁決が違法ではあるが、これを取り消すことにより公の利益に著しい障害を生ずる場合において、原告の受ける損害の程度、その損害の賠償又は防止の程度及び方法その他一切の事情を考慮したうえ、処分又は裁決を取り消すことが公共の福祉に適合しないと認めるときは、裁判所は、請求を棄却することができる。この場合には、当該判決の主文において、処分又は裁決が違法であることを宣言しなければならない。
2　裁判所は、相当と認めるときは、終局判決前に、判決をもつて、処分又は裁決が違法であることを宣言することができる。
3　終局判決に事実及び理由を記載するには、前項の判決を引用することができる。
（取消判決等の効力）
第三十二条　処分又は裁決を取り消す判決は、第三者に対しても効力を有する。
2　前項の規定は、執行停止の決定又はこれを取り消す決定に準用する。
第三十三条　処分又は裁決を取り消す判決は、その事件について、処分又は裁決をした行政庁その他の関係行政庁を拘束する。
2　申請を却下し若しくは棄却した処分又は審査請求を却下し若しくは棄却した裁決が判決により取り消されたときは、その処分又は裁決をした行政庁は、判決の趣旨に従い、改めて申請に対する処分又は審査請求に対する裁決をしなければならない。
3　前項の規定は、申請に基づいてした処分又は審査請求を認容した裁決が判決により手続に違法があることを理由として取り消された場合に準用する。
4　第一項の規定は、執行停止の決定に準用する。

(第三者の再審の訴え)
第三十四条　処分又は裁決を取り消す判決により権利を害された第三者で、自己の責めに帰することができない理由により訴訟に参加することができなかつたため判決に影響を及ぼすべき攻撃又は防御の方法を提出することができなかつたものは、これを理由として、確定の終局判決に対し、再審の訴えをもつて、不服の申立をすることができる。
2　前項の訴えは、確定判決を知つた日から三十日以内に提起しなければならない。
3　前項の期間は、不変期間とする。
4　第一項の訴えは、判決が確定した日から一年を経過したときは、提起することができない。
(訴訟費用の裁判の効力)
第三十五条　国又は公共団体に所属する行政庁が当事者又は参加人である訴訟における確定した訴訟費用の裁判は、当該行政庁が所属する国又は公共団体に対し、又はそれらの者のために、効力を有する。

　　　第二節　その他の抗告訴訟
(無効等確認の訴えの原告適格)
第三十六条　無効等確認の訴えは、当該処分又は裁決に続く処分により損害を受けるおそれのある者その他当該処分又は裁決の無効等の確認を求めるにつき法律上の利益を有する者で、当該処分若しくは裁決の存否又はその効力の有無を前提とする現在の法律関係に関する訴えによつて目的を達することができないものに限り、提起することができる。
(不作為の違法確認の訴えの原告適格)
第三十七条　不作為の違法確認の訴えは、処分又は裁決についての申請をした者に限り、提起することができる。
(義務付けの訴えの要件等)
第三十七条の二　第三条第六項第一号に掲げる場合において、義務付けの訴えは、一定の処分がされないことにより重大な損害を生ずるおそれがあり、かつ、その損害を避けるため他に適当な方法がないときに限り、提起することができる。
2　裁判所は、前項に規定する重大な損害を生ずるか否かを判断するに当たつては、損害の回復の困難の程度を考慮するものとし、損害の性質及び程度並びに処分の内容及び性質をも勘案するものとする。
3　第一項の義務付けの訴えは、行政庁が一定の処分をすべき旨を命ずることを求めるにつき法律上の利益を有する者に限り、提起することができる。
4　前項に規定する法律上の利益の有無の判断については、第九条第二項の規定を準用する。
5　義務付けの訴えが第一項及び第三項に規定する要件に該当する場合において、その義務付けの訴えに係る処分につき、行政庁がその処分をすべきであることがその処分の根拠となる法令の規定から明らかであると認められ又は行政庁がその処分をしないことがその裁量権の範囲を超え若しくはその濫用となると認められるときは、裁判所は、行政庁がその処分をすべき旨を命ずる判決をする。
第三十七条の三　第三条第六項第二号に掲げる場合において、義務付けの訴えは、次の各号に掲げる要件のいずれかに該当するときに限り、提起することができる。
　一　当該法令に基づく申請又は審査請求に対し相当の期間内に何らの処分又は裁決がされないこと。
　二　当該法令に基づく申請又は審査請求を却下し又は棄却する旨の処分又は裁決がされた場合において、当該処分又は裁決が取り消されるべきものであり、又は無効若しくは不存在であること。
2　前項の義務付けの訴えは、同項各号に規定する法令に基づく申請又は審査請求をした者に限り、提起することができる。
3　第一項の義務付けの訴えを提起するときは、次の各号に掲げる区分に応じてそれぞれ当該各号に定める訴えをその義務付けの訴えに併合して提起しなければならない。この場合において、当該各号に定める訴えに係る訴訟の管轄について他の法律に特別の定めがあるときは、当該義務付けの訴えに係る訴訟の管轄は、第三十八条第一項において準用する第十二条の規定にかかわらず、その定めに従う。
　一　第一項第一号に掲げる要件に該当する場合　同号に規定する処分又は裁決に係る不作為の違法確認の訴え
　二　第一項第二号に掲げる要件に該当する場合　同号に規定する処分又は裁決に係る取消訴訟又は無効等確認の訴え
4　前項の規定により併合して提起された義務付けの訴え及び同項各号に定める訴えに係る弁論及び裁判は、分離しないでしなければならない。
5　義務付けの訴えが第一項から第三項までに規定する要件に該当する場合において、同項各号に定める訴えに係る請求に理由があると認められ、かつ、その義務付けの訴えに係る処分又は裁決につき、行政庁がその処分若しくは裁決をすべきであることがその処分若しくは裁決の根拠となる法令の規定から明らかであると認められ又は行政庁がその処分若しくは裁決をしないことがその裁量権の範囲を超え若しくはその濫用となると認められるときは、裁判所は、その義務付けの訴えに係る処分又は裁決をすべき旨を命ずる判決をする。
6　第四項の規定にかかわらず、裁判所は、審理の状況その他の事情を考慮して、第三項各号に定める訴えについてのみ終局判決をすることがより迅速な争訟の解決に資すると認めるときは、当該訴えについてのみ終局判決をすること

ができる。この場合において、裁判所は、当該訴えについてのみ終局判決をしたときは、当事者の意見を聴いて、当該訴えに係る訴訟手続が完結するまでの間、義務付けの訴えに係る訴訟手続を中止することができる。
7 　第一項の義務付けの訴えのうち、行政庁が一定の裁決をすべき旨を命ずることを求めるものは、処分についての審査請求がされた場合において、当該処分に係る処分の取消しの訴え又は無効等確認の訴えを提起することができないときに限り、提起することができる。
　　（差止めの訴えの要件）
第三十七条の四　差止めの訴えは、一定の処分又は裁決がされることにより重大な損害を生ずるおそれがある場合に限り、提起することができる。ただし、その損害を避けるため他に適当な方法があるときは、この限りでない。
2 　裁判所は、前項に規定する重大な損害を生ずるか否かを判断するに当たつては、損害の回復の困難の程度を考慮するものとし、損害の性質及び程度並びに処分又は裁決の内容及び性質をも勘案するものとする。
3 　差止めの訴えは、行政庁が一定の処分又は裁決をしてはならない旨を命ずることを求めるにつき法律上の利益を有する者に限り、提起することができる。
4 　前項に規定する法律上の利益の有無の判断については、第九条第二項の規定を準用する。
5 　差止めの訴えが第一項及び第三項に規定する要件に該当する場合において、その差止めの訴えに係る処分又は裁決につき、行政庁がその処分若しくは裁決をすべきでないことがその処分若しくは裁決の根拠となる法令の規定から明らかであると認められ又は行政庁がその処分若しくは裁決をすることがその裁量権の範囲を超え若しくはその濫用となると認められるときは、裁判所は、行政庁がその処分又は裁決をしてはならない旨を命ずる判決をする。
　　（仮の義務付け及び仮の差止め）
第三十七条の五　義務付けの訴えの提起があつた場合において、その義務付けの訴えに係る処分又は裁決がされないことにより生ずる償うことのできない損害を避けるため緊急の必要があり、かつ、本案について理由があるとみえるときは、裁判所は、申立てにより、決定をもつて、仮に行政庁がその処分又は裁決をすべき旨を命ずること（以下この条において「仮の義務付け」という。）ができる。
2 　差止めの訴えの提起があつた場合において、その差止めの訴えに係る処分又は裁決がされることにより生ずる償うことのできない損害を避けるため緊急の必要があり、かつ、本案について理由があるとみえるときは、裁判所は、申立てにより、決定をもつて、仮に行政庁がその処分又は裁決をしてはならない旨を命ずること（以下この条において「仮の差止め」という。）ができる。
3 　仮の義務付け又は仮の差止めは、公共の福祉に重大な影響を及ぼすおそれがあるときは、することができない。
4 　第二十五条第五項から第八項まで、第二十六条から第二十八条まで及び第三十三条第一項の規定は、仮の義務付け又は仮の差止めに関する事項について準用する。
5 　前項において準用する第二十五条第七項の即時抗告についての裁判又は前項において準用する第二十六条第一項の決定により仮の義務付けの決定が取り消されたときは、当該行政庁は、当該仮の義務付けの決定に基づいてした処分又は裁決を取り消さなければならない。
　　（取消訴訟に関する規定の準用）
第三十八条　第十一条から第十三条まで、第十六条から第十九条まで、第二十一条から第二十三条まで、第二十四条、第三十三条及び第三十五条の規定は、取消訴訟以外の抗告訴訟について準用する。
2 　第十条第二項の規定は、処分の無効等確認の訴えとその処分についての審査請求を棄却した裁決に係る抗告訴訟とを提起することができる場合に、第二十条の規定は、処分の無効等確認の訴えをその処分についての審査請求を棄却した裁決に係る抗告訴訟に併合して提起する場合に準用する。
3 　第二十三条の二、第二十五条から第二十九条まで及び第三十二条第二項の規定は、無効等確認の訴えについて準用する。
4 　第八条及び第十条第二項の規定は、不作為の違法確認の訴えに準用する。

　　　第三章　当事者訴訟
　　（出訴の通知）
第三十九条　当事者間の法律関係を確認し又は形成する処分又は裁決に関する訴訟で、法令の規定によりその法律関係の当事者の一方を被告とするものが提起されたときは、裁判所は、当該処分又は裁決をした行政庁にその旨を通知するものとする。
　　（出訴期間の定めがある当事者訴訟）
第四十条　法令に出訴期間の定めがある当事者訴訟は、その法令に別段の定めがある場合を除き、正当な理由があるときは、その期間を経過した後であつても、これを提起することができる。
2 　第十五条の規定は、法令に出訴期間の定めがある当事者訴訟について準用する。
　　（抗告訴訟に関する規定の準用）

第四十一条 第二十三条、第二十四条、第三十三条第一項及び第三十五条の規定は当事者訴訟について、第二十三条の二の規定は当事者訴訟における処分又は裁決の理由を明らかにする資料の提出について準用する。
2 第十三条の規定は、当事者訴訟とその目的たる請求と関連請求の関係にある請求に係る訴訟とが各別の裁判所に係属する場合における移送に、第十六条から第十九条までの規定は、これらの訴えの併合について準用する。

第四章　民衆訴訟及び機関訴訟
（訴えの提起）
第四十二条　民衆訴訟及び機関訴訟は、法律に定める場合において、法律に定める者に限り、提起することができる。
（抗告訴訟又は当事者訴訟に関する規定の準用）
第四十三条　民衆訴訟又は機関訴訟で、処分又は裁決の取消しを求めるものについては、第九条及び第十条第一項の規定を除き、取消訴訟に関する規定を準用する。
2 民衆訴訟又は機関訴訟で、処分又は裁決の無効の確認を求めるものについては、第三十六条の規定を除き、無効等確認の訴えに関する規定を準用する。
3 民衆訴訟又は機関訴訟で、前二項に規定する訴訟以外のものについては、第三十九条及び第四十条第一項の規定を除き、当事者訴訟に関する規定を準用する。

第五章　補則
（仮処分の排除）
第四十四条　行政庁の処分その他公権力の行使に当たる行為については、民事保全法（平成元年法律第九十一号）に規定する仮処分をすることができない。
（処分の効力等を争点とする訴訟）
第四十五条　私法上の法律関係に関する訴訟において、処分若しくは裁決の存否又はその効力の有無が争われている場合には、第二十三条第一項及び第二項並びに第三十九条の規定を準用する。
2 前項の規定により行政庁が訴訟に参加した場合には、民事訴訟法第四十五条第一項及び第二項の規定を準用する。ただし、攻撃又は防御の方法は、当該処分若しくは裁決の存否又はその効力の有無に関するものに限り、提出することができる。
3 第一項の規定により行政庁が訴訟に参加した後において、処分若しくは裁決の存否又はその効力の有無に関する争いがなくなつたときは、裁判所は、参加の決定を取り消すことができる。
4 第一項の場合には、当該争点について第二十三条の二及び第二十四条の規定を、訴訟費用の裁判について第三十五条の規定を準用する。
（取消訴訟等の提起に関する事項の教示）
第四十六条　行政庁は、取消訴訟を提起することができる処分又は裁決をする場合には、当該処分又は裁決の相手方に対し、次に掲げる事項を書面で教示しなければならない。ただし、当該処分を口頭でする場合は、この限りでない。
　一　当該処分又は裁決に係る取消訴訟の被告とすべき者
　二　当該処分又は裁決に係る取消訴訟の出訴期間
　三　法律に当該処分についての審査請求に対する裁決を経た後でなければ処分の取消しの訴えを提起することができない旨の定めがあるときは、その旨
2 行政庁は、法律に処分についての審査請求に対する裁決に対してのみ取消訴訟を提起することができる旨の定めがある場合において、当該処分をするときは、当該処分の相手方に対し、法律にその定めがある旨を書面で教示しなければならない。ただし、当該処分を口頭でする場合は、この限りでない。
3 行政庁は、当事者間の法律関係を確認し又は形成する処分又は裁決に関する訴訟で法令の規定によりその法律関係の当事者の一方を被告とするものを提起することができる処分又は裁決をする場合には、当該処分又は裁決の相手方に対し、次に掲げる事項を書面で教示しなければならない。ただし、当該処分を口頭でする場合は、この限りでない。
　一　当該訴訟の被告とすべき者
　二　当該訴訟の出訴期間

◎ 国家賠償法 （Unit 50～55）

第一条　国又は公共団体の公権力の行使に当る公務員が、その職務を行うについて、故意又は過失によつて違法に他人に損害を加えたときは、国又は公共団体が、これを賠償する責に任ずる。
2　前項の場合において、公務員に故意又は重大な過失があつたときは、国又は公共団体は、その公務員に対して求償権を有する。

第二条　道路、河川その他の公の営造物の設置又は管理に瑕疵があつたために他人に損害を生じたときは、国又は公共団体は、これを賠償する責に任ずる。
2　前項の場合において、他に損害の原因について責に任ずべき者があるときは、国又は公共団体は、これに対して求償権を有する。

第三条　前二条の規定によつて国又は公共団体が損害を賠償する責に任ずる場合において、公務員の選任若しくは監督又は公の営造物の設置若しくは管理に当る者と公務員の俸給、給与その他の費用又は公の営造物の設置若しくは管理の費用を負担する者とが異なるときは、費用を負担する者もまた、その損害を賠償する責に任ずる。
2　前項の場合において、損害を賠償した者は、内部関係でその損害を賠償する責任ある者に対して求償権を有する。

第四条　国又は公共団体の損害賠償の責任については、前三条の規定によるの外、民法の規定による。

第五条　国又は公共団体の損害賠償の責任について民法以外の他の法律に別段の定があるときは、その定めるところによる。

第六条　この法律は、外国人が被害者である場合には、相互の保証があるときに限り、これを適用する。

第2版発刊に際し、筆者からのメッセージ（2025年3月）

鈴木　秀洋

　初版を世に出してから、5年が経った。行政を巡る状況はどのように変わったのか、変わっていないのか。本書で学び公務員として行政の現場で活躍している多くの卒業生から、本書のおかげで公務員試験に合格できた、公務員になっても本書で学んだ知識は役立っているとの多くの便りをもらう。教員としてうれしい限りである。

　本書は、こうした在学生、卒業生の感想のとおり、公務員としてのスタートラインに立つ（立とうとする）者に対して、最低限身に付けておかねばならないオーソドックスで基本的な知識を網羅的に集約し、更に、学生の感想を踏まえ第二版では重要判例や演習項目を厚くするなどして、一層公務員としての土台たる知識を身に付けてもらうために腐心した。しかし、その分、学説の深さなどについては、バランス上抑えざるを得なかった。

　昨今の公務員試験の状況を概観すると、行政法の科目をなくすだけでなく法律試験科目すらなくしている自治体が増加の一途を辿っている。自治体の人事担当からは、人材確保のためにやむを得ないとの説明を受ける。しかし、果たしてそうして職に就いた行政パーソンが、どのようにしてリーガルマインドを駆使して、法の支配に基づく行政を担い、住民の福祉の増進を追求して行くことができるのだろうか。空恐ろしい状況である。冒頭の問題提起に戻るが、行政を巡る状況について、法の支配と対置するような事件・報道が数多く起きている（兵庫県政の事案等）。本書をきちんと学び、個人の尊厳（憲法13条）の理念、住民の福祉の増進（地方自治法1条の2）に遡った行政運営を担える公務員として活躍してほしい。

田中　秀幸

　長らく公務員試験受験指導の世界に身をおいてきましたが、昨今の公務員試験の急激な変化には少々戸惑いを隠せないところがあります。特に行政法などの法律科目を含む専門試験を廃止し、試験の「ライト化」を志向する動きは、時代の流れとは言え、公務員の専門知識の欠如、職務遂行能力の低下をもたらすのではないかと危惧します。

　行政法の基礎をしっかりと身につけ、最終的には複雑な行政法令を自分の頭で解釈・運営できる人物になってほしいというのが筆者の鈴木・田中の願いであり、本書の執筆動機でもあります。時代や制度が変化していく中でも、本書の役割はむしろ大きくなっていくものと確信しております。

初版発刊に際し、筆者からのメッセージ（2020年3月）

鈴木　秀洋

　さて、本書を読んだ後に、新聞やニュース報道を見ると、景色が変わって見えないだろうか。本書発行時のわが国の状況を簡単に書き留めておきたいと思う。新型コロナ感染症対応で、日本いや世界中で先行きが見えない状態となっている。では、国民への外出自粛や緊急事態宣言は行政法的にはどういった性格のものなのであろうか。行政法は、国民の生活をどのように守っていけるのであろうか。また、災害も続いている。首都圏直下型地震や南海トラフ地震への対応も迫られている。今国民の命を守るためには、どういった法制度設計が必要なのか。さらに、児童虐待やＤＶや性暴力被害の報道はニュースにならない日はないほどである。果たして、こうした被害に行政法はきちんと向き合えているのだろうか。

　私たちの身近には行政法のテーマが満ち溢れている。基礎を学んだ皆さんなら、学んだことを基に思考し、友達と議論してみるとよい。大事なことは、目の前の様々な課題に対して、常に自分事として、自分だったらどう解決していけるかを考えてみることである。

　そして、どんな思考をするにも基になる知識が必要となる。これまでの伝統的な議論を押さえつつも、新たな課題に対しては、未来を志向するとともに思考を深め続けることが大切であろう。

　行政法は、官のための道具ではない。多様な一人ひとりの人権保障のために必要なのである。そのために、国民一人ひとりが学ぶことが不可欠なのである。国家が行っている行為の根拠を問い、原理・原則にあっているのか、自分たちには何ができるのかについて、常に問題提起し考え続けてほしい。まだまだ解明されていないことも多い。皆さんの思考と行動が新たな行政法の地平を開くのである。

田中　秀幸

　学術書を最後まで読み通すのは、かなりの労力が必要です。最後まで読み通していただき、ありがとうございました。皆さんが本書で得た行政法の知識は、今後どのように役立つのでしょうか。

　公務員を目指す方にとって行政法は、採用試験の重要科目ですが、それだけではなく、公務員になった後に毎日使う「商売道具」でもあります。公務員は各種の行政法規を駆使し、国民・住民の福利向上を図ることがその任務だからです。行政法とは、定年まで一生のお付き合いになると考えてください。

　また、コンプライアンス（法令遵守）という言葉を聞いたことがあると思いますが、民間企業が遵守すべき法令の多くは行政法の範疇に入っていますし、業務の上で行政機関と関わりのない民間企業は存在しません。そういう意味では、民間企業で勤務する場合でも、行政法の知識がやはり必要とされているのです。

　ものごとは深く知れば知るほど面白くなってくるものだと思います。皆さんが本書を足がかりにして、行政法とのお付き合いを更に深めて行くことを願っております。

第2版　おわりに

　第2版発刊の結びとしての心境は、初版のときと同様である。もう一度師からのメッセージを自らにベクトルを向けて、研究者かつ教育者としての社会的役割を果たしていきたいと考えている。

　今回も田中伸治氏の多大なご尽力のおかげで第二版を発刊できたことを心よりお礼申し上げます。

　2025年3月31日

鈴木　秀洋

おわりに（初版）

　書籍の冒頭で、鈴木と田中は大学の同門であると書いた。二人とも今では行政法を教えているが、大学時代は同じ刑事訴訟法のゼミで学んでいた。渥美東洋先生の門下生である。刑事訴訟法と書いたが、渥美東洋先生の専門を刑事訴訟法という学問領域だけに限定するのは適切ではなかろう。筆者らは、歴史、哲学、法律学全体、国家の在り方、国家と国民の関係、地域社会の在り方等様々な学びと指導を受けたからである。ご本人も刑事訴訟法という枠組だけで語られるのは潔しとしないであろう。師からの学びが、筆者らの今の行政法の捉え方に大きな影響を与えている。

　さて、常に遙か頂から筆者らにメッセージをくださった師からの「生き方」に関する言葉の一部を、筆者なりにまとめて皆さんにも届けて本書の終わりとしたい。師は、自分だけの利益を排し、いわゆる偉くなることを志向することを戒め、社会への貢献という話をよくされた。生涯に一度は社会が自分を必要とする瞬間があり、その瞬間にその期待に応えるための訓練の場としての今があると強調された。無名で平凡な日々でも腐ることなく、しっかり勉強し（「勉強しすぎて死んだ奴はいないんだ」というのも口癖だった。）、実力をつけ、苦しいことにも耐え得る力を身に付け、その瞬間に備え、日々努力することが大切であると言われた。さらに、こうも言われた。たとえ、仮にその瞬間が来なかったとしても、日々鍛錬し、その瞬間に備えて努力を積み重ねる、そうした生き方こそが尊いのです、と。

　最近、「尊い」という言葉を耳にすることが、めっきり少なくなった気がする。

　社会に貢献できる生き方を、との師の言葉を胸に、私はこれからもみなさんと歩んでいきたいと思っている。

　最後になりましたが、師との親交も深く、今回筆者らの意向を最大限尊重してくださり、本書の出版に多大な尽力をいただいた成文堂田中伸治氏に心よりお礼申し上げます。

　2020年3月31日

　　　　　　　　　　　　　　　　　　　　　　　　　　　　　　　　　　　鈴木　秀洋

事項索引

◆い◆

意見公募 …………………………………… 136
意見書 ……………………………………… 184
　──提出機会の付与 …………… 155、156
一般競争入札 ………………………… 94、96
委任命令 …………………………… 103、105
違法行為の転換 ……………………… 46、48
違法性の承継 ……………… 33、36、46、48
インカメラ審理 …………………… 156、158

◆え◆

営造物責任（2条責任）…… 261、263、277、283

◆お◆

公の営造物 …………………………… 276、277

◆か◆

概括主義 ……………………………… 175、177
外局規則 ……………………………… 103、105
会計法30条 ……………………………… 19、21
開示決定 ………………………… 150、151、153
　不── ……………………………… 152、151
　文書の存否を明らかにしない── ………… 150
開示請求 ………………………… 149、151、161、163
開発協定 ……………………………………… 95
加害公務員の特定 …………………… 266、269
学習指導要領 ………………………… 108、109
確認 ……………………………………………… 28
加算税 …………………………………… 79、82
瑕疵の治癒 …………………………… 46、47
課徴金 …………………………………… 79、82
下命 ……………………………………… 28、31
仮の義務付け・仮の差止め制度 … 244、247
監査機関 …………………………… 302、304
監査請求前置主義 ………………… 250、252
完全補償説 ………………………… 288、290

◆き◆

機関訴訟 …………………………… 249、252
期限 ……………………………………… 55、56
　始期 ……………………………………… 55
　終期 ……………………………………… 55
規制行政 ………………………………… 6、9

既判力 ………………………………… 232、234
義務付けの訴え（義務付け訴訟）……… 242、244
　申請型── …………………… 242、244、245
　非── ………………………………… 242、245
却下 ……………………………………… 176
客観訴訟 …………………… 197、249、251
客観的審査請求期間 …………… 175、177
求償権 ……………… 264、276、277、284、285
給付義務 ……………………………… 94、96
給付行政 ………………………………… 6、8、9
供給義務 ………………………………… 96
教示制度 ………………………… 190、192
行政機関 ……………………… 6、7、302、303
　──非識別加工情報等 ………… 149、152
行政規則 …………………… 105、108、109、121
行政救済 ………………………… 2、4、168
行政計画 ……………………………… 99、100
行政刑罰 ………………………………… 79、81
行政契約 ……………………………… 94、95
行政行為 ……………………………… 28、29
　──の撤回 ……………………………… 51、52
　──の附款 ……………………………… 55、56
　瑕疵ある── ……………………………… 42
　裁断的── ……………………………… 187
　取り消しうる── …………………… 42、43
　無効な── ………………………… 42、43
行政裁量 ………………………………… 59、60
行政作用 ………………………………… 2、4
行政事件訴訟法 ………………… 197、198
行政指導 ……………… 89、90、118、121
　──指針 …………… 118、133、135、137
　──中止等の求め ………………… 139
行政主体 ……………………… 6、302、303
行政上の強制執行 …………………… 73、74
行政上の強制徴収 …………………… 73、76
行政上の秩序罰 ……………………… 79、81
行政組織 ………………………………… 2、4
行政訴訟 ………………………… 197、198
行政代執行 ……………………………… 73、75
　──法 ………………………………… 73、75
行政庁 ………………………… 6、7、302、303
強制調査 ………………………………… 83、84
　間接── ……………………………… 83、84

事項索引

直接―― ………………………………… 83、84
行政調査 ………………………………… 83、84
行政不服審査会 ……………………… 181、184
行政手続法 ………………………… 91、118、120
行政罰 …………………………………… 79、80
行政不服審査法 ……………………… 168、170
行政文書 ……………………………… 146、147
行政立法 ……………………………… 103、104
競争入札制 ……………………………… 94、96
許可 ……………………………………… 28、31
緊急勅令 ……………………………… 103、106
禁止 ……………………………………… 28、31
禁反言の原則 …………………………………… 10

◆く◆

訓令 …………………………………… 108、109

◆け◆

形成的行為 ……………………………… 28、31
形成力 ………………………………… 232、234
決定 ……………………………………………… 172
　――裁量 ………………………………………… 59
権限の委任 …………………………… 306、307
権限の代理 …………………………… 306、307
原告適格 ……………… 211、212、217、242、243
原処分主義 …………………………… 197、199
顕名 …………………………………… 306、307
権力行政 ………………………………… 6、7
　非―― …………………………………… 6、7
権利濫用禁止の原則 …………………………… 10

◆こ◆

行為裁量 ………………………………………… 59
公益の原則・公益適合原則 …………………… 12
公益目的制限 ………………………………… 287
公害防止協定 …………………………… 95、97
効果裁量 ………………………………… 59、61
合議制 ………………………………………… 303
公権力責任（1条責任） ……………… 261、263
抗告訴訟 ……………………………………… 197
公証 ……………………………………… 28、32
控除説 …………………………………… 2、3
公正・透明の原則 ……………………… 10、12
拘束計画 ………………………………… 99、100
　非―― ………………………………… 99、100
拘束力 ………………………… 187、188、233、235

公聴会の開催 ………………………………… 123
公定力 …………………………… 33、35、188
合同行為 ………………………………… 94、96
公表 ……………………………………… 79、81
公法・私法二元論 ……………………… 19、20
公法関係 ………………………………… 19、20
公用目的制限 ………………………………… 287
告示 …………………………………… 108、109
告知・聴聞 …………………………………… 119
国民主権 ……………………………… 12、146
個人情報 ……………………… 149、152、155
　――ファイル ……………………………… 163
　――保護法 ………………………………… 162
国家賠償 ……………………… 168、170、261、262
　――法 ……………………… 168、170、261、262
国家補償 ……………………………………… 262
　――の谷間 ………………………… 292、293
　――法 ……………………………………… 170
国家無答責の原理 …………………… 261、262

◆さ◆

裁決 ……………………………… 40、171、186
　――主義 …………………………… 197、199
　棄却―― …………………………… 157、186、187
　却下―― ……………… 156、157、176、186、187
　事情―― …………………………… 186、174
　認容―― …………………………… 186、187
再審査請求 ……………… 169、172、190、191
裁定権 ………………………………… 303、305
裁判所管轄 …………………………… 202、204
再調査の請求 …………………… 169、172、191
裁量開示 ……………… 150、153、155、157、161
裁量の逸脱・濫用 …………………………… 225
差止めの訴え（差止訴訟） …………… 243、246
作用法的行政機関概念 ……………………… 302
参加人 ………………………… 127、130、180
参与機関 ……………………………… 302、304

◆し◆

指揮監督権 …………………………… 302、304
自己責任説 …………………………… 262、265
自己負罪拒否特権 …………………………… 86
事実行為 ………………………………………… 30
失火責任法 …………………………………… 286
執行機関 ……………………………… 302、304
執行罰 ……………………………… 73、76、80

事項索引

執行不停止の原則 …………… 184、229、230
執行命令 ……………………… 103、105
実体的審査 ……………………… 64、65
自動車検問 ……………………………… 85
指導要綱 ………………………………… 91
私法関係 ………………………… 19、20
指名競争入札 …………………… 94、96
諮問機関 ……………………… 302、303
諮問手続 ……………………… 156、158
社会観念審査 …………………………… 66
自由裁量 ………………………… 60、62
自由選択主義 ………… 155、157、201、204
重大かつ明白な瑕疵 ……… 33、42、44
重大な事実誤認 ………………… 64、65
住民監査請求 ………………… 250、252
住民訴訟 ……………………… 249、252
主観訴訟 ……………………………… 197
主観的審査請求期間 …………… 175、177
授権代理 ……………………… 306、308
主宰者 ………………………… 127、130
出訴期間 ……………………… 201、203
　客観的―― …………………… 201、203
　主観的―― …………………… 201、203
受理 …………………………… 29、32
上級庁 ………………………………… 171
条件 …………………………… 55、56
　解除―― ……………………… 55、56
　停止―― ……………………… 55、56
使用者責任 …………………………… 264
情報公開・個人情報保護審査会 ‥ 156、157、158、161、163
情報公開条例 ………………………… 147
情報（の）提供 ………………… 123、180
証明責任 ……………………………… 146
　――の原則 …………………… 10、12
省令 …………………………… 103、105
職務行為基準説 ………………… 271、273
職務質問 ……………………………… 85
職権証拠調べ ………… 181、184、225、227
職権探知 …………… 181、184、225、227
職権取消し ……………… 34、38、51、52
処分 ……………… 30、108、169、170、176
　――基準 …………… 118、121、127、129、137
　――・行政指導の求め ………………… 139
　――性 ………………… 92、101、109
　――庁 ……………………………… 171

釈明―― ……………………… 225、227
　申請に対する―― …………… 118、121、124
　不利益―― …………………… 118、121、128
自力執行力 ……………………… 38、39、74
資料の閲覧 ……………………… 127、131
知る権利 ……………………………… 146
信義則 ………………… 10、64、65、94、96
審査基準 …………… 118、121、123、124、137
審査請求 ……………………… 169、171
　――書 ……………………… 180、183
　――前置 …………… 198、200、201、204
信頼の原則 …………………………… 10
審理員 ………………………… 180、183
　――意見書 ………………… 181、184

◆す◆

随意契約 ………………………… 95、96
水害訴訟 ……………………… 280、282

◆せ◆

税務調査 ……………………………… 85
政令 …………………………… 103、105
説明責任の原則 ………………… 10、12
選択裁量 ……………………………… 59

◆そ◆

相互保証主義 ………………… 284、286
相当補償説 …………………… 288、290
即時強制 ……………………… 74、77
訴訟参加 ……………………… 225、227
　――制度 …………………… 232、234
訴訟要件 ……………………… 201、202
損失補償 …………………… 51、170、287、289

◆た◆

代位責任説 …………………… 262、265
代決・専決 …………………… 306、308
第三者効 ……………………… 232、234
代替的作為義務 ………………… 73、75
代理 …………………………… 28、32
　――人 …………… 127、128、130、131、180

◆ち◆

地方公共団体の規則 …………… 103、105
調査義務違反説 ……………………… 44
調書 ………………………… 128、131

事項索引

聴聞	127、129
直接強制	73、76

◆つ◆

通達	108、109
通知	28、32

◆て◆

訂正請求	161、163
適正手続	11、119
——の原則	10、11、119
撤回	51
撤回権の留保	55、57
手続的審査	65、67
撤廃	187

◆と◆

動機の不正ないし目的違反	64、65
当事者訴訟	197、249、250
形式的——	249、251
実質的——	110、249、250
時の裁量	60、61
特定管轄裁判所	202、205
独任制	303
特別な犠牲	287、289
独立命令	103、106
特許	28、31
届出	118、121、136
取消訴訟	34、198
——の排他的管轄	33、35
取消し・撤回自由の原則	51
努力義務	122、123、127、129、180、183

◆な◆

内閣総理大臣の異議	229、231
内閣府令	103

◆に◆

任意調査	83、84
認可	28、31

◆は◆

白紙委任	103、106
パブリックコメント	136、137
判決	232
棄却——	232、233
却下——	232、233
事情——	232、233
中間違法宣言——	232、233
認容——	232、233
犯罪捜査	84、86
反射的利益	211、213
犯則調査	84、85、87
判断過程審査	64、66
反復禁止	187、233、235
反論書	184

◆ひ◆

非権力的手法	8
被告適格	202、204
非訟事件手続法	79
必要性・有効性・効率性の原則	12
標準処理期間	123、124、180、183
平等原則	10、11、53、57、64、65、94、96
比例原則	10、12、55、57、64、65

◆ふ◆

不開示情報	149、151、152、163
不可争力	38、39、187、188
不可変更力	38、40、51、187、188
複数者への指導	135
不作為	169、170、176
——庁	171
——の違法確認の訴え	237、240
負担	55、57
部分開示	150、161
不利益変更禁止	186

◆へ◆

弁明	127、128、129、131
——書	128、131、183
弁論主義	227

◆ほ◆

法規裁量	60、62
法規命令	103、105、121
報告書	128、131
法人情報	149、152、155
法定代理	306、308
法の保護する利益説	211、212
法律行為的行政行為	28、30
準——	28、30

405

事項索引

法律上の争訟 ………………………… 249、251
法律による行政の原理 ……………… 10、11、14、15
法律の法規創造力 …………………… 14、16
法律の優位 …………………………… 14、16、34
法律の留保 …………………………… 14、16
　──の範囲 ………………………………… 14
　　権力留保説 ……………………… 14、17
　　侵害留保説 ……………………… 14、16
　　全部留保説 ……………………… 14、17
保護に値する利益説 ………………… 211、213
補助機関 ……………………………… 302、304
補正 …………………………… 123、125、149、180
本案勝訴要件 ………………………… 243、245

◆み◆

未改修河川 ……………………………………… 282
民事訴訟法 ……………………………………… 197
民衆訴訟 ……………………………… 249、252
民法177条 ……………………………… 19、21

◆む◆

無過失責任 ……………………………………… 278
　──主義 ………………………………………… 276
無効等確認の訴え …………………… 236、238

◆め◆

命令等 ………………………………… 118、136、137
命令的行為 …………………………… 28、31
免除 …………………………………… 28、31

◆も◆

申立期間 ……………………………… 175、177
申立適格 ……………………………… 176、178、218
申立要件 ……………………………… 175、176

◆よ◆

要件裁量 ……………………………… 59、61
要綱 …………………………………… 108、109
予算の抗弁 ……………………………………… 279
予防接種禍 …………………………… 292、293

◆り◆

立証責任 ……………………………… 225、228
理由提示 …………………… 123、125、128、131
利用停止請求 ………………………… 161、163
両罰規定 ……………………………… 79、81

◆れ◆

令状主義 ………………………………………… 74
列記主義 ……………………………… 175、177

判例索引

判例年月日	Unit別	頁	
最大判昭和24年7月13日	56-8	刑集3巻8号2386頁	289
広島高判昭和26年7月4日	10-3	行裁例集2巻8号1167頁	47
最判昭和27年1月25日	44	民集6巻1号22頁	225
最大判昭和28年2月18日	5	民集7巻2号157頁	19
最大判昭和28年12月23日	56-6	民集7巻13号1561頁	288
最判昭和29年1月21日	8-1	民集8巻1号102頁	38
最判昭和29年7月19日	10-2	民集8巻7号1387頁	46
最判昭和30年4月19日	50	民集9巻5号534頁	261
最判昭和30年12月26日	7-1、9-1	民集9巻14号2070頁	33、42
最判昭和31年11月30日	51-3	民集10巻11号1502頁	267
最判昭和33年3月28日	22-3	民集12巻4号624頁	108
最大判昭和33年4月30日	16-2	民集12巻6号938頁	79
最判昭和33年5月1日	21-A	刑集12巻7号1272頁	104
最判昭和34年1月29日	40-A	民集13巻1号132頁	206
最判昭和34年8月18日	41	民集13巻10号1286頁	213
最判昭和35年3月31日	5	民集14巻4号663頁	19
最判昭和35年7月12日	40-J	民集14巻9号1744頁	207
最判昭和36年3月7日	9-2	民集15巻3号381頁	42
最大判昭和36年3月15日	40-M	民集15巻3号467頁	207
最判昭和36年4月21日	7	民集15巻4号850頁	33
最判昭和36年7月14日	10-1	民集15巻7号1814頁	46
最判昭和37年1月19日	41、42-A	民集16巻1号57頁	213、215
最大判昭和38年6月26日	56-2	民集17巻5号521頁	287
最判昭和39年6月5日	16-1	刑集18巻5号189頁	79
最判昭和39年10月29日	40-1、40-K	刑集18巻8号1809頁	206、207
最判昭和40年4月28日	43-J	民集19巻3号721頁	221
最判昭和40年8月2日	43-C	民集19巻6号1393頁	220
最大判昭和41年2月23日	15-1	民集20巻2号320頁	74
最大判昭和42年5月24日	43-E	民集21巻5号1043頁	220
最大判昭和43年11月27日	56-1	民集22巻12号1402頁	287
最大判昭和43年11月27日	56-5	民集22巻12号2808頁	288
最判昭和43年12月24日	22-2、40-B	民集22巻13号3147頁	108、206
最判昭和43年12月24日	42-C	民集22巻13号3254頁	215
最大判昭和45年7月15日	40-L	民集24巻7号771頁	207
最判昭和45年8月20日	53-1、54-1	民集24巻9号1268頁	276、279
最判昭和45年12月24日	40-N	民集24巻13号2243頁	207
最判昭和46年10月28日	14-4	民集25巻7号1037頁	65
最大判昭和47年11月22日	17-3	民集26巻9号554頁	83
最判昭和47年12月5日	10-1	民集26巻10号1795頁	46
最判昭和48年4月26日	9-3	民集27巻3号629頁	42
最判昭和48年10月18日	56-7	民集27巻9号1210頁	288

判例年月日	Unit別	頁	
最判昭和49年2月5日	11-2	民集28巻1号1頁	51
最判昭和49年12月10日	43-F	民集28巻10号1868頁	220
最判昭和50年2月25日	5	民集29巻2号143頁	19
最判昭和50年6月26日	54-2	民集29巻6号851頁	279
最判昭和50年7月25日	54-3	民集29巻6号1136頁	279
最判昭和50年11月28日	55-1	民集29巻10号1797頁	284
最判昭和51年4月27日	47-1	民集30巻3号384頁	236
最判昭和52年12月20日	13-2	民集31巻7号1101頁	59
最判昭和53年2月23日	5	民集32巻1号11頁	20
最判昭和53年3月14日	42-K	民集32巻2号211頁	216
最判昭和53年5月26日	3-2、14-3	民集32巻3号689頁	12、64
最判昭和53年6月20日	17-2	刑集32巻4号670頁	83
最判昭和53年7月17日	55-2	刑集32巻5号1000頁	284
最大判昭和53年10月4日	13-1	民集32巻7号1223頁	59
最判昭和53年12月8日	40-C	民集32巻9号1617頁	206
最判昭和54年12月25日	40-O	民集33巻7号753頁	207
最判昭和55年9月22日	17-1	刑集34巻5号272頁	83
最判昭和55年11月25日	43-D	刑集34巻6号781頁	220
最判昭和56年1月27日	3-1、20-2	民集35巻1号35頁	11、100
最大判昭和56年12月16日	40-2、54-6	民集35巻10号1369頁	207、281
最判昭和57年3月12日	52-I	民集36巻3号329頁	272
最判昭和57年4月1日	51-2	民集36巻4号519頁	266
最判昭和57年4月22日	20-1、40-G	民集36巻4号705頁	99、206
最判昭和57年4月23日	13-3	民集36巻4号727頁	60
最判昭和57年7月15日	8-2	民集36巻6号1146頁	38
最判昭和57年7月15日	40-P	民集36巻6号1169頁	207
最判昭和57年9月9日	42-D、43-H	民集36巻9号1679頁	215、221
最判昭和58年2月18日	52-A	民集37巻1号101頁	271
最判昭和58年2月18日	56-3	民集37巻1号59頁	287
最判昭和59年1月26日	54-4	刑集38巻2号53頁	280
最判昭和59年2月24日	18-1	刑集38巻4号1287頁	89
最判昭和59年10月26日	43-A	刑集38巻10号1169頁	220
最判昭和60年1月22日	24-1	民集39巻1号1頁	124
最判昭和60年7月16日	18-4	民集39巻5号989頁	89
最判昭和60年11月21日	52-J	民集39巻7号1512頁	272
最判昭和61年2月27日	52-B	民集40巻1号124頁	271
最判昭和61年3月25日	54-7	民集40巻2号472頁	281
最判昭和62年4月17日	47-3	民集41巻3号286頁	236
最判昭和63年1月21日	56-4	裁判集民153号101頁	288
最判昭和63年3月31日	17-4	訟月34巻10号2074頁	84
最判昭和63年6月17日	11-1	裁判集民154号201頁、判時1289号39頁	51

407

判例索引

判例年月日	Unit別	頁	
最判平成1年2月17日	41-1、42-E	民集43巻2号56頁	211、215
最判平成1年4月13日	42-L	裁判集民156号499頁、判時1313号121頁	216
最判平成1年6月20日	42-M	裁判集民157号163頁、判時1334号201頁	216
最決平成1年11月8日	18-2	判時1328号16頁、判タ710号274頁	89
最判平成1年11月24日	52-E	民集43巻10号1169頁	272
最判平成2年1月18日	22-1	民集44巻1号1頁	108
最判平成2年2月1日	21-B	民集44巻2号369頁	104
最判平成2年7月20日	52-D	民集44巻5号938頁	271
最判平成2年12月13日	54-5	民集44巻9号1186頁	280
最判平成3年3月8日	4-1	民集45巻3号164頁	14
最判平成3年4月19日	57-1	民集45巻4号367頁	292
最判平成3年4月26日	52-2	民集45巻4号653頁	272
最判平成3年7月9日	21-C	民集45巻6号1049頁	104
最判平成4年1月24日	43-B	民集46巻1号54頁	220
最判平成4年9月22日	42-F、47-2	民集46巻6号571頁	215、236
最判平成4年10月29日	14-2、44-1	民集46巻7号1174頁	64、226
最判平成4年11月26日	20-1、40-H	民集46巻8号2658頁	99、206
最判平成5年2月18日	18-3	民集47巻2号574頁	89、266
最判平成5年3月11日	52-C	民集47巻4号2863頁	271
最判平成5年3月30日	53-2	民集47巻4号3226頁	276
最判平成7年6月23日	52-F	民集49巻6号1600頁	272
札幌地判平成9年3月27日	10-3	判時1598号33頁	47
最判平成10年4月10日	43-G	民集52巻3号677頁	221
最判平成10年12月17日	42-G	民集52巻9号1821頁	215
最判平成11年1月21日	19-1	民集53巻1号13頁	94
最判平成14年1月17日	40-D	民集56巻1号1頁	206
最判平成14年1月22日	42-H	民集56巻1号46頁	215
最判平成14年7月9日	15-2	民集56巻6号1134号	74
最判平成16年4月27日	52-G	民集58巻4号1032号	272
最判平成16年7月13日	9-3	裁判集民214号751頁、判時1874号58頁	43
最判平成16年10月15日	52-H	民集58巻7号1802頁	272
最判平成17年7月15日	40-Q	民集59巻6号1661頁	90、207
最大判平成17年9月14日	52-K	民集59巻7号2087頁	272
最判平成17年10月25日	40-Q	裁判集民218号91頁	207
最大判平成17年12月7日	41、42-I	民集59巻10号2645頁	213、215
最判平成18年7月14日	19-2、40-E	民集60巻3号2369頁	94、206
最判平成18年11月2日	14-3	民集60巻9号3249号	64
最判平成19年1月25日	51-1	民集61巻1号1号	266
最判平成19年10月19日	42-B	裁判集民226号141頁	215
最大判平成20年9月10日	20-1、40-I	民集62巻8号2029号	99、207
最判平成21年2月27日	43-I	民集63巻2号299頁	221

判例年月日	Unit別	頁	
最判平成21年7月10日	19-3	裁判集民231号273頁、判時2058号53頁、判タ1308号106頁	95
最判平成21年10月15日	42-J	民集63巻8号1711頁	216
最大判平成21年11月18日	21-D	民集63巻9号2033頁	104
最判平成21年11月26日	40-F	民集63巻9号2124頁	206
最判平成21年12月17日	10-3	民集63巻10号2631頁	46
最判平成24年2月9日	49-1	民集66巻2号183頁	243
最判平成25年1月11日	21-3	民集67巻1号1頁	104
最判平成31年1月23日	14-4	裁判集民261号1頁	68
最判令和5年7月11日	14-4	民集77巻5号1171頁	68
最大決令和5年10月25日	14-4	民集77巻7号1792頁	68

参考：平成31年（令和1年）～令和5年の主な行政法判例

判例年月日	頁	概要	参照Unit
最判平成31年2月14日	民集73巻2号123頁	市議会議員に対する厳重注意処分等による名誉棄損を理由とする国家賠償請求について、議会の内部規律の問題にとどまり、厳重注意及びその公表は違法な公権力行使とはいえないとした事案	Unit 52
最決平成31年3月12日	判時2419号3頁 判タ1460号16頁	最高裁判所裁判官国民審査法36条の審査無効訴訟は民衆訴訟であることから、同訴訟において満18歳以上の者に選挙権を与える公職選挙法9条1項の違憲性を主張することはできないとした事案	Unit 49
最判令和1年7月16日	民集73巻3号211頁	固定資産評価審査委員会の審査で主張しなかった事由を同委員会の決定への取消訴訟において主張することは審査請求前置主義（不服申立前置主義）に反しないとされた事案	Unit 39
最判令和1年7月22日	民集73巻3号245頁	自衛官が、将来の不利益処分（防衛出動命令）の予防を目的として同命令に服する公的義務の不存在の確認を求めた無名抗告訴訟につき、差止訴訟と同様に蓋然性の要件の存否を問題とした事案	Unit 48
最判令和2年3月26日	民集74巻3号471頁	沖縄防衛局に対する沖縄県の公有水面埋立承認取消処分は、国の機関が「固有の資格」（行政不服審査法7条2項）で相手方となる処分ではないとされた事案	Unit 34
最判令和2年6月30日	民集74巻4号800頁	ふるさと納税の募集及び受領に係る総務省告示について、地方税法の委任の範囲を逸脱した違法なものとして無効とした事案	Unit 21 Unit 22
最判令和2年7月6日	判タ1480号123頁 判自466号42頁	いじめの被害生徒の受診に際して虚偽説明を指示した市立中学校教師に対する懲戒停職処分が社会観念上著しく妥当を欠くものではなく、裁量の逸脱・濫用にはならないとされた事案	Unit 13
最判令和2年7月14日	民集74巻4号1305頁	故意によって共同加害行為を行った公務員は、被害者に賠償を行った県に対して連帯して求償債務を負うとした事案	Unit 50
最判令和3年1月22日	判自472号11頁	誤って知事を審査庁として行った不作為についての審査請求について、知事は応答義務を負わず、法令に基づく申請をしたとはいえないとして不作為の違法確認訴訟を却下した事案	Unit 34 Unit 47
最判令和3年3月2日	民集75巻3号317頁	補助金適正化法による財産処分承認について、同法22条に基づく承認から同法7条3項の交付決定条件に基づく承認に違法行為の転換を認めた事案	Unit 10
最判令和3年5月17日	民集75巻5号1359頁	労働大臣（厚生労働大臣）が石綿含有建材から生じる石綿粉じんにばく露することを防止するための権限行使を行わなかったことは、著しく合理性を欠き、国賠法1条1項の適用上違法とした事案	Unit 52
最判令和3年6月4日	民集75巻7号2963頁	東日本大震災被災者への被災者生活再建支援金支給決定が職権取消しされたことについて、取消しを正当化する公益上の必要性を認めた事案	Unit 11
最判令和3年6月15日	民集75巻7号3064頁	刑事施設被収容者の診療記録は、行政機関個人情報保護法45条1項（現：個人情報保護法124条1項）所定の開示請求の対象外とされる保有個人情報には該当しないとした事案	Unit 32
最判令和3年7月6日	民集75巻7号3422頁	沖縄防衛局による造礁さんご類捕獲許可申請に対して沖縄県知事が不作為の判断をしたことつき、これを社会通念に照らし著しく妥当性を欠き、裁量の逸脱濫用にあたるとした事案	Unit 13 Unit 14

判例年月日	頁	概要	参照Unit
最判令和4年5月17日	判時2539号5頁 判タ1500号67頁	客観的な事実に関する情報や異なる内容の複数の情報が不開示情報（行政機関情報公開法5条6号イの「事務事業情報」）に該当するかどうかついて判断方法を示した事案	Unit 30
最大判令和4年5月25日	民集76巻4号711頁	在外国民が最高裁裁判官国民審査権の行使をできないことについて、その違法確認訴訟（実質的当事者訴訟）を認容し、当該立法不作為に対する国家賠償請求も認容した事案	Unit 49 Unit 52
最判令和4年6月17日	民集76巻5号955頁 判タ1504号46頁②	経産大臣による福島第一原発に対する電気事業法の規制権限の不行使は、権限を行使していたとしても津波による原発事故は発生していた可能性が高いとして国の国家賠償責任を否定した事案	Unit 52
最判令和4年7月19日	民集76巻5号1235頁	非常災害時等の給水停止について水道事業者（市）の賠償免責規定を定めた市条例の規定は、水道法15条2項但書によって水道事業者が給水義務を負わない場合の免責を確認したものであるとした事案	Unit 19
最判令和4年9月13日	判タ1504号13頁 労判1277号5頁	部下に対してパワーハラスメントを繰り返した公務員に対して行われた分限免職処分（地方公務員法28条1項3号）につき、裁量権の行使に誤りはなく、違法ではないとした事案	Unit 13 Unit 14
最判令和4年12月8日	民集76巻7号1519頁	沖縄県知事が公有水面埋立承認を取り消したことに対して国交大臣が行った当該取消しを取り消す旨の裁決に対し、県が提起した取消訴訟につき、県は取消訴訟の原告適格を有しないとした事案	Unit 41 Unit 42
最判令和4年12月13日	民集76巻7号1872頁	健康保険組合が被保険者に対して行うその親族等が被扶養者に該当しない旨の通知は、健康保険法189条1項の被保険者の資格に関する処分に該当するとした事案	Unit 40
最判令和5年5月9日	民集77巻4号859頁	墓地埋葬法による納骨堂の経営等の許可に反対する周辺住民（当該施設から300メートル以内に居住する者）に対して市の同法施行細則の規定を根拠に取消訴訟の原告適格を認めた事案	Unit 41 Unit 42
最判令和5年6月27日	民集77巻5号1049頁	酒気帯び運転によって懲戒免職処分を受けた公立学校教員に対する退職手当全額不支給処分について、社会観念上著しく妥当を欠くものではなく、裁量の逸脱・濫用にはならないとされた事案	Unit 13 Unit 14
最判令和5年7月11日	民集77巻5号1171頁	トランスジェンダーの国家公務員がトイレ使用について行った行政措置の要求に対し、これを認めない旨の人事院の判定（国家公務員法86条、87条）は裁量の逸脱・濫用があるとして違法とした事案	Unit 13 Unit 14
最判令和5年10月26日	判タ1517号54頁	最判令和3年1月22日の事案について、矯正管区長が行った行た不開示決定は、職務上通常尽くすべき注意義務を尽くすことなく漫然と判断したものとはいえないとして、国家賠償請求を否定した事案	Unit 52

著者紹介

鈴木　秀洋（すずき・ひでひろ）

埼玉県出身。
中央大学法学部法律学科（渥美ゼミ）卒業。
日本大学大学院法務研究科終了。法務博士（専門職）。保育士。防災士。
元文京区子ども家庭支援センター所長、男女協働課長、危機管理課長、総務課長補佐、東京23区法務部等歴任。
現在、日本大学危機管理学部教授、日本大学大学院危機管理学研究科教授、中央大学法科大学院兼任講師、明治大学公共政策大学院兼任講師。
鈴木秀洋HP　https://suzukihidehiro.com/

［主要著書］
・『行政法［第5版］』（2025年、共著、弘文堂）
・『（自治体法務サポート）行政訴訟の実務』（毎年度更新・加除式、監修・共著、第一法規）
・『日本子ども資料年鑑 2025』（2025年、共著、KTC中央出版）
・『行政法学の変革と希望－傘寿を記念して』（2023年、共著、信山社）
・『家族の変容と法制度の再構築ジェンダー／セクシュアリティ／子どもの視点から』（2022年、共著、法律文化社）
・『自治体職員のためのLGBTQ理解増進法逐条解説ハンドブック』（2023年、第一法規）
・『必携市区町村子ども家庭総合支援拠点スタートアップマニュアル』（2021年、明石書店）
・『自治体職員のための行政救済実務ハンドブック［改訂版］』（2021年、第一法規）
・『虐待・DV・性差別・災害等から市民を守る社会的弱者にしない自治体法務』（2021年、第一法規）
・『子を、親を、児童虐待から救う』（2019年、編著、公職研）
・『自治体職員のためのコンプライアンスチェックノート』（2017年、第一法規）
・『これからの自治体職員のための実践コンプライアンス』（2014年、共著、第一法規）
・『自治体法務改革の理論』（2007年、共著、勁草書房）

田中　秀幸（たなか・ひでゆき）

広島県出身。
中央大学法学部法律学科（渥美ゼミ）卒業。
現在、資格の大原専任講師。

行政法の羅針盤〔第2版〕

2020年6月1日　　初　版第1刷発行
2025年4月15日　　第2版第1刷発行

著　者　　鈴　木　秀　洋
　　　　　田　中　秀　幸
発行者　　阿　部　成　一

〒169-0051　東京都新宿区西早稲田1-9-38
発行所　　株式会社　成　文　堂
電話 03(3203)9201(代)　Fax 03(3203)9206
https://www.seibundoh.co.jp

製版・印刷・製本　恵友印刷　　　検印省略
©2025　Suzuki. H , Tanaka. H
☆乱丁・落丁本はおとりかえいたします☆
ISBN978-4-7923-0744-8　C3032

定価（本体2,800円＋税）